Von den Potenzialen zur Realität:
Wie die Afrikanische Lebensmittelproduktion gesteigert werden kann

DEVELOPMENT ECONOMICS AND POLICY

Series edited by Franz Heidhues †, Joachim von Braun,
Ulrike Grote and Manfred Zeller

Vol. 83

PETER LANG

Von den Potenzialen zur Realität: Wie die Afrikanische Lebensmittelproduktion gesteigert werden kann

Investitionen und politische Prioritäten für eine ausreichende, nährstoffreiche und nachhaltige Lebensmittelversorgung

Heike Baumüller, Assefa Admassie, Sheryl Hendriks, Getaw Tadesse und Joachim von Braun (Hrsg.)

PETER LANG

Bibliografische Information der Deutschen Nationalbibliothek
Die Deutsche Nationalbibliothek verzeichnet diese Publikation in der Deutschen Nationalbibliografie; detaillierte bibliografische Daten sind im Internet über ‹http://dnb.d-nb.de› abrufbar.

Dieses Buch wurde durch die finanzielle Unterstützung des Bundesministeriums für wirtschaftliche Zusammenarbeit und Entwicklung (BMZ) ermöglicht.

Cover illustration: © Annie Spratt/unsplash.com

ISSN 0948-1338
ISBN 978-3-631-85327-6 (Print)
E-ISBN 978-3-631-85930-8 (E-Book)
E-ISBN 978-3-631-85931-5 (EPUB)
DOI 10.3726/b18729

Peter Lang – Berlin · Bern · Bruxelles · New York · Oxford · Warszawa · Wien

Diese Publikation wurde begutachtet.

www.peterlang.com

Vorwort und Danksagung

Dieses Buch kommt zu einer Zeit, in der Afrika, die EU und Deutschland ihre Konsultationen über Zusammenarbeit in einem breiten Spektrum von Entwicklungsfragen intensivieren. Dazu gehören gemeinsame Strategien in den Bereichen ökologischer Wandel, digitale Transformation, Bewältigung von COVID-19, nachhaltiges Wachstum, Beschäftigung und Migration sowie zur Unterstützung von Frieden und guter Regierungsführung. Ernährungssicherung und landwirtschaftliche Entwicklung in Afrika stehen bei all diesen großen Tagesordnungspunkten im Mittelpunkt. Es besteht die Möglichkeit, diese Agenda voranzubringen, indem konkrete Vorschläge für Investitionen und politische Maßnahmen vorgelegt werden, die Millionen von Menschen aus Hunger und Fehlernährung herausführen können. Die hier vorgeschlagene Agenda soll eine langfristige Agenda sein, die jedoch kurzfristig mit konkreten Schritten eingeleitet werden sollte.

Afrikanische und deutsche Forschungspartner haben dieses Buch entwickelt, wobei sie auf ihre langfristige und laufende gemeinsame Forschung im Bereich der Landwirtschaft und der Möglichkeiten zur Erreichung von Ernährungssicherung zurückgreifen konnten.

Unterstützt wurde das Buch durch das Programm „Begleitforschung für landwirtschaftliche Innovationen“ (Program of Accompanying Research for Agricultural Innovation, PARI), das vom Bundesministerium für wirtschaftliche Zusammenarbeit und Entwicklung (BMZ) in dankenswerter Weise gefördert wird.

Wir danken Joe Hill für die redaktionelle Bearbeitung des Buchs. Unser Dank gilt auch Niklas Müller und Amy Newsome für ihre Unterstützung bei der Übersetzung des Texts ins Deutsche. Katharina Gallant, Julia Machovsky-Smid und Tea Qendrai leisteten wertvolle Forschungshilfe.

Heike Baumüller und Joachim von Braun
Zentrum für Entwicklungsforschung (ZEF), Universität Bonn

Inhaltsverzeichnis

Autoren

Heike Baumüller, Zentrum für Entwicklungsforschung (ZEF), Universität Bonn, Deutschland

Joachim von Braun, Zentrum für Entwicklungsforschung (ZEF), Universität Bonn und Malabo-Montpellier Panel, Deutschland

Assefa Admassie, Universität von Addis Ababa, Äthiopien und Zentrum für Entwicklungsforschung (ZEF), Universität Bonn

Ousmane Badiane, AKADEMIYA2063 und Malabo-Montpellier Panel, Ruanda

Evelyn Baraké, ehemals Zentrum für Entwicklungsforschung (ZEF), Universität Bonn, jetzt International Development Research Centre, Kanada

Jan Börner, Institute für Lebensmittel- und Ressourcenökonomik, Universität Bonn, Deutschland

Izidora Božić, Zentrum für Entwicklungsforschung (ZEF), Universität Bonn, Deutschland

Bezawit Beyene Chichaibelu, Zentrum für Entwicklungsforschung (ZEF), Universität Bonn, Deutschland

Julia Collins, AKADEMIYA2063, Ruanda

Thomas Daum, Hans-Ruthenberg-Institut für Tropische Agrarwissenschaften, Universität Hohenheim, Deutschland

Tsegaye Gatiso, Institute für Lebensmittel- und Ressourcenökonomik, Universität Bonn, Deutschland

Nicolas Gerber, ehemals Zentrum für Entwicklungsforschung (ZEF), jetzt Institute für Lebensmittel- und Ressourcenökonomik, Universität Bonn, Deutschland

Tigabu Getahun, Policy Studies Institute, Äthiopien und Zentrum für Entwicklungsforschung (ZEF), Universität Bonn, Deutschland

Katrin Glatzel, AKADEMIYA2063 und Malabo Montpellier Panel, Senegal

Sheryl Hendriks, Institute for Food, Nutrition and Well-being, University of Pretoria and Malabo-Montpellier Panel, South Africa

Oliver Kirui, ehemals Zentrum für Entwicklungsforschung (ZEF), Universität Bonn, jetzt International Food Policy Research Institute (IFPRI), Sudan

Lukas Kornher, Zentrum für Entwicklungsforschung (ZEF), Universität Bonn, Deutschland

Zaneta Kubik, Zentrum für Entwicklungsforschung (ZEF), Universität Bonn, Deutschland

Eike Luedeling, Institut für Nutzpflanzenwissenschaften und Ressourcenschutz, Universität Bonn, Deutschland

Alisher Mirzabaev, Zentrum für Entwicklungsforschung (ZEF), Universität Bonn, Deutschland

Papa Gora Ndiaye, Réseau sur les Politiques de pêche en Afrique de l'Ouest, Senegal

Tekalign Sakketa, ehemals Zentrum für Entwicklungsforschung (ZEF), Universität Bonn, jetzt Deutsches Institut für Entwicklundspolitik (DIE), Deutschland

Meera Shah, Imperial College London und Malabo Montpellier Panel, UK

Getaw Tadesse, AKADEMIYA2063, Ruanda

John Walakira, Uganda National Fisheries Resources Research Institute und World Aquaculture Society-Africa Chapter, Uganda

Abbildungen und Tabellen

Abkürzungen

ABC	Alliance Bioversity International
AfCFTA	African Continental Free Trade Area (afrikanische kontinentale Freihandelszone)
AfDB	African Development Bank (Afrikanische Entwicklungsbank)
AGRA	Alliance for a Green Revolution in Africa
AMU	Arab Maghreb Union
BIP	Bruttoinlandsprodukt
BMZ	Deutsches Bundesministerium für wirtschaftliche Zusammenarbeit und Entwicklung
CAADP	Comprehensive African Agricultural Development Programme
CEN-SAD	Community of Sahel-Saharan States
CEMAC	Central African Economic and Monetary Community
CGIAR	Consultative Group on International Agricultural Research
CIAT	International Center for Tropical Agriculture
COMESA	Common Market for Eastern and Southern Africa
CORAF	Conferenceof Heads of African and French Agricultural Research
DAC	Development Assistance Committee
D4Ag	digitaler Lösungen im Landwirtschaftssektor
EAC	East African Community
ECOWAS	Economic Community of West African States
ECCAS	Economic Community of Central African States
F&E	Forschung & Entwicklung
FAO	Food and Agriculture Organization of the United Nations (Ernährungs- und Landwirtschaftsorganisation der Vereinten Nationen)
FARA	Forum for Agricultural Research in Africa
FCDO	Foreign, Commonwealth & Development Office, Großbritannien
FDI	Foreign direct investment (ausländische Direktinvestitionen)
FMO	Farmers' Marketing Organization (Vermarktungsorganisationen für LandwirtInnen)
FIES	Food Insecurity Ecperience Scale
GALVmed	Global Alliance for Livestock Veterinary Medicines
GFCF	Gross Fixed Capital Formation

GIZ	Gesellschaft für Internationale Zusammenarbeit/ German Development Agency
GVE	Großvieheinheiten
ICN2	Second International Conference on Nutrition
IGAD	Intergovernmental Authority on Development
IKT	Informations- und Kommunikationstechnologien
IPCC	Intergovernmental Panel on Climate Change
KMU	kleine und mittlere Unternehmen
MFI	Mikrofinanzinstitutionen
NAFSN	New Alliance for Food Security and Nutrition
NARI	National agricultural research institute (Nationale Agrarforschungsinstitute)
NARS	National agricultural research system (nationalen Agrarforschungssysteme)
NEPAD	New Partnership for Africa's Development
NoU	Number of undernourished people (Zahl unterernährter Menschen)
OECD	Organisation for Economic Co-operation and Development (Organisation für wirtschaftliche Zusammenarbeit und Entwicklung)
ODA	Official development assistance (Entwicklungshilfe)
PEN	Poverty and Environment Network
PoU	Prevalence of undernourishment (Prävalenz unterernährter Menschen)
SADC	Southern Africa Development Community
SDG	Sustainable Development Goal (UN-Nachhaltigkeitsziel)
TFP	Total Factor Productivity (totale Faktorproduktivität)
WAEMU	West African Economic and Monetary Union
WSK	Wertschöpfungskette
ZEF	Zentrum für Entwicklungsforschung, Universität Bonn

Heike Baumüller, Assefa Admassie, Sheryl Hendriks, Getaw Tadesse und Joachim von Braun

Zusammenfassung und Vorschläge für Investitionen und politische Maßnahmen

Der Lebensmittelsektor ist das wirtschaftliche Herzstück von fast allen afrikanischen Ländern. Die Landwirtschaft – definiert als die Produktion von Nutzpflanzen, Viehzucht, Fischerei und Forstwirtschaft sowie die damit verbundene Weiterverarbeitung – ist in der Lage, das wirtschaftliche Wachstum durch steigende Einkommen in ländlichen Räumen zu fördern, die wirtschaftliche Transformation in Afrika zu fördern, Arbeitsplätze zu schaffen, die Staatseinnahmen zu erhöhen und das Wirtschaftswachstum und die Entwicklung zu beschleunigen. Angesichts der Struktur der afrikanischen Wirtschaft ist die Erhöhung des Einkommens landwirtschaftlicher Produzenten und Produzentinnen eine Schlüsselstrategie für die Armutsbekämpfung sowie die Nahrungsmittelsicherheit und Ernährungssicherung. Um ihre transformative Rolle in der wirtschaftlichen Entwicklung zu erfüllen, muss die Landwirschaft selbst jedoch umgestaltet werden.

In den 1970er und 1980er Jahren hatte der Landwirtschaftssektor für afrikanische Politiker und Entwicklungspartner eine geringe Priorität. Das hat sich in erheblichem Maße geändert und die wichtige Rolle der Landwirtschaft zur Nahrungsmittelsicherheit und Ernährungssicherung wird in der Heads of State Malabo Declaration der Afrikanischen Union (AU, 2014) erneuert und in dem Comprehensive African Agricultural Development Programme (CAADP) priorisiert, als integraler Bestandteil der New Partnership for Africa's Development (NEPAD). Diese Dokumente haben zwar die strategischen Ziele festgelegt, aber die Fortschritte auf dem Weg dorthin müssen beschleunigt werden. In der Tat gibt es mehr und mehr Möglichkeiten, die Erreichung der Ziele voranzutreiben, z.B. durch Innovationen, Investitionen und Marktentwicklung, die nun zunehmend von afrikanischen Regierungen, Entwicklungspartnern und dem Privatsektor unterstützt werden. Allerdings behindern die wirtschaftlichen Auswirkungen von COVID-19 die Verarbeitung und die Food-Märkte vorübergehend.

Afrika ist nach wie vor stark von Lebensmittelimporten im Wert von etwa 60 Milliarden US-Dollar pro Jahr abhängig (UNCTAD, 2020). In Nettozahlen entfallen etwa 25 Milliarden US-Dollar auf Getreide, etwa 8 Milliarden

US-Dollar auf Fleisch und Milchprodukte, 4 Milliarden US-Dollar auf Zucker und 9 Milliarden US-Dollar auf pflanzliche Öle (Bouët et al., 2020). Dieser vorwiegend urbane Markt bietet eine Chance für die afrikanische Landwirtschaft und Lebensmittelindustrie. Die Möglichkeiten Afrikas, durch eine Ausweitung der eigenen Lebensmittelproduktion den Marktanteil zu steigern, sind also groß. Dies trägt wiederum dazu bei, die hohen sozialen Kosten im Zusammenhang mit Unterernährung zu verringern und die Erträge öffentlicher Investitionen zu erhöhen. Die Kosten der Unterernährung in Afrika belaufen sich im Durchschnitt auf 11 Prozent des jährlichen Bruttoinlandsprodukts und jeder Dollar, der für eine verbesserte Ernährung investiert wird, bringt im Gegenzug 16 US-Dollar an wirtschaftlichen Erträgen (IFPRI, 2016, 2015).

Ziel dieses Buches ist es, Optionen für politische Maßnahmen und Investitionen in Afrika aufzuzeigen, um die Potentiale in die Realität umzusetzen und die Lebensmittelversorgung im Hinblick auf eine erschwingliche und gesunde Ernährung durch die nachhaltige Nutzung von Ressourcen zu sichern. Dabei liegt der Schwerpunkt des Buches auf Investitionen, Kooperation und politischen Maßnahmen. Es unterscheidet zwischen systemischen und Sektorspezifischen Investitionen und Maßnahmen. Systemische Investitionen und Maßnahmen beziehen sich auf das gesamte Ernährungs- und Landwirtschaftssystem und umfassen auch Politik und Regierungsführung; spezifische subsektorale Investitionen und Maßnahmen steigern die Produktivität in den Bereichen Ackerbau, Viehzucht, Weiterverarbeitung und Bewirtschaftung natürlicher Ressourcen. Im Folgenden werden die Prioritäten für politische Maßnahmen und Investitionen entlang dieser beiden Cluster zusammengefasst.

Notwendige Systemische Investitionen und Maßnahmen für eine nachhaltige landwirtschaftliche Entwicklung

1. **Kompetenzentwicklung:** Das Buch betont die Bedeutung von Investitionen in diejenigen, die Afrikas Landwirtschafts- und Ernährungssysteme verwalten. Investitionen zur Förderung von Kompetenzen sind entscheidend. Diese Investitionen sollten sich auf die Stärkung der landwirtschaftlichen Fach- und Berufsbildung konzentrieren und dabei auf erfolgreiche afrikanische Beispiele sowie auf Erfahrungen aus anderen Ländern zurückgreifen. Die berufliche Bildung sollte für Berufe entlang der gesamten Wertschöpfungskette gestärkt werden. Die Investitionen pro Person für die landwirtschaftliche Berufsbildung belaufen sich auf etwa 500 US-Dollar, doch sie fördern die Produktivität erheblich: Unterschiede in den Kompetenzen

der LandwirtInnen machen etwa 30 Prozent der Schwankungen in der landwirtschaftlichen Produktivität aus (Cai, 2011) und erklären bis zu 17 Prozent der Ertragsschwankungen (Laajaj und Macours, 2017). Digitale Technologien können die Reichweite von beruflicher Bildung und landwirtschaftlicher Beratungsdiensten erweitern und die Kosten reduzieren.

2. **Einbindung der Jugend:** Die Stimme der Jugend muss gehört werden. Bemühungen, junge Frauen und Männer einzubinden, sollten sich darauf konzentrieren, die Produktivität derjenigen zu verbessern, die bereits im Agrarsektor beschäftigt sind, und ihn für diejenigen wirtschaftlich attraktiver zu machen, die einen Einstieg in den Sektor erwägen. Investitionen sollten priorisiert werden, die den Zugang zu Land, Krediten, Mechanisierung und Digitalisierungstechnologien und -fertigkeiten verbessern. Allerdings trägt die Bereitstellung von Land oder Krediten für junge Menschen nur mit angemessenen Training in sozialen und technischen Kompetenzen (vor und nach der Gründung von Unternehmen) nachhaltig zur Schaffung von Arbeitsplätzen bei. Ländliche Gebiete müssen nicht nur zum Arbeiten, sondern auch zum Leben attraktiv werden.
3. **Gleichstellung der Geschlechter:** Die Beseitigung der geschlechtsspezifischen Unterschiede zwischen weiblichen und männlichen ProduzentInnen würde den Ertrag der von Frauen bewirtschafteten Flächen um bis zu 30 Prozent steigern und die gesamte landwirtschaftliche Produktion in Ländern mit niedrigerem Einkommen um 2,5 bis 4 Prozent erhöhen (FAO, 2011). Investitionen in die Entwicklung landwirtschaftlicher Innovationen und Technologien, die speziell Frauen zugutekommen, sind notwendig. Diese Innovationen beinhalten Technologien, die den Arbeitsaufwand zur Bewältigung der überwiegend von Frauen ausgeführten Aufgaben reduzieren. Beratungsdienste müssen für Produzentinnen zugänglicher werden. Die Landrechte von Frauen müssen durch Reformen des Erbrechts und durch die Sensibilisierung für ihre Rechte gesichert werden. Politische Maßnahmen, die die Ausweitung arbeitsintensiver agro-industrieller Arbeitsplätze fördern, sind vor allem wichtig für die Schaffung von Arbeitsplätzen für Frauen. Dabei müssen Frauen auch von der mühevollen Arbeit entlastet werden, die mit vielen manuellen Hausarbeiten verbunden ist, was zur Steigerung der landwirtschaftlichen Produktivität beiträgt und das Wohlbefinden der Frauen und ihrer Familienmitglieder verbessert.
4. **Forschungspartnerschaften:** Agrarforschung ist eine der wirksamsten Investitionen, um landwirtschaftliche Potenziale voll auszuschöpfen. So wurde beispielsweise ermittelt, dass jeder US-Dollar, der auf nationaler Ebene für die landwirtschaftliche Forschung und Entwicklung ausgegeben

wird, einen durchschnittlichen Ertrag von ca. 3 US-Dollar erwirtschaftet (Fuglie und Rada 2013). Gegenwärtig investieren afrikanische Länder deutlich zu wenig in landwirtschaftliche Forschung und Innovation. Der Nutzen von landwirtschaftlicher Forschung und Entwicklung könnte noch verstärkt werden, indem die Beziehungen zwischen formellen Agrarforschungsinstituten mit dem Privatsektor und informellen Strukturen von ErzeugerInnen, Verarbeitern und der Zivilgesellschaft verbessert werden, um effektivere und partizipatorischere Forschungsprozesse sowie die Übernahme von Innovationen zu gewährleisten. Zudem sollten die Beziehungen zwischen der landwirtschaftlichen Forschung und den Beratungsdiensten verbessert und die Verbreitung vielversprechender Innovationen ausgeweitet werden.

5. **Digitalisierung:** Investitionen in die Mobilfunk-Infrastruktur haben in ganz Afrika hohe Priorität, da sie eine Voraussetzung dafür sind, dass digitale Lösungen im Agrar- und Lebensmittelsektor flächendeckend und effektiv eingesetzt werden können. Die Afrikanische Entwicklungsbank geht davon aus, dass jedes Jahr zusätzlich 4–7 Milliarden US-Dollar in die Infrastruktur von Informations- und Kommunikationstechnologien (IKT) investiert werden müssen (AfDB, 2018). Darüber hinaus sind Investitionen und politische Maßnahmen erforderlich, um ein förderliches Innovationsumfeld für lokale Anbieter digitaler Dienste zu schaffen. Zudem sind Investitionen in menschliche Fähigkeiten nötig, um digitale Innovationen in den Bereichen Ernährung und Landwirtschaft zu entwickeln und zu nutzen. Wichtig ist, dass die Digitalisierung den Sektor nur dann verändern wird, wenn digitale Lösungen in umfassendere Strategien zur Entwicklung der Landwirtschaft und des ländlichen Raums eingebettet werden, z.B. in die oben erwähnte Verbesserung der Qualifikationen und Beratungssysteme, und wenn die Kosten für digitale Dienstleistungen sinken.
6. **Ländliche und landwirtschaftliche Finanzierung:** Investitionen in den Auf- und Ausbau spezialisierter landwirtschaftlicher Finanzinstitutionen sind für eine beschleunigte Kapitalisierung des landwirtschaftlichen Produktionssektors sowie für das Risikomanagement von großer Bedeutung. Zu den spezifischen Maßnahmen gehört die Stärkung der landwirtschaftlichen Entwicklungsbanken durch eine solide Führung und Verwaltung. Ländliche Genossenschaften und Kredit- und Sparvereinigungen müssen mit Banken verknüpft werden. Mikrofinanzsysteme sollten als Teil der institutionellen Landschaft für die landwirtschaftliche Produktion und den ländlichen Dienstleistungssektor weiter ausgebaut werden. Die Einbeziehung von Landwirtinnen in das Finanzsystem muss eine hohe Priorität haben. Zuschussbasierte Unternehmensinvestitionen können ebenfalls in

Betracht gezogen werden: Die Forschung hat gezeigt, dass für die Armen, die risikoscheu sind, die interne Rendite und das Kapitalwachstum bei Investitionen, die als Zuschüsse gewährt wurden, im Vergleich zu Investitionen, die in Form von Krediten bereitgestellt wurden, um 9 bzw. 16 Prozentpunkte höher waren (Tadesse und Zewdie, 2019). Die Zuschüsse hatten dazu beigetragen, die Angst vor Risiken zu verringern. Ernteausfallversicherungen, die in vielen afrikanischen Ländern bisher selten sind, sind ein anderes landwirtschaftliches Finanzierunginstrument und könnten dazu beitragen, die Potenziale in risikoanfälligen landwirtschaftlichen Produktionsumgebungen voll auszuschöpfen. Landrechte sind entscheidend für den Zugang zu Finanzmitteln und für die Motivation der KleinerzeugerInnen, selbst zu investieren.

7. **Energie:** Der Zugang zu Energie entlang der gesamten Agrar- und Lebensmittelwertschöpfungskette gehört zu den wichtigsten Prioritäten von Investitionen und politischen Maßnahmen. Energieprogramme sollten sich auf die Verbesserung des Zugangs zu Elektrizität für die Mechanisierung, Digitalisierung, den Ausbau von Bewässerungssystemen, die Verarbeitung nach der Ernte, den Transport und die Verteilung konzentrieren. Innovative kommunale netzunabhängige (off-grid) und kleinflächige (mini-grid) Systeme mit erneuerbaren Energien (Sonne, Wind, Biomasse) sind in vielen ländlichen Gegenden Afrikas realisierbar. Eine Liberalisierung des Energiesektors innerhalb der Länder und über die Grenzen hinweg kann das Engagement des Privatsektors fördern. Solche Programme erfordern eine kontextspezifische Bewertung der Kosten im Verhältnis zum Nutzen. Zu den Vorteilen gehören auch wichtige Effekte außerhalb der Landwirtschaft, wie z.B. mehr Arbeitsplätze in der lokalen Produktion sowie eine stärkere Beteiligung von jungen Frauen an Bildung. Bis 2040 sind Investitionen in Höhe von rund 120 Milliarden US-Dollar pro Jahr erforderlich, um eine zuverlässige Stromversorgung in Afrika zu erreichen (IEA, 2019).
8. **Nachhaltiges Land- und Wassermanagement:** Die Einführung nachhaltiger Praktiken in Bezug auf Landmanagement und Agrarökologie (nicht nur für Ackerflächen, sondern auch für Weiden und Wälder) müssen gefördert werden, insbesondere dort, wo die Gefahr von Bodendegradation besteht. Investitionen in die Entwicklung von Fertigkeiten und die landwirtschaftliche Forschung werden die Einführung von Praktiken für das nachhaltige Land- und Wassermanagement erleichtern. Land- und Umweltgesetzgebung und deren Überwachung und Durchsetzung sind Mechanismen zur Förderung lokal angepasster Ansätze. Nachhaltiges Land- und Wassermanagement erfordert einen ganzheitlichen Ansatz auf der Grundlage sicherer und

durchsetzbarer Land- und Wasserrechte. Die Kosten für die Registrierung von Land sind durch digitale Ansätze und Fernerkundung auf einige wenige US-Dollar pro Grundstück gesunken, aber das Vertrauen in Pachtverträge und Eigentumstitel ist in den meisten Teilen Afrikas noch nicht gefestigt. Verbesserungen des Bodens, der Infrastruktur, der Bewässerung und der Mechanisierung werden ohne sichere Besitzverhältnisse und deren Durchsetzung nicht möglich sein. Solche Investitionen verbessern den Wert des Landes selbst. In einigen Regionen sind zusätzliche Investitionen in wirksame Mechanismen zur Konfliktlösung im Zusammenhang mit der Land- und Wassernutzung erforderlich, die auf gut dokumentierten Landrechten und einer wirksamen Verwaltung der kommunalen Ressourcen basieren.

Notwendige spezifische produktionsfördernde Maßnahmen und Investitionen

Innovationen in der Produktion von Nutzpflanzen und Agroforstwirtschaft

1. **Saatgut-Systeme:** Gutes Saatgut für LandwirtInnen bleibt eine der wichtigsten Prioritäten von Investitionen und Innovationen. Die Stärkung der afrikanischen Pflanzenzucht, die sich an der lokalen Agrarökologie, den Risiken durch Schädlinge und den Präferenzen der VerbrauchererInnen orientiert, ist für die Ausschöpfung langfristiger Produktionspotenziale unerlässlich. Nationale afrikanische Agrarforschung, die Consultative Group on International Agricultural Research (CGIAR) und die Grünen Innovationszentren im Rahmen der Initiative „EINEWELT ohne Hunger" leisten dazu wichtige Beiträge. Die Züchtung sollte sich auf Nutzpflanzen konzentrieren, die über Getreide als Grundnahrungsmittel hinausgehen und Knollen, Wurzeln, Obst, Hülsenfrüchte, Nüsse und Gemüse umfassen, um die biologische und die Ernährungsvielfalt zu gewährleisten. Zuchtprogramme sollten auf Klimarisiken und die Verlängerung der Anbausaison für Nutzpflanzen durch früh und spät reifende Sorten achten. Zum Beispiel könnte der Einsatz stickstoffeffizienter Sorten die Erträge in Afrika im Vergleich zu Prognosen ohne verbesserte Sorten um 21 Prozent bei Reis und 8 Prozent bei Mais steigern (Rosegrant et al., 2014). Der Zeit- und Kostenaufwand, der mit der Freigabe geprüfter neuer Pflanzensorten verbunden ist, muss reduziert werden, während gleichzeitig solide Systeme zur Kontrolle der Saatgutqualität eingeführt werden müssen, die Raum für verschiedene Arten von Akteuren bieten. Das Potenzial für eine länderübergreifende

Saatgutprüfung und -zertifizierung sowie Möglichkeiten für und die tatsächliche Durchführbarkeit von öffentlich-privaten Saatgutproduktions- und -Vertriebssystemen, einschließlich der Saatgutvermehrung durch KleinerzeugerInnen, müssen in Erwägung gezogen werden. Auch die Beteiligung der LandwirtInnen an Saatgutversorgungssystemen, sei es selbst erzeugtes oder verbreitetes Saatgut, sollte unterstützt werden.

2. **Düngemittel und Böden:** Bodenuntersuchungen und langfristige Maßnahmen zur Verbesserung der Bodenfruchtbarkeit sind erforderlich, um die Erträge zu erhöhen und den Düngereinsatz effektiver und nachhaltiger zu gestalten. Gleichzeitig müssen die oft hohen Kosten für Düngemittel durch Investitionen in die logistische Infrastruktur und den intraregionalen Handel gesenkt werden, anstatt sich auf Input-Subventionen zu verlassen. Frühzeitige Interventionen bei der Mikrodosierung ermöglichten es den LandwirtInnen in Mali, Burkina Faso und Niger, die Sorghum- und Hirseerträge um 44 bis 120 Prozent zu steigern, und brachten den LandwirtInnen bessere wirtschaftliche Erträge als die Ausbringung des Düngers in den konventionell empfohlenen Raten (ICRISAT, 2009; Okebalama et al., 2017). Wichtig ist, dass die LandwirtInnen am meisten von einer Kombination aus verschiedenen Betriebsmitteln und Innovationen profitieren werden: Beweise legen nahe, dass die Kombination von angemessenem Stickstoffdünger, zusätzlicher Bewässerung und neuen Sorten die Maiserträge in Afrika verdoppeln könnte (Rezaei und Gaiser, 2017).
3. **Mechanisierung:** Wie in Asien stellen Kleinbetriebe kein Hindernis für die Mechanisierung Afrikas dar, solange die „ProduzentInnen" zusammenarbeiten können, um Maschinen auf Betriebsebene zu mieten oder zu teilen. Die Mechanisierung verringert die Arbeitsbelastung und erhöht die Erträge: Eine Studie in elf afrikanischen Ländern ergab, dass der Einsatz von Traktoren die Maiserträge um etwa 0,5 Tonnen pro Hektar (oder um 25 Prozent) erhöht hat (Kirui, 2019). Die Mechanisierung in der Landwirtschaft und der Lebensmittelverarbeitung kann auch positive Produktions- und Produktivitätseffekte haben, indem sie die Effizienz der Arbeitsschritte verbessert. Ein günstiges Geschäftsklima ist erforderlich, um die aufstrebenden privaten Märkte für landwirtschaftliche Maschinen und die Zusammenarbeit der LandwirtInnen bei der gemeinsamen Nutzung von Systemen zu unterstützen. Die Regierungen sollten sich ihrerseits auf den Aufbau von Kapazitäten und die Forschung konzentrieren. Wenn die Mechanisierung richtig umgesetzt wird, trägt sie zum Strukturwandel in der Landwirtschaft, der Schaffung von Arbeitsplätzen im Ernährungssystem und attraktiveren Arbeitsbedingungen bei. Gleichzeitig müssen Schutzvorkehrungen

getroffen werden, um mögliche negative Auswirkungen der Mechanisierung zu minimieren, z.B. bei der Bodenbewirtschaftung oder durch eine nicht nachhaltige Ausweitung der landwirtschaftlichen Nutzflächen.

4. **Bewässerung und Wassermanagement:** Es gibt viele Möglichkeiten der Bewässerung zu unterschiedlichen Kosten, die nicht nur eine Frage der Technologie, sondern auch der organisatorischen Regelung und der existierenden Infrastrukturen sind. In Afrika liegen die vielversprechendsten Investitionsmöglichkeiten in der Ausweitung der Bewässerung im kleinen Maßstab, die in ganz Subsahara-Afrika zu zusätzlichen Nettoeinnahmen von 14–22 Milliarden US-Dollar pro Jahr führen könnte, was zwischen 113 und 369 Millionen Menschen direkt zugutekäme (Xie et al., 2014). Investitionen zur Ausweitung der Bewässerung sollten Lieferketten und Verteilungsnetze für erschwingliche Pumpen und deren Ersatzteile sowie wassersparende Bewässerungstechnologien und deren Ausrüstung fördern. Solarbetriebene Systeme wie z.B. die Tröpfchenbewässerung sind eine große Chance für KleinerzeugerInnen. Ein besserer Zugang zu Finanzmitteln für KleinerzeugerInnen wird eine Voraussetzung für die Einführung dieser Technologien sein. Um einen umweltverträglichen Wasserverbrauch zu gewährleisten, müssen eine Dokumentation des Wasserverbrauchs, die Überwachung des Grundwasserspiegels, wassersparende Bewässerungstechnologien und der Aufbau von institutionellen Kapazitäten in der Verwaltung gefördert werden. Besonders wirksam sind kombinierte Investitionen: Eine erhöhte Nährstoffanwendung allein würde die Erträge bei Mais und Reis auf 50 Prozent der erzielbaren Erträge steigern, während sowohl erhöhte Nährstoffzufuhr als auch Bewässerung die Erträge auf 75 Prozent der erzielbaren Erträge erhöhen würden (Mueller et al., 2012).
5. **Verringerung von Lebensmittelverlusten und -abfällen:** Investitionen in technologische Innovationen sind erforderlich, um Lebensmittelverluste und -abfälle zu reduzieren, insbesondere kostengünstige Lagerlösungen wie luftdichte Beutel für Getreide und wiederverwendbare Kunststoffkisten für den Transport frischer Produkte. Darüber hinaus müssen landwirtschaftliche Praktiken im Betrieb verbessert und kleine und mittlere Unternehmen (KMU) entlang der Wertschöpfungsketten gestärkt werden, um Verluste während der Produktion und Lagerung zu reduzieren. Technologisch befähigte KMU würden durch den Einsatz und die Übernahme fortschrittlicher Technologie direkt und indirekt die Lebensmittelverluste in Subsahara-Afrika um 84 bzw. 30 Prozent verringern (Hatibu, 2019). Praktische Maßnahmen müssen durch nationale Strategien, Finanzierung, öffentlich-private Partnerschaften und Forschung unterstützt werden. Lebensmittelabfälle

steigen in afrikanischen Städten auch auf Einzelhandels- und Haushaltsebene und müssen durch Bildung, Anreize und die Förderung von modernen Kühlanlagen mit niedrigem Energieverbrauch reduziert werden. Aufgrund ihrer Bedeutung betonen wir hier Investitionen in die Lebensmittelverarbeitung, die sowohl zur Verringerung von Lebensmittelverlusten als auch -abfällen beitragen können, wie z.B. durch Konservierung, Abfüllung, Fermentierung, Trocknung und Gefrierung.

6. **(Agro-)forstwirtschaft:** Sektorale politische Maßnahmen, die sich auf die forst- und landwirtschaftliche Bodennutzung auswirken, müssen besser aufeinander abgestimmt und reguliert werden, um agroforstwirtschaftliche Praktiken und anreizbasierten Umweltschutz zu fördern, wobei Landrechte zu stärken und die lokalen Grundbesitzsysteme zu berücksichtigen sind. Um den Druck auf die Waldressourcen zu verringern, muss die Biomasse effizient genutzt werden. Gleichzeitig muss der Zugang zu einer alternativen, umweltfreundlichen Energieversorgung für Haushalte, die vom Wald abhängig sind, gefördert werden. Darüber hinaus besteht Forschungsbedarf für eine hochfrequente und hochauflösende Überwachung der Waldfläche und des Wildwechsels sowie der Entwicklung wissenschaftsbasierter Instrumente zur Bewertung der potenziellen wirtschaftlichen, sozialen und ökologischen Auswirkungen der Einführung agroforstwirtschaftlicher Innovationen im Landschaftsmaßstab.

Tierhaltung

7. **Viehzucht:** Die Verbesserung der Produktion und Produktivität der Viehzucht erfordert Investitionen in verbesserte Dienstleistungen, Kompetenzen und Kenntnisse durch Beratungsdienste. Der Zugang zu qualitativ hochwertigen und ausreichenden Futtermitteln ist ebenfalls entscheidend für die Verbesserung der Produktivität der Viehzucht. Die Qualität nahrhafter Futtermittel könnte durch die Institutionalisierung wirksamer Klassifizierungs-, Kennzeichnungs- und Zertifizierungssysteme gewährleistet werden. Darüber hinaus sind Investitionen in die Tiergesundheit und Tierzucht hoch rentabel und tragen entscheidend dazu bei, Ausbrüche von Zoonosen zu verhindern. Die Nachfrage nach tierischen Produkten steigt und wird sich voraussichtlich in den kommenden drei Jahrzehnten verdreifachen. Dies ist eine große Chance für die afrikanische Produktion. Um dieses Potential nutzen zu können, sollte die Aufmerksamkeit auf eine bessere technische Unterstützung von Tierforschungsprogrammen, Investitionen in IT-gestützte Datensysteme und die Stärkung der analytischen Fähigkeiten

gerichtet werden, wobei der Schwerpunkt auf Tierwissenschaften, Genetik und Gesundheit liegen sollte. Konkret sind Investitionen für die Herstellung und Verteilung von Betriebsmitteln nötig, wie z.B. künstliche Besamung, sowie für die gemeinschaftsbasierte Produktion von verbessertem Saatgut für Futterpflanzen und alle Dienstleistungen für die Produktion von Milch und Milchprodukten. Der Molkereisektor hat angesichts der Tatsache, dass der Großteil der konsumierten Milchprodukte importiert wird, ein hohes Wachstumspotenzial.

Fischerei

8. Zur Förderung der Aquakulturen und des Fischfangs müssen die aktuellen afrikanischen Bemühungen um die Entwicklung einer nachhaltigen Strategie der „Blue Economy“ und die Umsetzung relevanter Maßnahmen in nationalen und kontinentalen Entwicklungsplänen verstärkt werden. Dies erfordert auch Investitionen in Kompetenzen sowie verstärkte Forschungs- und Managementkapazitäten. Darüber hinaus werden Investitionen in die Weiterverarbeitung (z.B. Herstellung von Konserven und Trocknung) und Kühlketten mit niedrigem Energieverbrauch den Handel erleichtern und Nachernteverluste dieser äußerst nährstoffreichen Nahrungsquelle verringern. Zudem sind Investitionen und politische Maßnahmen zur Verbesserung der nachhaltigen Nutzung und Bewirtschaftung der afrikanischen Meeres- und Binnenfischerei erforderlich, wobei der Schwerpunkt auf nachhaltige Fanggeräte und transparente und gerechte Zugangsbedingungen für die Fischereiressourcen gelegt werden muss. Die Notwendigkeit der Wiederherstellung von Lebensräumen und Brutgebieten ist eindeutig erwiesen: Regenerationsperioden sind unerlässlich, um sicherzustellen, dass die Fischpopulationen wachsen und die Größe der Fische nicht abnimmt. Soziale Schutzmaßnahmen für Fischereigemeinden können dazu genutzt werden, die Regeneration der Brutgebiete außerhalb der Saison zu ermöglichen. Der Aquakultursektor verfügt über ein bedeutendes, aber noch weitgehend unausgeschöpftes Potenzial. Es kann durch zusätzliche Investitionen in Futtermittel und Fischbestände sowie ein umweltgerechtes Wassermanagement realisiert werden.

Investitionen in institutionelle Rahmenbedingungen: Regierungsführung, Marktzugang, Handel und kontinentale und internationale Zusammenarbeit

1. **Integrative Märkte:** Investitionen und politische Maßnahmen, die die Kommerzialisierung von KleinerzeugerInnen und Kleinunternehmen fördern, erleichtern deren Teilnahme an den Märkten. Die Kommerzialisierung von KleinerzeugerInnen und ländlichen Haushalten könnte durch die Verbesserung der ländlichen Erzeugermärkte und die Förderung von Vermarktungsorganisationen für Bauern, einschließlich Kooperativen, gefördert werden. Darüber hinaus sollte der Vertragsanbau erleichtert und so gestaltet werden, dass die Vertragssicherheit gewährleistet ist, sodass die Teilnehmenden und ProduzentInnen einen fairen Preis für ihre Produkte erzielen. Eine Metaanalyse von Vertragsanbauprogrammen in 13 Ländern weist auf eine Steigerung des durchschnittlichen Einkommens der Landwirte um rund 38 Prozent hin (Ton et al., 2018). Öffentliche Investitionen in harte und weiche Infrastruktur sind erforderlich, um den Marktzugang für afrikanische LandwirtInnen zu verbessern z.B. durch den Bau, die Modernisierung und Verwaltung von Marktzentren und Lagerhäusern sowie die Entwicklung von Marktinformationssystemen. Als Reaktion auf die expandierenden urbanen Märkte hat sich die verarbeitende Lebensmittelindustrie rasch zur wichtigsten Brücke zwischen KleinerzeugerInnen und den Märkten im Inland entwickelt. Daher sind Investitionen in den Verarbeitungssektor und spezifische rechtliche Rahmenbedingungen erforderlich, um die Beteiligung von KleinproduzentInnen an verwandten Wertschöpfungsketten weiter auszubauen. Spezifische Interventionen können die Entwicklung von Fähigkeiten, Mikrofinanzierung und technische Innovation umfassen.
2. **Wertschöpfungsketten der Agrar- und Ernährungswirtschaft:** Verschiedene Investitionen, Regelungen und politische Maßnahmen sind erforderlich, um die Akteure der mittleren Ebene in den afrikanischen Wertschöpfungsketten zu fördern. Häufig helfen Investitionen in die Infrastruktur von Großmärkten nicht nur Händlern, sondern auch KleinproduzentInnen, lebensmittelverabeitenden Unternehmen und Einzelhändlern. Auch der Aufbau von Kapazitäten ist eine wichtige Priorität, insbesondere in den Bereichen Logistik und Einzelhandel. Im Hinblick auf Vorschriften sind Lebensmittelsicherheit und Qualitätseinstufung und -standardisierung von wesentlicher Bedeutung. Investitionen in digitale Werkzeuge müssen priorisiert werden, um afrikanische Wertschöpfungsketten zu fördern. Innovative digitale Rückverfolgungssysteme erleichtern die Kontrolle sozialer und ökologischer

Standards und bieten dadurch höhere Preise für die Verbesserung der Qualität entlang der Wertschöpfungskette, insbesondere für hochwertige Cash Crops wie Kakao, Kaffee und Nüsse. Moderne digitale Rückverfolgungssysteme können nicht nur den internationalen Export, sondern alle Lebensmittelprodukte bedienen. Die Erschließung des Potenzials integrativer Märkte für KleinerzeugerInnen, Wertschöpfungsketten in der Agrar- und Ernährungswirtschaft und des innerafrikanischen Handels erfordert massive Investitionen in die Transportinfrastruktur wie Straßen und Eisenbahnen, die auf 35–47 Milliarden US-Dollar pro Jahr geschätzt werden (AfDB, 2018).

3. **Afrikanische kontinentale Freihandelszone (AfCFTA):** Die wirksame und rasche Umsetzung der afrikanischen Freihandelszone wäre eine der obersten Prioritäten bei der Unterstützung der landwirtschaftlichen Entwicklung. Der innerafrikanische Agrarhandel könnte um 20–35 Prozent gesteigert werden, wobei das stärkste Wachstum bei Fleisch und Milchprodukten, Zucker, Getränken und Tabak, Gemüse/Obst/Nüssen und Reis erwartet wird (UNECA und AU, 2020). Dies könnte für den Agrarsektor insgesamt einen Anstieg der innerafrikanischen Importe um 72 Prozent bis 2035 bedeuten (World Bank, 2020b). Eine solche Ausweitung des innerafrikanischen Handels kann regionale Unterschiede in der Wettbewerbsfähigkeit afrikanischer Länder in wichtigen Lebensmittelwertschöpfungsketten nutzen. Zu diesem Zweck müssen die Handelsstandards harmonisiert und regulatorische Handelshemmnisse innerhalb Afrikas abgebaut werden. Die Umsetzung der AfCFTA ist mit erheblichen Kosten verbunden, um den Verhandlungsprozess zu erleichtern und Standards und Handelsregeln auf dem ganzen Kontinent zu harmonisieren. Die Afrikanische Union sollte hierfür finanziell und fachlich unterstützt werden, um diesen Prozess zu beschleunigen. Besondere Aufmerksamkeit sollte dem Abbau nichttarifärer Handelshemmnisse gewidmet werden, indem die derzeitigen Bemühungen der Afrikanischen Union, die Berichterstattung über nichttarifäre Hemmnisse zu verbessern, unterstützt werden.
4. **Regierungsführung für Landwirtschaft und Ernährungssicherung:** Reformen zur Durchsetzung der Rechtsstaatlichkeit auf zentraler und lokaler Regierungsebene sind der Schlüssel zu einer verbesserten landwirtschaftlichen Produktivität und Ernährungssicherung. Diese Reformen müssen sicherstellen, dass die Korruption verringert wird und dass Frauen, Jugendliche und benachteiligte Gruppen ausreichend vertreten sind. Länder mit einer besseren Regierungsführung produzieren mehr landwirtschaftliche Erträge, was darauf hindeutet, dass Investitionen in die Regierungsführung die landwirtschaftliche Produktivität steigern können (Lio und

Liu, 2008). Die Stärkung und durchgängige Berücksichtigung der Prozesse der gegenseitigen Rechenschaftspflicht im Rahmen der CAADP-Agenda der Afrikanischen Union, einschließlich der bestehenden Biennial Review und Agricultural Joint Sector Reviews, ist vPrioritätPriorität, um Rechenschaftspflicht und Transparenz zu institutionalisieren und die Effizienz der Ressourcennutzung zu erhöhen. Die Förderung von Frieden und Stabilität wird auch für die landwirtschaftliche Produktivität, z.B. in der Sahelzone und dem Horn von Afrika, von entscheidender Bedeutung sein. Schließlich ist ein günstiges ordnungspolitisches Umfeld erforderlich, um die Rolle der Zivilgesellschaft und der Unternehmen zu optimieren und sie zu treibenden Faktoren der landwirtschaftlichen Entwicklung zu machen.

5. **Bauernverbände:** Der Aufbau effektiver Bauernverbände erfordert Investitionen in institutionelle Innovationen. Dies ist weniger eine Aufgabe für Regierungen als vielmehr für internationale Netzwerke landwirtschaftlicher Organisationen und der Zivilgesellschaft. Es besteht ein großer Bedarf und eine echte Chance für Bauernverbände, die Lücke in der Bereitstellung von Dienstleistungen für LandwirtInnen zu füllen, sowohl technischer als auch kommerzieller Natur. Um Bauernverbände zu befähigen, diese Rolle wirksamer auszuüben, benötigen sie den Zugang zu notwendigen organisatorischen und geschäftlichen Kompetenzen, damit sie effektiv arbeiten können. In den meisten afrikanischen Ländern verfügen die Angestellten der Bauernverbände nicht über die richtigen Kenntnisse und Ressourcen, um den Mitgliedern solide Praktiken zu demonstrieren und sie mit den Akteuren weiter oben in der Wertschöpfungskette zu vernetzen. Die Gründung und Stärkung gemeinsamer mitgliederbasierter Interessengruppen sowie von Landwirtschaftskooperativen und -verbänden würde dazu beitragen, die Produktivität und Vermarktung zu steigern.
6. **Investitionen des Privatsektors:** Die afrikanische Landwirtschaft verfügt nicht über ausreichend Kapital. Das Grundkapital je landwirtschaftlichem Arbeiter beträgt etwa 3000 US-Dollar, während es in Ländern mit mittlerem Einkommen bei über 10000 US-Dollar liegt. Das Niveau der Kapitalinvestitionen in die Landwirtschaft Subsahara-Afrikas hat sich zwar im Vergleich zum Ende der 1990er Jahre fast verdreifacht, liegt aber immer noch weit unter dem, was erforderlich ist, um das Potenzial der afrikanischen Landwirtschaft voll auszuschöpfen. Zwischen 2003 und 2017 beliefen sich die ausländischen Direktinvestitionen in den afrikanischen Agrar- und Lebensmittelsektor auf etwa 1,5 bis 2 Milliarden US-Dollar pro Jahr (Husmann und Kubik, 2019), während die inländischen Investitionen in diesem Zeitraum von 9 Milliarden US-Dollar auf 20 Milliarden US-Dollar anstiegen.

Investitionen, insbesondere von landwirtschaftlichen ErzeugerInnen und Unternehmen, müssen durch besseren Zugang zu Finanzmitteln und niedrigere Kosten für Kredite sowie durch erschwingliche Versicherungssysteme zur Risikominderung erleichtert werden. Eigentumsrechte müssen gesichert werden, um Sicherheiten zu bieten und Investitionsanreize zu schaffen. Inländische und ausländische Investitionen werden von günstiger Regulierung und Steuerung profitieren, die die lokalen Interessen nicht untergraben, einschließlich eines förderlichen Geschäftsumfelds, Handelserleichterungen und lokaler Infrastruktur.

7. **Afrikanische und internationale politische Initiativen:** Die regionalen Strategien und politischen Maßnahmen, d.h. die Agenda 2063 der Afrikanischen Union mit der Malabo Declaration und die Feed Africa Strategie der Afrikanischen Entwicklungsbank, bilden die Grundlage für die nationalen politischen Rahmenbedingungen und Investitionspläne. Zusätzlich zu den nationalen Initiativen wurden einige nationale landwirtschaftliche Entwicklungsprogramme in länderübergreifende Programme umgewandelt, in denen sich einige Länder auf ein bestimmtes Produkt oder Thema spezialisieren und dadurch doppelte Arbeit und Kosten sparen. Obwohl es sich um einen notwendigen Schritt handelt, ist die Gestaltung guter politischer Maßnahmen keine ausreichende Voraussetzung für die Verbesserung von Produktivität und Produktion, wenn diese Maßnahmen und Initiativen vor Ort nicht ordnungsgemäß und wirksam umgesetzt werden. Die institutionellen Umsetzungskapazitäten müssen sowohl auf Länder- als auch auf subregionaler Ebene deutlich verbessert werden.
8. **Entwicklungszusammenarbeit:** Die offizielle Entwicklungshilfe von den Mitgliedern der Organisation für wirtschaftliche Zusammenarbeit und Entwicklung (OECD) für die afrikanische Landwirtschaft hat sich in den letzten Jahren erholt und ist bis 2018 auf rund 4 Milliarden US-Dollar gestiegen. Der Anteil der Landwirtschaft an der gesamten offiziellen OECD Entwicklungshilfe stieg 2018 auf etwa 9 Prozent und erreichte damit ein Niveau nahe dem von 1996. Die deutsche Initiative „EINEWELT ohne Hunger“ mit den Grünen Innovationszentren nimmt dabei eine wichtige Rolle ein, um Potenziale in Produktion und Wertschöpfungsketten zu stärken. Dieses Engagement und dessen Wirksamkeit muss weiter ausgeweitet und kontinuierlich geprüft werden. Wichtig ist auch, dass die Entwicklungshilfe auf die oben genannten Strategien abgestimmt wird und diese unterstützt, um eine größere Wirksamkeit zu erreichen. Alle sich daraus ergebenden Programme sollten sich eng an den selbst definierten Zielen Afrikas orientieren, die in kontinentalen und nationalen Grundsatzdokumenten zum Ausdruck kommen.

Zehn Top-Prioritäten, die das landwirtschaftliche Wachstum fördern und den Bedarf der Ernährungssysteme decken können

Die hier erläuterten Investitionen und politischen Maßnahmen sollten nicht isoliert betrachtet werden, da sie in Kombination zu größeren Synergien führen. Wir stellen aber auch fest, dass die oben genannten Pakete von acht systemischen, acht Sektor-spezifischen und acht institutionelle Investitionsvorschlägen für politische Entscheidungsträger, die eine fokussierte und begrenzte Reihe von Prioritäten wünschen, ein zu großes und vielfältiges Paket darstellen. Tatsächlich würde ihre Berücksichtigung auf Länderebene strategische Prioritäten und eine detailliertere Granularität der Investitionsmaßnahmen und politischen Reformen erfordern, die nicht nur für sich genommen vielversprechend sind, sondern je nach den Gegebenheiten des Landes auch die Synergien zwischen ihnen fördern. Bei allen Investitionsprioritäten ist regionale und internationale Zusammenarbeit unerlässlich. Bei der Eingrenzung der Prioritäten betrachteten wir als Hauptkriterium den erwarteten Beitrag von Investitionen und politischen Maßnahmen zu dem hier dargelegten Ziel, d.h. das Potenzial der afrikanischen Landwirtschaft auszuschöpfen und die Versorgung Afrikas mit Lebensmitteln für eine erschwingliche und gesunde Ernährung durch nachhaltige Nutzung der eigenen Ressourcen sicherzustellen.

1. Investitionen in junge Frauen und Männer, d.h. in berufliche Bildung und Beratungsdienste, um die Qualifikationen für alle Kern- und Unterstützungsberufe entlang der gesamten Wertschöpfungskette zu verbessern.
2. Investitionen in Innovation und die damit verbundene Agrarforschung zu Nutzpflanzen, Viehzucht, Agroforstwirtschaft und Fischerei.
3. Unterstützung der von landwirtschaftlichen Betrieben und dem lokalen Privatsektor geführten Entwicklung und Verbreitung von ökologisch nachhaltiger Kleinbewässerung, ländlicher Energie, Digitalisierung und Mechanisierung.
4. Umsetzung von nachhaltiger Landnutzung, integrierten und wissenschaftlich fundierten agroforstwirtschaftlichen Praktiken, anreizbasiertem Umweltschutz sowie agro-ökologischen Ansätzen.
5. Investitionen in die Mobilfunkverbindung ländlicher Gebiete und in ganz Afrika als Voraussetzung dafür, dass digitale Werkzeuge im Agrar- und Lebensmittelsektor breit und effektiv eingesetzt werden können.
6. Verbesserung des Marktzugangs durch Investitionen in die ländliche Infrastruktur und Erleichterung der Teilnahme von KleinerzeugerInnen und Kleinunternehmen an integrativen lokalen und kontinentalen Wertschöpfungsketten einschließlich der Afrikanischen Freihandelszone.

7. Bereitstellung geeigneter Rahmenbedingungen und Finanzmittel für die weiterverarbeitende Industrie und Investitionen in technologische Innovationen zur Verringerung von Lebensmittelverlusten und -abfällen, insbesondere im landwirtschaftlichen Betrieb und in den frühen Phasen der Verarbeitung.
8. Verbesserung der Finanzinfrastruktur und der rechtlichen Rahmenbedingungen für das landwirtschaftliche Bankwesen, um Investitionen von KleinerzeugerInnen und Kleinunternehmen, einschließlich Mikrofinanzierungen, zu erleichtern.
9. Umsetzung politischer Maßnahmen, die das Geschäftsumfeld für die Landwirtschaft verbessern, die Korruption verringern, Frieden und Stabilität unter den LandwirtInnen und Nomaden schaffen und eine starke Vertretung von Bauernverbänden in der Ernährungs- und Agrarpolitik gewährleisten.
10. Anpassung der Entwicklungshilfe an Afrikas eigene Agenda zur Transformation der Landwirtschaft auf kontinentaler Ebene, d.h. die Agenda 2063 der Afrikanischen Union und die Malabo Declaration, und auf Länderebene sowie Aufrechterhaltung und Ausweitung der Entwicklungshilfe in den oben genannten vorrangigen Bereichen der landwirtschaftlichen Entwicklung und Ernährungssicherung.

Teil 1: Einführung

Heike Baumüller, Assefa Admassie, Sheryl Hendriks,
Getaw Tadesse und Joachim von Braun

1.1 Einleitung

Der Lebensmittelsektor ist das wirtschaftliche Herzstück in fast allen afrikanischen Ländern. Die Landwirtschaft - definiert als die Produktion von Nutzpflanzen, Viehzucht, Fischerei und Forstwirtschaft sowie die damit verbundene Weiterverarbeitung – ist in der Lage, das wirtschaftliche Wachstum durch steigende Einkommen im ländlichen Raum zu beschleunigen, die wirtschaftliche Transformation in Afrika zu fördern, Arbeitsplätze zu schaffen, die Staatseinnahmen zu erhöhen und das Wirtschaftswachstum zu beschleunigen. Die Entwicklung des Agrarsektors ist in Afrika nach wie vor ein wichtiger Motor für ein integratives Wachstum, die Verbesserung der Ernährungssicherung und die Wiederbelebung des ländlichen Raums (IFPRI, 2019; Weltbank et al., 2017).

In den vergangenen zwei Jahrzehnten hat der Lebensmittelsektor von vielen afrikanischen Regierungen, Entwicklungspartnern und dem Privatsektor mehr Aufmerksamkeit erhalten als zuvor. Die Afrikanische Union (AU) betont den wichtigen Beitrag des Lebensmittelsektors zur Ernährungssicherung und Armutsbekämpfung, was sich in der Formulierung und Umsetzung des Comprehensive African Agricultural Development Programs (CAADP) als integraler Bestandteil des Prozesses der New Partnership for Africa's Development (NEPAD) widerspiegelt. Dies hat zu einem beschleunigten Wachstum des Agrarsektors geführt (schneller als in allen anderen Regionen der Welt) (Abbildung 1.1.1).

Während die afrikanische Landwirtschaft ein beschleunigtes Wachstum verzeichnet, importiert Afrika weiter große Mengen an Lebensmitteln im Wert von etwa 60 Milliarden US-Dollar pro Jahr (UNCTAD, 2020). In Nettozahlen entfallen auf Getreide etwa 25 Milliarden US-Dollar, auf Fleisch und Milchprodukte etwa 8 Milliarden US-Dollar, auf Zucker 4 Milliarden US-Dollar und auf pflanzliche Öle 9 Milliarden US-Dollar pro Jahr (Bouët et al., 2020). Dieser vorwiegend urbane Markt ist eine Chance für die afrikanische Landwirtschaft und Lebensmittelindustrie.

Darüber hinaus sind die Gründe für landwirtschaftliches Wachstum von Bedeutung: Die afrikanische Landwirtschaft erreichte nur etwa ein Prozent Wachstum durch Innovationen (d.h. Wachstum der totalen Faktorproduktivität), während beispielsweise Asien und Lateinamerika etwa 3 Prozent pro Jahr durch Innovationen erzielen (Fuglie und Rada, 2013). Die Differenz von zwei Prozentpunkten ist ein Zeichen für das unausgeschöpfte Potenzial Afrikas.

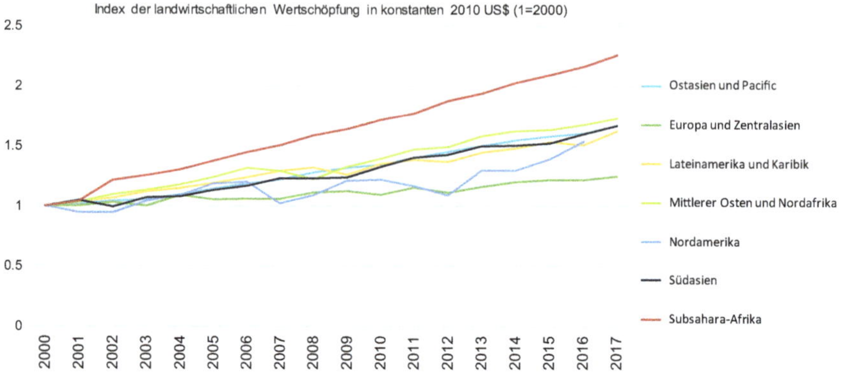

Abbildung 1.1.1: Landwirtschaftlicher Wertschöpfungsindex unterschiedlicher Weltregionen

Quelle: Ousmane Badiane, 15. CAADP-Partnerschaftsplattform, 11.-14. Juni 2019 | Nairobi, Kenia

Fehlende Investitionen, institutionelle Defizite, schlechte Regierungsführung sowie ein Mangel an harter und weicher Infrastruktur werden meist als Gründe für die Kluft zwischen den Möglichkeiten und der Realität angesehen. Dies zeigt, dass dieses Potenzial durch geeignete politische Veränderungen, Investitionen und Innovationen, die im Einklang mit bereits laufenden Änderungen an den lokalen afrikanischen und kontinentalen Kontext angepasst sind, leicht erschlossen werden kann.

Ziel dieses Buches ist es, in Afrika Optionen für politische Maßnahmen und Investitionen aufzuzeigen, um die Potentiale in die Realität umzusetzen und die Lebensmittelversorgung im Hinblick auf eine erschwingliche und gesunde Ernährung durch eine nachhaltige Nutzung von Ressourcen zu sichern. Auch innerafrikanische und externe Möglichkeiten des Handels mit Lebensmitteln werden miteinbezogen. Die Antwort auf diese Frage kann auf zwei verschiedenen Wegen angegangen werden: (1) Erhöhung des Angebots und der Verteilung von ausreichenden und gesunden Lebensmitteln und (2) Erhöhung der Einkommen, um es AfrikanerInnen zu ermöglichen, solche Lebensmittel innerhalb und von außerhalb Afrikas zu kaufen.

Insgesamt unterstreicht die Studie die Bedeutung von Verbesserungen der Produktions-, Verarbeitungs- und Vermarktungskapazitäten, um die Armut zu verringern und die Ernährungssicherung zu verbessern. Dies geschieht indem ein nachhaltiges Angebot an gesunden und erschwinglichen Lebensmitteln sichergestellt wird, Exporterlöse und höhere Einkommen für landwirtschaftliche ErzeugerInnen erzielt werden, die Beschäftigungs- und Einkommensmöglichkeiten verbessert werden und Verbindungen zwischen der Landwirtschaft und anderen Sektoren geschaffen werden, die die ländliche Wirtschaft antreiben und Kapital und Arbeit für das Wachstum in verschiedenen Sektoren bereitstellen. Die Förderung von Innovationen würde auch dazu beitragen, Potenziale zur Verringerung der Unterernährung freizusetzen und Lebensmittelverluste und -abfälle zu reduzieren. Da sich der Schwerpunkt des afrikanischen Ernährungssystems in urbane Gebiete verlagert (AGRA, 2020), könnte die Verbesserung der Lebensmittelproduktion zudem die großen kommerziellen Chancen der schnell wachsenden urbanen Märkte nutzen.

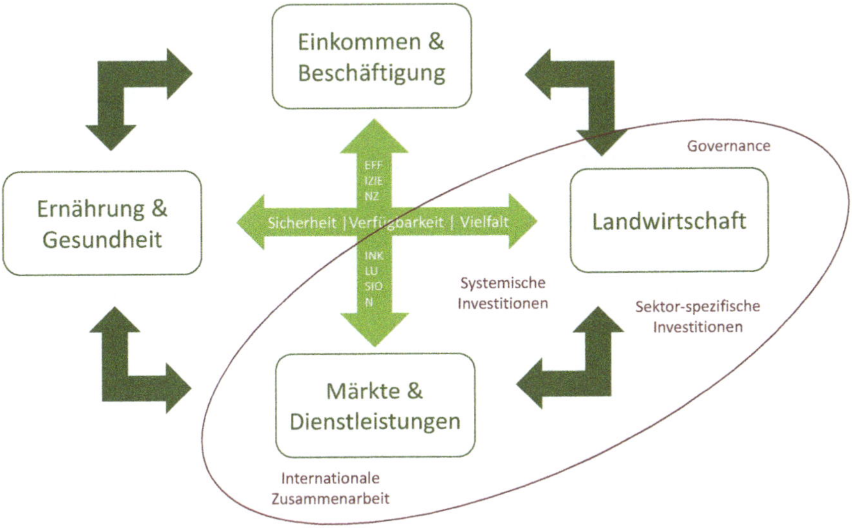

Abbildung 1.1.2: Das Konzept zur Beschreibung von Ernährungssystemen und der Schwerpunkt dieses Buchs

Quelle: Adaptiert von von Braun (2017)

Das Buch ist in einem Konzept zur Beschreibung von Ernährungssystemen eingebettet (siehe Abbildung 1.1.2). Es befasst sich speziell mit den Komponenten, die sich auf die **Landwirtschaft** (Wie kann Afrika sein Angebot an Lebensmitteln für eine nährstoffreiche Ernährung erhöhen?) und die damit verbundenen **Märkte** auswirken (Wie müssen im Inland produzierte Produkte vermarktet und gehandelt werden, um die Ernährungssicherung auf kontinentaler Ebene zu verbessern?).

Allumfassend (auch in Bezug auf Abbildung 2) sind *landwirtschaftliche und ökologische sowie makroökonomische Rahmenbedingungen*. Innerhalb dieses Rahmens konzentriert sich dieses Buch hauptsächlich auf die **landwirtschaftliche Produktion und auf marktbezogene Verknüpfungen**. Dazu gehört z.B. Achtsamkeit für die Lebensmittelversorgung und den Zugang zu Lebensmitteln im Hinblick auf unterschiedliche Ernährungsgewohnheiten, die Qualität und Sicherheit von Lebensmitteln und die Produktionsbedingungen. Märkte und Dienstleistungen sind entscheidend für die Bereitstellung erschwinglicher und nährstoffreicher Lebensmittel. Die Heterogenität des afrikanischen Kontinents erhöht die Aufmerksamkeit für die Märkte und den Handel. Nicht alle Länder werden in der Lage sein, alle ihre Lebensmittel selbst zu produzieren, und werden daher bei einigen Lebensmitteln auf Importe angewiesen sein. Dies bringt die Möglichkeit komparativer Vorteile mit sich, die den innerafrikanischen Handel leiten, wie es die afrikanische kontinentale Freihandelszone (African Continental Free Trade Area, AfCFTA) vorsieht, die im Rahmen eines im März 2018 unterzeichneten Abkommens zwischen den Ländern der Afrikanischen Union geschlossen wurde. Der Handel spielt eine wachsende Rolle bei der Ausschöpfung des Potenzials der afrikanischen Landwirtschaft. Afrikanische Agrarexporte zeigten zwischen 2003 und 2018 einen Aufwärtstrend, und die Diversifizierung der Exportdestinationen sowie der intrakontinentale Handel zeigen eine Ausweitung der Exportanteile verarbeiteter Lebensmittel (Bouët et al. 2020).

Dieses Buch bietet einen strukturierten Überblick über den neuesten Stand der Literatur mit Analysen zur Identifizierung evidenzbasierter Investitionen und politischer Prioritäten, die die Kapazitäten auf der Angebotsseite und die Ernährungssicherung in Afrika erhöhen könnten. Eine solche Bewertung hängt von dem Verständnis der aktuellen Situation der Ernährungssicherung in Afrika und der wichtigsten Herausforderungen ab, die einer angemessenen Lebensmittelversorgung und einer gesunden und sicheren Ernährung im Wege stehen. Dies wird in **Kapitel 3** erörtert, in dem auch ein Blick in die Zukunft geworfen wird, um abzuschätzen, wie spätere Trends die künftige Nachfrage beeinflussen werden, z.B. veränderte Ernährungsgewohnheiten, Urbanisierung und Bevölkerungswachstum.

Kapitel 4 befasst sich mit Bereichen, in denen Investitionen und politische Maßnahmen erforderlich sind, um eine nachhaltige Ausweitung und Intensivierung der Produktion von Nutzpflanzen, der Viehzucht, der Agroforstwirtschaft, der Aquakulturen und des Fischfangs zu erreichen. Die Analyse konzentriert sich nicht nur auf die Verbesserung von Erträgen und Produktionsvolumen, sondern auch auf die Erhöhung des Lebensmittelangebots durch die Verringerung von Nachernteverlusten, Verbesserungen im Verarbeitungssektor und die Verringerung des ökologischen Fußabdrucks. Ein besonderes Augenmerk wird auf die Erhöhung des Angebots gerichtet bei gleichzeitiger Anpassung an den Klimawandel, Vermeidung von Bodendegradation sowie nachhaltiger Nutzung der natürlichen Ressourcen und von agroökologischen Ansätzen.

Spezifische Investitions- und Politikbedürfnisse im Zusammenhang mit den verschiedenen landwirtschaftlichen Teilsektoren werden angesprochen:

- Wie ein verbesserter Einsatz von Betriebsmitteln, Mechanisierung, Bewässerung, Digitalisierung, Reduzierung von Nachernteverlusten und nachhaltiges Landmanagement die Produktivität der **Produktion von Nutzpflanzen** innerhalb der ökologischen Grenzen steigern kann.
- Möglichkeiten, die Produktivität des **Viehzuchtsektors** durch verbesserte Rassen, Produktionssysteme, Futtermittel und Veterinärdienste unter Berücksichtigung ökologischer Nachhaltigkeitsaspekte zu steigern.
- Wie das Angebot an **Fischprodukten** durch eine nachhaltige Nutzung der Fischbestände, eine nachhaltige Ausweitung der Produktion von Aquakulturen und eine effizientere Verarbeitung zur Verringerung der Verluste verbessert werden kann.
- Wie die **Forstwirtschaft** als Nahrungsquelle genutzt werden kann, entweder aus bestehenden Wäldern oder durch Investitionen in die Agroforstwirtschaft.

In Kapitel 5 werden **systemische Investitionen und politische Maßnahmen** bewertet, die sich über die verschiedenen Teilsektoren erstrecken. In den Unterabschnitten wird erörtert, wie die **Kompetenzen** von landwirtschaftlichen ProduzentInnen und Kleinunternehmen ausgebaut, die **Jugend** aktiv einbezogen, die Anwendung **digitaler** Technologien ausgeweitet, die Investitionen in **die Agrarforschung** erhöht, der Zugang zu **Finanzmitteln und Versicherungen** verbessert, die **Elektrifizierung** insbesondere in ländlichen Gebieten gefördert und **Märkte und Wertschöpfungsketten** für KleinerzeugerInnen und Kleinunternehmen integrativer gestaltet werden können.

Die ermittelten Maßnahmen können nicht in einem politischen Vakuum umgesetzt werden, sondern sind auf förderliche Rahmenbedingungen durch **die Regierung** angewiesen. Dies ist der Schwerpunkt von **Kapitel 6,** in dem die Elemente eines unterstützenden politischen Umfelds für die Ernährungssicherung, die Rolle von **Bauernverbänden**, die Möglichkeiten zur Stärkung der

Land- und Wasserrechte sowie die Möglichkeiten zur Stärkung der **Frauen** im Ernährungssystem bewertet werden.

Kapitel 7 befasst sich mit der Rolle der **kontinentalen und internationalen Zusammenarbeit** zur Unterstützung Afrikas bei seinen Bemühungen, die afrikanische Lebensmittelversorgung zu fördern und die Ernährungssicherung zu gewährleisten. Zu den erörterten Bereichen der Zusammenarbeit gehören die wirksame Ausrichtung der **Entwicklungshilfe** für die Landwirtschaft, die Gewinnung von in- und ausländischen **Investitionen des Privatsektors**, die Afrika helfen können, sich selbst zu ernähren, die Erleichterung des regionalen und internationalen **Handels** und die Förderung der damit verbundenen politischen Prioritäten in den kontinentalen und internationalen **politischen Prozessen und Initiativen**.

Nicolas Gerber

1.2 Aktuelles Angebot, Nachfrage und Ernährungssicherung in Afrika

Die politische Bedeutung der Nahrungsmittelsicherheit und Ernährungssicherung in Afrika

Eine schlechte Ernährung ist weltweit die Haupttodes- und Krankheitsursache (Afshin et al., 2019). In Afrika ist Unterernährung und Ernährungsunsicherheit besonders weit verbreitet. Dies hat dazu geführt, dass Hunger und Fehlernährung auf dem Kontinent explizit in politischen Rahmenvorgaben thematisiert und berücksichtigt werden. In diesem Zusammenhang werden Nahrungsmittelsicherheit und Ernährungssicherung (food and nutrition security) stets gemeinsam erwähnt.

Auf internationaler Ebene setzen die Entwicklungsagenda und vor allem die UN-Nachhaltigkeitsziele (Sustainable Development Goals, SDGs), insbesondere SDG2, die Konzepte der Nahrungsmittelsicherheit, Ernährungssicherung und nachhaltigen Landwirtschaft in den Fokus. Die ehrgeizigen SDG Ziele 2.1 und 2.2, Hunger und alle Formen der Fehlernährung bis 2030 zu beenden, sind heute ein anerkannter Maßstab, an dem die nationalen Fortschritte im Bereich der Nahrungsmittelsicherheit und Ernährungssicherung gemessen werden können. Sowohl der Global Nutrition Report (2020) als auch das Scaling Up Nutrition Network (SUN) in seiner Strategie und seinem Fahrplan für 2016 bis 2020 betonen, dass Ernährung für die globale Umsetzung der SDGs von großer Bedeutung ist. Auf ihrem Gipfeltreffen 2017 in Hamburg verpflichteten sich die Länder der G20, Afrika in seinen Bemühungen, Hunger und Fehlernährung zu beenden, zu unterstützen. Die Vereinten Nationen erklärten 2016 bis 2025 zu einem Jahrzehnt abgestimmter und nachhaltiger ernährungspolitischer Maßnahmen durch politische Programme gemäß den Empfehlungen der Second International Conference on Nutrition (ICN2) 2014, die in die Agenda 2030 aufgenommen wurden. Die auf der ICN2 eingegangenen Verpflichtungen waren globaler Natur (Hunger und Fehlernährung zu beseitigen) und wurden später in SDG2 aufgenommen und mit einem Zeitrahmen versehen. Im Jahr 2012, während der Weltgesundheitsversammlung, hatten sich die afrikanischen Länder außerdem dazu verpflichtet, sechs weitere Ernährungsziele bis 2025 zu erreichen.

Diese Ziele dienen nun als Zwischenschritte zur Erreichung von SDG2 und konzentrieren sich auf die Bekämpfung von Fehlernährung.

Auf kontinentaler Ebene spiegelt die Agenda 2063 der Afrikanischen Union (AU, 2015b) die gemeinsame Position der afrikanischen Regierungen in Bezug auf eine gezielte sozioökonomische Entwicklung und Transformation sowie einen Anreiz für Fortschritte im Bereich der Ernährung wider. Die spezifischen Ziele der regionalen afrikanischen Ernährungsstrategie 2015–2025 sind die gleichen sechs Ziele, die 2012 während der Weltgesundheitsversammlung vereinbart wurden. Die nächsten Meilensteine für die Ernährung in Afrika sind SDG 2.1 und 2.2 in 2030. Mehrere Pläne und Initiativen arbeiten explizit oder indirekt auf die Erfüllung all dieser ehrgeizigen Ziele und Vorgaben hin. Am bemerkenswertesten ist die Malabo Declaration on Accelerated Agricultural Growth and Transformation for Shared Prosperity and Improved Livelihoods (AU, 2014), in der die Ernährung ausdrücklich als eine Schlüsselkomponente des CAADP verankert wurde. Letzteres nimmt deswegen gemeinsame Ernährungsindikatoren für alle Länder in seinem Ergebnisrahmen auf, als Teil der Bewertung des nationalen landwirtschaftlichen Investitionspläne (NAIP) der Länder. Die NEPAD umfasst auch einen Strategischen Plan für Food Systems und deren Umsetzung (2019–2025). Dies sind nur die jüngsten Beispiele afrikanischen Engagements in Bezug auf Nahrungsmittelsicherheit und der Ernährungssicherung, die sich an frühere Positionen wie die African Union Declaration on Agriculture and Food Security in Maputo im Jahr 2003 anschließen.

Die oben erwähnten Programme und Politikmaßnahmen haben zu einigen Fortschritten im Kampf gegen Ernährungsunsicherheit geführt. Dennoch ist 2019 immer noch etwa jeder fünfte Mensch in Afrika chronisch von Hunger betroffen.[1] Fehlernährung – ein anormaler physiologischer Zustand, verursacht durch mangelhafte, übermäßige oder unausgewogene Aufnahme von Energie (Kohlenhydrate, Fett und Proteine) und/oder Nährstoffen (essentielle Vitamine und Mineralien) – beinhaltet somit auch Hunger, aber ist ein noch komplexeres Thema mit vielfältigen und direkten Ursachen und Folgen, die alle miteinander verknüpft sind (Malabo Montpellier Panel, 2017).

---

1 Hunger oder Unterernährung und ihre Prävalenz in der Bevölkerung beziehen sich auf den Begriff der unzureichenden Nahrungsaufnahme und den daraus resultierenden Mangel an der für ein aktives und gesundes Leben notwendigen Energie (verbrauchte Kalorien). Die FAO berichtet jährlich für die meisten Länder über die nationale Prävalenz von Unterernährung (PoU) (FAO et al., 2019).

Natürlich muss der afrikanische Agrarsektor eine Schlüsselrolle spielen, wenn die Ziele der Nahrungsmittelsicherheit und der Ernährungssicherung erreicht werden sollen, weil er einen großen Teil der afrikanischen Bevölkerung Beschäftigungsmöglichkeiten bietet und mit Rohprodukten versorgt. Um sein Potenzial auszuschöpfen, muss der Agrarsektor über die reine Produktions- und Produktivitätssteigerung hinaus die Synergien zwischen Ernährung, Gesundheit, Wasser, sanitären Einrichtungen und Lebensmittelproduktion nutzen und Zielkonflikte reduzieren (Gerber et al., 2019). Dies würde nicht nur die Ernährungsunsicherheit und Armut verringern, sondern auch den Agrarsektor in den Wachstumsprozess miteinbeziehen sowie Ernährungssysteme (food systems), Volkswirtschaften und Gemeinschaften widerstandsfähiger machen (Malabo Montpellier Panel, 2017).

Vor dem Hintergrund des raschen demographischen Wandels, der Jugendarbeitslosigkeit, der Urbanisierung und der aktuellen Pandemie ist die Resilienz von Ernährungssysteme für Afrika von besonderer Bedeutung. Obwohl Ernährungssysteme als Ganzes während der COVID-19 Pandemie bestehen blieben, gibt es ernsthafte Bedenken, welche Auswirkungen der allgemeine Konjunktureinbruch aufgrund von Preissteigerungen, Arbeitslosigkeit und Armutsproblemen auf die Ernährung und die Versorgung mit Lebensmitteln haben könnte.

Frühere und aktuelle Trends in der afrikanischen Nahrungsmittelsicherheit und Ernährungssicherung

Die Ziele 2.1[2] und 2.2[3] der SDGs sind für Afrikas Nahrungsmittelsicherheit und Ernährungssicherung von großer Bedeutung. Die Prävalenz von Unterernährung (PoU) beschreibt den Anteil der Bevölkerung, dem es an ausreichenden Kalorien mangelt (SDG-Indikator 2.1.1). Der Food Insecurity Experience Scale

2 SDG-Ziel 2.1: Bis 2030 den Hunger zu beenden und sicherzustellen, dass alle Menschen, insbesondere die Armen und Menschen in prekären Situationen, einschließlich Kleinkinder, ganzjährig ausreichenden Zugang zu sicherer und nahrhafter Nahrung haben.

3 SDG-Ziel 2.2: Bis 2030 alle Formen der Unterernährung zu beenden, einschließlich der Erreichung der international vereinbarten Ziele bis 2025 in Bezug auf Stunting und Wasting bei Kindern unter 5 Jahren, und auf die Ernährungsbedürfnisse heranwachsender Mädchen, schwangerer und stillender Frauen sowie älterer Menschen einzugehen. Abgerufen von: https://unstats.un.org/sdgs/metadata/?Text=&Goal=2&Target

(FIES) erfasst den Anteil der Menschen, die keinen ausreichenden Zugang zu nährstoffreichen Lebensmitteln haben und daher unter schwerer oder mäßiger Ernährungsunsicherheit leiden (SDG-Indikator 2.1.2). Dieser Abschnitt befasst sich mit diesen beiden Indikatoren, da sie am besten für die Bestimmung von Hunger geeignet sind. Dennoch sollte man nicht vergessen, dass Hunger Teil des komplexeren Problems der Fehlernährung ist und nicht nur isoliert betrachtet werden sollte. In dieser Hinsicht bezieht sich der SDG-Indikator 2.2.1 auf die Prävalenz von Wachstumshemmung (stunting) bei Kindern. Der SDG-Indikator 2.2.2 beinhaltet andere Indikatoren für Fehlernährung: die Prävalenz von Auszehrung (wasting) und Übergewicht bei Kindern. Der Welthungerindex (Global Hunger Index) hingegen wird aus der Prävalenz von Unterernährung, Kindersterblichkeit und (gleichgewichtet in einem einzigen Maß für die Unterernährung von Kindern) Wachstumshemmung und Auszehrung bei Kindern errechnet. Der WHI fasst somit die Begriffe Hunger und Fehlernährung in seiner Berechnung zusammen.

In 2019 weist Afrika mit geschätzten 19,1 Prozent die höchste Prävalenz von Unterernährung (PoU) auf und liegt damit deutlich über den Werten von Asien und sogar Südasien, die mit 13,4 Prozent (Schätzung 2019) die am

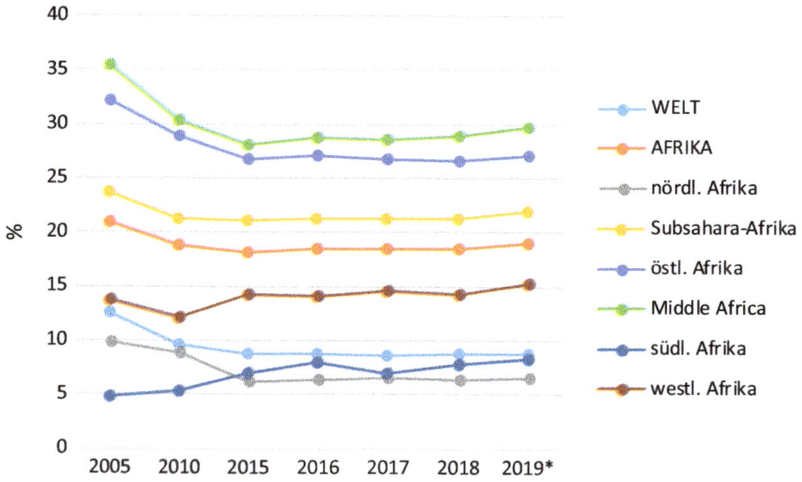

Abbildung 1.2.1: Prävalenz von Unterernährung (PoU) in Afrika, 2005–2019
Anmerkung: * Projizierte Werte.
Quelle: Eigener Entwurf basierend auf FAO et al. (2020)

zweitschlimmste betroffene Region der Welt ist. Zwischen 2005 und 2019 ging die Prävalenz von Unterernährung bis 2015 zurück, stieg danach jedoch wieder leicht an (Abbildung 1.2.1), wodurch Afrika weiterhin weit über dem weltweiten Durchschnitt liegt. In Afrika hat darüber hinaus die Zahl der unterernährten Menschen aufgrund des Bevölkerungswachstums zwischen 2005 und 2019 stetig zugenommen (Tabelle 1.2.1), von einem Anteil von 23,3 Prozent der unterernährten Menschen weltweit im Jahr 2005 auf einen Anteil von 36 Prozent im Jahr 2019.

Seit 2014, dem ersten Jahr, für das der FIES berechnet wurde, nimmt die Prävalenz der Ernährungsunsicherheit in Afrika wieder zu (siehe Abbildung 1.2.2). Eine steigende Zahl von AfrikanerInnen hat keinen ausreichenden Zugang zu nährstoffreichen Lebensmitteln. In Afrika ist die Zahl der von Ernährungsunsicherheit betroffenen Menschen in den letzten fünf Jahren um 140 Millionen gestiegen und liegt nun bei 674,5 Millionen (Tabelle 1.2.2). Diese Zahl wird berechnet, indem man diejenigen, die stark von Ernährungsunsicherheit betroffen sind (was in etwa der Zahl der Unterernährten entspricht also ca. 250,3 Millionen im Jahr 2019, siehe REF _Ref52184725 \h Tabelle 1.2.1), mit denjenigen addiert, die mäßig von Ernährungsunsicherheit betroffen sind. Letzteres bedeutet, dass der Zugang zu Lebensmitteln unsicher ist und Teile der Bevölkerung zeitweise Kompromisse bezüglich der Menge und Qualität der von ihnen verzehrten Lebensmitteln eingehen mussten, auch wenn sie nicht unbedingt unter Hunger gelitten haben.

In Afrika zeichnen die Indikatoren für Fehlernährung im Vergleich zum Weltdurchschnitt ein gemischtes Bild. Abgesehen von der Fettleibigkeit bei Erwachsenen zeigen alle afrikanischen Indikatoren eine Verbesserung der Situation in den letzten Jahren. Der Anteil der Kinder mit Übergewicht und niedrigem Geburtsgewicht ist in Afrika im Vergleich zum weltweiten Niveau besonders niedrig. Die bemerkenswerte Ausnahme ist die Prävalenz von Wachstumshemmungen bei Kindern: Trotz der Verbesserungen zwischen 2012 und 2018 liegt die Prävalenz von Wachstumshemmungen bei afrikanischen Kindern (29,1 Prozent) nach wie vor deutlich über dem Weltdurchschnitt (21,3 Prozent) und ist im kontinentalen Vergleich am höchsten (FAO et al., 2020).

Interafrikanische Vergleiche auf regionaler Ebene zeigen einige gegensätzliche Tendenzen in Bezug auf die Indikatoren für Hunger, Ernährungsunsicherheit und Fehlernährung. Im südlichen und westlichen Afrika ist die Prävalenz von Unterernährung seit 2005 fast kontinuierlich gestiegen (Abbildung 1.2.1). In Nordafrika ging sie bis 2015 zurück, stieg danach aber leicht an. Diese drei Regionen haben 2019 die drei niedrigsten Anteile unterernährter Menschen in

Tabelle 1.2.1: Zahl der unterernährten Menschen in Afrika, 2005–2019

	Zahl der Unterernährten Menschen (Millionen)							
	2005	**2010**	**2015**	**2016**	**2017**	**2018**	**2019***	**2030****
WELT	**825.6**	**668.2**	**653.3**	**657.6**	**653.2**	**678.1**	**687.8**	**841.4**
AFRIKA	**192.6**	**196.1**	**216.9**	**224.9**	**231.7**	**236.8**	**250.3**	**433.2**
Nordafrika	18.3	17.8	13.8	14.4	15.5	15	15.6	21.4
Subsahara-Afrika	174.3	178.3	203	210.5	216.3	221.8	234.7	411.8
Ostafrika	95	98.1	104.9	108.4	110.4	112.9	117.9	191.6
Mittleres Afrika	39.7	40	43.5	45.8	47.2	49.1	51.9	90.5
Südliches Afrika	2.7	3.2	4.4	5.1	4.5	5.2	5.6	11
Westafrika	36.9	37	50.3	51.2	54.2	54.7	59.4	118.8

ANMERKUNGEN: * Prognostizierte Werte. ** Die Prognosen bis 2030 spiegeln nicht die potenziellen Auswirkungen der COVID-19-Pandemie wider. Für die Projektionen bis 2030: grün = auf dem Weg zur Erreichung des 2030-Ziels; gelb = einige Fortschritte; rot = keine Fortschritte oder Verschlechterung. Siehe FAO et al. (2019), **Kasten 2, Anhänge 1B** und **2** für eine Beschreibung, wie die Projektionen erstellt werden.
Quelle: extrahiert und zusammengestellt aus FAO et al. (2020)

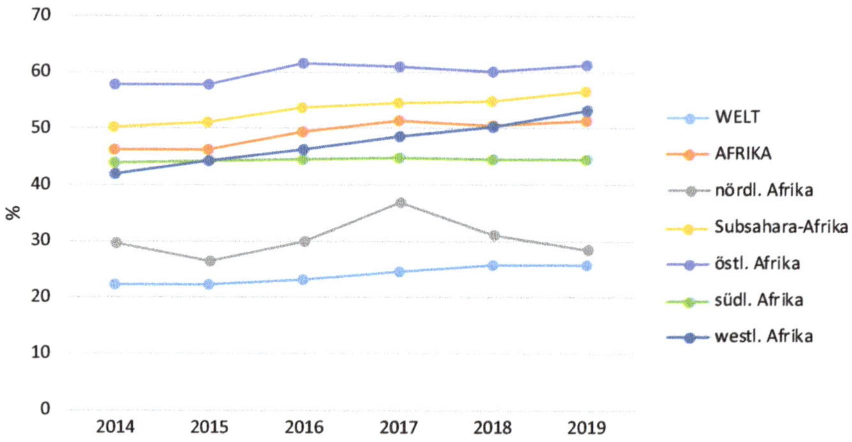

Abbildung 1.2.2: Prävalenz mäßiger oder schwerer Ernährungsunsicherheit in Afrika, 2014–2019:

Hinweis: FIES-Daten für das Mittlere Afrika sind nicht verfügbar.

Quelle: Eigener Entwurf basierend auf FAO et al. (2020)

Tabelle 1.2.2: Anzahl der Menschen in Afrika, die von mittlerer oder schwerer Ernährungsunsicherheit betroffen sind, gemessen mit dem FIES, 2014–2018

	Anzahl der Menschen (Millionen)					
	2014	**2015**	**2016**	**2017**	**2018**	**2019**
WELT	**1633.5**	**1649.5**	**1735.2**	**1874.5**	**1969.6**	**2001.1**
AFRIKA	**534.1**	**549.5**	**599.6**	**640.0**	**646.2**	**674.5**
Nordafrika	65.1	59.1	68.6	85.6	73.7	69.1
Subsahara-Afrika	469.0	490.4	531.0	554.4	572.5	605.4
Ostafrika	219.9	225.8	247.0	251.4	254.2	266.4
Mittleres Afrika	k.A.	k.A.	k.A.	k.A.	k.A.	k.A.
Südliches Afrika	27.4	28.0	28.5	29.1	29.4	29.8
Westafrika	144.0	155.7	167.6	180.2	192.6	208.1

QUELLE: extrahiert und zusammengestellt aus FAO et al. (2020)

Afrika, zwei davon liegen sogar unter dem Weltdurchschnitt. Im Gegensatz dazu haben Ost- und Mittelafrika nach einem starken Rückgang der Prävalenz unterernährter Menschen zwischen 2005 und 2015 seither einen leichten Anstieg zu verzeichnen und sind die beiden Regionen, die weltweit am stärksten von Unterernährung betroffen sind. Unter Berücksichtigung des Bevölkerungswachstums geht aus Tabelle 1.2.1 hervor, dass mit Ausnahme Nordafrikas in allen Regionen ein stetiger Anstieg der Zahl der unterernährten Menschen zu verzeichnen ist. In Ostafrika lebt fast die Hälfte aller unterernährten Menschen Afrikas, 2019 waren es fast 118 Millionen. Westafrika machte mit 59 Millionen fast ein Viertel aus; ein schockierender Anstieg der Zahl unterernährter Menschen um 60 Prozent seit 2005. Im Vergleich dazu beträgt der Anstieg der unterernährten Menschen in ganz Subsahara-Afrika im gleichen Zeitraum 34 Prozent.

Hinsichtlich der Ernährungsunsicherheit (Abbildung 1.2.1) unterscheidet sich Nordafrika von allen anderen afrikanischen Regionen: Mit einem Rückgang, gefolgt von einem Anstieg und dann einem Rückgang ist die Prävalenz im Jahr 2019 niedriger als in 2005. Auf dem Rest des Kontinents und weltweit kam es zu einem Anstieg der Prävalenz der Ernährungsunsicherheit, besonders in Westafrika, der relativ gesehen am zweitstärksten betroffenen Region nach Ostafrika. Im Jahr 2019 waren in Ostafrika über 266 Millionen Menschen von Ernährungsunsicherheit betroffen, in Westafrika über 208 Millionen Menschen (Tabelle 1.2.2).

Erfolge in der afrikanischen Landwirtschaft und Unterschiede in der Nahrungsmittelsicherheit und Ernährungssicherung

Die im vorigen Abschnitt erörterten kontinentalen und regionalen Zahlen verbergen größtenteils die Unterschiede in der Nahrungsmittelsicherheit und Ernährungssicherung auf Länderebene. Es sollte jedoch betont werden, dass bestimmte Länder und Ernährungsprogramme in Afrika in den letzten Jahren große Erfolge verzeichnen konnten. Auf der landwirtschaftlichen Seite untersuchten Huisman et al. (2016) länderspezifische Trends in der Lebensmittelproduktion und -versorgung für zehn afrikanische Länder mit gegensätzlichen sozialen und agrarökonomischen Verläufen. Sie kommen zu dem Schluss, dass die häufig geäußerte Annahme, Afrika müsse seine Importabhängigkeit erhöhen und seine Anbauflächen ausweiten, um seine Lebensmittelversorgung zu sichern, nicht zutreffend sei. Vielmehr ist trotz des hohen Bevölkerungswachstums zwischen 1990 und 2010 das durchschnittliche Pro-Kopf-Angebot von Lebensmitteln in Subsahara-Afrika gestiegen. Darüber hinaus stammten über 90 Prozent der gesteigerten Lebensmittelversorgung aus einer erhöhten einheimischen Produktion und nicht aus Importen. Des Weiteren waren nicht Expansion, sondern Intensivierung und Ertragswachstum die Antriebsfaktoren für diesen Anstieg. Obwohl es möglich ist, solche Erfolge in der Zukunft zu wiederholen, gibt es keine Garantie dafür (Huisman et al., 2016). Van Ittersum et al. (2016) begutachteten den Getreidekonsum Afrikas und stellen fest, dass sich die Nachfrage bis 2050 im Vergleich zu 2005/2007 verdreifachen und damit die ohnehin schon starke Abhängigkeit von Getreideimporten wahrscheinlich noch zunehmen wird. Dies ist sowohl auf das Bevölkerungswachstum (multipliziert mit 2,5) als auch auf die gestiegene Kaufkraft zurückzuführen. Die Autoren sind skeptisch, dass ein solcher Anstieg der Getreidenachfrage durch eine erhöhte Produktivität (Schließung der berühmten Ertragslücke) gedeckt werden kann, da die lokale Deckung der Nachfrage „andere komplexere und unsicherere Komponenten der Intensivierung“ erfordern würde (van Ittersum et al., 2016, S. 1).

Auch der starke Rückgang der Prävalenz von Unterernährung deutet auf nationale Erfolge hin. Auf Grundlage der FAO-Daten lassen sich folgende Trends beobachten. Zwischen 2000 und 2017 (basierend auf den 3-Jahres-Durchschnitten, von 2000 bis 2019) haben Algerien, Angola, Benin, Kamerun, Äthiopien, Ghana, Mali und Senegal die Prävalenz von Unterernährung um mehr als 50 Prozent gesenkt, was bedeutet, dass sie mehr als halbiert wurde. Darüber hinaus ist es denselben Ländern trotz des starken Bevölkerungswachstums (in allen Ländern außer Algerien um mehr als 50 Prozent) im gleichen

Zeitraum gelungen, die Anzahl an unterernährten Menschen um mindestens ein Drittel zu senken. Außerdem hat eine Reihe von Ländern erfolgreiche Programme mit positiven Auswirkungen auf die Ernährungsindikatoren durchgeführt. In Äthiopien erhöhte das Programm Alive & Thrive das ausschließliche Stillen und dessen frühe Anwendung um 11 bzw. 15 Prozent. Die Einführung der orangefleischigen Süßkartoffel erhöhte die Vitamin A-Aufnahme von Kindern in Uganda signifikant und verdoppelte sie in Mosambik. In nur zwei Jahren erhöhte das Enhanced Homestead Food Production-Programm in Burkina Faso die Aufnahme von Fleisch um 8 Prozent, Geflügel um 85 Prozent und Obst um 16 Prozent. Dies führte zu einem Rückgang des Anteils untergewichtiger Frauen um 9 Prozent und zu einer Verringerung der Anämie bei Säuglingen in den Altersgruppen 3–6 Monate um 15 Prozent, sowiezu einer Verringerung der Auszehrung bei Kindern im Alter von 3–12 Monate um 9 Prozent (Malabo Montpellier Panel, 2017).

Der Welthungerindex[4], der seit 2006 jährlich veröffentlicht wird, erfasst die Verfügbarkeit von Kalorien auf der Ebene der Gesamtbevölkerung eines Landes, die Unterernährung bei Kindern unter fünf Jahren (eine besonders gefährdete Gruppe) und den kritischsten Faktor, die Kindersterblichkeit, die diese beiden Faktoren miteinander verbindet. Darüber hinaus erfasst der WHI sowohl chronische als auch akute Unterernährung, indem es bei der Messung die Indikatoren für Wachstumshemmung und Auszehrung (SDG-Indikator 2.2.1 und Teile des Indikators 2.2.2) miteinbezieht. Da er die Entwicklung der Werte im Laufe der Zeit direkt aufzeigt, ermöglicht er, in Afrika Erfolgsgeschichten zu ermitteln. Von den 35 afrikanischen Ländern, die im Zeitraum von 2000 bis 2020 teilgenommen haben (von insgesamt 107 Ländern mit vollständigen Daten), konnten Angola, Burkina Faso, Äthiopien, Malawi, Mali, Ruanda und Sierra Leone ihren WHI um mindestens 20 Punkte senken (der WHI wird zwischen 0 und 100 Punkten gemessen) und dabei auch einen Rückgang ihres WHI um mehr als 40 Prozent verzeichnen. Angola (-38 Punkte), Äthiopien und Sierra Leone (-27 Punkte) schafften es, ihren WHI am meisten zu senken. Zu den anderen Ländern mit geringeren absoluten Veränderungen des WHI, die jedoch einen Rückgang um mehr als 40 Prozent verzeichneten, gehören Kamerun, Ghana, Marokko, Senegal und Tunesien. Angola, Äthiopien und Senegal haben ihren WHI innerhalb von 20 Jahren sogar mehr als halbiert.

Tschad, Gabun, Lesotho und Madagaskar verzeichneten die geringste relative Verbesserung des WHI mit einem Rückgang um höchstens 15% zwischen

4 von Grebmer et al. (2019) stellen die Entwicklung des WHI seit 2000 vor.

2000 und 2020. Tschad und Madagaskar machen unter den Ländern mit vollständigen Daten für die letzten 20 Jahre am meisten Grund zur Sorge, da sie im WHI die Plätze 107 bzw. 105 belegen, was bedeutet, dass mangelnde relative Fortschritte eine sehr hohe Prävalenz von Ernährungsunsicherheit mit sich bringen. Im Großen und Ganzen wird ihr hoher WHI auf sehr hohe Raten von Unterernährung und Wachstumshemmungen bei Kindern sowie, im Falle des Tschad, auf die Kindersterblichkeit zurückgeführt. Diese werden insbesondere durch Konflikte und häufige Dürren im Tschad sowie durch stagnierendes Wirtschaftswachstum, hohe Armutsraten und politische Instabilität in Madagaskar angetrieben (von Grebmer et al., 2020). Im Jahr 2020 werden alle der niedrigsten Ränge des WHI (von Platz 79 bis 107) bis auf sechs Ausnahmen von Ländern in Subsahara-Afrika belegt (von Grebmer et al., 2020). Diese niedrigen Ränge sind in dieser Region auf die weltweit schlimmsten Unterernährungs- und Kindersterblichkeitszahlen zurückzuführen, wobei Subsahara-Afrika in Bezug auf Wachstumshemmungen bei Kindern hinter Südasien geringfügig an zweiter Stelle steht. Zwischen 2012 und 2020 gehörten Botswana, Eswatini, Kenia, Lesotho, Madagaskar, Mauretanien, Mosambik und Ruanda zu den 14 Ländern weltweit, für die der WHI eine Verschlechterung der Situation verzeichnet (von Grebmer et al). Weitere afrikanische Länder, für die dem WHI zwar keine vollständigen Daten vorliegen, die aber im Hinblick auf Hunger und Unterernährung besorgniserregend sind (GHI im Jahr 2020 schätzungsweise zwischen 35 und 50), sind Burundi, die Zentralafrikanische Republik, die Komoren, die Demokratische Republik Kongo, Somalia und der Südsudan (von Grebmer et al., 2020).

Die Prävalenz von Hunger und Unterernährung sind innerhalb eines Landes sehr unterschiedlich (von Grebmer et al., 2020). Intra-nationale Daten sind daher für eine wirksame Politik zur Reduzierung von Hunger und Unterernährung von entscheidender Bedeutung, liegen jedoch nur für 33 afrikanische Länder vor. Die Länder mit den größten regionalen Unterschieden werden durch einen Vergleich der Zahlen für die niedrigste, den nationalen Durchschnitt und die höchste Prävalenz von Wachstumshemmungen bei Kindern für subnationale Verwaltungseinheiten innerhalb der Länder ermittelt[5]. Die folgenden

5 von Grebmer et al. (2020) put forth that childhood stunting is a key indicator, as it can result from a wide range of factors— insufficient consumption of calories, insufficient consumption or absorption of micronutrients, or recurrent diseases that affect child growth. Further, it is not significantly affected by seasonal variations, unlike child wasting. Please note that the definitions of subnational administrative units are uniform across the countries.

Länder weisen alle eine subnationale Prävalenz von Wachstumshemmungen bei Kindern mit extremen Abweichungen auf (gemessen als Unterschiede von mehr als 30 Prozentpunkten zwischen der höchsten und der niedrigsten subnationalen Prävalenz): Burkina Faso, Burundi, Kamerun, Tschad, die Demokratische Republik Kongo, Äthiopien, Madagaskar, Niger, Nigeria, Kamerun und die Vereinigte Republik Tansania[6].

Ungleichheiten in der Ernährung zwischen verschiedenen Ländern und innerhalb eines Landes, das Thema des jüngsten Global Nutrition Reports (2020), entstehen „aus ungerechten Systemen und Prozessen, die die alltäglichen Lebensbedingungen beeinflussen" (UNICEF, 2020, S. 21) und verschiedene Bevölkerungsgruppen unterschiedlich betreffen, z.B. im Hinblick auf Geschlecht, Alter, ethnische Zugehörigkeit, politische und ideologische Ansichten, Religion oder wirtschaftlichen Status. Der Global Nutrition Report (2020), der mehr als 20 Indikatoren umfasst, hat große Anstrengungen unternommen, um das Zusammenspiel dieser Faktoren besser zu verstehen. Er liefert Daten zum globalen und nationalen Ernährungsstatus und bewertet die Fortschritte der Länder auf der Grundlage ihrer Wahrscheinlichkeit, die globalen Ernährungsziele für 2025 zu erreichen. Er betont, dass besonders in Afrika verschiedene Formen der Fehlernährung gleichzeitig auftreten: Die meisten Länder verzeichnen kritische Werte in Bezug auf Kinderarmut, Anämie bei Frauen im reproduktiven Alter und Übergewicht bei erwachsenen Frauen. Eine weitere große Gruppe afrikanischer Länder weist sowohl eine hohe Prävalenz von Wachstumshemmungen bei Kindern als auch von Anämie bei Frauen im reproduktiven Alter auf. Demgegenüber weisen Gabun, Ghana, Senegal (alles Länder, die bei der Reduzierung von Wachstumshemmungen bei Kindern gute Fortschritte gemacht haben) sowie Marokko, Algerien und Tunesien eine hohe Prävalenz von Übergewicht und Anämie bei Frauen auf (Global Nutrition Report, 2020)[7].

Innerhalb eines bestimmten Landes kann die Prävalenz von Wachstumshemmungen bei Kindern zwischen verschiedenen Einkommensgruppen auch die Unterschiede in der Ernährung erklären. Seit dem Jahr 2000 berichtet der Global Nutrition Report (2020), dass sich zum Beispiel in Burundi, Lesotho

6 Interpreted from von Grebmer et al., 2020, p. 19

7 NEPAD (2019) bietet eine weitere Veranschaulichung des vielschichtigen Problems der Fehlernährung in Afrika. Sie zeigt verschiedene nationale Ernährungsindikatoren zusammen mit Indikatoren für das landwirtschaftliche Potenzial und die Abhängigkeit vom Handel mit Lebensmitteln.

und Nigeria die Kluft zwischen Arm und Reich in Bezug auf die Prävalenz von Wachstumshemmungen bei Kindern vergrößert aber in Ghana verringert hat. In Burundi ging zwischen 2000 und 2016 die Prävalenz von Wachstumshemmungen bei Kindern in wohlhabenden Haushalten auf 31,2 Prozent zurück, während sie in den ärmsten Haushalten auf 69,1 Prozent anstieg. In Nigeria ging sie im gleichen Zeitraum in wohlhabenden Haushalten auf 18,3 Prozent zurück und stieg in armen Haushalten auf 62,8 Prozent an (Global Nutrition Report, 2020). Diese Unterschiede in Bezug auf die Ernährung lassen eindeutig an dem Zugang zu ausreichender und qualitativ hochwertiger Nahrung zweifeln.

Ungeachtet dieser beunruhigenden Zahlen geben die Fortschritte von manchen afrikanischen Ländern in Bezug auf Nahrungsmittelsicherheit und Ernährungssicherung Grund zur Hoffnung. Kein Land scheint aufgrund seiner Struktur und Ausstattung zur Fehlernährung verdammt zu sein, vielmehr kann die richtige Mischung aus politischen Rahmenvorgaben, Maßnahmen und Institutionen ein Land auf den Weg zu einer verbesserten Nahrungsmittelsicherheit und Ernährungssicherung führen.

Externe Trends, die die Situation der Ernährungssicherung beeinflussen

In Afrika, wie auch in anderen Teilen der Welt, werden die Ernährungsziele für 2025 oder 2030 eine große Herausforderung sein. Im State of Food Security and Nutrition Report der FAO waren vor allem Konflikte, der Klimawandel, extreme Wetterereignisse und Konjunktureinbrüche globale Bedrohungen für die Erreichung der Ziele (FAO et al., 2019, 2018, 2017). In Bezug auf Afrika fügen wir dieser Liste folgende Punkte hinzu: Bevölkerungswachstum, Urbanisierung und Veränderung der Ernährungsgewohnheiten.

Die neuesten Zahlen zum Zusammenhang zwischen Unterernährung und Konflikten in Subsahara-Afrika finden sich in FAO et al. (2019): Sowohl die Prävalenz (PoU) als auch die Zahl (NoU) unterernährter Menschen nahmen in Ländern mit Konflikten zwischen 2015 und 2018 wesentlich stärker zu als in Ländern ohne Konflikte: +12,2 Prozent gegenüber +5,8 Prozent (PoU) bzw. +21,6 Prozent gegenüber +14,1 Prozent (NoU). Noch ausgeprägter sind die Auswirkungen auf die Prävalenz von Unterernährung bei Kindern (FAO et al., 2017). Dies ist besonders besorgniserregend, da in den letzten Jahren die Zahl der gewaltsamen Konflikte weltweit zugenommen hat. Da viele Konflikte weitgehend lokal begrenzt und innerstaatlich ausgetragen werden, verschleiern die nationalen Zahlen zur Prävalenz von Unterernährung den tatsächlichen

Zustand der Ernährungsunsicherheit und Fehlernährung in der lokalen, von Konflikten betroffene Bevölkerungsgruppen (FAO et al., 2017). Die Kausalzusammenhänge zwischen Konflikten und Ernährungsunsicherheit und Fehlernährung sind in spezifischen Fällen oft schwer zu bestimmen, da die Auswirkungen sowohl während des Konflikts als auch mit zeitlicher Verzögerung auftreten können. Zu den direkten Auswirkungen eines Konflikts gehören jedoch Flucht, die Zerstörung von Lebensmittelvorräten und Betriebsmitteln sowie zunehmende gesundheitliche Komplikationen, einschließlich Todesfälle (Justino, 2012). Indirekte Auswirkungen beziehen sich auf die Wirtschaft, die Gesellschaft und die Institutionen im weiteren Sinne, wie z.B. die Störung von Ernährungssystemen und Lebensmittelmärkten, und auf den Zugang zu Lebensmitteln durch erhöhte Lebensmittelpreise oder einen Rückgang der Kaufkraft der Haushalte (FAO et al., 2017).

Der Klimawandel und der Trend hin zu zunehmenden extremen Wetterereignisse haben einen großen Einfluss auf die Nahrungsmittelsicherheit und Ernährungssicherung in Afrika. Insbesondere kurzfristige Schwankungen, die weitgehend mit dem Klimawandel zusammenhängen, können mit Veränderungen in der Nahrungsmittelsicherheit und Ernährungssicherung und anderen Indikatoren des menschlichen Alltags in Verbindung gebracht werden (UN, 2016). Solche Schwankungen beziehen sich auf die Temperatur und Niederschläge sowie die Häufigkeit und das Ausmaß von extremen Wetterereignissen wie Dürren, Überschwemmungen und Stürmen. FAO et al. (2019) weisen auf die Rolle von Dürren in Subsahara-Afrika zwischen 2010 und 2018 hin: In dürreanfälligen Ländern stiegen die Prävalenz von Unterernährung und die Zahl unterernährter Menschen um 23,0 Prozent bzw. 50,5 Prozent; in anderen Ländern sank die Prävalenz von Unterernährung um 4,8 Prozent und die Anzahl unterernährter Menschen stieg um 19,7 Prozent. Von allen extremen Wetterereignissen haben Dürren die größten Auswirkungen auf die Landwirtschaft. Dürren sind in diesem Sektor für 80 Prozent der gesamten globalen Schäden und Verluste verantwortlich (FAO et al., 2018). Tatsächlich wird geschätzt, dass in Afrika 70–80 Prozent der ländlichen Bevölkerung auf die Landwirtschaft in Trockengebieten und auf Weideland angewiesen sind. Daher sind sie besonders anfällig für Klimaschwankungen (Neely et al., 2009). Die möglichen Auswirkungen von Klimaschwankungen und extremen Wetterereignissen auf die Nahrungsmittelsicherheit und Ernährungssicherung lassen sich wie folgt zusammenfassen (i) ein Rückgang der Verfügbarkeit von Lebensmitteln aufgrund sinkender landwirtschaftlicher Produktivität und Lebensmittelproduktion, (ii) eine Verschlechterung des Zugangs zu Lebensmitteln aufgrund von Preiseffekten (Preisanstiege und Schwankungen der Lebensmittelpreise) und

Einkommenseffekten in der Landwirtschaft, beide mit Folgen für die Quantität, Qualität und Vielfalt der gekauften und konsumierten Lebensmittel, und (iii) eine Verringerung des Nährstoffgehalts aufgrund einer Abnahme der Qualität und Vielfalt der produzierten und konsumierten Lebensmittel sowie negative Wechselwirkungen mit Komplikationen im Wasser- und Abwasserbereich mit Folgen für die Gesundheit (FAO et al., 2018).

Die Verbesserung des Wohlergehens und der Ernährungssicherung der Bevölkerung hängt weitgehend von einer breitgefächerten wirtschaftlichen Entwicklung ab (Nelson et al., 2009). Afrika muss in diesem Bereich noch viele Fortschritte erzielen. Insbesondere der von KleinerzeugerInnen dominierte Agrarsektor muss besser an Märkte angebunden werden, damit der Sektor zu einem breiteren Wirtschaftswachstum beitragen kann. Der Strukturwandel spielt in der afrikanischen Wirtschaft und Landwirtschaft eine entscheidende Rolle, um die Nahrungsmittelsicherheit und Ernährungssicherung zu verbessern (Malabo Montpellier Panel, 2017). Makroökonomische Auswirkungen auf die Ernährungssicherung werden auch durch den engen Zusammenhang zwischen der Abhängigkeit von Rohstoffen und zunehmender Unterernährung in Zeiten wirtschaftlichen Abschwungs sichtbar (FAO et al., 2019). Derselbe Bericht zeigt, dass die Auswirkungen eines Wirtschafsabschwungs auf die Gesundheit der Bevölkerung fast doppelt so groß sind wie die von Konflikten oder dem Klimawandel, und dass die meisten Länder, in denen die Unterernährung zunahm, als das Wirtschaftswachstum stagnierte oder sich verlangsamte, in Afrika liegen. Von den 19 Ländern mit niedrigem Einkommen, in denen sich das Problem der Armut noch verschärfen wird, liegen 17 in Afrika. Dies unterstreicht die Bedeutung des Zugangs zu Lebensmitteln für die Ernährungssicherung, der unter der sinkenden Kaufkraft der Haushalte leidet. Neben soliden politischen Maßnahmen, die auf wirtschaftliche Diversifizierung, die Akkumulation von Humankapital und eine allgemeine Gesundheitsversorgung abzielen und die Macht haben, die wirtschaftliche Anfälligkeit zu verringern, gehören soziale Sicherungsprogramme und Sicherheitsnetze in Form von Geld- oder Sachtransferleistungen sowie öffentliche Arbeitsprogramme zu den wichtigsten kurzfristigen Puffern zum Schutz des Haushaltseinkommens (FAO et al., 2019). Solche Programme und Maßnahmen sind besonders wichtig für die ärmsten Haushalte. Die Beseitigung von Hunger und Fehlernährung ist deshalb auch eine wirtschaftliche Entscheidung. Die Kosten der Unterernährung in Afrika belaufen sich auf durchschnittlich 11 Prozent des jährlichen Bruttoinlandsprodukts (IFPRI, 2016) und Schätzungen gehen davon aus, dass jeder Dollar, der für eine verbesserte Ernährung investiert wird, auf lange Sicht einen wirtschaftlichen Ertrag von 16 US-Dollar bringt (IFPRI, 2015).

Wie im vorherigen Abschnitt erwähnt, zeigen Huisman et al. (2016), dass die landwirtschaftliche Produktion in Afrika im Zeitraum von 1990 bis 2010 schneller wuchs als die Bevölkerung. Somit stellt das Bevölkerungswachstum an sich keine *de facto* Bedrohung für die Nahrungsmittelsicherheit und Ernährungssicherung dar. Eine schnelle Berechnung auf der Grundlage der in Abbildung 1.2.1 und Tabelle 1 dargestellten Zahlen zeigt jedoch, dass für Afrika insgesamt und für jede einzelne Region zwischen 2015 und 2019 die jährliche Zuwachsrate der Zahl der unterernährten Menschen um 0,5 bis 3 Prozentpunkte höher war als die jährliche Zuwachsrate der Prävalenz von Unterernährung. Dies zeigt tendenziell, dass zumindest für einige Zeit hohe Zuwachsraten des Bevölkerungswachstums das Niveau der Lebensmittel- und Ernährungsunsicherheit erhöhen können. Angesichts der Prognose eines starken demografischen Wachstums Afrikas in den nächsten zehn Jahren (von 1,0 Milliarden Menschen im Jahr 2010 auf 1,6 Milliarden im Jahr 2030) könnte dies das Problem der Unterernährung auf diesem Kontinent weiter verstärken. Selbst wenn die Verfügbarkeit von Lebensmitteln und die landwirtschaftliche Produktion mit dem Bevölkerungswachstum Schritt halten könnten, könnte der Zugang zu Lebensmitteln womöglich nicht gewährleistet werden.

Andererseits, wächst in Afrika die Mittelklasse und die Stadtbevölkerung, mit negativen Folgen für die Ernährung, was in einigen Ländern zu einer erhöhten Prävalenz von Fehlernährung führt (Popkin, 2003). Veränderte Ernährungssysteme in städtischen Gebieten können die Lebensmittelauswahl der KonsumentInnen beeinflussen und sind mit einer Umstellung der Ernährung auf stark verarbeitete, billige und nährstoffarme, aber fett-, zucker-, salz- und energiereiche Produkte verbunden (Tschirley et al., 2015; WHO, 2016). Neue Entwicklungen im Lebensmitteleinzelhandel, wie der Aufstieg der Supermärkte, spielen bei diesem Übergang und den damit verbundenen gesundheitlichen Folgen eine große Rolle (Demmler et al., 2017). Der Prozess der Urbanisierung selbst, d.h. die Migration aus ländlichen Gebieten in die Städte, führt nachweislich zu einer Ernährungsumstellung (Cockx et al., 2018). Der Berufswechsel (insbesondere aus der Landwirtschaft) ist ein wichtiger Faktor für die Auswirkungen der Urbanisierung auf die Ernährung (Cockx et al., 2018). Es bleibt jedoch unklar, warum dies der Fall ist. Unklar ist auch, ob und wie die regionale Lebensmittelproduktion die (städtische) Ernährungsumstellung in Afrika beeinflusst und ob die veränderte städtische Nachfrage nach Lebensmitteln Auswirkungen auf das Ziel Afrikas hat, sich nachhaltig zu ernähren.

Teil 2: Nachhaltige Ausweitung und Intensivierung der landwirtschaftlichen Produktion

Land- und Forstwirtschaft sowie Fischerei trugen im Jahr 2019 zusammen 310 Milliarden US-Dollar zum Bruttoinlandsprodukt (BIP) Subsahara-Afrikas bei (World Bank, 2020b). Dies entspricht 15 Prozent des gesamten BIPs der Region. Die wirtschaftliche Bedeutung des Sektors ist von Land zu Land sehr unterschiedlich und reicht von 2 Prozent in Botswana bis 63 Prozent in Somalia. Der Sektor beschäftigt zu dem etwas über die Hälfte aller Selbständigen und Lohnbeschäftigen Subsahara-Afrika (World Bank, 2020c). In diesem Kapitel werden die Herausforderungen und Möglichkeiten in den verschiedenen landwirtschaftlichen Teilsektoren, darunter Pflanzenbau, Viehzucht, Fischerei und Forstwirtschaft, eingehend erörtert, um vielversprechende Investitions- und Politikbereiche im Zusammenhang mit technologischen und institutionellen Innovationen zu ermitteln, die produktive Kapazitäten in kleinbetrieblichen Produktionssystemen stärken könnten.

Ousmane Badiane und Julia Collins

2.1 Betriebsmittel (Inputs)

Gemessen am Anteil am Bruttoinlandsprodukt und an der Zahl der Beschäftigten ist der Pflanzenanbau in den meisten afrikanischen Ländern nach wie vor der wichtigste produktive Sektor. Kleine landwirtschaftliche Betriebe dominieren weiterhin die Produktion. Etwa 70–80 Prozent der landwirtschaftlichen Betriebe in Subsahara-Afrika sind kleiner als 2 ha (Lowder et al., 2016) und tragen etwa 30 Prozent der meisten Lebensmittel bei (Herrero et al., 2017). Werden Betriebe bis 20 ha zu den Kleinbetrieben gezählt, steigt ihr Anteil an der Produktion von Lebensmitteln auf 75 Prozent und an der Produktion essentieller Nährstoffe auf über 80 Prozent (Herrero et al., 2017). Der größte Anteil der Anbaufläche in Afrika wird für den Maisanbau verwendet (14 Prozent im Jahr 2018), gefolgt von Sorghum, Hirse und Maniok. Gemessen der Produktionsmenge hat Maniok den größten Anteil, gefolgt von Zuckerrohr, Mais und Yamswurzeln (Tabelle 2.1.1).

Die afrikanischen LandwirtInnen sehen sich mit einer Reihe von Herausforderungen konfrontiert, von denen die geringe landwirtschaftliche Produktivität die größte ist. Vielen fehlt noch immer der Zugang zu qualitativ hochwertigen Produktionsmitteln wie Saatgut und Düngemitteln und das damit verbundene Wissen, diese Produktionsmittel nachhaltig einzusetzen, um die Produktivität langfristig zu steigern. Zudem sind die afrikanischen Agrarsysteme nach wie vor die am wenigsten mechanisierten aller Kontinente, so dass die Arbeitsproduktivität in diesem Sektor über die Jahre weitgehend stagniert hat (Daum und Birner, 2020). Ebenso werden nur etwa sechs Prozent des Ackerlandes bewässert (Malabo Montpellier Panel, 2018a). Erhebliche Verluste nach der Ernte, insbesondere auf dem Bauernhof und in den frühen Phasen der Verarbeitung, verringern die für den Verbrauch verfügbaren Produkte weiter (Houngbo, 2019). Darüber hinaus verschlechtern sich mit der Zeit die Böden, da diese oft nicht nachhaltig bewirtschaftet werden, wodurch die langfristige Nachhaltigkeit und Produktivität des Pflanzensektors untergraben wird. Und schließlich gibt es zwar viele Bauernverbände auf dem ganzen Kontinent, doch werden sie in den entsprechenden politischen Prozessen oft nicht gehört. In diesem Kapitel werden diese verschiedenen Einschränkungen der Reihe nach untersucht, um die wichtigsten Engpässe zu ermitteln und Bereiche mit hohem Potenzial für Investitionen und politische Maßnahmen zur Produktivitätssteigerung und damit zur Erhöhung der Versorgung mit pflanzlichen Lebensmitteln zu erörtern.

Afrika hat in den letzten zwei Jahrzehnten ein beeindruckendes landwirtschaftliches Wachstum erlebt, ein dramatischer Kontrast zu der Stagnation der vorangegangenen Jahrzehnte (Badiane et al., 2014). Eine wachsende Mittelschicht und urbane Märkte bieten Chancen für lokale ProduzentInnen und die verarbeitende Industrie. Der afrikanische Agrarsektor muss sein Potenzial jedoch noch weiter ausschöpfen, um die Bevölkerung zu ernähren und einen umfassenderen Beitrag zum Lebensunterhalt und zum allgemeinen Wirtschaftswachstum zu leisten. Seit den 1960er Jahren ist der größte Teil des Wachstums der landwirtschaftlichen Produktion in Afrika eher auf die Ausweitung der Landfläche als auf Produktivitätssteigerungen zurückzuführen. Allerdings machte die wachsende Bevölkerungsdichte eine weitere Flächenausweitung zunehmend schwieriger und ökologisch nicht nachhaltig (Chamberlin, 2018; Fuglie und Rada, 2013). Damit die Umwandlung von Wäldern und marginalem Land vermieden und die wachsende Bevölkerung ernährt werden kann, muss Afrika seine Produktivität steigern, um auf derselben Fläche mehr produzieren zu können.

Afrikas LandwirtInnen sehen sich bei der Steigerung ihrer Produktivität mit zahlreichen Hindernissen konfrontiert. Die pflanzliche Produktion ist in erster

Tabelle 2.1.1: Die Top 10 Feldfrüchte nach Anbaufläche und Produktionsmenge (2018)

Anbaufläche (ha)		**Produktionsmenge (Tonnen)**	
Top 10 Feldfrüchte	% der Gesamtfläche	Top 10 Feldfrüchte	% der Production
Mais	14	Maniok	19
Sorghum	11	Zuckerrohr	10
Hirse	8	Mais	9
Maniok	7	Yamswurzeln	8
Erdnüsse (mit Schale)	6	Rohreis	4
Rohreis	5	Sorghum	3
Getrocknete Kuhbohnen	4	Weizen	3
Weizen	4	Kartoffeln	3
Yamswurzeln	3	Süßkartoffeln	3
Kakobohnen	3	Kochbananen und andere	3

Datenquelle: FAOSTAT (FAO, 2020a)

Linie auf Regenbewässerung angewiesen und damit Witterungsschwankungen und Klimaschocks ausgesetzt, die beide in Häufigkeit und Schwere zunehmen. Der begrenzte Zugang zu Finanzmitteln erschwert es den LandwirtInnen, produktivitätssteigernde Investitionen zu tätigen. Schlechte Transport- und Marktinfrastruktur schränkt ihren Zugang zu Märkten und die Zusammenarbeit mit anderen Akteuren der Wertschöpfungskette ein. Wegen begrenzter Verarbeitungsmöglichkeiten fehlen Anreize für Produktionssteigerung und die Nachernteverluste sind hoch, da Lebensmittel von minderer Qualität, die noch verarbeitet werden könnten, weggeworfen werden und saisonale Überproduktion (wie z.B. bei Mangos) die Preise senken, was zu Einkommensverlusten und weiteren Risiken führt. Auch der Einsatz von Betriebsmitteln – insbesondere Dünger und verbessertes Saatgut – ist in Afrika gering, trotz ihrer erwiesenen Wirkung für die Steigerung der Produktivität sowohl in Afrika als auch weltweit (AGRA, 2019a; Evenson und Gollin, 2003; Maredia et al., 2000).

Ein geringer Einsatz von Betriebsmitteln verhindert es, dass die afrikanischen Länder ihr landwirtschaftliches Potenzial heute und in Zukunft voll ausschöpfen können, insbesondere da die Auswirkungen des Klimawandels immer gravierender werden. Der geringe Einsatz von Betriebsmitteln ist auf ein fehlendes System zurückzuführen, in dem (i) Akteure des öffentlichen und privaten Sektors qualitativ hochwertiges Saatgut und Düngemittel entwickeln und (ii) Infrastruktur, Institutionen und das regulatorische Umfeld Anreize für private Unternehmen schaffen, in Kompetenzen zu investieren, Betriebsmittel zu beschaffen/zu produzieren und zu angemessenen Kosten an die LandwirtInnen zu verteilen. Die Länder müssen politische Maßnahmen und Investitionen verfolgen, die die Wissenschafts- und Technologieplattformen stärken, Anreize für eine breitere Verteilung und Nutzung von Betriebsmitteln schaffen und den Technologien mit dem höchsten Potenzial zur Verbesserung der Produktivität Vorrang einräumen.

Dieser Abschnitt erörtert die Faktoren, die den Einsatz und die Wirksamkeit verbesserter Inputs in Afrika behindern, und erläutert vorrangige Investitionen und politische Maßnahmen zur Ausweitung des Einsatzes von Inputs und zur Steigerung der landwirtschaftlichen Produktivität.

Einschränkungen bei der Verwendung und Effizienz von Betriebsmitteln

Das risikoreiche Umfeld, in dem die meisten afrikanischen KleinerzeugerInnen arbeiten, schreckt von Investitionen in Betriebsmittel ab (Abate et al., 2020). Dies ist besonders in marginalen Gebieten mit Regenfeldbau und sich ändernden Wetterbedingungen, insbesondere unregelmäßigen Regenfällen, zu beobachten. Der Mangel an zinsgünstigen Kreditmöglichkeiten hindert die

KleinerzeugerInnen auch daran, Betriebsmittel zu kaufen, die zu Beginn der Saison erhebliche Barausgaben erfordern. Darüber hinaus beeinflussen Informationsasymmetrien und insbesondere das Risiko von Produktfälschungen aufgrund von regulatorischen Fehlern und logistischen Problemen die Nachfrage sowohl nach Saatgut als auch nach Düngemitteln (Abate et al., 2020; Christinck et al., 2018).

Die hohen Kosten und der begrenzte Nutzen machen den Einsatz von Dünger für viele KleinerzeugerInnen in Afrika unrentabel (Jayne und Rashid, 2013). Die Kosten für Düngemittel sind in Afrika besonders hoch, was unter anderem auf die schlechte Infrastruktur zurückzuführen ist, die hohe Transport- und Verteilungskosten verursacht. Gleichzeitig ist die Erfolgsrate bei der Düngung von Feldfrüchten oft niedrig, was auf den hohen Säuregehalt und die geringe Bodenfruchtbarkeit zurückzuführen ist. Darüber hinaus haben die LandwirtInnen aufgrund der begrenzten Verfügbarkeit von Tests oft keine Möglichkeit, die optimale Nährstoffmischung für ihre Nutzflächen herauszufinden (Abate et al., 2020). Die richtige Kombination von Betriebsmitteln und Bewirtschaftungstechniken ist erforderlich, um aus dem Einsatz von Betriebsmitteln einen Nutzen zu ziehen. Zum Beispiel zeigt eine Studie, dass in Ghana Dünger und andere chemische Betriebsmittel nur geringe Auswirkungen auf die wirtschaftliche Effizienz der LandwirtInnen haben; Dünger erhöht jedoch die Effizienz, wenn er mit Mechanisierung kombiniert wird (Abschnitt 2.2) (Nin-Pratt und McBride, 2014).

Afrikas Saatgutindustrie wird derzeit durch mehrere Faktoren eingeschränkt, darunter Hindernisse für den Import und Export von Saatgut, finanzielle und personelle Barrieren bei der Gründung von Saatgutunternehmen, hohe Kosten für die Saatgutproduktion, Herausforderungen in der Vermarktung und im Vertrieb und eine begrenzte Nachfrage nach verbessertem Saatgut (Juma, 2015). Der Zugang zu verbessertem Saatgut wird zudem durch fehlende Informationen über neue Sorten, Diskrepanzen zwischen Angebot und Nachfrage nach bestimmten Merkmalen wie Lebensmittelqualität und die Eignung für Abbaumethoden mit geringer Nutzung von Betriebsmitteln sowie langsame Genehmigungsverfahren behindert (Christinck et al., 2018). Was letztere betrifft, so können Verzögerungen bei der Gesetzgebung und Regulierung zu besonders langen und kostspieligen Verfahren für die Zulassung neu entwickelter Sorten führen (Falck-Zepeda und Zambrano, 2013; Spielman, 2020). Zudem stimmen oft die Vorschriften zur Saatgutzertifizierung, Qualitätsprüfung und zeitgerechten Verteilung in vielen Ländern nicht mit den traditionellen und weit verbreiteten Praktiken der gemeinsamen Nutzung von Saatgut überein, was zu Unklarheiten und Herausforderungen bei der Integration bestehender Praktiken in formelle Saatgutsysteme führt (Christinck et al., 2018; Spielman, 2020).

Handlungsbedarf für die Steigerung der Nutzung und Effizienz von verbesserten Betriebsmitteln

Die durchschnittlichen Ernteerträge Afrikas liegen weit unter denen anderer Regionen, einschließlich anderer Entwicklungsregionen. Obwohl es dafür viele Gründe gibt und zahlreiche Einschränkungen zu berücksichtigen sind, ist man sich weitgehend einig, dass die Steigerung der landwirtschaftlichen Produktivität einen verstärkten Einsatz von verbessertem Saatgut und Dünger erfordert (The Montpellier Panel, 2013). Sowohl agronomische als auch wirtschaftliche Analysen haben die Schlüsselrolle bestätigt, die verbesserte Betriebsmittel bei der Steigerung der landwirtschaftlichen Produktivität und letztlich bei der Armutsbekämpfung spielen (Sheahan und Barrett, 2017), und ihr Potenzial, weitere Fortschritte zu erzielen. Mueller et al. (2012) stellen fest, dass in Subsahara-Afrika selbst eine teilweise Schließung der Ertragslücken zu großen Produktivitätssteigerungen führen würde. Sie schätzen, dass ein erhöhter Nährstoffeinsatz weitgehend ausreichen würde, um die Erträge auf 50 Prozent der erzielbaren Erträge zu steigern, was im Vergleich zum Jahr 2000 zu Produktionssteigerungen von 72,6 Prozent bei Mais und 66,8 Prozent bei Reis führen würde. Sowohl Bewässerung als auch eine höhere Nährstoffzufuhr wären notwendig, um die Erträge auf 75 Prozent der erzielbaren Erträge zu steigern, was zu Produktionssteigerungen von 152,6 Prozent bei Mais und 143,8 Prozent bei Reis führen würde.

Eine höhere Nährstoffzufuhr zur Steigerung der Ernteerträge hat auch Auswirkungen auf die Ernährungssicherung. Pradhan et al. (2015) schätzen, dass eine adäquate Nährstoffzufuhr auf Ackerland, das ausschließlich Regenwasser als Bewässerung nutzt, die Produktion von zusätzlichen 94,7 Billionen Kilokalorien pro Jahr (kcal/Jahr) in Westafrika, 71,6 Billionen kcal/Jahr in Ostafrika, 4,2 Billionen kcal/Jahr im südlichen Afrika und 4,6 Billionen kcal/Jahr in Zentralafrika im Vergleich zum Niveau des Jahres 2000 ermöglichen würde.[8] Bedeutende zusätzliche Gewinne von 560 Billionen kcal/Jahr in West- und 280,9 Billionen kcal/Jahr in Ostafrika – den beiden Regionen mit dem höchsten ungedeckten Nährstoffbedarf – könnten durch die Kombination von angemessener Nährstoffzufuhr mit Bodenbearbeitungsstrategien zur Erhöhung der Nährstoffretention, Verbesserung der Drainage und Erhöhung der

8 Diese Steigerungen entsprechen 44 Prozent, 42 Prozent, 8 Prozent bzw. 14 Prozent der Schätzungen der FAO für die gesamte Lebensmittelversorgung im Jahr 2000 für das westliche, östliche, südliche und zentrale Afrika (Berechnungen der Autoren auf der Grundlage der FAO (2020a).

Bodenbearbeitbarkeit (soil workability) erzielt werden. Diese Produktionssteigerungen würden im Vergleich zum Niveau von 2010 eine zusätzliche Nährstoffzufuhr von 11,7 Millionen Tonnen Stickstoffdünger, 4,4 Millionen Tonnen Phosphat und 9,2 Millionen Tonnen Kali pro Jahr auf dem gesamten Kontinent erfordern (Pradhan et al., 2015).

Moderne Betriebsmittel können auf verschiedene Weise zur ökologischen Nachhaltigkeit beitragen. Zum einen verringern sie die Notwendigkeit weiterer Gebietserweiterungen (es muss jedoch darauf geachtet werden, dass auch die potenziellen negativen Umweltauswirkungen eines erhöhten Betriebsmitteleinsatzes vermieden werden). Zum anderen werden eine angemessene Nutzung von Betriebsmitteln und der Einsatz klimaschonender Technologien und Praktiken eine wichtige Rolle spielen, um den afrikanischen Ländern zu helfen, auf den Klimawandel zu reagieren. Eine Simulationsanalyse von Wiebe et al. (2017) legt nahe, dass der Klimawandel auf kontinentaler Ebene zu einem Rückgang der gesamten Lebensmittelproduktion um 4,9 Prozent bis 2030 und um 8,6 Prozent bis 2050 führen wird, verglichen mit den prognostizierten Produktionsmengen ohne Klimawandel. Dieser relative Rückgang ist größer als der weltweite, was darauf hindeutet, dass Afrika vom Klimawandel relativ stark betroffen sein wird. Die schwersten Produktionsauswirkungen werden in Zentral- und Nordafrika erwartet. Obst und Gemüse zeigen die stärksten Auswirkungen mit prognostizierten Produktionsrückgängen von 7,6 bzw. 13,1 Prozent in den Jahren 2030 und 2050, gefolgt von Getreide, Wurzel- und Knollengemüse. Die Auswirkungen des Klimawandels können jedoch durch Technologien einschließlich verbesserter Betriebsmittel gemildert werden. Rosegrant et al. (2014) simulierten die Auswirkungen verschiedener Anbau- und Bewirtschaftungstechnologien unter dem Einfluss des Klimawandels und stellten fest, dass der Einsatz stickstoffeffizienter Sorten die Erträge in Afrika im Vergleich zu den Prognosen ohne verbesserte Sorten im Jahr 2050 um 20,9 Prozent bei Reis, 7,9 Prozent bei Mais und 4,4 Prozent bei Weizen steigern könnte. Die Erträge könnten unter dem Einfluss des Klimawandels auch durch den Einsatz verbesserter Sorten und Bewirtschaftungsmethoden wie Direktsaat, Präzisionslandwirtschaft[9] und integriertes Bodenfruchtbarkeitsmanagement[10]

---

9 Präzisionslandwirtschaft bezieht sich auf Praktiken und Technologien, die die Effizienz der Inputs maximieren, indem sie am genauen Ort, zum genauen Zeitpunkt und in der genauen Menge angewendet werden, um optimale Ertragseffekte zu erzielen (Kienzle, 2013).

10 Integriertes Bodenfruchtbarkeitsmanagement ist ein Ansatz, der den Einsatz organischer und anorganischer Düngemittel mit an die lokalen Bedingungen angepassten

gesteigert werden. Die Bemühungen bei der Saatgutentwicklung sollten sich auf hitze- und trockenheitstolerante Sorten sowie auf die Maximierung des Nährstoffgehalts der Nutzpflanzen pro verwendeter Wassereinheit konzentrieren (Renault und Wallender, 2000).

Damit dies geschehen kann, müssen die afrikanischen Länder jedoch Wege finden, um privatwirtschaftlich geführte Betriebsmittelversorgungssysteme zu fördern. Subventionen und andere öffentliche Maßnahmen zur Kostensenkung und zur Erleichterung des Zugangs zu Betriebsmitteln können nur als kurzfristige Lösungen funktionieren. Langfristige und nachhaltige Lösungen müssen sich mit den institutionellen, rechtlichen und administrativen Einschränkungen befassen, die denjenigen entgegenstehen, die bereit sind, die notwendigen Investitionen in Logistik und Netzwerke zur Beschaffung/Produktion und Verteilung moderner Betriebsmittel zu tätigen. Dazu gehören auch vom Privatsektor gestützte Saatgutproduktions- und -vertriebssysteme, die besonders KleinerzeugerInnen zugutekommen. Eine Analyse von über 20.000 Haushalten in sechs afrikanischen Ländern hat gezeigt, dass unbeobachtete länderspezifische Faktoren fast die Hälfte der Unterschiede beim Einsatz von Düngemitteln und chemischen Betriebsmitteln auf Betriebsebene erklären (Sheahan und Barrett, 2017), was die Bedeutung nationaler politischer Maßnahmen und Institutionen bei der Schaffung der Voraussetzungen für robuste Betriebsmittelsysteme unterstreicht.

Regierungen und andere Akteure können verschiedene Maßnahmen ergreifen, um die Verfügbarkeit von Betriebsmitteln - verbessertes Saatgut und Düngemittel - in Afrika zu erhöhen. Robuste wissenschaftliche und technologische Systeme sind der Schlüssel sowohl zur Erhöhung des Angebots an Betriebsmitteln als auch zur Erleichterung ihrer Einführung durch die LandwirtInnen. Investitionen in landwirtschaftliche Forschung und Entwicklung (F&E) sind entscheidend, um die Entwicklung oder Anpassung lokal angemessener verbesserter Sorten und anderer Technologien zu ermöglichen. Forschungsarbeiten aus Afrika und anderen Regionen haben die hohen Erträge von Investitionen in die Agrarforschung nachgewiesen (Fan, 2008; Fuglie und Rada, 2013). Die Verbreitung von Technologien an LandwirtInnen und die Unterstützung ihrer Einführung wurde allerdings ebenfalls vernachlässigt. Da es in vielen Ländern keine starken Beratungssysteme gibt, sind Bauernverbände geeignete Kandidaten, um die Lücke bei der Verbreitung von Technologien an LandwirtInnen zu schließen. Sie sollten in dieser Rolle mit Schulungen und Instrumenten

---

Managementpraktiken zur Verbesserung der Bodenfruchtbarkeit kombiniert (CCAFS, k.A.).

unterstützt werden, um eine wirksame Schnittstelle zu Technologieanbietern und Mitgliedern zu schaffen. Bauernverbände können auch den Informationsfluss von den LandwirtInnen zurück zu den formellen Forschungssystemen erleichtern, um die Beteiligung der LandwirtInnen an der Entwicklung und Bewertung neuer Technologien zu fördern (siehe Abschnitt 5.2). Nationale Agrarforschungssysteme sollten sich auch bewusster auf die Schaffung von Produkten und Dienstleistungen konzentrieren, die von inländischen Unternehmen des Privatsektors erworben und erweitert werden können. Dies erfordert ein institutionelles Umfeld, das eine strategische Verbindung zwischen den F&E-Einrichtungen des öffentlichen Sektors und der inländischen Agrarindustrie gewährleistet, sodass ein einheitliches Innovationsumfeld entsteht (Badiane und Collins, 2020).

Gestärkte Wissenschafts- und Technologiesysteme, die Akteure des öffentlichen und privaten Sektors einbinden, sind Voraussetzung für die Erhöhung der Verfügbarkeit, Akzeptanz und Effizienz von verbesserten Betriebsmitteln in Afrika. Darüber hinaus sind zusätzliche politische Initiativen und Investitionen erforderlich, um die spezifischen Einschränkungen verschiedener Betriebsmittel anzugehen. Die politischen Entscheidungsträger müssen den verstärkten und wirksamen Einsatz von Düngemitteln erleichtern und gleichzeitig die negativen Umweltauswirkungen einer übermäßigen Nutzung minimieren, um sicherzustellen, dass die Probleme, die in anderen Ländern mit höheren Ausbringungsraten aufgetreten sind, nicht auch zu einem Problem in Afrika werden. Investitionen und politische Maßnahmen sollten darauf abzielen, den Produktivitätsnutzen jeder ausgebrachten Düngereinheit zu erhöhen, um sowohl ökologischen als auch wirtschaftlichen Zielen zu dienen. Zu den wichtigsten prioritären Investitionsbereichen gehört die Erhöhung der Verfügbarkeit von Bodenuntersuchungen, damit die LandwirtInnen geeignete Nährstoffe für ihre Felder auswählen können (Abate et al., 2020). In den letzten Jahren konnten durch Investitionen in Bodenuntersuchungen und Kartierungen in Äthiopien, Ghana, Nigeria und Tansania die Empfehlungen an die LandwirtInnen verbessert und Düngermischungen entwickelt werden, die die Bedürfnisse lokaler Böden bestmöglich erfüllen (AGRA, 2019a). Weitere Investitionen in die Bodenfruchtbarkeit werden ebenfalls dazu beitragen, die Wirksamkeit und Rentabilität von Düngemitteln zu erhöhen. Dazu gehören Interventionen zur Verbesserung der Bodendrainage, zur Bekämpfung der Bodenversauerung und zum Aufbau organischer Bodensubstanz, auf der Basis von detaillierten Daten über standortspezifische Bedingungen (Jayne und Rashid, 2013).

Insbesondere agro-ökologische und nachhaltige Intensivierungsansätze, die darauf abzielen, die Effizienz des Einsatzes von Betriebsmitteln zu maximieren und gleichzeitig negative Auswirkungen auf die Umwelt zu minimieren, müssen weiter erforscht werden. Ein Beispiel ist die Mikrodosierung von Dünger, eine landwirtschaftliche Praktik mit hoher Präzision, bei der kleine und somit günstigere Mengen an Dünger auf jede Pflanze ausgebracht werden, normalerweise bei der Aussaat. Diese Technik hat sich selbst bei einer geringen Ausbringung von Dünger als vielversprechend erwiesen, um die Erträge zu steigern. Die frühzeitige Verwendung von Mikrodosierung ermöglichte es den LandwirtInnen in Mali, Burkina Faso und Niger, die Sorghum- und Hirseerträge um 44 bis 120 Prozent zu steigern, und brachte den LandwirtInnen bessere wirtschaftliche Erträge als die Düngerausbringung in den konventionell empfohlenen Mengen (ICRISAT, 2009; Okebalama et al., 2017). Die LandwirtInnen haben jedoch festgestellt, dass diese Technik insgesamt arbeitsintensiv und die Akzeptanz weiterhin gering ist. Weitere Forschung ist erforderlich, um Wege zu finden, wie der Mangel an Arbeitskräften abgebaut und die Bodenfruchtbarkeit erhalten werden kann, z.B. durch die Kombination der Mikrodosierung von anorganischem Dünger mit der Verwendung von organischem Dünger (Okebalama et al., 2017).

Die Effizienz von Düngemitteln kann durch ergänzende Maßnahmen zur Verbesserung der Bodenfruchtbarkeit erhöht werden. Bodenschonende Landwirtschaft (conservation agriculture), ein Ansatz, der geringe oder gar keine Bodenbearbeitung, permanente Bodenbedeckung durch Ernterückstände oder Deckfrüchte sowie Fruchtfolge oder Zwischenfruchtanbau kombiniert, verbessert die Bodenstruktur und Fruchtbarkeit bei gleichzeitiger Erhaltung oder Steigerung der Ernteerträge (FAO, 2020b; The Montpellier Panel, 2014). Bodenschonende Landwirtschaft trägt auch zur Klimaresistenz bei, indem sie die Erhaltung der Bodenfeuchtigkeit verbessert (Thierfelder et al., 2017). Allerdings ist diese Praxis auch mit Grenzen und Herausforderungen konfrontiert. Eine umfangreiche Metaanalyse von Studien in Afrika legt nahe, dass Kalzium nur in Kombination mit dem Einsatz von Unkrautbekämpfungsmitteln die Erträge verbessert (Corbeels et al., 2020). Die Einführung einer minimalen Bodenbearbeitung allein führte nicht zu einer Steigerung der Erträge. Zudem könnte die Übernahme aller bodenschonender Praktiken für KleinerzeugerInnen aufgrund der konkurrierenden Verwendung von Ernterückständen, z.B. als Tierfutter, eine Herausforderung darstellen (Corbeels et al., 2020; Valbuena et al., 2012).

Ökologische Intensivierungspraktiken tragen zwar zur ökologischen Nachhaltigkeit bei, steigern aber nicht immer die Erträge und werden aufgrund ihres hohen Bedarfs an Arbeitskräften, Kompetenzen und Kenntnissen oft nicht ausgeweitet (The Montpellier Panel, 2013). Die Entwicklung von Kompetenzen und Schulungen für LandwirtInnen kann die Akzeptanz verbessern.

So hat beispielsweise die Schulung in der Mikrodosierung von Düngemitteln die Akzeptanz dieser Technik in Simbabwe stark erhöht (Winter-Nelson et al., 2016). Weitere Forschung zu agro-ökologischen Ansätzen ist notwendig, um Hindernisse bei der Produktivitätssteigerung zu überwinden und die Effizienz von Dünger und anderen Betriebsmitteln zu verbessern (Corbeels et al., 2020).

Eine Senkung der Kosten für Betriebsmittel wie z.B. für Dünger könnte viel dazu beitragen, ihren Einsatz zu erhöhen. In Afrika sind die Kosten für Düngemittel im globalen Vergleich am höchsten, was zum Teil auf die schlechte Qualität der Infrastruktur zurückzuführen ist, die die Kosten der letzten Meile erhöht (Abate et al., 2020). Afrikas Düngemittelindustrie ist insofern ungewöhnlich, als dass der Kontinent den Großteil des von ihm produzierten Düngers und der damit verbundenen Rohstoffe in andere Teile der Welt exportiert, während der Großteil des von den LandwirtInnen verwendeten Düngers importiert wird. Dies ist auf die schlechte Infrastruktur und andere Hemmnisse für den intraregionalen Handel sowie auf die Tatsache zurückzuführen, dass die Nachfrage nach Düngemitteln in den meisten afrikanischen Ländern im Vergleich zu der hohen Nachfrage auf größeren Märkten außerhalb des Kontinents nach wie vor gering und weit gestreut ist (AGRA, 2019a). Investitionen in die Infrastruktur und Bemühungen um den Aufbau größerer Märkte durch die Erleichterung des innerafrikanischen Handels, einschließlich der Harmonisierung von Produktstandards, würden dazu beitragen, die Kosten zu senken und mehr LandwirtInnen den Zugang zu Düngemitteln zu ermöglichen. Die Nachfrage nach Düngemitteln könnte auch erhöht werden, indem das Risiko gefälschter oder qualitativ minderwertiger Produkte gesenkt wird. Es bedarf einer besseren Gestaltung und Durchsetzung von Vorschriften, um gegen minderwertige Produkte vorzugehen. Die Verwendung von Markenprodukten sollte gefördert werden, um Anreize für die Hersteller zu schaffen, die hohe Qualität ihrer Produkte sicherzustellen (AGRA, 2019a).

Nach teilweisem Rückzug während der Umsetzung der Strukturanpassungsprogramme sind Düngemittelsubventionen in den letzten Jahren in Afrika wieder weit verbreitet. Zwar weisen Subventionen einen gewissen Nutzen auf, doch sind diese im Verhältnis zu den hohen Kosten solcher Programme oft gering. So haben Studien über das Farm Input Subsidy Programme in Malawi beispielsweise ergeben, dass der Effekt auf die Maispreise minimal war (Ricker-Gilbert et al., 2013) und dass wohlhabendere Haushalte mehr von dem Programm profitierten als ärmere Haushalte (Lunduka et al., 2013). Die Kosten von Subventionsprogrammen könnten höhere Erträge abwerfen, wenn sie für alternative Zwecke wie der Agrarforschung verwendet werden würden (Jayne und Rashid, 2013). Darüber hinaus können Subventionen die Entwicklung von

Verteilungssystemen für Düngemittel behindern, wenn sie den Privatsektor ausschließen. In einigen Fällen sind Subventionen nicht zielgerichtet und können einen ineffizienten übermäßigen Einsatz von Düngemittel fördern. Länder, die Subventionen für Düngemittel einführen, sollten sicherstellen, dass sie auf Haushalte ausgerichtet sind, die ohne Subventionen keinen Dünger kaufen können, und dass sie die Teilnahme des Privatsektors bei der Lieferung und Verteilung von Düngemitteln gewährleisten (AGRA, 2019a; Jayne und Rashid, 2013).

Die Erhöhung der Verfügbarkeit und Akzeptanz von verbessertem Saatgut und Setzlingen ist aufgrund der aktuell praktizierten unterschiedlichen formellen und informellen Saatgutverbreitungsmodelle besonders komplex. Als Teil ihrer Qualitätskontrollsysteme verfügen über 20 afrikanische Länder über Gesetze, die den Verkauf von nicht registriertem Saatgut verbieten, obwohl der Austausch von Saatgut von Landwirt zu Landwirt weit verbreitet ist. Während Qualitätskontrollsysteme in einigen Fällen die Entwicklung gut funktionierender Märkte für verbessertes Saatgut ermöglicht haben, wie z.B. für Hybridmais in Kenia, können die hohen Kosten und strengen Auflagen in anderen Fällen die Entwicklung der Saatgutindustrie behindern, insbesondere wenn die Saatgutnachfrage im ganzen Land verteilt ist oder sehr lokal spezifische Sorten benötigt werden (Spielman, 2020). Angesichts der Tatsache, dass die große Mehrheit der Bauern hauptsächlich auf informelle Quellen für Saatgut angewiesen ist (McGuire und Sperling, 2016), müssen Anstrengungen unternommen werden, um die Systeme zur Bereitstellung von qualitativ hochwertigem Saatgut zu verbessern. Dazu gehören verbesserte Materialien und Techniken zur Lagerung von Saatgut und stärkere Anreize für die LandwirtInnen Qualitätssaatgut an lokale Märkte zu liefern (McGuire und Sperling, 2016).

Zusätzlich zur Verbesserung der Qualität informeller Saatgutsysteme müssen politische Entscheidungsträger und Partner nach Wegen suchen, um das Entstehen einer modernen Saatgutproduktion, die KleinerzeugerInnen einbezieht, sowie andere Pflanzenvermehrungssysteme wie Mikrovermehrung (Mikropropagation) und Gewebekultur (tissue culture) zu fördern. KleinerzeugerInnen können Schlüsselakteure in formalen Saatgutsystemen sein, wie zum Beispiel in Mali, wo bäuerliche Organisationen von Saatguterzeugern fast die gesamte Menge an zertifiziertem Saatgut liefern (Christinck et al., 2018). Neben der Produktion von zertifiziertem Saatgut in Zusammenarbeit mit den nationalen Agrarforschungssystemen nehmen Bauernverbände in Mali, Burkina Faso, Niger und Senegal oft an der Überprüfung ihrer Sorten teil und erleichtern die partizipative Sortenauswahl. Dadurch wird sichergestellt, dass die LandwirtInnen durch die Bereitstellung von Informationen eine zentrale Rolle bei der

Entwicklung neuer Sorten spielen (Access to Seeds Foundation, 2018). Regierungen und Partner können die Entwicklung kleinbäuerlicher Organisationen von Saatguterzeugern unterstützen, indem sie den Zugang zu erschwinglichen Krediten erleichtern und die Kapazitäten sowohl für technische als auch für betriebswirtschaftliche Kompetenzen stärken (Neate und Guéi, 2010).

Um die Markteintrittsbarrieren für Saatgutproduzenten zu verringern, sollten Regierungen die Einführung von Systemen für qualitätsdeklariertes Saatgut (Quality Declared Seed, QDS) in Erwägung ziehen (Christinck et al., 2018; Spielman, 2020). QDS bietet alternative Standards, die weniger anspruchsvoll sind als die der meisten formellen Saatgutsysteme und für potenzielle kleinere Saatgutproduzenten, die andernfalls vom Saatgutsektor ausgeschlossen werden könnten, wie z. B. Bauernverbände, Großbetriebe und Nichtregierungsorganisationen, leichter zu erfüllen sind (FAO, 2006). QDS-Systeme, wie das in 2018 in Uganda eingeführte System, weisen ein großes Potenzial auf, um das Angebot an Qualitätssaatgut zu erhöhen, informelle und formelle Sektoren der Saatguterzeugung und -verteilung zu überbrücken und neuen Akteuren den Zugang zu ermöglichen (Spielman, 2020).

Zu den Zielen politischer Maßnahmen sollte ein regelmäßiger Wechsel der Sorte gehören, um kontinuierliche Ertragssteigerungen zu gewährleisten und auf neue Bedrohungen durch Schädlinge und Krankheiten zu reagieren. Politische Maßnahmen zur Verringerung der regulatorischen und zeitlichen Belastung durch die Sortenregistrierung und -freigabe und zur Verbesserung des Zugangs des Privatsektors zu öffentlichem Keimplasma können die Hindernisse für die Entwicklung neuer Sorten verringern (Spielman und Smale, 2017). Die Freisetzung neuer Sorten ist jedoch nur eine Seite der Medaille. Ohne ausdrückliche Bemühungen, alte Sorten mit ertrags- oder schädlingsbedingten Nachteilen durch verbesserte Sorten zu ersetzen, werden alte Sorten weiterhin verkauft und verwendet. Studien des African Seed Access Index (TASAI) ergaben, dass das Durchschnittsalter der vermarkteten Saatgutsorten oft mehr als 15 Jahre beträgt, z.B. bei Sorghum und Kuhbohnen in Kenia, Mais und Erdnuss in Madagaskar, Bohnen in Tansania und Mais, Reis, Erdnuss und Hirse im Senegal (Mabaya et al., 2017; Mabaya und Mugoya, 2017).

Nationale Saatgutsysteme sollten flexibel genug sein, um mehrere Modelle der Saatguterzeugung und -verbreitung zu integrieren: Dezentralisierte, von Bauernverbänden geleitete Ansätze sind potenziell besser geeignet für vielfältige lokale Sorten mit geografisch weit verteilter Nachfrage, während große Saatgutunternehmen möglicherweise besser geeignet sind, Saatgut für häufig genutzte Sorten zu produzieren (Christinck et al., 2018). Gemeinschaftliche Saatgutbanken waren bei der Förderung unterschiedlicher landwirtschaftlicher

Produktionsmuster und bei der Erhaltung lokaler Sorten, die vom Aussterben bedroht sind, erfolgreich und tragen damit auch zu Schutzmaßnahmen bei, die die Vielfalt des genetischen Materials, das den ZüchterInnen zur Verfügung steht, gewährleisten (Bioversity, 2017). Dezentralisierte Systeme können Vorteile bieten, wenn es darum geht, auf die lokale Nachfrage zu reagieren und möglicherweise qualitativ hochwertiges Saatgut sicherzustellen. TASAI-Studien ergaben, dass gefälschtes Saatgut in 12 von 13 untersuchten Ländern weiterhin eine große Herausforderung für Saatgutproduzenten und LandwirtInnen darstellt, mit Ausnahme von Südafrika (Mabaya und Mugoya, 2017). Befragungen, die von Christinck et al. (2018) in Kenia und Mali durchgeführt wurden, deuten darauf hin, dass gefälschtes oder leistungsschwaches Saatgut in Kenia ein größeres Problem darstellt als in Mali, trotz des besser entwickelten Regulierungs- und Qualitätskontrollsystems. Dies könnte unter anderem damit zusammenhängen, dass die Versorgungsketten von Saatgut in Mali tendenziell kurz und lokal begrenzt sind, während die in Kenia länger und komplexer sind.

Prioritäten für Investitionen und politische Maßnahmen

Die zunehmende Nutzung moderner Betriebsmittel kann immense Gewinne bringen, erfordert jedoch die gleichzeitige Bewältigung mehrerer Hindernisse, um sowohl die Nachfrage nach als auch das Angebot an Betriebsmitteln zu erhöhen. Zu den eindeutigen Lehren, die aus der Forschung über landwirtschaftliche Betriebsmittel gezogen werden können, gehört die vorrangige Bedeutung sowohl von Investitionen in landwirtschaftliche F&E als auch von politischen Bemühungen, die vielfältigen Einschränkungen anzugehen, die die Übernahme der Ergebnisse der Agrarforschung durch die LandwirtInnen behindern.

- **Rechts- und Verwaltungsreformen verabschieden, um die Entstehung wettbewerbsfähiger, moderner und vom Privatsektor geführter Systeme zur Bereitstellung von Betriebsmitteln fördern**, einschließlich der Beteiligung von KleinerzeugerInnen an der Saatgutproduktion und der Gewährleistung, dass Betriebsmittelsubventionen die Akteure des Privatsektors nicht verdrängen.
- **Investitionen in Infrastruktur und Dienstleistungen (wie die Prüfung und Kartierung der Bodenfruchtbarkeit) erhöhen und langfristige Anstrengungen zur Verbesserung der Bodenfruchtbarkeit und zur Steigerung der Erträge durch verbessertes Saatgut und Dünger unternehmen.**

- **Hohe Kosten und andere Hindernisse für die Verwendung von Inputs durch eine bessere Qualitätskontrolle, Verbesserungen der Infrastruktur und die Beseitigung rechtlicher Einschränkungen verringern**, einschließlich der Durchsetzung bestehender Vorschriften, um den intraregionalen Handel mit Betriebsmitteln zu fördern; Senkung des Zeit- und Kostenaufwands, der mit der Genehmigung neuer Pflanzensorten verbunden ist; und Einführung flexibler Saatgutqualitätssysteme, die Raum für verschiedene Akteure bieten, einschließlich anerkannter Standards für deklariertes Qualitätssaatgut;
- **Einschränkungen bei der Einführung nachhaltiger Anbaumethoden verringern**, um die langfristige Produktivität und die Anpassung an den Klimawandel durch den wirksamen Einsatz von Betriebsmitteln zu verbessern.

Thomas Daum und Oliver Kirui

2.2 Mechanisierung entlang der Wertschöpfungskette

In der Landwirtschaft bezieht sich Mechanisierung auf die Nutzung tierischer oder mechanischer Kraft entlang landwirtschaftlicher Wertschöpfungsketten, die unter anderem Viehzucht, Fischerei und den Anbau von Nutzpflanzen wie Getreide, Leguminosen, Früchten und Gemüse umfassen (siehe Abbildung 2.2.1). Im globalen Vergleich sind landwirtschaftliche Wertschöpfungsketten in Afrika am wenigsten mechanisiert (Sims et al., 2016). Schätzungen in der Getreideproduktion zeigen, dass weniger als 10 Prozent der LandwirtInnen Traktoren verwenden. Nur etwa 15 Prozent setzen Tiere für die Bodenbearbeitung ein, oft der erste Schritt in Richtung Mechanisierung. Der Mechanisierungsgrad entlang der Wertschöpfungskette ist ebenso niedrig (Daum und Birner, 2020). Laut dem Malabo-Montpellier-Panel ist ein niedriger Mechanisierungsgrad eines der „Haupthindernisse für die Erhöhung der heimischen Lebensmittelversorgung in Afrika" (Malabo Montpellier Panel, 2018b, p. 8).

Mechanisierung kann die Lebensmittelversorgung auf mehreren Stufen der Wertschöpfungskette beeinflussen. In landwirtschaftlichen Betrieben kann ein niedriger Mechanisierungsgrad die Erträge einschränken (Adu-Baffour et al., 2019; Daum et al., 2020). Afrikanische Landwirtschaftssysteme sind durch ausgeprägte saisonale Arbeitsengpässe gekennzeichnet, was die rechtzeitige Durchführung der landwirtschaftlichen Arbeitsprozesse ohne Mechanisierung in einigen Bereichen zu einer Herausforderung macht (Silva et al., 2019; Daum et al., 2020). Eine Abweichung dieser Prozesse von den optimalen Zeitpunkten kann zu Ertragseinbußen von bis zu einem Prozent pro Tag führen (Baudron et al., 2015). Arbeitsengpässe verschärfen sich in Ländern, in denen die Landwirtschaft intensiviert wird und die Löhne in ländlichen Gebieten steigen (Berhane et al., 2017; Diao et al., 2014). Die Mechanisierung kann auch die Erträge steigern, indem sie u.a. bessere Abstände zwischen den einzelnen Pflanzen und eine bessere Vorbereitung des Saatbetts ermöglicht sowie das Wachstum von Unkraut reduziert (Daum und Birner, 2020). In Sambia ergab eine Studie, dass die Mechanisierung die Erträge um rund 25 Prozent steigert (Adu-Baffour et al., 2019), und eine Studie in elf afrikanischen Ländern ergab, dass der Einsatz von Traktoren die Maiserträge um rund 0,5 Tonnen pro Hektar erhöht (Kirui, 2019).

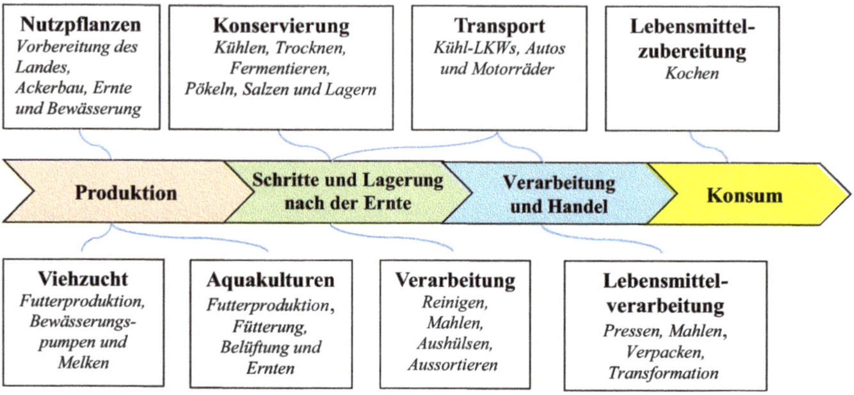

Abbildung 2.2.1: Einstiegspunkte für die Mechanisierung entlang landwirtschaftlicher Wertschöpfungsketten

Quelle: Eigene Zusammenstellung

Die Mechanisierung wirkt sich nicht nur auf die Erträge aus, sondern auch auf die Fläche des bewirtschafteten Landes. Mit Handwerkzeugen können die LandwirtInnen oft nicht ihr gesamtes Land bestellen. In Sambia ermöglichen es Traktoren den LandwirtInnen, die Größe des bewirtschafteten Landes zu verdoppeln, indem sie Land bearbeiten, das sie zwar besitzen, aber aufgrund von Arbeitskräftemangel brach liegen gelassen haben (Adu-Baffour et al., 2019). Fehlende Mechanisierung kann auch Ernteschäden und Ernteverluste verursachen. In Kenia zum Beispiel werden rund 95 Prozent der Kartoffelschäden und -verluste auf fehlende Erntetechnologien zurückgeführt (Breuer et al., 2015). Zuletzt kann die Lebensmittelversorgung durch fehlende Bewässerungstechnologien beeinträchtigt werden. Studien schätzen, dass die landwirtschaftliche Produktion in Afrika durch Bewässerung um 50 Prozent gesteigert werden könnte (You et al., 2011).

Außerhalb des landwirtschaftlichen Betriebs, entlang der Wertschöpfungskette, kann die Verschwendung von bereits produzierten Lebensmitteln durch fehlende Verarbeitungs- und Konservierungstechnologien die Lebensmittelversorgung beeinträchtigen. Zum Beispiel verursacht ein Mangel an Verarbeitungstechnologien wie Mühlen einen geschätzten jährlichen Verlust von einer Million Tonnen Reis in Afrika (Malabo Montpellier Panel, 2018b). Fehlende Konservierungstechnologien wie z.B. Trockner können zu erheblichen Verlusten bei der Handhabung nach der Ernte führen (Salvatierra-Rojas et al., 2017), und eine unsachgemäße Lagerung kann zu Lagerverlusten und die Kontamination mit Pilzen wie Aflatoxinen führen (Williams et al., 2014). In der Milchproduktion verursacht ein Mangel an Kühltechnologien einen Milchverlust von etwa 20–30 Prozent (Salvatierra Rojas et al., 2018). Zusätzlich zu den Verarbeitungs- und Konservierungstechnologien können fehlende Transporttechnologien die Lebensmittelversorgung beeinträchtigen, da es zu Lebensmittelverlusten kommt und die LandwirtInnen davon abgehalten werden überhaupt Lebensmittel für Märkte zu produzieren. Es ist wichtig, darauf hinzuweisen, dass einige der nährstoffreichsten Lebensmittel (einschließlich Fisch, tierische Produkte, Obst und Gemüse), die alle für die Reduzierung der Unterernährung bei Kindern von großer Bedeutung sind (Headey et al., 2018), sehr verderblich sind und große Sorgfalt bei Transport und Lagerung erfordern, um ihre Haltbarkeit zu erhöhen.

Es gibt auch Bedenken in Bezug auf Mechanisierung. Kritiker argumentieren zum Beispiel, dass die Mechanisierung zu Bodenerosion führen und eine Ausdehnung der landwirtschaftlichen Nutzflächen auf Kosten von Wäldern und Savannen auslösen kann, was zu einem Rückgang der biologischen Vielfalt führt und zum Klimawandel beiträgt (Daum und Birner, 2020). Darüber hinaus gibt es Bedenken, dass die Mechanisierung zu einem Strukturwandel des Agrarsektors hin zu größeren Betrieben führen wird und sich dies auf die Arbeitslosigkeit auswirken könnte. Solche Bedenken müssen ernst genommen werden. Allerdings müssen die negativen Auswirkungen nicht zwangsläufig eine Folge der Mechanisierung sein und können mit nachhaltigen Mechanisierungsstrategien und politischen Bemühungen vermieden werden (Daum et al., 2020; Daum und Birner, 2020). Beispielsweise kann die Bodenerosion mit lokal angepasster konservierender Landwirtschaft minimiert und die Auswirkungen der Ausdehnung landwirtschaftlicher Flächen mit sorgfältiger Landnutzungsplanung angegangen werden (Daum und Birner, 2020). In ähnlicher Weise können eine maßstabsgerechte Mechanisierung, bei der „die Maschinen an die Betriebsgröße angepasst sind und nicht umgekehrt" (Baudron et al., 2015, S. 154), und institutionelle Lösungen für KleinerzeugerInnen sicherstellen, dass die Mechanisierung keinen künstlichen Strukturwandel auslöst. Bezüglich der Auswirkungen auf die landwirtschaftliche Beschäftigung hat die Forschung gezeigt, dass diese von der Art und dem Kontext abhängen, in dem sich die Mechanisierung entfaltet (Binswanger, 1986). Bewässerung zum Beispiel erhöht oft die Nachfrage nach Arbeitskräften, weil die Erträge steigen. Wichtig ist, dass die Mechanisierung in vielen Situationen lediglich eine Antwort auf eine rückläufige Verfügbarkeit von Arbeitskräften ist, z.B. aufgrund von Landflucht oder weil Kinder zur Schule gehen, anstatt auf den Feldern zu arbeiten (Binswanger, 1986). Wenn jedoch die Marktgegebenheiten verzerrt werden, z.B. indem die Mechanisierung künstlich durch hohe Subventionen und nicht durch steigende Arbeitskosten vorangetrieben wird, kann sie tatsächlich zu Arbeitsplatzverlusten führen. Deshalb sollten solche Marktverzerrungen vermieden werden.

Während in Afrika der Mechanisierungsgrad entlang landwirtschaftlicher Wertschöpfungsketten im Durchschnitt gering ist, gibt es auch Beispiele für eine rasche Mechanisierung in bestimmten Gebieten (Malabo Montpellier Panel, 2018b). Beispielsweise setzen bis zu 80 Prozent der LandwirtInnen in manchen Gegenden von Ghana Maschinen ein (Cossar, 2016) und in Teilen von Äthiopien hat sich ein dynamischer Markt für Mähdrescher entwickelt (Berhane et al., 2017). In diesen Gegenden wird die Mechanisierung durch steigende Löhne auf dem Land vorangetrieben und durch Dienstleistungsmärkte ermöglicht, die dazu beitragen, dass ärmere LandwirtInnen, die sich keine Maschinen leisten können, weiterhin von der Mechanisierung profitieren können (Berhane et al., 2017; Cossar, 2016; Diao et al., 2014). Der Aufstieg mittelgroßer LandwirtInnen (Jayne et al., 2019), die sich Maschinen leisten können und oft KleinerzeugerInnen bedienen, und digitale Dienste ähnlich denen von „Uber", die die Transaktionskosten senken können (Daum et al., 2021), bieten in der Produktion von Nutzpflanzen neue Perspektiven für Dienstleistungsmärkte. Ein weiterer Antriebsfaktor für die Mechanisierung sind sinkende Maschinenpreise aufgrund des steigenden Wettbewerbs mit Herstellern aus Indien und China (Agyei-Holmes, 2016; Sims et al., 2016).

Mechanisierungstechnologien wie Traktoren, Schälmaschinen und Trockner sind private Güter. Deswegen kann und sollte die Mechanisierung durch den Privatsektor vorangetrieben werden (Sunding und Zilberman, 2001). Öffentliche Bemühungen, die Mechanisierung in Afrika durch die Lieferung von Maschinen direkt zu fördern, haben sich als kostspielig und meist nicht nachhaltig erwiesen (Daum und Birner, 2020, 2017; Pingali, 2007). Wie in einer Studie festgestellt wurde, „funktionieren öffentliche Mechanisierungsprogramme in der Regel auch nicht, wenn sich keine privaten Märkte entwickeln, und wenn sich private Märkte entwickeln, können öffentliche Programme private Unternehmen verdrängen" (Daum und Birner, 2020, S. 4). Doch obwohl es in Afrika eine Zunahme privatwirtschaftlicher Vertriebswege für die Mechanisierung gibt (Diao et al., 2016), wozu sowohl Bemühungen globaler Maschinenhersteller wie AGCO, John Deere und Mahindra als auch ein Anstieg der lokalen Fertigung von Anlagen gehören, wird die Entwicklung solcher Märkte häufig durch Marktversagen und fehlende förderliche Rahmenbedingungen behindert, denen die öffentliche Politik entgegenwirken muss. Fehlende Rahmenbedingungen beziehen sich u.a. auf mangelndes Wissen und Fertigkeiten, einen begrenzten Zugang und hohe Finanzierungskosten, eine importbehindernde Steuer- und Handelspolitik, einen Mangel an angewandter Forschung sowie unregelmäßige Stromversorgung und fehlende Normen und Zertifizierungen, die lokale Hersteller von Maschinen behindern (Daum und Birner, 2017; Diao et al., 2014; Sims et al., 2016).

Handlungsbedarf für die Verbreitung von Mechanisierung

Fehlende **Kenntnisse und Fertigkeiten** behindern die Mechanisierung und damit die Lebensmittelversorgung in mehrfacher Hinsicht. Zum Beispiel kann ein Mangel an Wissen und Fertigkeiten im Bereich der Wartung zu Ausfällen führen und die Rentabilität von Maschinen verringern (Houssou et al., 2013; Thoelen und Daum, 2019). In Ghana fallen rund 50 Prozent der Traktoren mindestens dreimal pro Jahr wegen fahrlässiger Bedienung und mangelnder Wartung aus (Aikins und Haruna, 2012), und die meisten Techniker sind sogenannte „Straßenrandmechaniker" (roadside mechanics) (Daum, 2016). Mangelnde Kenntnisse und Fertigkeiten beim Fahren von Traktoren mit Anbaugeräten können auch zur Bodenschädigung führen und die Erträge beeinträchtigen (Daum et al., 2020). Der Aufbau ausreichender Kenntnisse und Fertigkeiten war ein Schlüssel zur Mechanisierung in den heutigen Industrieländern. In Deutschland wurden z.B. Berufsschulen eingerichtet und von der DEULA organisierte öffentliche Schulungswagen fuhren quer durch das Land, um Maschinenführer, -besitzer und -techniker auszubilden (Daum et al., 2018). Solche historischen Beispiele deuten darauf hin, dass Teile des insgesamt benötigten Wissens und der Fertigkeiten durch lokale Erweiterungsnetzwerke bereitgestellt werden können (z.B. Kurse zur Führung und Wartung von Maschinen). Viele andere Aspekte erfordern jedoch einen langfristigen Ansatz, wie z.B. die Ausbildung von Mechanikern, die am besten in Berufsausbildungszentren angeboten werden kann, die die Ausbildung am Arbeitsplatz mit einer eher formalen Ausbildung kombinieren. Kenntnisse und Fertigkeiten sind auch für die Maschinenproduktion erforderlich. Während große Traktoren in absehbarer Zukunft wahrscheinlich größtenteils von außerhalb Afrikas geliefert werden, könnten Anbaugeräte wie Trennmaschinen und Verarbeitungsgeräte wie Maisschäler und Futterhäcksler von gut ausgebildeten Arbeitskräften lokaler Hersteller geliefert werden.

Maschinen sind kostspielig und haben einen langen Abschreibungszeitraum. Gegenwärtig ist aber der Zugang zu landwirtschaftlichen **Finanzmitteln** in den meisten Teilen Afrikas begrenzt und wird durch mangelnde finanzielle Kenntnisse, fehlende Sicherheiten und hohe Produktions- und Marktrisiken erschwert (Daum und Birner, 2017; Demeke et al., 2016; Ströh de Martinez et al., 2016). Darüber hinaus sind die Kosten für die Finanzierung von Maschinen, selbst wenn sie zugänglich sind, zu hoch – nämlich zwischen 15 und 30 Prozent pro Jahr – und die Rückzahlungsfristen zu kurz – oft maximal zwei Jahre (Daum und Birner, 2017). Da öffentliche Kreditprogramme zur Mechanisierung nachweislich niedrige Rückzahlungsraten und hohe Überwachungskosten aufweisen (Diao et al., 2016), sollten sich die politischen Maßnahmen eher darauf konzentrieren, den Privatsektor bei der Überwindung von Marktversagen auf Kredit- und Versicherungsmärkten zu unterstützen. Eine solche Strategie hat sich in mehreren asiatischen Ländern als erfolgreich erwiesen und führt – im Gegensatz zu Subventionen – nicht zu einer Verzerrung des Marktes (Diao et al., 2014). Intelligente Subventionen können ebenfalls eine Rolle spielen sind aber schwer zu konzipieren. Für Entwicklungspartner kann die Unterstützung neuer Finanzierungswege wie die Finanzierung durch Partner entlang der Wertschöpfungskette, Vertragsanbau und direkte Lieferantenkredite ein vielversprechendes Handlungsfeld sein (Adu-Baffour et al., 2019; Ströh de Martinez et al., 2016).

Neben der Verbesserung von Wissen und Fertigkeiten und der Finanzierung gibt es noch andere Maßnahmen, um ein **günstigeres Umfeld** zu schaffen**, das die Bereitstellung und Einführung von Maschinen erleichtert**. Was die Steuer- und Handelspolitik betrifft, so können die Regierungen die Einfuhrzölle auf Maschinen und Ersatzteile, die in verschiedenen Ländern oft mit besonders hohen Zöllen belegt sind – bis zu 30 Prozent – senken. In Indien und Bangladesch zum Beispiel nahm die Mechanisierung rasch zu, sobald die Importbeschränkungen reduziert wurden (Diao et al., 2016). Außerdem können Regierungen Zollverfahren erleichtern und Wechselkursschwankungen reduzieren. Regierungen können auch lokale Hersteller unterstützen, indem sie u.a. einen zuverlässigen Zugang zu Elektrizität sicherstellen, die Zölle auf Rohstoffe senken und Normen und Tests einführen. Es ist unwahrscheinlich, dass lokale Hersteller in absehbarer Zukunft große Traktoren produzieren werden – dies ist in der heutigen globalisierten Welt auch nicht erforderlich – aber sie können einen komparativen Vorteil haben, um standortspezifische Technologien wie Traktoranbaugeräte und Verarbeitungsmaschinen zu produzieren, was auch zur Schaffung sinnvoller Arbeitsplätze in ländlichen Gebieten beiträgt. Die Rahmenbedingungen sollten auch digitale Anwendungen ermöglichen, wie z.B. Uber-Modelle, deren Erfolg u.a. von der digitalen Kompetenz und dem Vertrauen sowie dem Internetzugang abhängt (Daum et al., 2021). Aber die analoge Infrastruktur ist weiterhin wichtig: bessere ländliche Straßen beispielsweise erleichtern Dienstleistungsmärkte.

Begleitende öffentliche Maßnahmen sind erforderlich, um vor **potenziellen negativen Auswirkungen der Mechanisierung** zu schützen. So ist beispielsweise eine sorgfältige Landnutzungsplanung und –überwachung nötig, um sicherzustellen, dass die Mechanisierung der Landwirtschaft nicht zur Entwaldung und Umwandlung von Savanne führt. Auch muss sichergestellt werden, dass die Mechanisierung die bestehenden Ungleichheiten zwischen den Geschlechtern mancherorts nicht noch weiter vergrößert. Hierfür können Kampagnen zur Sensibilisierung der Geschlechter und Programme zur Unterstützung von Unternehmerinnen nützlich sein. Die Unterstützung institutioneller Lösungen, mit denen sichergestellt wird, dass KleinerzeugerInnen und andere KleinerzeugerInnen von der Mechanisierung profitieren können, wie z.B. Dienstleistungsmärkte für Traktoren und kooperative Lösungen für die Verarbeitung von Lebensmitteln, ist der Schlüssel, um zu verhindern, dass die Mechanisierung zu wachsenden Ungleichheiten in Bezug auf Landnutzung und Wohlstand führt.

Zusätzliche **öffentliche Forschung zu technischen, agronomischen und wirtschaftlichen Aspekten der Mechanisierung** ist nötig, damit sich die Mechanisierung in einer Weise entwickelt, die aus sozialer, wirtschaftlicher und ökologischer Sicht nachhaltig ist. Privaten Akteuren können durch öffentliche Forschung unterstützt werden, z.B. mit Grundlagenforschung zu technischen Lösungen, die an die lokale Umgebung angepasst sind, landesweiten Bodenkarten und Haushaltserhebungen zum Mechanisierungsbedarf. Es besteht auch die Notwendigkeit, Umweltbelange bei der Mechanisierung zu berücksichtigen. Beispielsweise sollte sich die angewandte Forschung mit Strategien für eine mechanisierte und umweltfreundliche Landwirtschaft befassen, die durch geringe Bodenbearbeitung den Boden schützen und eine effiziente Wassernutzung ermöglichen, sowie Forschung, die die Potenziale erneuerbarer Energien für die Mechanisierung entlang der Wertschöpfungskette untersucht. Schließlich ist Forschung zu institutionellen Lösungen wie (Uber-)Dienstleistungsmärkte und Kooperativen erforderlich, die KleinerzeugerInnen den Zugang zu landwirtschaftlichen Maschinen ermöglichen.

Prioritäre für Investitionen und politische Maßnahmen

Um die Potenziale der Mechanisierung auszuschöpfen, sollten sich Investitionen und politische Maßnahmen auf die gesamte landwirtschaftliche Wertschöpfungskette konzentrieren, von der Vorbereitung des Bodens bis zur Behandlung nach der Ernte und der Lebensmittelverarbeitung. Dadurch wird es den LandwirtInnen und Kleinunternehmen ermöglicht ihre Produktion und

Produktivität zu steigern und gleichzeitig Lebensmittelverluste und Abfälle zu reduzieren.

- **Kenntnissen und Fertigkeiten stärken**. Diese beinhalten sowohl Kapazitäten für die Nutzung und Reparatur von landwirtschaftlichen Maschinen als auch für deren Entwicklung und Produktion.
- **Finanzierung und Risikomanagement von landwirtschaftlichen Maschinen verbessern**. Die Politik sollte hierfür einen förderlichen Rahmen für Privatanbieter von Krediten und Versicherungen schaffen.
- **Ein günstiges Geschäftsklima für lokale Anbieter von Maschinen schaffen**, z.B. durch Maßnahmen in der Steuer- und Handelspolitik und Investitionen in Infrastruktur.
- **Öffentliche Forschung fördern**, um eine ökologisch, sozial und wirtschaftlich nachhaltige Ausweitung der Mechanisierung zu unterstützen.

Alisher Mirzabaev

2.3 Bewässerung

Der Regenfeldbau macht den Großteil der landwirtschaftlichen Produktion in Afrika aus. Der Anteil der bewässerten Produktion wächst allerdings auf dem ganzen Kontinent. Die Hauptgründe für die Ausdehnung bewässerter Flächen sind ihre höhere Produktivität und ein damit verbundenes höheres Einkommen sowie eine stärkere Widerstandsfähigkeit gegenüber Niederschlagsschwankungen im Vergleich zum Regenfeldbau.

Etwa sechs Prozent der Anbauflächen Afrikas werden bewässert, was etwa 17 Millionen Hektar entspricht (Abbildung 2.3.1), hauptsächlich in Ägypten, Algerien, Marokko, Südafrika und im Sudan (AUDA-NEPAD, 2013). Der Umfang der bewässerten Flächen nahm zwischen 1990 und 2015 jährlich um 1,5 Prozent zu (Malabo Montpellier Panel, 2018b). Tatsächlich stammen etwa 38 Prozent des Produktionswertes des afrikanischen Pflanzenanbaus von bewässerten Flächen (SAFI, 2018), d.h. die Bruttoeinnahmen aus der bewässerten Produktion von Nutzpflanzen sind zehnmal höher als aus der Produktion von Regenfeldfrüchten, was die Bedeutung der Ausweitung der Bewässerung für die Einkommenssteigerung betont. Etwa 83 Prozent der bewässerten Flächen sind klein, d.h. sie werden von einzelnen KleinerzeugerInnen oder von lokalen Gemeinschaften bewirtschaftet. Die am weitesten verbreiteten Formen der kleinflächigen Bewässerung sind die Grundwassernutzung durch Motor- und Tretpumpen sowie die Umleitung von Oberflächenwasser für Bewässerungssysteme von bis zu mehreren hundert Hektar (Lankford et al., 2016; Malabo Montpellier Panel, 2018b). Im Gegensatz dazu verwalten Regierungsorganisationen groß angelegte Bewässerungssysteme, die in der Regel mehr als 1000 Hektar umfassen (Malabo Montpellier Panel, 2018a). Reis, Weizen, Mais, Zuckerrohr, Baumwolle und Futtergräser verbrauchen das meiste Wasser von Bewässerungsanlagen in Afrika, gefolgt von Hülsenfrüchten, Obst, Kartoffeln und einer breiten Palette anderer Feldfrüchte, insbesondere im trockenen Nordafrika (Siebert und Döll, 2010).

Zusätzliche 47 Millionen Hektar könnten in Afrika bewässert werden (Malabo Montpellier Panel, 2018a). Diese Schätzung basiert auf der Verfügbarkeit von Land- und Wasserressourcen. Das größte Potenzial für eine Ausweitung der Bewässerung besteht in Subsahara-Afrika, von 7,7 Millionen Hektar in 2012 auf 38 Millionen Hektar, insbesondere in der Demokratischen Republik

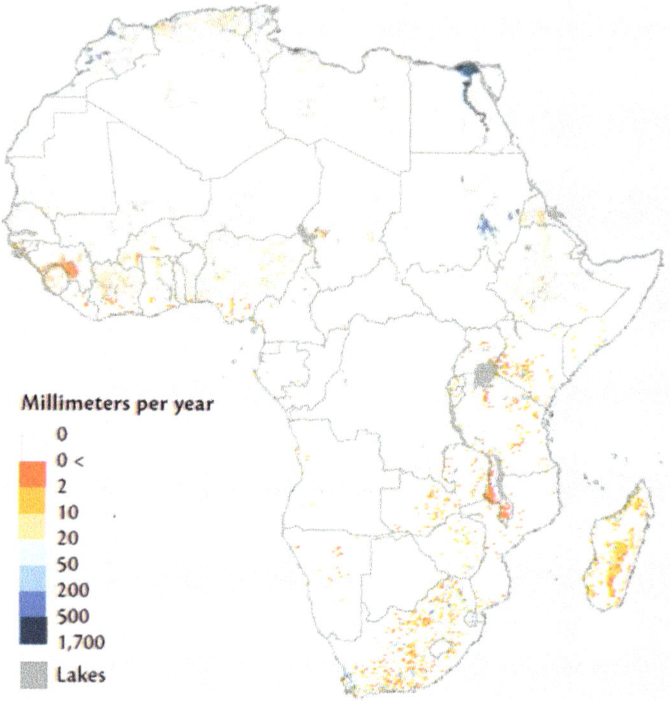

Abbildung 2.3.1: Die Ausdehnung der bewässerten Gebiete in Afrika (2000), mit Angabe der Menge an Oberflächen- und Grundwasser, die für die Bewässerung verwendet wird (mm/Jahr)

Quelle: Siebert und Döll (2010)

Kongo, Angola und Mosambik (von 1 auf 14 Millionen Hektar). Laut Altchenko und Villholth (2015) könnten die Grundwasserressourcen dazu beitragen, den Anteil der bewässerten Flächen in Subsahara-Afrika auf 20–49 Prozent der gesamten Anbauflächen zu erhöhen, das heißt um zusätzliche 19 bis 103 Millionen Hektar, mit besonders hohem Potenzial in der Sahelzone und in Ostafrika (Pavelic et al., 2013). Im Gegensatz zur Übernutzung des Grundwassers in Nordafrika (Benfetta und Ouadja, 2020), wo die jährliche Entnahme von Grundwasser dreimal höher ist als seine jährliche Neubildung, werden in Subsahara-Afrika jährlich nur 17,5 Prozent des erneuerbaren Grundwassers angezapft (You et al., 2011).

Der Nachteil der obigen Schätzungen des Bewässerungspotenzials besteht darin, dass sie sich in der Regel nur auf biophysikalische Faktoren stützen. Das heißt sie definieren die allgemeinen Randbedingungen für das Bewässerungspotenzial in Afrika abhängig von den Bodenbedingungen, der Wasserverfügbarkeit und dem Wasserbedarf je nach Anbaumuster und Klima. Häufig berücksichtigen diese Zahlen weder wirtschaftliche, soziale und institutionelle Faktoren noch die Auswirkungen verschiedener Bewässerungstechnologien, was für die Bestimmung des tatsächlich erreichbaren Bewässerungspotenzials in Afrika ebenso wichtig, wenn nicht sogar noch wichtiger ist. You et al. (2011) berücksichtigen sowohl biophysikalische als auch sozioökonomische Faktoren und stellen fest, dass Afrikas Expansionspotenzial für kleinflächige Bewässerung, d.h. kleine Reservoirs und Wasserentnahme (water harvesting), 7,3 Millionen Hektar beträgt, mit Investitionskosten von 37,9 Milliarden US-Dollar und einer internen durchschnittlichen Rendite von 20 Prozent. Das Expansionspotenzial für großflächige Bewässerung, d.h. die Oberflächenbewässerung durch Staudämme, auf 16,2 Millionen Hektar geschätzt mit Investitionskosten von 31,7 Milliarden US-Dollar und einer internen durchschnittlichen Rendite von 6,6 Prozent[11] (You et al., 2011). Diese Zahlen deuten auch darauf hin, dass die wirtschaftliche Rentabilität von Investitionen in kleinflächige Bewässerungssysteme dreimal so hoch sein kann wie die von Investitionen in großflächige Systeme. Berücksichtigt man auch die wirtschaftlichen Kosten, erreicht das Potenzial für eine Ausweitung der Bewässerung in Afrika bis 2060 23,5 Millionen Hektar, davon 21,8 Millionen Hektar in Subsahara-Afrika. Berücksichtigt man sozioökonomische Aspekte, ändern sich die Standorte mit dem höchsten Potenzial für die Ausweitung der Bewässerung, die nach You et al. (2011) in der breiteren sudano-sahelianischen Zone und den Ländern des Golfs von Guinea liegen.

Der Vorbehalt der Projektionen von You et al. (2011) ist, dass sie sich hauptsächlich auf Oberflächengewässer konzentrieren und das Potenzial der Nutzung von Grundwasserleitern nicht vollständig erfassen. Im Gegensatz zur Bewässerung durch Staudämme erfordert die Nutzung von Grundwasser zur Bewässerung keine massiven Infrastrukturinvestitionen. Daher können KleinerzeugerInnen selbst, individuell oder durch lokales kollektives und dezentralisiertes Handeln, die grundwasserbewässerte Fläche erweitern. Dieser Trend der kleinbetrieblichen Erweiterung von Grundwasserbewässerung in

11 Die für diese potenzielle Bewässerungserweiterung (8,4 Millionen Hektar) erforderliche Staukapazität ist bereits vorhanden.

Subsahara-Afrika ist bereits deutlich erkennbar (Villholth, 2013), erleichtert durch kostengünstige Technologien (z.B. Motorpumpen, Tretpumpen, Gießkannen) und Bohrdienste. Das Bewässerungspotenzial variiert je nach verwendeter Bewässerungstechnologie: Xie et al. (2014) gehen davon aus, dass das Ausbaupotenzial in Subsahara-Afrika für die Bewässerung von KleinerzeugerInnen durch Motorpumpen 30 Millionen Hektar, durch Tretpumpen 24 Millionen Hektar, durch kleine Reservoirs 22 Millionen Hektar und durch kommunale Flussumleitung 20 Millionen Hektar beträgt. Ein erheblicher Teil des Bewässerungspotenzials durch Motor- und Tretpumpen hängt von der Verfügbarkeit von Grundwasser ab, daher kann eine Übernutzung des Grundwassers die langfristige Nachhaltigkeit der neu bewässerten Gebiete untergraben. Deswegen sind geeignete Überwachungssysteme und Vorschriften erforderlich, um eine nachhaltige Nutzung des Grundwassers sicherzustellen (Xie et al., 2014).

Xie et al. (2014) prognostizieren, dass die Nutzung kleiner Bewässerungsanlagen in Subsahara-Afrika zu zusätzlichen Nettoeinnahmen von 14–22 Milliarden US-Dollar pro Jahr führen könnte, was zwischen 113 und 369 Millionen Menschen direkt zugutekäme. Obwohl die Einführung von Bewässerungssystemen zur Verringerung von Armut und zur Verbesserung der Ernährungssicherung beitragen kann, reicht dies allein nicht aus, um Armut und Unterernährung unter KleinerzeugerInnen zu beseitigen. Weitere begleitende Maßnahmen sind erforderlich, wie etwa die breitere und nachhaltige Verwendung von produktivem Saatgut und Düngemitteln, Mechanisierung, besserer Zugang zu Märkten und andere Faktoren, die in den anderen Abschnitten dieses Buchs ausführlicher erörtert werden. Passarelli et al. (2018) kommen zu dem Schluss, dass die Auswirkungen der Einführung von Bewässerungssystemen auf die Ernährung von Haushalten kontextspezifisch sind: Haushalte, die Bewässerungssysteme einsetzten, hatten ein höheres Einkommen und eine abwechslungsreichere Ernährung als Haushalte mit Regenfeldbau, aber andere Faktoren wie das Geschlecht des Familienvorstands und der Zugang zu Einkommen außerhalb der Landwirtschaft veränderten die Auswirkungen stark. Für viele Teile Subsahara-Afrikas wurde angedeutet, dass die Einführung der Bewässerung nur für Cash Crops und andere höherwertige Kulturen rentabel ist (Rosegrant et al., 2009). Dennoch gehen You et al. (2011) davon aus, dass ein erheblicher Anteil der großflächigen Ausweitung der Bewässerung in Subsahara-Afrika auf der Grundlage von Staudämmen für den Anbau von Grundnahrungsmitteln genutzt werden wird, während kleine Bewässerungsprogramme vor allem für den Anbau von Gartenbaukulturen eingesetzt werden.

Zahlreiche Studien in ganz Afrika zeigen, dass der Zugang zu Einkommen außerhalb der Landwirtschaft, die Nähe zu Märkten, der Zugang zu Bewässerungsanlagen und Krediten, sowie die Verfügbarkeit zuverlässiger Wasserquellen und gesicherter Grundbesitz die wichtigsten Faktoren für die Einführung von Bewässerungssystemen durch KleinerzeugerInnen sind (Balana et al., 2020; Burney und Naylor, 2012; Malabo Montpellier Panel, 2018b; Mango et al., 2018). Wenn LandwirtInnen den Zugang zu einer dieser Aspekte verlieren, könnten sie die Nutzung von Bewässerungstechnologien wieder aufgeben (Burney und Naylor, 2012).

Es hat sich gezeigt, dass die Einführung von Bewässerung die Ernährungssicherung erhöht, z.B. war in Benin die Ernährung von 60 Prozent der LandwirtInnen mit Bewässerungsanlagen gesichert, im Vergleich zu nur 46 Prozent der ProduzentInnen mit Regenfeldbau (Nonvide, 2018). In Ghana erhöhte die Einführung der Kleinbewässerung die Nettogewinne von LandwirtInnen um 154 bis 608 Prozent (Balana et al., 2020). Die Einführung der Bewässerung durch Tretpumpen in Malawi steigerte die Nettogewinne des Regenfeldbaus um das 1,5 bis 6-fache (Mangisoni, 2008). In Äthiopien verdienten Haushalte, die Bewässerung in der Produktion von Nutzpflanzen einsetzten, etwa 150 US-Dollar mehr als jene, die Regenfeldbau betrieben (Gebregziabher et al., 2014). In ähnlicher Weise stellte Bekele (2021) in Äthiopien fest, dass privat geführte Bewässerungssysteme mit Pumpen eine dreimal höhere Rentabilität pro Hektar erzielten als kommunal geführte Kanalbewässerungssysteme (1770 USD gegenüber 570 USD pro Hektar). Es wird geschätzt, dass der Zugang zu kleinen Bewässerungsanlagen die Maiserträge fast verdoppelt und die Erträge von Reis in ganz Subsahara-Afrika verdreifacht hat (Xi et al., 2014). Die Einführung von Bewässerung in afrikanischen Trockengebieten wird voraussichtlich die Abhängigkeit Afrikas von Lebensmittelimporten reduzieren, von 54 Prozent im aktuellen Szenario auf 17–40 Prozent (Xie et al., 2018). Lobell et al. (2009) stellten fest, dass in bewässerten Weizen-, Reis- und Maisanbau die Ernteerträge bei ca. 80 Prozent ihres Potenzials lagen, während sie im Regenfeldbau nur 50 Prozent ihres Potenzials erreichten. Mit dem Klimawandel und der zunehmenden Variabilität der Niederschläge werden die Vorteile der Bewässerung gegenüber dem Regenfeldbau in Zukunft nur noch größer (Malabo-Montpellier Panel, 2018).

Die Einführung von Bewässerung ist eine wichtige Maßnahme zur Anpassung an den Klimawandel in vielen Bereichen des Regenfeldbaus in Afrika (Mirzabaev et al., 2019). Der Klimawandel wird voraussichtlich die Niederschlagsvariabilität auf dem ganzen Kontinent erhöhen. Selbst in Gegenden, in denen sich die Gesamtmenge der Niederschläge nicht ändert oder sogar zunimmt, können die Veränderungen in der saisonalen Verteilung der Niederschläge und höhere

Temperaturen während kritischer Vegetationsperioden für das Pflanzenwachstum zu Wassermangel führen (Mirzabaev et al., 2019). Die Rentabilität der Bewässerungstechnologien in Subsahara-Afrika ist in Zeiten des Klimawandels sogar noch höher, da sie die Widerstandsfähigkeit der LandwirtInnen gegen eine höhere Niederschlagsvariabilität erhöhen (Reichhuber et al., 2019). Die Ausweitung der Bewässerung in Subsahara-Afrika muss auch mit der Einführung effizienterer Bewässerungsmethoden einhergehen (z.B. Tröpfchen- oder Sprinklerbewässerung anstelle von Oberflächenbewässerung).

Es ist also nicht überraschend, dass die Ausweitung der Bewässerung ein Schlüsselelement des CAADP ist (You et al. 2011). Es bestehen beträchtliche Möglichkeiten für technologische und institutionelle Innovationen sowie für eine Politik zur Förderung einer ökologisch nachhaltigen und wirtschaftlich rentablen Ausweitung der Bewässerung in Afrika. Trotz dieser Bewässerungspotenziale ist deren Anwendung durch ressourcenarme KleinerzeugerInnen, insbesondere durch Landwirtinnen, ohne einen gerechten Zugang zu Bewässerungstechnologien eingeschränkt (Lefore et al., 2019). Zu den innovativen Technologien gehören Sprinkler- und Tröpfchenbewässerung, Mikrobewässerung, die Verwendung von Solaranlagen zum Pumpen von Grundwasser und die Verwendung von Bodensensoren zur zeitlichen Steuerung der Bewässerung (Malabo Montpellier Panel, 2018a). Das Malabo-Montpellier-Panel schlägt vor, die Ausdehnung der Bewässerung in Afrika als oberste politische Priorität zu sehen, insbesondere durch die Schaffung spezieller Regierungsorganisationen, die für die Ausdehnung der Bewässerung zuständig sind (Malabo Montpellier Panel, 2018a). Darüber hinaus müssen kluge politische Maßnahmen bezüglich der Wasserpreise die Förderung von Bewässerungstechnologien begleiten, um einen übermäßigen und nicht nachhaltigen Wasserverbrauch zu vermeiden. Die Einbeziehung von Bewässerung in die Agrarpolitik erfordert Planung und Zuweisung von Mitteln für die regelmäßige Wartung und Reinigung zentralisierter Be- und Entwässerungssysteme (z.B. durch die Verwendung von Einnahmen aus Wassergebühren und Steuern) sowie durch den Aufbau von Mechanismen für kollektives Handeln und Kostenteilung im Rahmen von gemeinschaftlich verwalteten Bewässerungssystemen.

Die Erleichterung privatwirtschaftlicher Initiativen zur Entwicklung und Verbreitung lokal angepasster Bewässerungstechnologien und -werkzeuge kann die Bewässerungsexpansion deutlich fördern, insbesondere bei dezentralisierten und kleinen Bewässerungsprogrammen auf Grundwasserbasis. Die Entwicklung solcher lokalen Kleinbewässerungssysteme kann beschleunigt werden, indem die Ressourcen der LandwirtInnen durch kollektive Gemeinschaftsaktionen gebündelt werden. Die Regierung kann eine entscheidende

Rolle spielen, indem sie solche Aktionen erleichtert und den lokalen Privatsektor durch Anreize im Hinblick auf Steuern und Importzölle sowie durch Zugang zu zinsgünstigen Krediten unterstützt.

Die Mehrheit der Oberflächengewässer Afrikas sind grenzüberschreitend. Tatsächlich erstrecken sich in Afrika die 80 verschiedenen Wassereinzugsgebiete auf 60 Prozent der Landfläche und durchqueren oft mehrere Länder (Mirzabaev et al., 2019). Daher erfordert ein nachhaltiges Bewässerungsmanagement und dessen Ausweitung einen angemessenen Dialog, Verhandlungen und eine gemeinsame Entscheidungsfindung für eine nachhaltige Bewirtschaftung der grenzüberschreitenden Wasserressourcen, sowohl was die Menge der Wasserzuweisungen als auch die Wasserqualität betrifft. Die Forschung des ZEF in den Einzugsgebieten des Nils und des Lepelles in Afrika zeigen, dass eine Verbesserung der Bewirtschaftung grenzüberschreitender Wasserressourcen eine Sensibilisierung für die Vorteile der Zusammenarbeit, die Einbeziehung aller Interessengruppen (aus dem Wasser-, Energie- und Landwirtschaftssektor) in Planungsprozesse und die Schaffung institutioneller Rahmenbedingungen zur Unterstützung der grenzüberschreitenden Zusammenarbeit erfordern würde (Mirzabaev et al., 2019; Paulos, 2019). Darüber hinaus sind diese gemeinsam genutzten Wasserressourcen auch für die Erhaltung der natürlichen Ökosysteme und der Biodiversität von zentraler Bedeutung (Mirzabaev et al., 2019). Daher muss bei der Planung künftiger Bewässerungssysteme auch die Wassernutzung für die Aufrechterhaltung von Ökosystemfunktionen berücksichtigt werden, die für die Lebensmittelproduktion und Ernährungssicherung der ländlichen Bevölkerung oft unerlässlich sind.

Prioritäten für Investitionen und politische Maßnahmen

- Lieferketten und Vertriebsnetzen für erschwingliche Pumpen und deren Ersatzteile, wassersparende Bewässerungstechnologien (z.B. Sprinkler, Tropfer) und Ausrüstung fördern.
- Zugang zu Finanzmitteln für die Einführung von Bewässerungstechnologien durch KleinerzeugerInnen fördern.
- Überwachung der Wassernutzung durch Buchhaltung und Prüfung des Grundwasserleiters stärken.
- Wassersparender Bewässerungstechnologien fördern, u.a. durch Preisgestaltung für die Wassernutzung.

  Schulung und Aufbau der Kapazitäten von Institutionen der Wasserverwaltung unterstützen, auch auf kommunaler, nationaler und grenzüberschreitender Ebene.

Izidora Božić

2.4 Verringerung von Lebensmittelverlusten

Lebensmittelverluste und Verschwendung sind globale Probleme, die Auswirkungen auf die Ernährungssicherung haben. In Subsahara-Afrika hat der Verlust von Lebensmitteln erhebliche Auswirkungen auf die Wirtschaft, die Umwelt und die Lebensgrundlage der Bevölkerung (Dongyu, 2019). In Entwicklungsländern und speziell in Subsahara-Afrika entstehen die meisten Lebensmittelverluste auf dem Feld und nach der Ernte. In Subsahara-Afrika gehen etwa 13,5 Prozent aller Getreidepflanzen und bis zu 50 Prozent aller Obst- und Gemüsesorten nach der Ernte verloren (Houngbo, 2019), wobei die Spanne bei Maniok von 28 bis 42 Prozent, bei Yamswurzeln von 19 bis 42 Prozent und bei Süßkartoffeln von 7 bis 44 Prozent reicht (Affognon et al., 2015).

Lebensmittelverlust ist definiert als der Verlust von Lebensmitteln ab dem Beginn der Versorgungskette auf dem landwirtschaftlichen Betrieb bis hin zum Großhandel. Lebensmittelabfälle entstehen später in der Lieferkette auf der Einzelhandels- und Verbraucherebene (Flor, 2019). Obwohl Lebensmittelabfälle ebenfalls ein wichtiges Thema sind, wird sich dieser Abschnitt auf den Verlust von Lebensmitteln konzentrieren, da er in Afrika am häufigsten auftritt und aus politischer Sicht relevanter ist. Viele verschiedene Einschränkungen verhindern die Verringerung des Lebensmittelverlustes und damit die Ernährungssicherung. Zu den allgemeinen Ursachen des Lebensmittelverlustes gehören ungünstige klimatische Bedingungen, unsachgemäße Handhabung nach der Ernte und der Mangel an wirtschaftlichen Anreizen, Daten, Bildung, Technologie, Infrastruktur, erschwinglicher Finanzierung und Marktzugang (The Pontifical Academy of Science, 2019). Ein wichtiger Faktor ist auch der Mangel an Kühlung während der Kühlkette, der schätzungsweise für fast zwei Drittel des weltweiten Lebensmittelverlustes verantwortlich ist (Fay, 2019).

Verschiedenen Maßnahmen können zur Reduzierung von Nachernteverlusten und damit zur Ernährungssicherung beitragen. Frühzeitige Interventionen in der Lieferkette, die die Verluste in den landwirtschaftlichen Betrieben verringern, können die Ernährungssicherung stark verbessern (Dongyu, 2019). Allein durch die Verringerung der Getreideverluste in Subsahara-Afrika könnten 4 Milliarden US-Dollar pro Jahr eingespart und der jährliche Kalorienbedarf von mehr als 48 Millionen Menschen gedeckt werden (Houngbo, 2019). Um solche Erfolge in der Ernährungssicherung zu erzielen, sind politische und private Initiativen notwendig, die sich an einem systematischen Ansatz orientieren.

Die Verringerung von Nachernteverlusten ist möglich, indem man den Marktzugang von LandwirtInnen und anderen KleinerzeugerInnen verbessert und ihre Kapazitäten zur Lagerung und Verarbeitung landwirtschaftlicher Produkte erhöht, um eine stärker integrierte Lieferkette zu schaffen. Darüber hinaus führt die Senkung der Kosten für Transport und Vertrieb zu weniger Nachernteverlusten (Vos, 2019).

In Afrika hat der Privatsektor ein großes Potenzial, um die landwirtschaftliche Transformation voranzubringen und damit den Verlust an Lebensmitteln zu verringern (Kibaara, 2019). In Tansania spielen zum Beispiel kleine und mittlere Unternehmen (KMU) eine Schlüsselrolle, wenn es darum geht, KleinerzeugerInnen den Zugang zu geeigneten Technologien durch Herstellung, Vertrieb, Betrieb und Wartung sowie Leihdienste zu ermöglichen. KMU spielen auch eine wichtige Rolle bei der Schulung und dem Angebot von Beratungsdiensten für LandwirtInnen in Bezug auf Technologien und Praktiken zur Verringerung von Lebensmittelverlusten (Mbaabu und Alela, 2019). In Subsahara-Afrika könnte technologisch gut ausgestattete KMUs durch den Einsatz fortschrittlicher Technologien zu einer direkten Reduzierung der Lebensmittelverluste um 84 Prozent und einer indirekten Verringerung um 30 Prozent beitragen (Hatibu, 2019). Darüber hinaus können Start-ups weitere Innovationen auf den Weg bringen (The Pontifical Academy of Science, 2019).

Auch wirtschaftliche Faktoren tragen zum Verlust von Lebensmitteln bei. Wenn die Marktpreise niedrig sind, ist es für LandwirtInnen möglicherweise nicht rentable, ihre gesamte Produktion zu ernten und zu vermarkten (Vos, 2019). Darüber hinaus gibt es Belege dafür, dass LandwirtInnen bei der zweiten Aussaat einer Saison, wenn wertvollere Feldfrüchte angebaut werden, die ursprüngliche Ernte aufgrund mangelnder wirtschaftlicher Anreize unsachgemäß verarbeiten, was zu Verlusten führt (Goldsmith et al., 2015). Darüber hinaus glauben viele LandwirtInnen nicht, dass die erwarteten Erträge, die sie durch verbesserte Praktiken bei der Ernte und der Handhabung der Produkte nach der Ernte erreichen können, die Investition wert sind. Auch wenn die Vorteile bekannt sind, werden verbesserte Verfahren von den LandwirtInnen und anderen Akteuren der Wertschöpfungskette noch immer nicht in der breiten Masse angenommen (Vos, 2019). Der mangelnde Marktzugang ist in Subsahara-Afrika besonders ausgeprägt. Schätzungsweise ein Drittel der Bevölkerung lebt mindestens fünf Stunden entfernt von der nächstgelegenen Stadt mit mindestens 5.000 Einwohnern, was die Menge an Lebensmitteln, die transportiert werden können, einschränkt und zu Lebensmittelverlusten beiträgt, insbesondere wenn die Straßen unpassierbar sind (Houngbo, 2019).

Fehlende Daten zu den Antriebsfaktoren und Auswirkungen verschiedener Maßnahmen zur Verringerung der Lebensmittelverluste behindert die Prävention von eben diesen. Die meisten Studien konzentrieren sich auf die technische Wirksamkeit aber nicht auf die sozialen, wirtschaftlichen und ökologischen Vorteile von Maßnahmen zur Reduzierung von Nachernteverlusten (Dongyu, 2019). Es herrscht auch immer noch Unklarheit darüber, wie praktikabel eine Reduzierung der Lebensmittelverluste tatsächlich ist, sowie über die Wirkung von schulischen, finanzpolitischen oder infrastrukturellen Maßnahmen zur Verringerung von Nachernteverlusten (Dongyu, 2019).

Qualitätsverluste sind tendenziell größer als Mengenverluste. Dies stellt ein Problem für die Wirtschaftlichkeit für die LandwirtInnen und die Sicherheit der Lebensmittel für arme Bevölkerungsgruppen dar. Ein Qualitätsverlust zwingt die LandwirtInnen dazu, ihre Waren billiger zu verkaufen (Vos, 2019). Wenn Lebensmittel verderben, anstatt weggeworfen zu werden, können sie zu armen Bevölkerungsgruppen gelangen und dort zu Sicherheitsbedenken führen (Hatibu, 2019). In einer IMPACT-SIMM-Simulation wurde gezeigt, dass die Beseitigung von Nachernteverlusten von Gemüse in Senegal den Gesamtwert des Angebots um 72 Millionen US-Dollar erhöhen und die Importe um 127.000 Tonnen reduzieren würde (Bèye und Komarek, 2020). Ein weiteres zentrales Hindernis ist die Verwendung von Lebensmitteln nach ihrer Herstellung. Außerhalb der Städte Afrikas werden nur wenige Lebensmittel weggeworfen und verschwendet. Stattdessen werden sie oft auf andere Weise wiederverwendet, etwa zur Fütterung von Vieh oder zur Umwandlung in Kompost (Vos, 2019).

Potentielle Lösungen, Lebensmittelverluste zu reduzieren, sind nach wie vor schlecht erforscht und vielleicht nicht wirksam genug, um die Ernährungssicherung zu erhöhen. Die Verringerung von Verlusten ist nicht frei von Kosten und erfordert Investitionen, die Kriterien für die Kostenwirksamkeit und Optimalität erfüllen müssen. Die begrenzte Forschung zeigt, dass Investitionen in die Verringerung von Lebensmittelverlusten weniger kosteneffizient sind als Investitionen in die Agrarforschung oder in Verbesserungen der Betriebsmittel-Systeme zur Verringerung von Ertragslücken (FAO, 2019a). Eine Studie von Rosegrant et al. (2016) zeigt, dass in Entwicklungsländern eine Reduzierung der Nachernteverluste um 10 Prozent durch Verbesserung der Stromversorgung, der befestigten Straßen sowie der Schienen- und Straßenkapazität 203 Milliarden US-Dollar erfordern würde. Ein solches Szenario hätte ein Nutzen-Kosten-Verhältnis von 11 und würde im Jahr 2050 in Subsahara-Afrika zu einem Rückgang der von Hunger bedrohten Bevölkerung um 15,8 Prozent und zu einer Verringerung der Zahl unterernährter Kinder um 4,7 Prozent führen. Investitionen in die landwirtschaftliche Forschung würden jedoch stattdessen Kosten in Höhe von 66 Milliarden US-Dollar erfordern und einen größeren Einfluss auf die Ernährungssicherung haben. Bei einem Nutzen-Kosten-Verhältnis von 32 würde dieses Alternativszenario zu einer Verringerung der von Hunger bedrohten Bevölkerung um 21,2 Prozent und zu einer Reduzierung der Zahl unterernährter Kinder um 6,9 Prozent führen (Rosegrant et al., 2016).

Bahadur KC et al. (2016) zeigen, dass in Ländern mit niedrigen Einkommen eine Erhöhung des Einsatzes von Landmaschinen auf bis zu 95 Prozent des Niveaus des Spitzenreiters den Lebensmittelverlust um 42,3 Prozent reduzieren würde. Bei Ländern mit niedrig-mittleren Einkommen würde sich der Lebensmittelverlust um 23,8 Prozent verringern. Eine ähnliche Verbesserung im Straßenbau würde in den Ländern mit niedrigen und niedrig-mittleren Einkommen zu einer Verringerung der Lebensmittelverluste um 6,9 Prozent bzw. 8,6 Prozent führen. Investitionen in die Telekommunikationsinfrastruktur würden in Ländern mit niedrigen und niedrig-mittleren Einkommen zu einer Verringerung der Lebensmittelverluste um 7,4 Prozent bzw. 19 Prozent beitragen (Bahadur KC et al., 2016).

Lebensmittelverlust und Abfall machen ebenfalls einen bedeutenden Anteil der Treibhausgasemissionen aus und müssen daher in den Klimaverhandlungen berücksichtigt werden (The Pontifical Academy of Science, 2019). Politische Maßnahmen, die darauf abzielen, den Lebensmittelverlust zu verringern, müssen auch mit entsprechenden Maßnahmen in den Bereichen Landwirtschaft, Handel, Energie und Infrastruktur übereinstimmen (Hatibu, 2019).

Prioritäten für Investitionen und politische Maßnahmen

Um einen politischen Rahmen zur Bekämpfung der Lebensmittelverluste zu schaffen, muss zunächst ermittelt werden, auf welchen Punkt genau sich die Interventionen in der Versorgungskette konzentrieren sollen. Dies ist besonders kritisch, wenn man bedenkt, dass es an Beweisen für die Wirksamkeit von Maßnahmen zur Reduzierung von Verlusten mangelt, insbesondere bei wichtigen Nutzpflanzen in Subsahara-Afrika. Zuerst ist mehr Forschung erforderlich, um zu ermitteln, wie viele Lebensmittel nach der Ernte verloren gehen (Dongyu, 2019).

In der Wertschöpfungskette Subsahara-Afrikas wird empfohlen, Maßnahmen zur Verringerung von Lebensmittelverlusten auf der Ebene der landwirtschaftlichen Betriebe und in den frühen Phasen der Weiterverarbeitung durchzuführen (Dongyu, 2019). Zur Bekämpfung der systemischen indirekten Ursachen des Lebensmittelverlustes ist ein ganzheitlicher sektoraler Ansatz erforderlich (Fay, 2019), der in eine umfassendere Ernährungs- und Agrarpolitik integriert werden sollte, anstatt die Verringerung des Lebensmittelverlustes allein zu unterstützen (Vos, 2019). Daher ist es notwendig, in die Infrastruktur der Wertschöpfungs- und Versorgungskette zu investieren, Anreize für den Privatsektor zu schaffen und gezielte Interventionen durchzuführen (Dongyu, 2019).

Zu den vorgeschlagenen Schwerpunktbereichen für Politik und Investitionen gehören:

- **Maßnahmen in den landwirtschaftlichen Betrieb umsetzen und Zusammenarbeit entlang der Wertschöpfungsketten** zur Reduzierung von Nachernteverlusten während der Produktion und Lagerung **stärken**;
- **Bewährte kostengünstige Lagerungsmöglichkeiten fördern**, z.B. luftdichte Beutel für Getreide und wiederverwendbare Kunststoffkisten für den Transport von Frischwaren;
- **Aggregationszentren für Produkte etablieren**, um die Errichtung von Lebensmittelverarbeitungsbetrieben zu erleichtern.
- **Verarbeitungstechnologien entwickeln**, um die Haltbarkeit von Lebensmitteln zu verlängern und den Verkauf von nährstoffreichen Lebensmitteln über das ganze Jahr hinweg zu ermöglichen.
- **Öffentlich-privater Partnerschaften und nationale Strategien** zur Verringerung von Lebensmittelverlust und Verschwendung entwickeln;
- **Finanzmittel für Programme, Technologien und Unternehmen aufstocken**, die Lebensmittelverluste verhindern und verringern, einschließlich einer Reihe von Lebensmittelverarbeitungstechniken; und
- **Solide Daten und Forschung** über die wirtschaftlichen und ökologischen Auswirkungen vorgeschlagener politischer Initiativen einholen (Kibaara, 2019).

Alisher Mirzabaev

2.5 Landnutzungsänderung, nachhaltiges Landmanagement und Resilienz gegen die Auswirkungen des Klimawandels

In Afrika wird die derzeitige Ausdehnung von Anbauflächen für Nutzpflanzen auf etwa 278 Millionen Hektar und die Ausdehnung von Weideland auf 860 Millionen Hektar geschätzt (FAO, 2020a). Flächenmäßig gesehen befindet sich der größte Teil der Anbauflächen in Nordafrika und in der Sahel-Sudan-Zone, entlang der Ostküste Afrikas von Tansania bis zum südlichen Afrika. Die meisten bewässerten Anbauflächen, die eine effizientere Produktion pro Hektar ermöglichen, befinden sich in nordafrikanischen Ländern und in Südafrika (Abbildung 2.5.1). Die Weideflächen[12] sind über den ganzen Kontinent verteilt, mit Ausnahme der Sahara und der dichten Tropenwälder Zentralafrikas (Abbildung 2.5.2).

In Afrika lassen die Veränderungen der Landnutzung und Landbedeckung zwischen 1990 und 2017 deutliche Trends erkennen (Abbildung 2.5.3). In diesem Zeitraum nahm die Ausdehnung der Anbauflächen um 37 Prozent zu, von 203 auf 278 Millionen Hektar. Dies ging in erster Linie zu Lasten der Wälder (einschließlich Wald- und Strauchlandschaften) und des Graslands. Die Waldfläche verringerte sich um 12 Prozent, d.h. von 705 auf 624 Millionen Hektar. Häufig war die Entwaldung nicht das Ergebnis einer direkten Umwandlung von Wäldern in Ackerland, sondern einer schrittweisen Veränderung der Landnutzung und der Landbedeckung, durch die Wälder zuerst in Buschland, dann in Grasland und zuletzt zu Ackerland umgewandelt werden. Die starke Abhängigkeit der lokalen Bevölkerung von Brennholz als Energiequelle ist neben der Umwandlung von Wäldern in Anbauflächen wesentlich für die Entwaldung verantwortlich. Die geringe Produktivität der Viehzucht ist ein Hauptgrund für die Umwandlung von Grasland in Ackerland (Nkonya et al., 2016).

Obwohl es sich hierbei um relativ große Veränderungen der Anbau- und Waldflächen handelt, waren die Veränderungen der Landnutzung und Landbedeckung auf kontinentaler Ebene in diesem Zeitraum eher gering, da die Nettoveränderung von Grasland und unfruchtbarem Land, die den größten Anteil an

---

12 Grasflächen, die dauerhaft (fünf Jahre oder länger) als Futterquelle dienen. Diese können durch Kultivierung oder auf natürliche Weise genutzt werden (wilde Prärie oder Weideland).

der Landnutzung bzw. Landbedeckung haben, insgesamt gering waren (Abbildung 2.5.4). Trotz der raschen Ausdehnung der Anbauflächen von durchschnittlich 1 Prozent pro Jahr seit den 1960er Jahren, ist der Trend seit 1990 rückläufig, was darauf hindeutet, dass die Ausdehnungsrate der afrikanischen Anbauflächen weiter und schneller zurückgehen könnte (Abbildung 2.5.5).

Frühere Schätzungen des potenziell verfügbaren Ackerlandes in Afrika lagen zwischen 400 und 800 Millionen Hektar (vgl. Chamberlin et al., 2014 für eine Übersicht). Viele solcher Studien stützten sich nur auf das biophysikalische Potenzial, ohne sozioökonomische Faktoren zu berücksichtigen. Deininger et al. (2011) berücksichtigten einige dieser Faktoren, wie den Zugang zu Märkten, und ermittelten ein Expansionspotenzial von 198–446 Millionen Hektar,

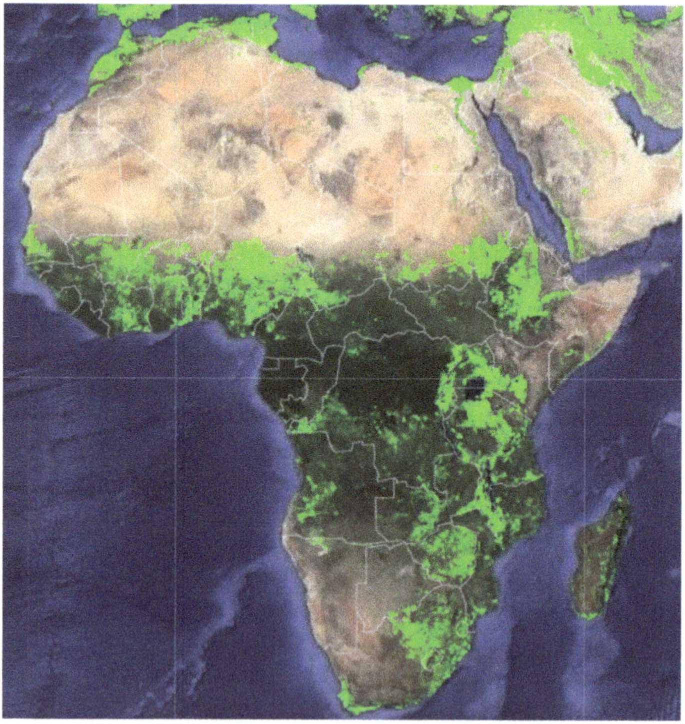

Abbildung 2.5.1: Die Ausdehnung der Anbauflächen in Afrika im Jahr 2015 (in hellgrün)

Quelle: Global Food Security Analysis-Support Data at 30 Meters (GFSAD30) Project (Xiong et al., 2017b, 2017a

was immer noch praktisch eine Verdoppelung oder Verdreifachung gegenüber dem derzeitigen Stand wäre. Eine detailliertere Analyse von Chamberlin et al. (2014), die eine größere Anzahl sozioökonomischer Faktoren wie die Kosten der Flächenumwandlung und die Rentabilität der Produktion von Nutzpflanzen berücksichtigen, kommt zu dem Schluss, dass 80 bis 242 Millionen Hektar bei mittlerem Verbrauch von Betriebsmitteln und 167 bis 383 Millionen Hektar bei kommerziellem Anbau mit hohem Verbrauch von Betriebsmitteln in Ackerland umgewandelt werden könnten. Chamberlin et al. (2014) zeigen jedoch auch, dass diese Schätzungen an der oberen Grenze des Potenzials für eine Ausweitung der Anbauflächen liegen könnten.

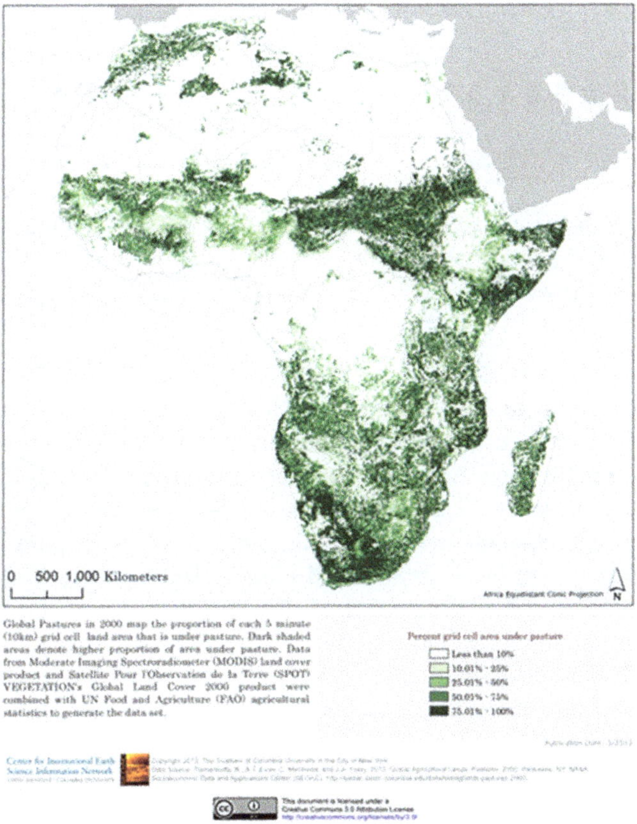

Abbildung 2.5.2: Die Ausdehnung der Weideflächen in Afrika im Jahr 2015

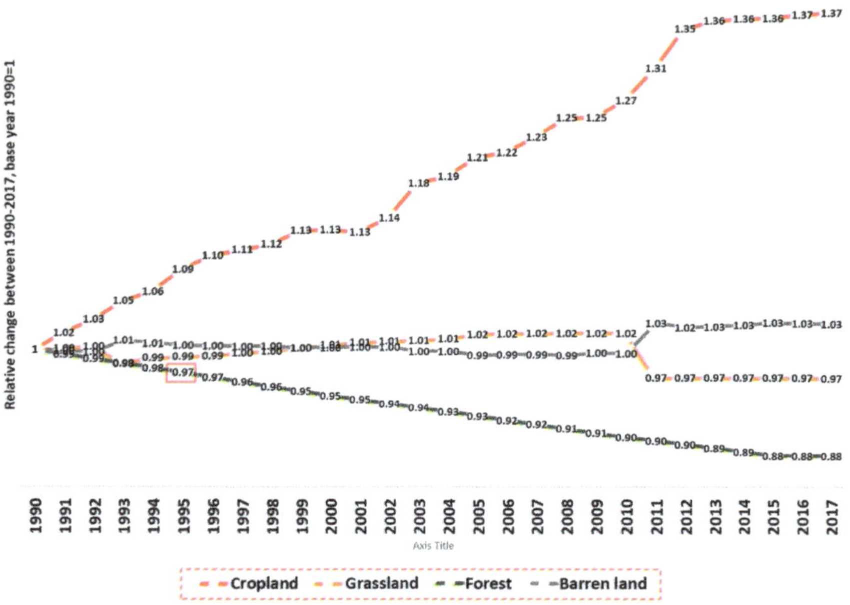

Abbildung 2.5.3: Jährliche Änderungen der Landnutzung und Landbedeckung. Das Jahr 1990 wird als Basisjahr genommen.

Quelle: FAOSTAT (FAO, 2020a)

Die tatsächliche Ausweitung der Anbaufläche dürfte unter diesen Schätzungen liegen, wenn man die Unsicherheiten in der Produktion und andere einschränkende Faktoren, wie die Belastung durch endemische Krankheiten und Konflikte berücksichtigt. Auf der Grundlage dieser früheren Studien und einer Trendlinienanalyse der Zeitreihen für die Ausdehnung der Anbauflächen in Afrika wird die tatsächliche Ausdehnung in den nächsten 30 Jahren bis 2050 wahrscheinlich nicht mehr als 50–60 Millionen Hektar betragen, selbst wenn wir keinen weiteren Rückgang der jährlichen Ausdehnungsrate und eine fortgesetzte Ausdehnung der Anbauflächen bei Trendlinienwerten von etwa zwei Millionen Hektar pro Jahr annehmen. Diese Expansion wird darauf hinauslaufen, dass die Anbaufläche in Afrika bis 2050 auf etwa 330–340 Millionen Hektar ansteigen wird. Wenn man bedenkt, dass sich die afrikanische Bevölkerung bis 2050 von derzeit 1,2 Milliarden auf 2,4 Milliarden Menschen verdoppeln soll, wird die Verfügbarkeit von Ackerland pro Kopf sinken.

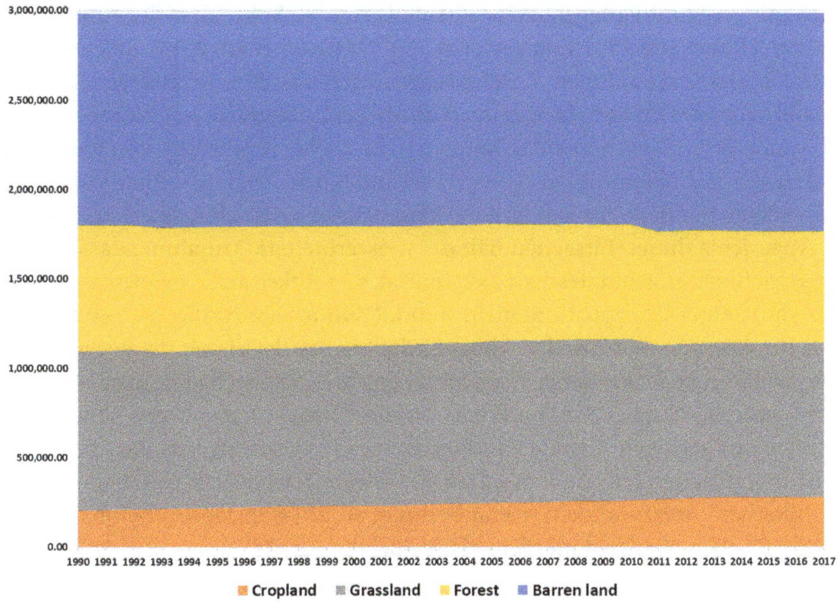

Abbildung 2.5.4: Die Veränderung der relativen Anteile der verschiedenen Typen von Landnutzung und Landbedeckung in Afrika im Laufe der Zeit

Quelle: FAOSTAT (FAO, 2020a)

Darüber hinaus könnte die potenziellen Anbauflächen in Afrika durch zwei weitere Faktoren verringert werden: die anhaltende Degradation der Anbauflächen und der Klimawandel. Bodenerosion, Versalzung, Abbau von Bodennährstoffen und andere Formen der Bodendegradation führen zur Zerstörung bestehender Anbauflächen in ganz Afrika (Nkonya et al., 2016) (Abbildung 2.5.6). Nkonya et al. (2016) schätzen, dass die jährlichen Kosten der Bodendegradation in Subsahara-Afrika 58 Milliarden US-Dollar durch die Veränderung der Landnutzung und Landbedeckung und weitere 3,3 Milliarden US-Dollar durch die Degradation von Acker- und Weideland betragen. Mehr als die Hälfte dieser Kosten ist mit Verlusten an Ökosystemleistungen verbunden, vor allem in Bezug auf die Speicherung von Kohlenstoff, und trägt somit zur globalen Erwärmung bei (Nkonya et al., 2016). Darüber hinaus wird vorhergesagt, dass der Klimawandel das biophysikalische Potenzial der Produktion von Nutzpflanzen in vielen Teilen Afrikas verringern wird (z.B. Chemura et al., (2020); Mirzabaev et al. (2019)). Die Bekämpfung der Bodendegradation durch nachhaltiges Landmanagement ist ebenfalls eine wichtige Form der Anpassung an den Klimawandel (Mirzabaev et al., 2019; Olsson et al., 2019). Solche Maßnahmen des nachhaltigen Landmanagements wie Regenwassergewinnung, Fruchtwechsel, Diversifizierung der Kulturen einschließlich Leguminosen und Anwendung bodenschonender landwirtschaftlicher Praktiken können unter anderem zur Anpassung an den Klimawandel, zur Kohlenstofffixierung und zum Schutz der biologischen Artenvielfalt beitragen (Reichhuber et al., 2019).

Angesichts dieser Tatsachen hält die weitverbreitete Annahme, dass Afrika über reichlich ungenutztes Land verfügt, das in Ackerland umgewandelt werden kann, einer Überprüfung nicht stand. Mehr als die Hälfte des Landes, das sich für eine Ausweitung der Anbauflächen in Afrika eignet, ist gegenwärtig von Wäldern bedeckt, deren Zerstörung große Umweltschäden nach sich ziehen würde (siehe auch Abschnitt 3.4). Darüber hinaus haben weite Teile dieser Gebiete nur geringen Zugang zu Märkten und Infrastruktur, so dass beträchtliche Investitionen erforderlich wären, bevor es wirtschaftlich rentabel wäre, sie in Ackerland umzuwandeln (Chamberlin et al., 2014). Andere scheinbar ungenutzte Flächen werden außerdem als Weideland genutzt.

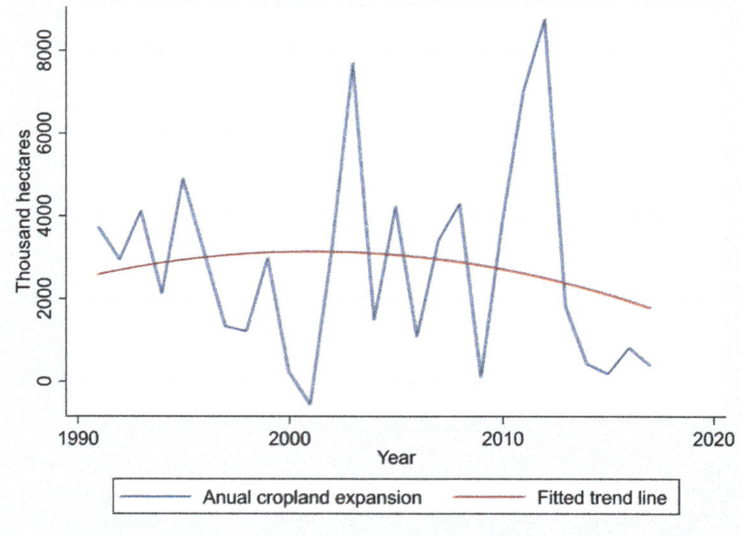

Abbildung 2.5.5: Entwicklung der jährlichen Ausdehnung der Anbauflächen in Afrika

Quelle: Darstellung basierend auf FAOSTAT (FAO, 2020a)

Selbst unter diesen potentiellen Möglichkeiten zur Ausweitung der Anbauflächen konzentriert sich ein Großteil dieses Expansionspotenzials auf einige wenige afrikanische Länder, insbesondere den Sudan, Madagaskar, die Demokratische Republik Kongo, Mosambik, Angola, die Republik Kongo, die Zentralafrikanische Republik, Äthiopien und Sambia. Die Ausweitung der Anbauflächen bedeuten nicht unbedingt eine höhere Lebensmittelproduktion in diesen Ländern oder eine verbesserte Ernährungssicherung in den übrigen afrikanischen Ländern, in denen es möglicherweise kein Potenzial für eine Ausweitung der Anbauflächen gibt.

Die wichtigste Schlussfolgerung ist, dass die Gewährleistung der künftigen Ernährungssicherung in Afrika nicht durch eine Ausweitung der Anbauflächen möglich ist, sondern in erster Linie auf der Intensivierung der Landwirtschaft, der Steigerung der Ernteerträge und der Erhöhung der Produktivität der Viehzucht beruhen würde. Gleichzeitig wird die weitere Ausdehnung der Anbauflächen an vielen Orten des Kontinents, wie auch anderswo in der Welt, selbst in Ländern mit starkem Wachstum der landwirtschaftlichen Produktivität, z.B. Brasilien und Indonesien, weiterhin stattfinden. Die Ausweitung der Anbauflächen in Afrika wird vor allem in der Demokratischen Republik Kongo, der Zentralafrikanischen Republik, der Republik Kongo, Kamerun und Angola (alle in Zentralafrika), in Mosambik und Madagaskar (im südlichen Afrika), in Tansania und Sudan (in Ostafrika) sowie in Côte d'Ivoire und Guinea (in Westafrika) wirtschaftlich sinnvoll sein (Chamberlin et al., 2014). Je nach Standort wird ein erweiterter Anbau von Weizen, Reis, Mais, Sorghum, Bananen, Soja, Kaffee, Baumwolle oder Gerste vorhergesagt (Chamberlin et al., 2014). Eine große Herausforderung der Ausweitung der Anbauflächen ist die Ziele des Umweltschutzes und der erhöhten Lebensmittelproduktion in Einklang zu bringen.

Die Degradation des Graslands ist in ganz Afrika seit den 1980er Jahren in ähnlicher Weise und in großem Umfang vorangeschritten. Laut Le et al. (2016) kam es bei 40 Prozent des Graslandes in Subsahara-Afrika und 52 Prozent des Graslandes in Nordafrika zwischen den 1980er und 2000er Jahren zu Bodendegradation, wodurch der Verlust an Vegetation im Grasland im Vergleich zu anderen Nutzflächen am höchsten war. Eine nachhaltige Bewirtschaftung des Graslandes kann dazu beitragen, die wachsende Nachfrage nach tierischen Produkten wie Fleisch und Milch zu decken, doch dazu müssten die öffentlichen Haushaltsmittel für die Viehzucht aufgestockt werden (Nkonya et al., 2016).

Es ist daher unerlässlich, das wachsende Problem der Bodendegradation in Afrika anzugehen. Die Hauptursachen für die Bodendegradation sind das Bevölkerungswachstum, das zu einer steigenden Nachfrage nach Lebensmitteln und Brennholz führt, schlechte agro-sylvo-pastorale Praktiken wie Brandrodungen, ungesicherte Grundbesitzverhältnisse und fehlender Zugang zu Märkten, Beratungsdiensten und Krediten (Gebreselassie et al., 2016; Moussa et al., 2016; Nkonya et al., 2016; Sow et al., 2016). Die geringe Produktivität im Zusammenhang mit der Subsistenzlandwirtschaft führte in vielen Teilen des Kontinents zu Bodendegradation und dem Verlust der Bodenfruchtbarkeit. Dies führte auch zu einer Ausdehnung des Ackerbaus auf marginale Gebiete mit schwachen Böden (Ogunlela und Ogungbila, 2006), was zu neuen Zyklen der Bodendegradation führte und die Konfliktdynamik verschärfte, wie etwa den intensiven Wettbewerb um Land- und Wasserressourcen zwischen ViehzüchterInnen und sesshaften LandwirtInnen.

Die wirtschaftlichen und sozialen Erträge der nachhaltigen Landmanagements (SLM) in Afrika sind hoch. Nkonya et al. (2016) schätzt, dass man in Afrika durch jeden US-Dollar, der in die Wiederherstellung und Sanierung von Land investiert wird, innerhalb von 30 Jahren zwischen drei und fünf Dollar

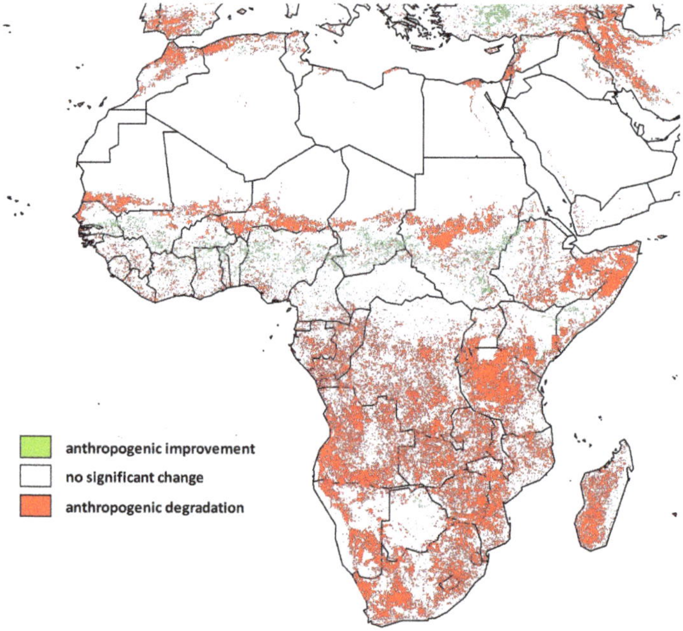

Abbildung 2.5.6: Das Ausmaß der Bodendegradation und -verbesserung in Afrika
Quelle: Le et al. (2016)

zurückbekommen kann. Die Höhe der Investitionen, die in diesem Zeitraum erforderlich sind, um das gesamte zwischen 2001 und 2009 degradierte Land in Subsahara-Afrika vollständig wiederherzustellen, wurde auf 759 Milliarden US-Dollar, d.h. etwa 25 Milliarden USD-Dollar pro Jahr, geschätzt. Dementsprechend kann in diesem Zeitraum der wirtschaftliche Gesamtwert der verlorenen Ökosystemleistungen 3,181 Milliarden USD erreichen, wenn keine Maßnahmen zur Wiederherstellung dieser degradierten Flächen ergriffen werden (Nkonya et al., 2016). Es gibt zahlreiche nachhaltige Landmanagement Technologien (sowohl für Acker- als auch für Weideland), aber ihre Akzeptanz ist nach wie vor gering und muss auf dem Kontinent für die Nachhaltigkeit der Lebensmittelproduktion dramatisch gesteigert werden. Zu den politischen Optionen, die zur Förderung der Einführung von Praktiken zum nachhaltigen Landmanagement beitragen können, gehören die Einführung von Zahlungen für Ökosystemleistungen und gesicherte Grundbesitzverhältnisse sowie der Zugang zu Märkten und Krediten (siehe auch Abschnitte 4.5, 4.7 und 5.3).

Prioritäten für Investitionen und politische Maßnahmen

Für die nachhaltige Bewirtschaftung der verschiedenen afrikanischen Anbauflächen sind zahlreiche politische Ansätze und Investitionen erforderlich, um sowohl die Lebensmittelproduktion zu steigern als auch die Ökosystemleistungen zu sichern:

- Gesicherte Grundbesitzverhältnisse stärken.
- Marktzugang durch Investitionen in die Infrastruktur verbessern.
- Großflächigen Einführung nachhaltiger Landmanagementpraktiken (für Acker-, Weide- und Waldflächen) zur Vermeidung von Bodendegradation und gleichzeitige Anpassung an den Klimawandel und dessen Eindämmung, auch durch die Beteiligung der Bevölkerungsgruppen und Gemeinden, fördern.
- Zahlungen von Ökosystemleistungen erleichtern.
- Umweltgesetzgebung, Überwachung und Durchsetzung stärken.

Teil 3: Nachhaltige Ausweitung und Intensivierung von Tierhaltung, Fischerei und (Agro)-Forstwirtschaft

Neben der pflanzlichen Produktion sind viele KleinerzeugerInnen gleichzeitig in anderen landwirtschaftlichen Teilsektoren tätig, darunter Viehzucht, Agroforstwirtschaft und Aquakultur. Dabei können sie von Synergien zwischen den Teilsektoren profitieren. Die Viehzucht kann beispielsweise eine Quelle für Dünger und Energie sein, während Ernterückstände als Futtermittel dienen können. Die Agroforstwirtschaft wiederum kann zum Bodenschutz, zur Ernährung und zur Einkommensschaffung beitragen. Fleisch von Nutztieren und Fisch sowie Milchprodukte liefern ebenfalls wichtige Mikronährstoffe und können so die Nahrungs- und Ernährungssicherheit verbessern. Darüber hinaus kann die Diversifizierung in verschiedene landwirtschaftliche Subsektoren helfen, Risiken zu streuen und Chancen zu erweitern. Gleichzeitig sind kommunale Ressourcen aus Wald und Fischerei wichtige Nahrungs- und Einkommensquellen, vorausgesetzt, sie werden nachhaltig bewirtschaftet und nicht übernutzt. In diesem Abschnitt werden die Subsektoren Tierhaltung, Fischerei und Agroforstwirtschaft der Reihe nach beleuchtet, um technologische und institutionelle Innovationen und damit verbundene politische Maßnahmen zu identifizieren, die das Wachstum des Sektors und die Ernährungssicherheit fördern können.

Katrin Glatzel und Meera Shah

3.1 Tierhaltung

Afrikas Ernährungssystem hat sich in den letzten zehn Jahren verändert, ausgelöst durch ein anhaltendes Wirtschafts- und Bevölkerungswachstum, die Urbanisierung und sich ändernde Ernährungsgewohnheiten. Die wachsende Mittelschicht hat die steigende Nachfrage nach Lebensmitteln tierischen Ursprungs, wie Milchprodukte, Eier und (verarbeitetes) Fleisch, auf dem ganzen Kontinent vorangetrieben. Obwohl die meisten afrikanischen Länder nach wie vor stark von Importen abhängig sind, ist die einheimische Viehzucht stetig gewachsen, um die Nachfrage zu decken. Dennoch ist der Konsum tierischer Produkte auf dem Kontinent unterschiedlich verteilt und bei einigen Personengruppen relativ gering. Diese Lebensmittel dienen außerdem als wesentliche Nährstoffquelle für Kinder.

Tierhaltungssysteme unterstützen auf verschiedene Art und Weise das Wohlergehen der ErzeugerInnen in Bezug auf Gesundheit und Ernährung, Beschäftigung, Einkommen, Vermögen, Zugkraft, Transport, soziale Sicherung, Versicherungen und die Nährstoffversorgung des Bodens. Gleichzeitig gibt der vorausgesagte Anstieg der Nachfrage nach tierischen Lebensmitteln von 51 Milliarden US-Dollar im Jahr 2007 auf jährlich mehr als 151 Milliarden US-Dollar bis 2050 dem Sektor und den afrikanischen Ländern die Möglichkeit, ihre Handelsbilanz zu verbessern (AU, 2015a). Dabei werden Rindfleisch und Milch im Jahr 2050 mit einem Wert von 46,6 bzw. 43,5 Mrd. USD wertmäßig den größten Anteil tierischer Produkte ausmachen. Obwohl auch die Märkte für Hammel und Geflügel erheblich wachsen werden, werden sie jeweils nur etwa die Hälfte des Marktwertes von Rindfleisch und Milch erreichen. Durch Investitionen in geeignete politische Maßnahmen, Institutionen, Programme und Wertschöpfungsketten können afrikanische Regierungen sicherstellen, dass sie die Produktivität des Viehzuchtsektors steigern, um die heimische Nachfrage zu decken und so die Vorteile in einer umfassenden und nachhaltigen Weise zu nutzen.

Produktionssysteme

Die Viehzucht ist in Afrika von großer Bedeutung, da etwa ein Drittel des weltweiten Viehbestands auf diesem Kontinent zu finden ist (AU-IBAR, 2015). Die Produktion erfolgt in einem breiten Spektrum heterogener

Produktionssysteme: Weidesysteme, gemischte Nutzpflanzen- und Viehzuchtsysteme und kommerzielle Viehzuchtsysteme, jedes mit seinen eigenen Merkmalen, Herausforderungen und Möglichkeiten.

Pastorale Systeme

Der Pastoralismus ist ein extensives Viehzuchtsystem, das sich durch Mobilität und gemeinsame Nutzung natürlicher Ressourcen auszeichnet, beides Schlüsselstrategien zur Bewältigung von schwankenden Umweltbedingungen und Schocks (FAO, k.A.). In den Trockengebieten Afrikas ist der Pastoralismus für den Lebensunterhalt eine der rentabelsten Optionen (FAO, k.A.) und stellt die primäre Lebensgrundlage für schätzungsweise 268 Millionen Menschen dar, die hauptsächlich Kamele, Rinder, Schafe und Ziegen züchten, die leicht verdauliches Futter verzehren können (FAO, 2018a). Ungefähr 43 Prozent der Landmasse Afrikas bietet dem Pastoralismus günstige Bedingungen (FAO, 2018a), und innerhalb Subsahara-Afrikas findet sich die höchste Konzentration von Viehhirten in Somalia, Äthiopien und im Sudan (Jenet et al., 2016).

Gemischte Nutzpflanzen- und Viehzuchtsysteme

Gemischte Nutzpflanzen- und Viehzuchtsysteme, bei denen Ackerbau und Viehzucht auf demselben Land miteinander kombiniert werden, sind für die KleinerzeugerInnen in Subsahara-Afrika von zentraler Bedeutung (Thornton et al., 2018). Gemischte Systeme nutzen überwiegend Regen zur Bewässerung ihrer Nutzpflanzen und dienen den LandwirtInnen vor allem zur Selbstversorgung (Thornton und Herrero, 2015), wobei das Vieh auch mit Dung und Zugkraft zum Ackerbau beiträgt. In der Intergovernmental Authority on Development (IGAD)-Region[13] machen gemischte Systeme fast 40 Prozent der gesamten Viehwirtschaft aus und produzieren 35 Prozent des gesamten Rindfleischs, 30 Prozent des Ziegenfleischs, 29 Prozent des Hammelfleischs und 16 Prozent der Kuhmilch (Guthiga et al., 2019).

Kommerzielle Viehzuchtsysteme

Vieh dient kommerziellen Systemen ausschließlich als Einkommensquelle (Otte und Chilonda, 2002). Kommerzielle Systeme sind weniger arbeitsintensiv und konzentrieren sich auf die Optimierung der Wertschöpfungskette für

13 Zur IGAD gehören Dschibuti, Eritrea, Äthiopien, Kenia, Somalia, Südsudan, Sudan und Uganda.

maximale Erträge, indem sie die Verfügbarkeit von Betriebsmitteln wie Land, Futter und Wasser bündeln. Insgesamt ist die Zahl kommerzieller Viehzuchtbetriebe in ganz Afrika noch klein, aber sie wächst. Obwohl sich die Mehrzahl der kommerziellen Systeme in Subsahara-Afrika auf die Zucht von Wiederkäuern konzentrieren, nimmt die Zahl der kommerziellen Geflügelfarmen rasch zu, um die wachsende Nachfrage nach tierischen Produkten zu decken. Dies gilt insbesondere für das südliche Afrika, wo der Großteil des Geflügels aus einem von drei vertikal integrierten Unternehmen stammt, und für Nigeria, wo kommerzielle Systeme 21 Prozent der gesamten Hühnerproduktion ausmachen (FAO, 2018b).

Trends in Produktion und Nachfrage

Die steigende Beliebtheit der Viehzucht zeigt sich in der Ausweitung der Großvieheinheiten pro Hektar (GVE/ha). GVE/ha ist ein Indikator für die Dichte des gesamten Viehbestands, der ein aggregiertes Maß für den Viehbestand darstellt und Rinder, Büffel, Schafe, Ziege und Pferde miteinbezieht. Eine GVE ist das Weide-Äquivalent einer erwachsenen Milchkuh, die jährlich 3.000 kg Milch produziert (Eurostat, 2020). In ganz Afrika stieg die durchschnittliche GVE/ha von 0,16 im Jahr 1990 auf 0,28 im Jahr 2017, wobei die höchste Konzentration von Tieren in Ostafrika und das stärkste Wachstum in Zentralafrika zu verzeichnen waren, wenn auch von einer sehr niedrigen Basis aus. Die Steigerung der Viehzucht wird sich fortsetzen. Der jüngste Agricultural Outlook der OECD und der FAO geht für den Zeitraum von 2020 bis 2029 davon aus, dass die Viehzucht in Subsahara-Afrika um 25 Prozent zunehmen wird, wobei die schnellsten Zuwächse bei der Geflügel- und Milchproduktion zu verzeichnen sein werden (OECD und FAO, 2020).

In vielen afrikanischen Ländern deckt jedoch die einheimische Produktion derzeit nicht die Nachfrage nach tierischen Produkten, was zu erheblichen Nettoimporten von tierischen Produkten und Tierfutter führt. Ohne bedeutende Investitionen entlang der Wertschöpfungskette wird Afrikas Viehzuchtsektor im globalen Vergleich nicht wettbewerbsfähig sein und weiterhin ein Nettoimporteur von tierischen Produkten bleiben. Importe werden voraussichtlich 10 bis 20 Prozent der Nachfrage nach Rind-, Schweine- und Geflügelfleisch sowie Milch ausmachen und 12 bis 15 Prozent der tierischen Produkte, die zwischen 2030 und 2050 in Afrika konsumiert wurden (World Bank und FAO, 2014).

Milch

In Afrika hat sich die gesamte Milchproduktion zwischen 1990 und 2018 mehr als verdoppelt, von etwa 22 Millionen auf 47 Millionen Tonnen (Mattiello et al., 2017). Ungefähr die Hälfte der Gesamtproduktion wird in nur sechs Ländern produziert: Ägypten, Kenia, Sudan, Algerien, Äthiopien und Südafrika (Mattiello et al., 2017), und mehr als 70 Prozent der gesamten Milchproduktion wird entweder direkt auf dem landwirtschaftlichen Betrieb verbraucht oder über informelle Märkte vertrieben. Nur 15 Prozent werden zu frischen Produkten wie Käse, pasteurisierter Milch, Joghurt oder Butter verarbeitet (Ndambi et al., 2019). Bis 2030 wird die Milchproduktion in Subsahara-Afrika (nicht in ganz Afrika) voraussichtlich auf 27 Millionen Tonnen anwachsen (Seré, 2020).

Im Zeitraum von 1990 bis 2013 stieg der durchschnittliche Pro-Kopf-Milchverbrauch in Afrika von etwa 37 kg auf 44 kg (Ritchie und Roser, 2017), obwohl dies von Land zu Land und innerhalb der Länder sehr unterschiedlich ist (Muriuki, 2011). Gegenwärtig ist der Pro-Kopf-Milchverbrauch in Afrika deutlich höher als die Produktion, was zu einer hohen Einfuhr von Importen beiträgt. Zum Beispiel importierte Westafrika zwischen 2015–2017 über 2 Milliarden Tonnen Milchäquivalente pro Jahr, was die Region 805 Millionen US-Dollar kostete (FAO, 2020a). Im Zeitraum 2016–2018 machte die inländische Produktion in Côte d'Ivoire, Senegal und Ghana nur einen kleinen Teil des Gesamtverbrauchs aus, wobei 565, 426 bzw. 375 Prozent der inländischen Produktion aus Europa importiert wurde (Eurostat, 2020; FAO, 2020a). Angesichts der Prognosen, dass der durchschnittliche Pro-Kopf-Milchverbrauch auf dem Kontinent bis 2050 auf 64 Liter pro Jahr ansteigen wird (Pica-Ciamarra et al., 2013), wird die Notwendigkeit von Investitionen in den Milchsektor deutlich. Mit mehr als 70 Prozent wird sich der Verbrauch jedoch auf Ostafrika/IGAD und Nordafrika konzentrieren. Im Gegenzug wird der Sektor durch die regionale Handelsintegration von einem stärkeren innerafrikanischen Agrarhandel und von der AfCFTA profitieren.

Fleisch

Im Zeitraum von 1990 bis 2018 hat sich die gesamte Fleischproduktion in Afrika - einschließlich Rind-, Geflügel-, Hammel-, Ziegen-, Schweine- und Wildfleisch - von fast 9 Millionen Tonnen auf 20 Millionen Tonnen mehr als verdoppelt (Ritchie und Roser, 2017). Nordafrika produzierte mehr als ein Viertel davon, 5,4 Millionen Tonnen, die höchste Produktion unter allen afrikanischen Regionen (Ritchie und Roser, 2017). Es wird erwartet, dass Subsahara-Afrika bis 2030 fast 17 Millionen Tonnen produzieren wird (Seré, 2020), vor allem durch eine Zunahme der Herdengröße. Innerhalb der gesamten Fleischproduktion verdreifachte sich die Produktion von Geflügelfleisch zwischen 2000 und 2018 auf 6 Millionen Tonnen, wovon fast ein Drittel allein aus der kommerziellen Zucht von Masthähnchen in Südafrika stammte. Damit wurde Südafrika zum größten Produzenten des Kontinents (Ritchie und Roser, 2017; Samboko et al., 2018). Es wird erwartet, dass sich dieser Trend im nächsten Jahrzehnt fortsetzen wird, insbesondere in Sambia und Südafrika, deren gemeinsamer Anteil an der weltweiten Produktion bis 2029 durch eine höhere Futterintensität (Output pro verbrauchte Futtereinheit) von 1 auf 14 Prozent steigen wird (OECD und FAO, 2020).

Trotz des schnellen Wachstums der Fleischproduktion stagniert der Verbrauch seit 1990 auf dem gesamten Kontinent, mit Ausnahme des südlichen Afrikas. Südafrika ist derzeit der größte Konsument von Geflügelfleisch in dieser Region, wobei der Verbrauch von 23 kg pro Kopf im Jahr 2003 auf fast 40 kg pro Kopf im Jahr 2015 gestiegen ist (Ncube, 2018). Südafrikas Fleischkonsum ist jedoch eine extreme Ausnahme, da andere Regionen 2013 nur 10,8 kg pro Kopf verzehrten (FAO, 2020a). Es wird davon ausgegangen, dass der durchschnittliche jährliche Fleischkonsum in ganz Afrika von 19 kg pro Kopf im Jahr 2013 auf 26 kg pro Kopf im Jahr 2050 ansteigen wird, aggregiert auf 35 Millionen Tonnen (FAO, 2019b; Pica-Ciamarra et al., 2014; Ritchie und Roser, 2017).

Eier

In Afrika hat sich die gesamte Eierproduktion zwischen 1990 und 2018 von 1,4 Millionen auf 3 Millionen Tonnen mehr als verdoppelt. Nigeria ist der größte Produzent von Eiern auf dem ganzen Kontinent, mit fast 500.000 Tonnen im Jahr 2018 (Ritchie und Roser, 2017; Sahel-Hauptstadt, 2015). Der Produktionszuwachs im nördlichen und südlichen Afrika hat sich mehr als verdoppelt, während die übrigen Regionen ein bescheideneres Wachstum verzeichneten. Im Vergleich zu anderen Regionen ist die afrikanische Eierproduktion insgesamt jedoch nach wie vor dürftig: Im Jahr 2018 produzierte der Kontinent über 3 Millionen Tonnen, während Indien allein über 5 Millionen produzierte (Ritchie und Roser, 2017). Dies ist eine Folge der kleinen Herdengrößen von 5 bis 20 Tieren und der geringen Produktivität von nur 30 bis 80 Eiern pro Henne und Jahr (Morris et al., 2018). Im Vergleich zu anderen Regionen ist auch der Eierverbrauch niedrig. Im Jahr 2013 lag der durchschnittliche jährliche Pro-Kopf-Eierverbrauch in Afrika bei 38 Eiern, im Gegensatz zu 86 bzw. 134 Eiern in Westeuropa und Asien. Während die Kenianer im Durchschnitt etwa 45 Eier pro Jahr konsumieren (FAO, 2018b), liegt der jährliche Pro-Kopf-Verbrauch in Burundi, Tschad, Niger und Ruanda bei nur 6 Eiern pro Jahr (Ritchie und Roser, 2017).

Trotz eines gewissen Produktions- und Produktivitätswachstums deuten Studien darauf hin, dass Afrika bei den derzeitigen Trends die prognostizierte Nachfrage in absehbarer Zukunft wahrscheinlich nicht decken kann. Gezielte Investitionen in eine nachhaltige Produktivitätssteigerung werden sicherstellen, dass der Sektor weiterhin Nahrung liefert, Beschäftigung und Einkommen schafft, insbesondere für Frauen und junge Menschen, und das breite Spektrum sozioökonomischer und ökologischer Funktionen unterstützt.

Tierhaltungspraktiken zur Steigerung der Produktivität

In Afrika liegt die Produktivität der Viehzucht, gemessen am Ertrag pro Tier, unter der anderer Regionen mit niedrigen Einkommen und ist viel niedriger als in den Industrieländern. Der Anstieg der Tierproduktion wurde bisher eher durch das Wachstum der Herde und der Herdengröße als durch eine Steigerung der Erträge bedingt. Futtermittel (Verfügbarkeit und Qualität), Krankheiten und Parasiten, Genetik, Tiergesundheitsdienste, Zugang zu Märkten sowie extreme Wetterereignisse beeinflussen die Produktivität des Viehbestandes. Folglich erfordert eine nachhaltige Steigerung der Produktivität die Beteiligung eines breiten Spektrums von Akteuren wie Forschungsorganisationen, politischen Entscheidungsträgern, Futtermittelherstellern, Veterinärdiensten, lokalen Agrarhändlern und Ausrüstungsanbietern, um nur einige zu nennen.

Züchtung

Afrika verfügt über einen sehr vielfältigen Viehbestand, der an die rauen Bedingungen (Kim et al., 2017), und Krankheiten, denen er ausgesetzt ist, gut angepasst ist (Murray et al., 1981). Die genetische Vielfalt der einheimischen afrikanischen Rassen ist an sich schon eine einzigartige Ressource, um die steigende Nachfrage zu decken und kommenden Herausforderungen wie den Klimawandel zu meistern (Mwai et al., 2015). Gleichzeitig ist es durch sorgfältige Züchtung möglich, die Produktivität zu steigern, die Fruchtbarkeit zu erhöhen und den Bedarf an einem großen Zuchtbestand zu verringern, die Entwicklung neuer und stabiler Rassen zu beschleunigen und die Anfälligkeit für Krankheiten und den Klimawandel zu verringern, wobei gleichzeitig die Anpassungsfähigkeit der Tiere an die lokalen Bedingungen und die vorherrschenden Haltungspraktiken erhalten bleiben. Die Zucht kann sich auch vorteilhaft auf die Umwelt auswirken, da eine höhere Produktivität die Anzahl der gehaltenen

Tiere verringern kann, was sich positiv auf die Landnutzung auswirkt. Die Mikroflora der Wiederkäuer kann auch durch Zucht verändert werden, um die Methanproduktion zu reduzieren (Cassandro, 2020).

Trotz des potenziellen Nutzens gibt es nur wenige Beispiele für systematische und nachhaltige Zuchtprogramme in Afrika. Die Heterogenität der Tierhaltungssysteme und Betriebsgrößen sowie die Kosten der Dienstleistungen behindern die Einführung von Zuchtprogrammen ebenso wie die Managementpraktiken, Bedürfnisse und Präferenzen der Tierhalter. Investitionen in politische und institutionelle Unterstützung, Forschung, Infrastruktur und Kapazitäten für Beratungsdienste würden jedoch eine größere Akzeptanz von systemischen Zuchtprogrammen fördern (Marshall et al., 2019).

Durch den Einsatz verschiedener Technologien wie der In-vitro-Fertilisation und des Eitransfers, der künstlichen Besamung und der Geschlechtsbestimmung des Samens können Tierhalter Zugang zu besserem genetischen Material erhalten und die genetische Zusammensetzung der Herde systematisch verbessern (Enahoro et al., 2019). Da neueingeführte und gekreuzte Rassen, um zu gedeihen, in der Regel ein besseres Management des Futters, der Gesundheitsfürsorge und der Unterkünfte erfordern, dominieren sie kommerzielle und gemischte Intensivsysteme. Dementsprechend sind einheimische Rassen in agropastoralen und extensiven Systemen in der Regel am verbreitetsten (Marshall et al., 2019). Die Anpassung des Rassentyps an seine lokalen Umweltbedingungen ist entscheidend, um schnell und effizient positive Ergebnisse zu erzielen (Marshall et al., 2019).

Künstliche Befruchtung

Das relative Potenzial der Künstlichen Befruchtung wurde in ganz Afrika bisher nicht ausgeschöpft und wird hauptsächlich zu Versuchszwecken von Forschungseinrichtungen oder mit Unterstützung durch staatliche Subventionen genutzt. Einige afrikanische Länder haben die Technologie in die Praxis umgesetzt, meist jedoch, um die einheimischen Bestände zu verbessern und einer begrenzten Anzahl kommerzieller LandwirtInnen die Haltung exotischer Milchviehrassen zu ermöglichen (Agriculture for Impact, k.A.). Um das Kalben zu maximieren, erfordern Verfahren wie die Synchronisierung der Brunst, Erkennung von Störungen bei der Fortpflanzung und Schwangerschaftstests qualifizierte Techniker und hochentwickelte Technologie in Verbindung mit umfassender Ausbildung und Erfahrung. Ebenso erfordern die Beschaffung, Lagerung und der Transport von Samen über längere Zeiträume und über weite Entfernungen spezifische Fähigkeiten und geeignete Ausrüstung wie zum Beispiel Flüssigstickstofftanks. Die International Atomic Energy Agency und die Nuclear Techniques Division bei der FAO haben auf dem gesamten afrikanischen Kontinent mehrere Projekte der technischen Zusammenarbeit durchgeführt, um die Tierproduktion und -reproduktion durch die Verbesserung der Kapazitäten, die Stärkung der operativen und rechtlichen Rahmenbedingungen und die Bereitstellung der physischen Infrastruktur zu verbessern (FAO und IAEO, 2017a). Durch diese Initiative konnte das Bambui Cattle Centre in Kamerun eine Methode zur Verarbeitung von gekühltem Sperma unter Verwendung von Eigelb und Kokoswasser entwickeln, in der Sperma bis zu sieben Tage überleben kann (FAO und IAEO, 2017b). **Die Ausweitung einfacher Lösungen unter Verwendung lokal verfügbarer und angepasster Materialien bietet eine ideale Investitionsmöglichkeit, um die Anwendung der künstlichen Befruchtung zu erleichtern.**

Darüber hinaus können LandwirtInnen, die zusammen mit Molkereigenossenschaften künstliche Befruchtung anbieten, von ausgehandelten Tarifen und geteilten Kosten profitieren, anstatt die individuellen Kosten privater Agenten zu tragen (Omondi et al., 2017). In ähnlicher Weise haben sich auch Bauerngenossenschaften und gemeinschaftsbasierte Zuchtprogramme, bei denen Bullen, Widder oder Böcke geteilt werden, als erfolgreich erwiesen. Diese sind ideal für Standorte, an denen die Beratungsdienste und die Infrastruktur schwach aber die bestehenden sozialen Bindungen innerhalb der Gemeinschaften von ViehzüchterInnen von großer Bedeutung sind. Obwohl Landwirtschaftsgenossenschaften und gemeinschaftsbasierte Zuchtprogramme auch kontinuierliche technische und finanzielle Unterstützung erfordern, kann die Beteiligung der Kommunalverwaltungen durch die Bereitstellung von Subventionen und dem Zugang zu Krediten die langfristige Rentabilität sicherstellen (Mueller et al., 2015). Die Ausdehnung erfolgreicher Modelle von gemeinschaftsbasierten Zuchtprogrammen kann eine Investitionsrendite von bis zu 5,1 US-Dollar pro investiertem US-Dollar ermöglichen.

Dokumentation und gemeinsame Nutzung von Daten

ViehzüchterInnen praktizieren seit langem selektive Zuchtstrategien, nicht nur zur Steigerung der Produktivität, sondern auch für Merkmale wie Größe, Farbe, Form der Hörner, Geschmack und Qualität des Fleisches oder die Anzahl und Qualität der Eier (Conway et al., 2019). Ohne genaue und regelmäßig aktualisierte Daten ist es jedoch schwierig zu erkennen, welche Rassenzusammensetzungen für welche Bedingungen (agro-ökologische Zonen, Produktions- und Fütterungssysteme) am besten geeignet sind. Diese Einschränkungen sind besonders akut, wenn die Herden klein sind, wenig Zugang zu Betriebsmitteln haben und es an einem angemessenen Management zur Paarung fehlt. Infolgedessen erreichen die LandwirtInnen möglicherweise nicht die gewünschten Ergebnisse und ziehen es vor, mit einheimischen Rassen zu arbeiten (Enahoro et al., 2019). Neue genomische Werkzeuge und digitale Technologien spielen eine wichtige Rolle, um die Kosten zu senken und die Analyse, Erfassung, Speicherung und Verwaltung genomischer und phänotypischer Daten von Nutztieren zu vereinfachen (Mrode et al., 2020).

In Afrika wurden mehrere Projekte initiiert, um die genetische Zusammensetzung der lokalen Rinderbestände im Nachhinein zu identifizieren. Durch Reverse-Engineering der Genotypen sind Experten in der Lage, eine Schätzung der angestammten Rassenzusammensetzung jedes Tieres zu erstellen. Kombiniert man diese Informationen mit der Umgebung, in der die Tiere optimal gedeihen, können zukünftige Viehzuchtprogramme auf die Tiere und ihre Umgebung zugeschnitten werden. In Kenia zum Beispiel hat das vom International Livestock Research Institute (ILRI), der University of New England und PICOTEAM durchgeführte Projekt Dairy Genetics East Africa gezeigt, dass Tiere mit einem Anteil von weniger als 50 Prozent exotischer Rassen am besten in kleinbäuerlichen Betrieben gedeihen, während Tiere mit einem höheren Anteil einen intensiveren Einsatz von Betriebsmitteln benötigen. Mehrere andere Programme wenden eine Vielzahl von Mapping-Technologien an, um Übereinstimmungen zwischen Rassen, ihren lokalen Umgebungen und ihrem Nutzen zu identifizieren (Marshall et al., 2019). Die Ergebnisse jeder dieser Studien werden angewendet, um die Entscheidungsfindung sowohl auf der Ebene der landwirtschaftlichen Betriebe als auch auf der Ebene politischer Maßnahmen zu verbessern.

Möglichkeiten für Investitionen in die Zucht

Auf dem ganzen Kontinent müssen die tierwissenschaftlichen, züchterischen und genetischen Forschungskapazitäten gestärkt werden, um afrikanische Institutionen und WissenschaftlerInnen mit den praktischen Fähigkeiten auszustatten, die für das Verständnis der Genomik von Nutztierpopulationen und die Verbesserung der Zuchttechniken für eine größere Produktivität afrikanischer Nutztiere erforderlich sind. Dazu gehört auch die Notwendigkeit, ein besseres Verständnis der Anpassungsfähigkeit von Nutztieren an den Klimawandel, für die Erhaltung der genetischen Ressourcen einheimischer Rassen und für nachhaltige Tierhaltungspraktiken zu entwickeln (Mwai et al., 2015).

Seit 2000 hat ILRI mehrere Trainingskurse zu Tierwissenschaften, Zucht und Genetik durchgeführt. In 2019 veranstalteten ILRI und die Swedish University of Agricultural Sciences beispielsweise einen einwöchigen Workshop für afrikanische WissenschaftlerInnen, um sie mit Wissen über die Verbesserung der Produktivität afrikanischer Nutztiere, einschließlich Milchvieh, auszustatten. Insgesamt 26 WissenschaftlerInnen aus 14 afrikanischen Ländern nahmen an der Schulung über aktuelle genomische Dateninstrumente, Methoden, Trends und deren Anwendung in Afrika teil (Patel, 2019).

Die Weitergabe dieser Fertigkeiten und Kenntnisse an die ViehzüchterInnen durch eine angemessene Reform und Umschulung der Anbieter von Beratungsdiensten – einschließlich in der Gemeinde tätige Angestellte im Bereich der Tiergesundheit (CAHWs) – ist dringend erforderlich. Dies ist besonders wichtig, da die traditionelle Unterscheidung zwischen Ackerbauern und Viehzucht allmählich verschwindet und ViehzüchterInnen zunehmend Informationen über Produktionsmethoden, einschließlich Zucht, Tiergesundheit und Futtermittel anfordern (Morton und Matthewman, 1996). Neben dem Ausbau der Kapazitäten bei den ViehzüchterInnen selbst ist eine verstärkte Ausbildung von professionellen Beratern und CAHWs erforderlich, um dringend benötigte Empfehlungen und Anleitungen geben zu können. Dies wiederum erfordert eine Überprüfung politischer Maßnahmen, Investitionen in die Hochschulausbildung von Tierärzten und TierwissenschaftlerInnen und eine rechtliche Anerkennung der CAHWs. Neben den nationalen oder regionalen politischen Entscheidungsträgern könnten auch andere Interessengruppen wie Nichtregierungsorganisationen, Genossenschaften, Universitäten oder nationale landwirtschaftliche Forschungsinstitute sowie der Privatsektor umfassende Beratungsdienste anbieten. In Indien beispielsweise bietet ein System von Molkereigenossenschaften, das von Gesellschaften auf Dorfebene bis hin zu einem nationalen Verband reicht, Beratungsdienste an (Punjabi, 2009).

Während kommerzielle ZüchterInnen durch Eigenkapital die Möglichkeit dazu haben, in Züchtung zu investieren, werden Investitionen in nationale Forschungs- und Zuchtprogramme – wie das südafrikanische Programm *Kaonafatso ya* Dikgomo (KyD) – sicherstellen, dass neues genetisches Material auch kleinen und aufstrebenden ProduzentInnen zur Verfügung steht (van Marle-Köster und Visser, 2018). Das KyD-Projekt, das 2007 vom Agricultural Research Council initiiert wurde, fördert die Anwendung von Zucht- und Verbesserungsansätzen in Verbindung mit einer besseren Aufzeichnung von Informationen bei kleinen ViehzüchterInnen. Die LandwirtInnen werden in Fragen der Zucht und Tiergesundheit sowie der Aufzeichnung von Informationen wie Geburt, Absetzgewicht und Gewicht im Alter von 12 und 18 Monaten geschult.

Diese Informationen werden dann zur Analyse an die nationale Datenbank für Tierverbesserung, das Integrated Registration and Genetic Information System (INTERGIS), weitergeleitet, damit die LandwirtInnen Entscheidungen in Bezug auf Selektion und Keulung treffen können. Das Projekt bietet über ein mobiles Labor zusätzliche Dienstleistungen wie Fruchtbarkeitstests für Bullen, Synchronisierung von Kühen, künstliche Befruchtung, Embryotransfer und Schwangerschaftstests an (ARC-Animal Production Institute, k.A.). Bis 2014 profitierten über 8.000 ErzeugerInnen von KyD (Agricultural Research Council, 2014). Das Projekt hat zu höheren Kalbungsraten und einem Wachstum der Herdengrößen geführt und durch die Förderung der Nutzung lukrativerer Marktkanäle stieg die Abnahmerate um 16 Prozent (Ngarava et al., 2019, 2018).

Es ist wichtig, dass die Züchtungsprogramme die verschiedenen Ziele der Akteure in der Wertschöpfungskette widerspiegeln (van Marle-Köster und Visser, 2018). Die Festlegung von Zuchtzielen zu Beginn ist entscheidend, um langfristigen Erfolg und Nachhaltigkeit zu gewährleisten. Kriterien wie die Motivation und Lebensgrundlage der LandwirtInnen, genetischer Wert der Ergebnispopulation, zukünftige Märkte, logistische Durchführbarkeit sowie politischer Wille und Unterstützung stellen sicher, dass die Züchtungsprogramme langfristig die gewünschten Ergebnisse liefern. Während Workshops für LandwirtInnen dazu beitragen können, die Ziele derer, die an Züchtungsprogrammen teilnehmen, zu identifizieren, stärken Anreize wie Ausbildungsmöglichkeiten, Produktförderungen, Zugang zu Märkten und Datenübermittlung die Qualität der Teilnahme (Mueller et al., 2015).

Züchtungsprogramme müssen auch die sozioökonomischen Auswirkungen einer Änderung der Rassen berücksichtigen, die auf Haushaltsebene und darüber hinaus gezüchtet werden. Dies ist relevant, wenn die Zucht zu einer Verlagerung von Herden mit geringem Input und geringem Output zu Herden mit hohem Input und hohem Output führt. Angesichts des breiten Spektrums an Rollen, die Nutztiere erfüllen – insbesondere in agro-pastoralen und pastoralen Gemeinschaften – können sich Veränderungen bei den Rassen auf die Nutzung und Kontrolle der Ressourcen innerhalb der Haushalte auswirken, den Zugang zu Märkten erschweren und teilweise zum Verlust der Multifunktionalität von Nutztieren führen, einschließlich einer Verringerung der für das Risikomanagement verfügbaren Mittel (Marshall, 2014). Daher muss die Durchführung und Ausweitung von Züchtungsprogrammen andere sozioökonomischen Faktoren wie den Zugang zu Land und Kapital berücksichtigen.

Futtermittel

Auf dem gesamten afrikanischen Kontinent werden Fortschritte bei der Verbesserung der Futtermittel für die Viehzucht erzielt, jedoch bleibt die Verfügbarkeit von preisgünstigem, qualitativ hochwertigem und nahrhaftem Futter eine große Herausforderung für die Steigerung der Produktivität der Viehzucht.

Es gibt verschiedene Arten und Quellen von Futtermitteln, wie Bäume, Sträucher, Gräser, Ernterückstände und kommerzielle Lieferungen wie agroindustrielle Nebenprodukte, angebautes Futter, Ölkuchen und Dauerkulturen. Ernterückstanden können durch die Zugabe von Wasser, Salz und Harnstoff weiter modifiziert werden, um ihre Verdaulichkeit und ihren Nährwert zu verbessern (Enahoro et al., 2019). Trotz der Vielfalt ist ein großer Teil der afrikanischen Viehzucht in hohem Maße von Weideland abhängig, das wiederum einzig durch Regen bewässert wird. Infolgedessen sind die ProduzentInnen saisonalen Schwankungen in der Menge und Qualität des verfügbaren Futters ausgesetzt, was sie für den Klimawandel anfälliger macht und die Gesundheit ihrer Tiere beeinträchtigt. In Gebieten, in denen die Jahreszeiten ausgeprägt feucht oder trocken sind, nimmt beispielsweise die Qualität des Weidelandes während der Trockenzeit erheblich ab, ebenso wie die Produktivität des Viehs. Umgekehrt wird durch den Mangel an Alternativen oder Anreizen Weideland in Ackerland umgewandelt und die verbleibenden Weiden sind oft von schlechterer Qualität. Kombiniert mit wachsenden Viehbeständen, eingeschränkter saisonaler Mobilität und ungesicherten Grundbesitzverhältnissen – die alle zur Überweidung beitragen – ist Afrikas Weideland einer starken Bodendegradation ausgesetzt. Schätzungen zeigen, dass 18,5 Prozent der Weideflächen in Subsahara-Afrika geschädigt sind (Kwon et al., 2016). Die Wiederherstellung der Qualität von Weideflächen und die verstärkte Bindung von organischem Kohlenstoff im Boden können die negativen Auswirkungen der Viehzucht auf das Weideland verringern (FAO, 2018c).

Gegenwärtig verhindern die hohen Kosten für importierte Futtermittel die Wettbewerbsfähigkeit afrikanischer Tierprodukte auf dem internationalen Markt. Importiertes kommerzielles Kraftfutter ist selten auf die lokalen Bedürfnisse zugeschnitten und trägt zu den hohen Produktionskosten bei – manchmal bis zu 65 Prozent (FAO und IGAD, 2019). Obwohl die Produktion von afrikanischem Mischfutter zwischen 2013 und 2017 um 156 Prozent auf 39,14 Millionen Tonnen anstieg (Cadiou, 2018), entspricht dies nur einem Prozent der weltweiten Produktion von Tierfutter (Iwuoha, 2013). In Kenia, Uganda und Tansania belief sich das Defizit an lokal produziertem Tierfutter im Jahr 2014 auf 5,3 Millionen Tonnen (Kilimo Trust, 2017). Die Vermarktung von Futtermitteln wird den wachsenden Viehzuchtsektor unterstützen und die Kosten der Viehzucht verringern. Dies ist auch ein Mittel, um junge UnternehmerInnen für den Viehzuchtsektor zu begeistern und einen größeren Marktanteil aus dem weltweiten Handel mit Viehfutter im Wert von über 400 Milliarden US-Dollar pro Jahr zu erzielen (Iwuoha, 2013).

Damit der afrikanische Viehzuchtsektor gedeihen kann, müssen Futtermittel über das ganze Jahr hinweg verfügbar sein und durch effektive Futtermittelwertschöpfungsketten erzeugt werden. Die Wahl des Futters hängt vom biophysikalischen, sozioökonomischen und politischen Umfeld ab. Zum Beispiel kann in trockenen Regionen die Wanderweidewirtschaft oder Zusatzfütterung mit Konzentraten von Phosphat, Kalzium und Spurenelementen dazu beitragen, den saisonalen Gewichtsverlust zu vermeiden. Die Einführung von *Faidherbia albida* – einem Leguminosenbaum – in gemischte Systeme kann während längerer Trockenperioden für Futter sorgen. Der Baum ist einzigartig, da seine Blätter während der Trockenzeit wachsen und während der feuchten Jahreszeiten abgeworfen werden und somit in Dürreperioden wichtiges Futter liefern (World Agroforestry Centre, k.A.).

In den letzten Jahrzehnten wurden sowohl einheimische als auch exotische Futterbäume und -sträucher, wie *Calliandra calothyrsus*, *Sesbania sesban*, *Gliricidia sepium* und *Leucaena leucocephala*, stark gefördert (Franzel und Wambugu, 2007). Diese wachsen schnell, liefern sehr nahrhafte Blätter für die Viehzucht und fixieren Stickstoff im Boden, wodurch die Bodenfruchtbarkeit verbessert wird. Innerhalb von zwei Jahren nach der Anpflanzung von *Calliandra calothyrsus* in Ostafrika führte ihre Verwendung als Ersatz für Kraftfutter (energie- und proteinreich aber ballaststoffarm) zur Fütterung von Milchkühen zu einem Anstieg der Milchproduktion und des Einkommens von 62 auf 122 US-Dollar pro Jahr im Jahr 2003 (Franzel und Wambugu, 2007). Blätter von *Calliandra calothyrsus* können auch anstelle von Sojabohnen in der Ernährung von Ziegen, die zur Fleischgewinnung gehalten werden, verwendet werden (Ebong et al., 1999).

Die Förderung einer rentablen kommerziellen Wertschöpfungskette für Futtermittel – unter Einbeziehung von Saatgutproduzenten, Vermarktern und Händlern sowie Mühlen und Transportunternehmen – ist von entscheidender Bedeutung, um sowohl in der Regen- als auch in der Trockenzeit Futtermittel zu liefern, die Produktivität zu steigern und damit die Gesamtkosten der Produktion zu senken. Einerseits erfordert die Nutzung von Land für die Futtermittelproduktion gesicherte Grundbesitzverhältnisse, zeitliche, finanzielle und arbeitstechnische Investitionen und eine zuverlässige Wasserversorgung – all dies ist für KleinerzeugerInnen mit hohen Opportunitätskosten verbunden. Andererseits können KleinerzeugerInnen, die Futtermittel produzieren, auch von einer zusätzlichen Einkommensquelle profitieren. Die Schaffung eines Marktes für Futtermittel die direkt an ViehzüchterInnen verkaufen können, schafft eine nachhaltige Partnerschaft in der Wertschöpfungskette.

Das Alliance Bioversity International (ABC, ehemals International Center for Tropical Agriculture - CIAT) hat neue Sorten von *Brachiara* und *Panicum*, zwei lokale Grasarten, entwickelt, um eine höhere Produktivität in der Landnutzung und Viehzucht zu erreichen. Die Gräser sind schmack- und nahrhafter, ertragreich, anpassungsfähig an schlechte Böden, und dürre- und überschwemmungsresistent (Odhiambo, 2016). Vorläufige Daten von Brachiara-Testfeldern in Kenia zeigten einen Anstieg der Milchleistung um 15 bis 40 Prozent und in Ruanda um durchschnittlich 36 Prozent. Darüber hinaus profitierten Rinder, die mit *Brachiara* anstelle von Elefantengras in Ruanda gefüttert wurden, von einer täglichen Zunahme des durchschnittlichen Körpergewichts um 205 Gramm über einen Zeitraum von 12 Wochen (Ghimire et al., 2015; Gonzáles et al., 2016).

Während diese Gräser in Südamerika, insbesondere in Brasilien, äußerst erfolgreich waren, haben sie in Afrika noch keine nennenswerte Verbreitung gefunden. Um ihr Potenzial zur Bewältigung der Futtermittelknappheit in Afrika auszuschöpfen, ist es notwendig, in die Entwicklung eines nachhaltigen Produktionssystems für erschwingliches Saatgut, in Informations- und Sensibilisierungskampagnen in Partnerschaften mit landwirtschaftlichen Beratungsdiensten, in die Subventionierung der anfänglichen Produktionskosten, einschließlich der Kosten für Dünger, Bewässerung, Arbeitskräfte und Mechanisierung für die Ernte, sowie in die Sicherung der Grundbesitzverhältnissen zu investieren (Tesfai et al., 2019).

Tiergesundheit

Krankheiten und schlechte Gesundheit sind ein weiterer Grund für die geringe Produktivität des afrikanischen Viehzuchtsektors. Mangelnder Zugang zu qualitativ hochwertiger tierärztlicher Versorgung, einschließlich einer begrenzten diagnostischen Infrastruktur, und schlecht ausgestattete Beratungsdienste, insbesondere im ländlichen Raum, sind die Grundlage für die weite Verbreitung von Krankheiten (Enahoro et al., 2019). Obwohl die Krankheitslast in Subsahara-Afrika zurückgegangen ist, ist sie immer noch höher als in Asien, und die Belastung durch Zoonosen ist doppelt so hoch (FAO, 2019b). Vernachlässigte Zoonosen sind besonders hartnäckig in armen, ländlichen und semi-urbanen Slums, vor allem in Ländern mit niedrigem und mittlerem Einkommen (King, 2011). Die Fortschritte bei der Ausrottung von Krankheiten werden voraussichtlich auch durch den Klimawandel untergraben, der sich auf die Vegetation und die Niederschlagsmuster auswirkt und die Dynamik der Krankheitsart, des Auftretens, der Ausbreitung und der Interaktionen bei afrikanischen Nutztieren beeinflussen wird (Enahoro et al., 2019). Steigende Mobilität und der Viehhandel, der zunehmend auch in stadtnahen und städtischen Gebieten stattfindet- beschleunigen die Ausbreitung von Krankheiten und Zoonosen weiter (Apolloni et al., 2018).

Krankheiten wie Trypanosomiasis bei Tieren, Lungenseuche bei Rindern und Ostküstenfieber töten jedes Jahr Tausende von Nutztieren in Afrika und verringern die Produktivität der überlebenden Herden (Enahoro et al., 2019). Die Kosten der Krankheiten werden durch die Behandlungskosten, den Verlust der Fruchtbarkeit, Krankheiten bei Neugeborenen sowie die Mortalität und den Gewichtsverlust der Überlebenden noch verschlimmert. Darüber hinaus verringern Zoonosen, die vom Tier auf den Menschen übertragen werden, die Gesundheit und die Leistungsfähigkeit des Menschen und belasten damit das Wirtschaftswachstum erheblich. So beliefen sich beispielsweise die Kosten der Rindertuberkulose bei Tieren und Menschen für Nigeria in 2016 auf insgesamt 9,6 Milliarden US-Dollar, was etwa 0,9 Prozent des nationalen BIPs entspricht (FAO, 2018d).

Im Kontext begrenzter Ressourcen müssen Interventionen priorisiert und auf Bereiche ausgerichtet werden, in denen der potenzielle Nutzen am größten ist. Obwohl zum Beispiel die Behandlung der Trypanosomiasis in Ostafrika äußerst vorteilhaft sein kann, sind die Vorteile je nach geographischer Lage sehr unterschiedlich. In wirtschaftlicher Hinsicht kann die Region über einen Zeitraum von 20 Jahren einen Nutzen von bis zu 2,5 Milliarden US-Dollar erwirtschaften, wobei die Spanne von 500 US-Dollar pro km^2 in einigen Gebieten bis zu 10.000 US-Dollar in anderen reicht. Äthiopiens hohe Tierdichte und der Einsatz von Tieren als Zugkraft stellt das Land an die Spitze derer, die durch Interventionen gegen Trypanosomiasis potenzielle Gewinne erzielen könnten (Shaw et al., 2014).

Nichtsdestotrotz erfordert die Bewältigung der Herausforderungen im Bereich der Tiergesundheit in Afrika umfassende und ganzheitliche Maßnahmenpakete, darunter die Sammlung und Übermittlung von Daten, die Reform der veterinärmedizinischen Wertschöpfungskette von der Diagnostik bis hin zur Lieferung von Tierprodukten, die Verwendung und Kontrolle von Tierarzneimitteln sowie die Verwendung traditioneller Kräuter und Medikamente. Die Stärkung der Überwachungs- und Frühwarnsysteme und höhere

Investitionen in die Epidemiologie, insbesondere für neue und neu auftretende Krankheiten, sind von entscheidender Bedeutung. Digitale Werkzeuge können besonders hilfreich sein, um die Aktualität zu verbessern und die geographische Abdeckung für eine effektive Umsetzung zu erhöhen. Erfolgreiche Tiergesundheitsprogramme erfordern auch gut koordinierte Institutionen und politische Rahmenbedingungen.

In Afrika ist Äthiopien einer der Spitzenreiter bei der Entwicklung eines robusten institutionellen Rahmens für die Tiergesundheit. Seit den 1960er Jahren hat das Land schrittweise in den Aufbau seiner Kapazitäten zur Überwachung, Untersuchung und Diagnose von Krankheiten sowie in die Herstellung und Verbreitung von Impfstoffen investiert – sowohl durch staatliche als auch private Akteure. Das National Veterinary Institute erhielt 2005 eine international anerkannte Zertifizierung für die Herstellung und Verteilung von Impfstoffen (National Veterinary Institute, k.A.). Bis 2020 produzierte das Institut etwa 200 Millionen Dosen für 20 verschiedene Impfstoffe für den nationalen Gebrauch und den Export in bis zu 26 weitere afrikanische Länder. Südafrika, Uganda und Senegal sind ebenfalls wichtige regionale Akteure mit starken institutionellen Rahmenbedingungen für die Tiergesundheit (Malabo Montpellier Panel, 2020).

Mehrere afrikanische Labore, unter anderem in Äthiopien, Kenia, Marokko, Senegal und Südafrika, arbeiten an der Herstellung von Impfstoffen gegen Zoonosen und andere Tierkrankheiten. Einige arbeiten jedoch mit veralteter Technologie und unter ungeeigneten Standards. Technologien wie Diagnoseinstrumente und Impfungen müssen auf den spezifischen Kontext angepasst und einfach zu handhaben sein (Enahoro et al., 2019). Schlechte Lagerungs- und Versandsysteme für Impfungen führen zu weiteren Einschränkungen des Zugangs und der Verfügbarkeit für Viehhalter (AU, 2013). Wo erforderlich, können sich ViehzüchterInnen oft keine mehrfachen Dosen leisten oder verfügen nicht über die entsprechenden Lagereinrichtungen. Darüber hinaus werden Impfungen, sofern sie verfügbar sind, nicht immer korrekt oder konsequent durchgeführt, wodurch der Erfolg von Impfprogrammen gefährdet wird. Es ist unerlässlich, Einzeldosis-Impfstoffe zu entwickeln und zu verbreiten, die bei höheren Temperaturen länger stabil bleiben (Thermostabilität). Dadurch wird sichergestellt, dass sie zu abgelegenen Gemeinden transportiert und dort sicher gelagert werden können, wo der Zugang zu Kühlanlagen möglicherweise eingeschränkt ist (Acosta et al., 2019). Die Global Alliance for Livestock Veterinary Medicines (GALVmed) setzt die neuesten wissenschaftlichen Erkenntnisse ein, um Impfstoffe, Medikamente und Diagnostika für ViehzüchterInnen herzustellen und zu vermarkten. Einmal auf dem Markt, können private Impfstoffhersteller die Produktion und Zugänglichkeit weiter erhöhen. Seit 2008 hat GALVmed über 100 Millionen US-Dollar von der Bill & Melinda Gates Stiftung und dem Ministerium für internationale Entwicklung (Foreign, Commonwealth & Development Office, ehem. DfID) der britischen Regierung aufgebracht, um Lösungen für 17 vernachlässigte Tierkrankheiten zu finden (GALVmed, k.A.).

Darüber hinaus wurden auf dem ganzen Kontinent verschiedene öffentlich-private Partnerschaften gebildet, die sich auf das Fachwissen und die Stärken der einzelnen Sektoren stützen, um wirksame Impfkampagnen durchzuführen (OIE, 2019). Öffentlich-private Partnerschaften können die Impfstoffversorgungsketten optimieren, indem sie Innovationen vorantreiben und ihre Registrierung, Kommerzialisierung und Verteilung unterstützen, was letztlich zu geringeren Kosten und einer größeren Verfügbarkeit führt (Acosta et al., 2019; IDRC, 2020). Die Förderung lokaler kleiner und mittelständiger Unternehmen bei der Herstellung von Impfstoffen und der Teilnahme an dem Versandsystem erweitert die Reichweite und Vielfalt der von staatlichen und anderen großen Akteuren angebotenen Dienstleistungen.

Nach der Herstellung ist es wichtig, Impfungen rechtzeitig und kostengünstig zu verbreiten. In Mali, Tunesien und dem Senegal wurden Anreize wie Subventionen für Impfungen und die Befreiung von Steuern für private Tierärzte eingeführt, um Dienstleistungen in abgelegenen Gebieten erbringen zu können und die Wettbewerbsfähigkeit von tierischen Produkten zu bewahren (République de Mali, 2013). In Äthiopien war der Einsatz von kommunalen Angestellten im Bereich der Tiergesundheit ein erfolgreicher Ansatz. Als erste Anlaufstelle für ViehzüchterInnen bieten sie eine wirksame Krankheitsüberwachung und Datenerfassung – ein unverzichtbarer Dienst für die rechtzeitige Erkennung eines Ausbruchs und die Überwachung der Umsetzung von Bekämpfungsmaßnahmen (OECD, 2012). Darüber hinaus können kommunale Angestellte im Bereich der Tiergesundheit selbst mit niedrigem Bildungsniveau für die Durchführung von Impfungen geschult werden. Die Zusammenarbeit mit privaten Anbietern von Tierarzneimitteln stellt sicher, dass die Impfungen auf kostengünstige Weise auch entlegene Gebiete erreichen.

Um die nationalen Herden wirksam zu schützen, müssen die Impfprogramme auch auf Wanderhirten ausgedehnt werden. Für diese Gemeinschaften stellen Wasserstellen, Märkte und Händler wichtige Verbindungen für die Durchführung von Maßnahmen zur Bekämpfung von Viehseuchen dar (Atherstone et al., 2019; FAO und IGAD, 2019). Im Tschad erhöhte eine erfolgreiche gemeinsame Impfkampagne für Menschen und Vieh die Besuche von Fachleuten beider Disziplinen bei den Wanderhirten, wodurch die Kosten und Infrastruktur zwischen ihnen aufgeteilt wurden. Die Kampagne wurde von den nationalen Ministerien für Gesundheit und Viehzucht in Partnerschaft mit lokalen privaten Gesundheits- und Veterinäranbietern durchgeführt. Sie impfte 149.255 Nutztiere erfolgreich gegen Milzbrand, Pasteurellen, Rauschbrand und Lungenseuche, 4.653 Kinder gegen Diphtherie, Keuchhusten (Pertussis), Tetanus und Polio und 7.703 Frauen gegen Tetanus (Schelling et al., 2007).

Neue digitale Lösungen, die geografische Informationssysteme, räumliche Analyse und Leistungsüberwachungssysteme kombinieren, können das Management der Tiergesundheit weiter fördern. Mobiltelefone können die zeitnahe Erfassung von Gesundheitsdaten erleichtern und Ratschläge und Informationen zu geringen Kosten länderübergreifend verbreiten (Enahoro et al., 2019).

Schließlich ist es von entscheidender Bedeutung das Auftretens und die Ausbreitung von Krankheiten zu verhindern, um die Produktivität der Tiere zu steigern, die Verluste der Tierhalter zu verringern und die Kosten für die menschliche Gesundheit zu reduzieren. Einige Verluste sind jedoch unvermeidlich. In diesen Fällen können Entschädigungs- und Versicherungssysteme in Betracht gezogen werden, wie sie in Australien, Kanada, Deutschland, den Niederlanden und Vietnam angewandt wurden. Für die überlebenden Tiere ist die Gewährleistung, dass die Märkte zugänglich sind und einen fairen Preis für die Produkte bieten, der Schlüssel zur Unterstützung der ViehzüchterInnen, um ihre Produktionskapazität nach der Katastrophe wiederherzustellen.

Prioritäten für Investitionen und politische Maßnahmen

Afrika ist reich an Viehzucht. Die einheimische Produktion in vielen afrikanischen Ländern deckt jedoch derzeit nicht die Nachfrage nach tierischen Produkten, was zu erheblichen Nettoimporten führt. Investitionen in Zucht und Genetik, die Verfügbarkeit und Qualität von Futtermitteln sowie Tiergesundheit werden dazu beitragen, die Importe zu senken und von dem Potenzial eines integrativen Wachstums zu profitieren, das der Sektor zu bieten hat. Insbesondere die Kommerzialisierung der Futtermittelindustrie durch Investitionen in Futtermittel und Futtermittelwertschöpfungsketten wird einen wachsenden Viehzuchtsektor unterstützen und die Kosten der Viehzucht verringern. Darüber hinaus werden Investitionen in nationale und private Forschungs-, Zucht- und Gentechnikkapazitäten in Verbindung mit der Verbesserung der Beratungsdienste sicherstellen, dass neue Technologien und Lösungen für kleine und aufstrebende ProduzentInnen zur Verfügung stehen. Und schließlich werden Verbesserungen des Veterinärsektors durch die Ausweitung von öffentlich-privaten Partnerschaften und die Rolle des Privatsektors

Impfprogramme entscheidend unterstützen, insbesondere in abgelegenen Gebieten.

Zu den Schlüsselbereichen für politische Maßnahmen und Investitionen gehören:

- **Nationale und kommerzielle Viehzuchtforschungsprogramme, Investitionen in die Datenerhebung, Datenerhebungssysteme und analytische Kapazitäten auf dem ganzen Kontinent finanzielle und technische unterstützen**, um die evidenzbasierte Gestaltung von politischen Maßnahmen und Vorschriften zu gewährleisten.
- **Forschungskapazitäten in Bezug auf Tierwissenschaft, Zucht und Genetik auf dem ganzen Kontinent stärken**, um afrikanische Institutionen und WissenschaftlerInnen mit den praktischen Fähigkeiten auszustatten, die für das Verständnis der Genomik von Nutztierpopulationen und die Verbesserung der Zuchttechniken für eine höhere Produktivität afrikanischer Nutztiere erforderlich sind.
- **Gemeingüter finanzieren**, wie Tiergesundheit, Forschung und Verbesserungen in der Viehzucht, um eine starke Grundlage zu schaffen, auf der sowohl die marktorientierte Viehzucht als auch die Subsistenzwirtschaft gedeihen kann. **Finanzdienstleistungen** müssen (neu) gestaltet werden, um den spezifischen Umständen der ViehzüchterInnen Rechnung zu tragen, wie z.B. dem Bedarf an unterschiedlichen Kreditgrößen und -laufzeiten, alternativen Formen von Sicherheiten, saisonalen Schwankungen der Produktion und anderen inhärenten Risiken.
- **In preiswerte, hochwertige und nährstoffreiche Futtermittel investieren**, um die Produktivität des Viehbestandes zu steigern. Die Vermarktung der Produktion der Futtermittelindustrie wird einen wachsenden Viehzuchtsektor unterstützen und die Kosten der Viehzucht verringern. Die Förderung einer rentablen kommerziellen Futtermittel-Wertschöpfungskette – unter Einbeziehung von ProduzentInnen von Futtersaatgut, Vermarktern und Händlern, Mühlen und Transportunternehmen – ist entscheidend, um sowohl in der Regen- als auch in der Trockenzeit Futtermittel zu liefern, die Produktivität zu steigern und damit die Gesamtproduktionskosten zu senken.
- **Fertigkeiten und Wissen von ViehzüchterInnen stärken** durch eine angemessene Reform und Umschulung der Anbieter von Beratungsdiensten, einschließlich der kommunalen Angestellte im Bereich der Tiergesundheit. Zusätzlich zur Verbesserung der Kapazitäten bei den ViehzüchterInnen selbst ist die Fortbildung von professionellen Beratern und kommunalen Angestellten im Bereich der Tiergesundheit erforderlich, um dringend benötigte Beratung zu liefern.

Papa Gora Ndiaye

3.2 Fischfang in Meeres- und Binnengewässern

Der Fischereisektor spielt eine wichtige soziale, ernährungsphysiologische, wirtschaftliche und ökologische Rolle für den afrikanischen Kontinent und trägt wesentlich zur Ernährungssicherung und Armutsbekämpfung bei. In der Tat ist Fisch in den meisten afrikanischen Ländern die wichtigste Quelle tierischen Proteins (Bjørndal et al., 2016), insbesondere in Dörfern entlang der Küste und an großen Flüssen und Seen. Der durchschnittliche Pro-Kopf-Konsum von Fisch liegt in Afrika bei 9,9 kg, während der weltweite durchschnittliche Pro-Kopf-Konsum auf etwa 20,3 kg geschätzt wird, was jedoch die intraregionalen und nationalen Unterschiede nicht berücksichtigt (FAO, 2020c). Die acht afrikanischen Länder, die am meisten Fisch verzehren, unterscheiden sich alle in ihrem Pro-Kopf-Verbrauch. Ghana und Senegal verbrauchen mehr als 20 kg pro Kopf und Jahr; Kamerun, Côte d'Ivoire und Uganda liegen im Bereich von 10 bis 13 kg; und schließlich die Demokratische Republik Kongo, Nigeria und Tansania, die einen niedrigen Pro-Kopf-Verbrauch von 5 bis 8 kg aufweisen. Im weltweiten Vergleich haben diese Länder einen relativ niedrigen Pro-Kopf-Verbrauch von Fisch. Jedoch bedeutet der geringe Verzehr anderer tierischer Proteine, dass der Fischverzehr über 30 Prozent des Gesamtproteinverbrauchs ausmacht. Selbst dieser geringe Verzehr von Fisch liefert in einer ansonsten nährstoffarmen Ernährung wichtige Vitamine, Mineralien und Fette.

Innerhalb der Länder sind Bevölkerungsgruppen mit niedrigem und mittlerem Einkommen, vor allem Kinder und stillende Frauen, auf Proteine und Mikronährstoffe in Fisch angewiesen. Fisch und Meeresfrüchte liefern jedoch nicht nur Proteine, sondern auch langkettige Omega-3-Fettsäuren, die bei Kindern für eine gesunde Gehirnentwicklung wichtig sind. Experten sind sich einig, dass der Verzehr von Fisch, insbesondere von fettigem Fisch, unerlässlich für die optimale Entwicklung des Gehirns und des Nervensystems eines Kindes ist. Daher ist es besonders wichtig, Fisch in die Ernährung von schwangeren und stillenden Frauen sowie in die Ernährung von Kindern einzubeziehen, insbesondere in den ersten beiden Lebensjahren, dem sogenannten 1000-Tage-Fenster. Es gibt auch deutliche Hinweise dafür, dass der Verzehr von fettigem Fisch das Risiko für koronare Herzerkrankungen senkt (Bodiguel et al., 2016).

In Afrika gibt es eine hohe Prävalenz von Fehlernährung und Anämie. Kleinkinder und Frauen im reproduktiven Altern sind besonders anfällig für einen Mangel an Proteinen, Vitamin A, Jod und Eisen, die in Fischen und anderen Meeresfrüchten enthalten sind (Chan et al., 2019; Petry et al., 2019). In Zentral- und Ostafrika gibt es die höchste Prävalenz von Unterernährung und einen insgesamt geringen Verzehr von Fisch und Fleisch. Allerdings befinden sich die meisten großen Seen und Flüsse in diesen Regionen, daher die „Region der Großen Seen", die von den Gemeinden für die Produktion von Süßwasserfischen und Aquakulturen genutzt werden können.

In Afrika ist der absolute Fischkonsums im Vergleich zu anderen Regionen nach wie vor niedrig reichte aber von etwa 14 kg pro Kopf in Westafrika bis zu nur 5 kg pro Kopf in Ostafrika in 2015 (FAO, 2018e). Während der Pro-Kopf-Fischkonsum in vielen anderen Ländern in Subsahara-Afrika stagnierte oder zurückging, ist er in Nordafrika stark gewachsen (von 2,8 auf 13,9 kg zwischen 1961 und 2015), (FAO, 2018e). Der niedrige Fischkonsum ist das Ergebnis einer Reihe unterschiedlicher Faktoren. Zum Beispiel wächst durch das Bevölkerungswachstum die Nachfrage nach Fisch stärker als das Angebot. Andere Faktoren sind Einschränkungen bei der Steigerung des Fischfangs aufgrund des Drucks auf die Fischfangressourcen, schwach entwickelte Aquakulturen, niedrige Einkommensniveaus, unzulängliche Lager- und Verarbeitungsinfrastruktur und ein Mangel an Marketing- und Vertriebskanälen, die für die Vermarktung von Fischprodukten über die Orte, an denen sie gefangen oder gezüchtet werden, hinaus erforderlich sind.

Fischfang und Aquakulturen tragen derzeit etwa 24 Milliarden US-Dollar (oder 1,4 Prozent) zum afrikanischen BIP bei, wobei der größte Anteil davon auf den Fischfang entfällt (21 Milliarden US-Dollar) (AU-IBAR, 2019). Afrikas Fischereisektor bietet rund 13 Millionen Menschen Beschäftigung, 58 Prozent davon im Fischfang und 42 Prozent im Verarbeitungssektor (AU, 2018). Während hauptsächlich Männer in der Fischerei beschäftigt sind, leisten Frauen 59 Prozent der Arbeit im Verarbeitungssektor. Laut Weltbank sind die Multiplikatoreffekte der Beschäftigung in diesem Sektor bemerkenswert: Jeder Job in der Fischerei generiert in Mauretanien 1,04 zusätzliche Jobs auf dem Festland, während dieses Verhältnis in Guinea sogar bei 3,15 liegt, was das Potenzial für die Schaffung weiterer Arbeitsplätze durch die Ausweitung der Wertschöpfungskette verdeutlicht. Diese Situation ist für alle Länder an der Küste Afrikas nahezu gleich (World Bank, 2015).

In Afrika kann die steigende Nachfrage nach Fisch durch das Angebot aus überfischten natürlichen Ressourcen und ineffizienten Aquakulturen nicht gedeckt werden. Das Bevölkerungswachstum und die Urbanisierung sind die Hauptfaktoren für die steigende Nachfrage (Thurstan und Roberts, 2014). Letztere hat zu einer mittleren Einkommensschicht mit neuen

Ernährungsgewohnheiten geführt, die eine gesunde Ernährung mit Fisch und Meeresfrüchten bevorzugt. In Afrika bedient der innerkontinentale Fischhandel hauptsächlich Binnenländer, die Fisch aus ihren Nachbarländern importieren, der größtenteils von handwerklichen Fischern gefangen wird und von niedriger Qualität ist. Die steigende Nachfrage nach Fisch hat auch zur Einfuhr von Meeresfrüchten geführt, die zum großen Teil aus Asien stammen. Dieser importierte Fisch ist von geringem Wert und richtet sich vor allem an Geringverdiener (Tran et al., 2019). Solche Importe bedrohen jedoch die Bemühungen, die Fischproduktion in Kleinbetrieben zu fördern. Infolgedessen wenden die Fischer kostengünstige, aber effiziente Technologien an, um wettbewerbsfähige Produkte zu erzeugen (Tran et al., 2019). Dennoch wird erwartet, dass der afrikanische Kontinent in den kommenden Jahrzehnten ein Nettoimporteur von Fisch bleiben und bis 2050 voraussichtlich die Hälfte seiner Nachfrage importieren wird (Chan et al., 2019).

Der Fischfang wird voraussichtlich bis 2050 nahezu konstant bleiben. Die Produktion von Aquakulturen wird allerdings weit darunterbleiben (Chan et al., 2019). Unter Berücksichtigung der unterschiedlichen Wachstumskurven wird der Anteil von Aquakulturen an der gesamten afrikanischen Fischereiproduktion wahrscheinlich von 17 Prozent im Jahr 2015 auf 24 Prozent im Jahr 2050 steigen, mit einer durchschnittlichen jährlichen Wachstumsrate von zwei Prozent zwischen 2015 und 2030. Bei einer langsamen Steigerung des Fischfangs und einem relativ langsamen Wachstum der Aquakulturen wird mehr importierter Fisch benötigt werden, um den heimischen Verbrauch aufrechtzuerhalten und das selbst unter der Annahme, dass der Pro-Kopf-Konsum von Fisch allmählich von 10 kg im Jahr 2015 auf 8,5 kg im Jahr 2030 und dann auf 7,7 kg im Jahr 2050 zurückgehen wird (Chan et al., 2019).[14]

Mehr als die Hälfte der afrikanischen Länder liegt an der Küste und verfügt dementsprechend über Hoheitsgewässer und eine Ausschließliche Wirtschaftszone (AWZ), die sich über 200 Seemeilen bis ins Meer erstreckt. Die meisten Länder Afrikas verfügen zudem über ausgedehnte Binnengewässer, darunter

14 Nach dem Business-as-usual-Szenario und trotz einer prognostizierten Produktion von 11,5 Millionen Tonnen bis 2030 und 12,1 Millionen Tonnen bis 2050 wird Afrika ein Handelsdefizit von 5,0 Millionen Tonnen bis 2030 und 10,6 Millionen Tonnen bis 2050 aufweisen. Das zu erwartende rasche Bevölkerungswachstum lastet schwer auf den Prognosen des Pro-Kopf-Verbrauchs. Allein um seine Abhängigkeit von Fischimporten zu verringern, wird Afrika trotz des sinkenden Pro-Kopf-Verbrauchs bis 2050 zusätzlich 10,6 Millionen Tonnen aus Aquakulturen benötigen.

Flüsse wie der Nil, Kongo, Sambesi und Niger, Seen wie Victoria, Tanganjika, Nyassa, Volta, Kivu und Kainji sowie Bäche und Teiche, Sümpfe, Mangroven, Salzsümpfe und Küstenlagunen sowie Stauseen. Diese Meeres- und Binnengewässer beherbergen eine sehr hohe Vielfalt an aquatischen Arten. So bietet die afrikanische Meeres- und Binnenfischerei mehreren Millionen Menschen sowohl direkt als auch indirekt Beschäftigung und Einkommen. Eine kürzlich durchgeführte Schätzung der Beschäftigung und des Einkommens für sieben große Flussgebiete ergab, dass allein in West- und Zentralafrika die Süßwasserfischerei mehr als 227.000 Vollzeitfischern eine Lebensgrundlage bietet und einen jährlichen Fang von etwa 570.000 Tonnen mit einem Erstverkaufswert von 295 Millionen US-Dollar abwirft.[15]

Wie bereits erwähnt, wird die Fischproduktion in Afrika im Wesentlichen von der Meeres- und Binnenfischerei angeführt. Das Gesamtproduktionsvolumen wurde für 2018 auf etwa 12 Millionen Tonnen geschätzt und dürfte bis 2063 ziemlich konstant bleiben, was unter anderem auf Überfischung, Überkapazitäten und schlechte Regierungsführung zurückzuführen ist (AU-IBAR, 2019). Von den insgesamt 21 Milliarden US-Dollar der Bruttowertschöpfung des Fischfangs in 2018 trägt die handwerkliche Meeresfischerei mit 8,1 Milliarden US-Dollar am meisten bei, gefolgt von der industriellen Meeresfischerei mit 6,8 Milliarden US-Dollar und der Binnenfischerei mit 6,3 Milliarden US-Dollar (AU-IBAR, 2019). Es ist wichtig, darauf hinzuweisen, dass die Fangmengen aus der Meeresfischerei seit dem Jahr 2000 fast stagnierten, während die Fangmengen aus der Binnenfischerei mäßig zunahmen, was das Potenzial dieses Teilsektors in Afrika zeigt, wenn geeignete Entwicklungsstrategien angewandt werden.

Beschränkungen, die sich auf die Produktionskapazitäten der Meeres- und Binnenfischerei auswirken

Mehrere globale Herausforderungen geben Anlass zur Sorge. Die Auswirkungen des Klimawandels führen zu einer steigenden Temperatur der Meere, instabilen Wetterbedingungen, der Wanderung von Fischen in kühlere Gewässer abseits des Äquators und einer Verringerung ihrer Größe und Qualität. Die COVID-19 Pandemie hat diese Herausforderungen noch verschärft. Sanitäre Maßnahmen, die von Regierungen auf der ganzen Welt ergriffen wurden, um

15 6th meeting of ACP Ministers in charge of Fisheries and Aquaculture APIA, SAMOA, 2019: Inland fisheries for economic transformation.

die rasche Ausbreitung der Krankheit zu stoppen, haben den Fischereisektor in Mitleidenschaft gezogen. Zum Beispiel haben viele Länder den internationalen Transport und Handel mit verschiedenen Waren, einschließlich Fischprodukten, eingeschränkt.

Auf nationaler und regionaler Ebene wirken sich Aktivitäten in Sektoren wie Ackerbau, Entwicklung der Wasserkraft und Schifffahrt auf die Fischerei aus.[16] Für die Fischer ist die Verringerung der meisten Arten aufgrund von Überfischung zu einem ernsthaften Problem geworden.[17] Laut FAO (2020c) sind die meisten Fischarten überfischt, was zur Knappheit mehrerer hochwertiger Arten führt, die auf den lokalen afrikanischen Märkten selten geworden sind.

Minderwertige Geräte für den Fischfang schränken insbesondere die handwerkliche Fischerei in Afrika stark ein. Die für die Fischerei in Afrika verwendete Ausrüstung sind im Vergleich zu bereits verfügbaren neueren Technologien nach wie vor schlecht. Die Art der von den Fischern verwendeten Fanggeräte erschweren die Optimierung der Produktion.[18] Da der Großteil der Fischer zu den am meisten gefährdeten Bevölkerungsgruppen gehören, stellen hohe Anfangsinvestitionen für Fischereiaktivitäten eine große Hürde dar. Das Fehlen einer starken Finanzinstitution zur Unterstützung der Fischer spielt in dieser Situation eine Schlüsselrolle (Horemans und Kébé, 2006). Schlechte oder unangemessene Regierungsführung hat den Fischereisektor zusätzlich geplagt: Die späte Einführung von Maßnahmen für nachhaltiges Fischereimanagement hat den Sektor in eine Situation gebracht, in der die Wiederherstellung der Kapazitäten der Meeres- und Binnenfischerei eine hohe Priorität hat.

Im Allgemeinen sind die Zugangsrechte für die Industriefischerei in Jahresplänen festgelegt, in denen der potentielle und der entsprechend zulässige Fischfang definiert ist. Die Länder haben Lizenzsysteme für die nationale Industriefischerei und Fischereiabkommen mit anderen Regionen und Ländern, die ihnen den Zugang zu ihren Ausschließlichen Wirtschaftszonen erlauben. Was die handwerkliche Fischerei betrifft, so ist der Zugang offen, oft kostenlos und

---

16 6th meeting of ACP Ministers in charge of Fisheries and Aquaculture APIA, SAMOA, 2019: Inland fisheries for economic transformation.

17 Diese Einschränkungen werden genau analysiert, wobei die Afrikanische Union, RECs und RFBs detaillierte Maßnahmen ergreifen müssen.

18 Diese Idee wird durch das Blue Economy Dokument der Afrikanischen Union unterstützt, in dem Investitionen zur Verbesserung von Fischereitechnologien hervorgehoben werden.

unreguliert. Die illegale, nicht gemeldete und nicht regulierte Fischerei ist auch weiterhin ein Problem für die afrikanischen Gewässer (Agnew et al., 2009).

Innovationen im Fischfang

Fischfanggeräte und Glasfaserkanus

Technologische Innovation ist der Schlüssel, um das Angebot aus den afrikanischen Fischereien zu erhöhen. So ist zum Beispiel die Verbesserung von Fanggeräten dringend erforderlich, um die Fischressourcen auf nachhaltige Weise voll auszuschöpfen. Mögliche technologische Innovationen sollten vor allem auf die handwerkliche Fischerei ausgerichtet sein, die besonders häufig noch eine veraltete Ausrüstung verwendet.

Die Erneuerung der Piroggen Flotten mit der Einführung von Glasfaserkanus in allen Ländern ist sowohl eine Strategie zur Anpassung als auch zur Eindämmung des Klimawandels. Glasfaserkanus, die kostengünstig und leicht zu reparieren sind, können die Leistung und Zeit auf dem Wasser erhöhen (reduzierter Treibstoffverbrauch). Daher kann der Einsatz solcher verbesserten Boote zu einer Erhöhung der Fangkapazität führen. Darüber hinaus trägt die Förderung von Glasfaserkanus zum Schutz der Wälder bei, vor allem in Afrika, wo die Herstellung von Kanus aus einem einzigen Stamm (dugout canoes) und anderen traditionellen Schiffen zum Fällen von Bäumen führt.

Umweltfreundliche Technologien zur Verringerung des Verbrauchs fossiler Brennstoffe

In Afrika wird die Einführung umweltfreundlicher Technologien zur Reduzierung des Treibstoffverbrauchs im Fischereisektor für den Erfolg eines nachhaltigen Fischereimanagements immer wichtiger. Der Schwerpunkt liegt häufig auf Anpassungs- und nicht auf Eindämmungsstrategien, da Afrika am wenigsten zu den globalen Treibhausgasemissionen beiträgt. Es ist jedoch wichtig, die Möglichkeiten zur Kohlenstofffixierung in Afrika hervorzuheben, die der Kontinent dank seiner ausgedehnten Wälder, Mangroven, Seegraswiesen und Wattflächen besitzt (Laffoley und Grimsditch, 2009). Die Zunahme der Erdölförderung in den meisten afrikanischen Küstengebieten führt gemeinsam mit den Auswirkungen des Klimawandels zu einem ernsthaften Dilemma bei der Umsetzung eines wirksamen und praktischen Fischereimanagements, insbesondere angesichts der hohen wirtschaftlichen Erträge, die auch von anderen maritimen Aktivitäten (Schifffahrt, Entwicklung der Wasserkraft usw.) erwartet werden.

Die für den Fang und die Anlandung einer Tonne Fisch verbrauchte Treibstoffmenge variiert stark mit der Art des Fanggeräts und den verwendeten Methoden sowie der Art der Fische und der Entfernung zum Fischgrund (Muir, 2015). In diesem Zusammenhang setzt sich die Afrikanische Union für die Förderung eines wissenschaftlich fundierten Ansatzes in Zusammenarbeit mit Universitäts- und Forschungsinstituten ein, die auf Umwelt- und Wasserressourcenmanagement spezialisiert sind. Darüber hinaus stellt Treibstoff als Input – mit Ausnahme nicht motorisierter Schiffe – bei den meisten Fischereioperationen über alle Größenordnungen hinweg einen bedeutenden Kostenfaktor dar.

Insgesamt wird der größte Anteil des Energieverbrauchs im Fischereisektor für Verarbeitung, Transport und Lagerung benötigt. Eine Hauptfolge ineffizienter Verarbeitungstechnologien und Lagereinrichtungen – schlechte Handhabung und unhygienische Behandlung – ist die große Menge an Nachernteverlusten (AU-IBAR, 2019).

Technologien nach der Ernte und für die Wertschöpfung

Fischprodukte sind leicht verderblich und erfordern daher eine solide Infrastruktur für ihre Konservierung. Nachernteverluste sind eine der größten Herausforderungen für die Binnen- und Meeresfischerei in Afrika. Der Ausbruch von COVID-19- hat die Schwäche der meisten Länder bei der Suche nach alternativen Märkten für Exportgüter aufgezeigt. Für die afrikanische Fischerei ist die Entwicklung einer Wertschöpfungskette mit einer integrierten Kühlkette eine Notwendigkeit. Die Blue-Economy-Strategy der Afrikanischen Union schlägt folgendes vor: Investitionen in die Beschleunigung der Entwicklung von Verarbeitungs- und Lagerkapazitäten für Fischerei und Aquakulturen; Unterstützung der Forschung über Verarbeitungstechnologien und Wertschöpfung; Einbeziehung aller Akteure in Entscheidungsprozesse nach der Ernte; Verbesserung der Kühlketteninfrastruktur durch solar-betriebene Kühlanlagen; Verbesserung der Verkehrsinfrastruktur (Straßen, Schiene und Luft); und Kapazitätsaufbau für Akteure, die an der Wertschöpfung beteiligt sind (AU-IBAR, 2019).

Die meisten afrikanischen Länder exportieren immer noch rohe, unverarbeitete Produkte, was einen Verlust an Exporterlösen bedeutet. Investitionen in Produkte mit hoher Wertschöpfung würden optimale Gewinne aus Fischereiprodukten ermöglichen und die erforderlichen Arbeitsplätze und Einnahmen aus Devisen schaffen. Daher ist es erforderlich, den afrikanischen Ländern geeignete Technologien zur Verfügung zu stellen, um die Anforderungen an Verarbeitung, Verpackung und Vermarktung zu erfüllen (AU-IBAR, 2019).

Marketing

Um die wirtschaftlichen Vorteile der Fischereitätigkeiten für die Fischer und den Verarbeitungssektor zu erhöhen, muss das Marketing anpassungsfähiger und fortschrittlicher sein, um das Image afrikanischer Fischprodukte wiederherzustellen und zu fördern. Mehrere regionale Fischereiorganisationen und die Afrikanische Union empfehlen die Entwicklung von gemeinsamen Aktionen durch regionale Kennzeichnung. In den meisten afrikanischen Ländern versucht der handwerkliche Sektor, sich an die Entwicklung des internationalen Fischhandels anzupassen, wo hohe Qualitäts- und Lebensmittelsicherheitsstandards sehr wichtig sind. Eine Strategie ist die regionale Kennzeichnung von Fischprodukten und die wirksame Anwendung sanitärer und phytosanitärer Maßnahmen).

Prioritäten für Investitionen und politische Maßnahmen

Planung und Steuerung der Fischerei effizienter gestalten, einschließlich Investitionen in verbesserte Bewertungsmethoden und Entwicklung von Ansätzen zur Bewirtschaftung der Gewässer über Sektoren und Größenordnungen hinweg. Entwicklung, Förderung und Unterstützung standardisierter Methoden für die Bewertung des Fischereiertrags, einschließlich Datenerfassung, Datenbankverwaltung und Datenaustausch. Entwicklung neuartiger Ansätze zur Erfassung von Fischereidaten, z.B. Fernerkundung verschiedener Lebensräume und Populationsdichten in Verbindung mit Modellen zur Fischproduktion durch Zusammenarbeit und Einführung neuer Technologien (AU-IBAR, 2019).

Ressourcen für die Forschung und Verbesserung der Kapazitäten von WissenschaftlerInnen mobilisieren, einschließlich zur Durchführung von Forschungsarbeiten zur Unterstützung des marinen Fischereimanagements und Aufbau eines integrierten Forschungsprogramms in den Bereichen Fischerei, Biologie, Ökologie, Wirtschaft, Sozioökonomie und Geisteswissenschaften für ein rationelles Management der Binnenfischerei.[19]

19 Stärkung der kosteneffizienten und praktischen Forschung (Informationsgenerierung, Analyse und Wissen) zur Unterstützung von Entscheidungsträgern (AU-IBAR, 2019)

Lokalen Wissens in das Fischereimanagement einbeziehen und einen Prozess zur Integration lokalen Wissens in politische Maßnahmen aufbauen.[20] Ein stärker partizipativer Ansatz sollte andere NutzerInnen der Meeres- und Süßwasserressourcen dazu ermutigen, sich an nationalen und internationalen Foren zu beteiligen, die sich mit Fragen der Fischressourcen, Konflikten und Synergien befassen.

Den Einsatz geeigneter Technologien und Fanggeräte in einem Kontext transparenter und gerechter Zugangsbedingungen für Fischereiressourcen fördern, wobei der Versorgung der afrikanischen Märkte Vorrang eingeräumt werden sollte.

Investitionen in die Entwicklung von Verarbeitungs- und Lagerkapazitäten in der Fischerei erhöhen, um Nachernteverluste durch die Verbesserung der Kühlketteninfrastruktur unter Verwendung erneuerbarer Energien wie solar-betriebener Kühlanlagen zu reduzieren.

---

20 AU 2019: Die Umsetzung muss durch einen Ökosystem-Ansatz (Ecosystems Approach, EAF) erfolgen. Es muss darauf geachtet werden, dass unerwünschte biologische, sozioökonomische und soziokulturelle Ergebnisse vermieden werden (AU-IBAR, 2019).

John K. Walakira

3.3 Aquakulturen

Aquakulturen sind eine alternative Quelle für Fischprodukte zur Ergänzung der stagnierenden und überfischten Meeres- und Binnenfischerei (FAO, 2020c). Im Jahr 2018 produzierte Afrika 2.196.000 Tonnen Lebendprodukte aus Aquakulturen (Fische, Schalentiere und Wasserpflanzen), die die Ernährung der Haushalte ergänzen, die Ernährungssicherung fördern und Einkommen sowie Beschäftigung schaffen (FAO, 2020c, 2017a; Halwart, 2020; Jamu und Ayinla, 2003). Aquakulturen im Binnenland (auf Süßwasserbasis) sind in Afrika am weitesten vertreten, werden in Teichen, Kreis- oder Durchlaufanlagen, oberirdischen Becken und Käfigen betrieben und konzentrieren sich auf die Aufzucht von Flossenfischen, insbesondere von Buntbarschen, Welsen und Karpfen (FAO, 2020c). Zu den beiden anderen Formen der Aquakultur gehören Aquakulturen entlang der Küste, die Krebstiere (Garnelen), Flossenfische, Weichtiere und Algen züchten, und im offenen Ozean, die Meeresfrüchte im Meereswasser aufziehen (FAO, 2020c).

Trotz ihrer im Verhältnis zur Fischerei geringen Produktion machen Aquakulturen in Afrika 17,9 Prozent der gesamten Fischproduktion aus und werden auf 2,77 Milliarden US-Dollar geschätzt (AU-IBAR, 2019; FAO, 2020c). Die afrikanische Produktion ist von 2015 bis 2018 um 19 Prozent gestiegen, was hauptsächlich auf politische Maßnahmen und technologische Fortschritte zurückzuführen ist (FAO, 2020c). Ägypten ist der führende afrikanische Produzent von Aquakulturen, die im Nil gezüchtet werden und 71 Prozent der regionalen Produktion ausmachen (FAO, 2020c). Afrikanische Länder investieren in Aquakulturen, um ihre Abhängigkeit von Fischimporten zu verringern, wie in Ghana, Nigeria, Uganda und Sambia zu beobachten ist (Adeleke et al., 2020; Kaminski et al., 2018; Ragasa et al., 2018). Die Mitgliedsstaaten (MS) unterstützen eine „Blaue Revolution" oder „Blue Economy Strategy", die eine vom Privatsektor geführte, nachhaltige Aquakulturindustrie fördert und gleichzeitig auf eine profitable industrielle Zucht von Buntbarschen und Welsen abzielt. Diese Länder konzentrieren sich zudem auf Samen- und Futtermitteltechnologien unter Verwendung lokal verfügbarer Rohmaterialien, um die Produktivität von Aquakulturen zu steigern.

Produktionssysteme

Afrikanische Aquakulturen sind durch drei große Produktions- (oder Management-) Systeme gekennzeichnet: extensiv, semi-intensiv und intensiv im großen Maßstab (Brummett et al., 2008). Sie werden hauptsächlich in drei Kultursystemen praktiziert: Teiche (>80 Prozent), Käfige (>10 Prozent) und Becken oder Durchlaufanlagen (<5 Prozent) für die Produktion von Jungfischen (seed)[21] und Lebensmitteln (Jamu und Ayinla, 2003). ProduzentInnen von Jungfischen verwenden je nach Produktionsumfang und gezüchteter Art eine Kombination verschiedener Kultursysteme. In ländlichen Gebieten werden integrierte Aquakultursysteme in der Regel im Rahmen eines gemischten Aquakultur-Ackerbau Modells praktiziert, um die Ernährungssicherung der Haushalte zu verbessern. KleinerzeugerInnen machen über 70–80 Prozent der ProduzentInnen in Subsahara-Afrika aus (Lowder et al., 2016) und sind am stärksten von Armut, Lebensmittel- und Ernährungsunsicherheit sowie den Auswirkungen der Umweltzerstörung betroffen. Etwa 80 Prozent der Arbeitskräfte sind Frauen und Jugendliche, die aber keinen Zugang zu oder gleichwertigen Anteil an den begrenzten Ressourcen (Finanzen, Land und Wasser) haben und daher als vulnerabel und marginalisiert betrachtet werden können (Nagoli et al., 2009; Njarui et al., 2012).

Extensive Systeme werden häufig von KleinerzeugerInnen mit Subsistenzwirtschaft in ländlichen Gebieten praktiziert. Die ProduzentInnen greifen auf wilde Jungfische aus der Umgebung zurück und ziehen sie in kleinen Teichen (100–200m^2) unter Verwendung von organischem Dünger (10 kg pro 100 m^2) auf, mit Erträgen von etwa 500 kg pro Hektar für den Eigenverbrauch. Um die Möglichkeiten von Aquakulturen voll auszuschöpfen, müssen diese ProduzentInnen gegen geringe Produktivität, hohe Nacherntеverluste, schlechten Marktzugang, begrenzten Zugang zu Wissen und Fertigkeiten, Armut, beschränkten Zugang zu Wasserressourcen und schließlich gegen den Klimawandel ankämpfen (Aanyu et al., 2020; Brummett et al., 2008; Kabirizi et al., 2012; Stutzman et al., 2017).

Semi-intensive Systeme werden von kommerziellen ProduzentInnen von Aquakulturen genutzt, die Futtermittel in land- und wasserbasierten Kultursystemen (Teiche, Becken und Käfige) verwenden, um Produkte aus Aquakulturen als Nahrungs- und Einkommensquelle zu nutzen. In Teichen mit einem

21 In diesem Zusammenhang beziehen sich Jungfische auf die verschiedenen Stadien der Fischentwicklung, bis die Fische zur Nutzung in Aquakulturen geeignet sind, d.h. Brut, Laich, Jungfische und Fingerlinge.

Wasseraustausch von 3600 Liter/kg und Biofloc-Technologie verbessert Zufütterung die Erträge um 5 bis 40 Tonnen pro Hektar (Brummett et al., 2008). Die meisten Aufzuchtstationen haben dieses System übernommen, obwohl die Fische nur geringe Überlebenschancen haben, die bei der Produktion von Welsen zwischen 10 und 40 Prozent liegen (Walakira et al., 2014; Wamala et al., 2018). Darüber hinaus beziehen einige ProduzentInnen ihre Jungfische aus natürlichen Wasserquellen. Beispielsweise greifen ProduzentInnen, die in der Aufzucht von Meerbrassen, Wolfsbarschen, Meeräschen und Aalen tätig sind, auf Jungfische aus dem Mittelmeer zurück und tragen damit zum Rückgang der Wildbestände bei (Cai et al., 2017; GAFRD, 2014).

Intensivsysteme in großem Maßstab sind von enormen Investitionen zur Produktion von mehr als 1.000 Tonnen pro Jahr und Betrieb geprägt. Die Käfighaltung ist eine hocheffiziente Technologie, die in Afrika eingeführt wurde, um in der Region die steigende Nachfrage nach Fisch zu decken. Binnenländer, wie zum Beispiel Uganda, Sambia und Simbabwe, haben die Produktion von Aquakulturen durch Käfighaltung erhöht (Reilly, 2018). Die ProduzentInnen sind jedoch mit folgenden Herausforderungen konfrontiert: a) Zugang zu qualitativ hochwertigen Jungfischen und Futter, b) Verfügbarkeit von Betriebsmitteln, z.B. Ausrüstung, c) Mangel an lokalem Fachwissen für den Betrieb von Intensivsystemen und d) fehlende oder unklare Richtlinien oder Rahmenbedingungen für industrielle Aquakulturen in Afrika (Halwart und Moehl, 2004).

Wesentliche Einschränkungen, die die Produktion behindern

Der Zugang zu Technologien oder Innovationen, die die Effizienz und Rentabilität der Produktion von Aquakulturen erhöhen, der Zugang zu Wasser und finanziellen Ressourcen sowie entsprechende politische Maßnahmen sind die wichtigsten Antriebsfaktoren für das Wachstum von Aquakulturen in Afrika (Brummett et al., 2008; Chan et al., 2019; Jamu und Ayinla, 2003). Doch obwohl Afrika über ausreichende Ressourcen verfügt, um die Produktion von Aquakulturen mit nachhaltigen Technologien oder Innovationen zu steigern, werden sich Aquakulturen nur dann verbessern, wenn die Probleme bezüglich Jungfischen und Futtermittel angegangen werden, um den künftigen Bedarf der wachsenden Bevölkerung zu decken, der sich bis 2050 voraussichtlich verdoppeln wird (FAO, 2020c; Jamu und Ayinla, 2003; Lind et al., 2012; Mbengue, 2018).

Die Mehrheit der KleinerzeugerInnen Afrikas bezieht minderwertige **Jungfische** aus natürlichen Gewässern oder nicht zertifizierten Aufzuchtstationen und produziert geringe Erträge von weniger als 0,6 Tonnen pro Hektar (Jamu und Ayinla, 2003). Durch die Unterstützung von FAO, ICLARM-BMZ/GIZ und USAID konnten diese ProduzentInnen ihre Effizienz und Rentabilität verdoppeln und die Produktion auf 2–35 Tonnen pro Hektar steigern, indem sie Samen und Futter von guter Qualität verwendeten und Wasseraustausch betrieben (Brummett und Noble, 1995; Isyagi et al., 2009). Es wird jedoch erwartet, dass die Nachfrage nach qualitativ hochwertigen Samen in 2050 um 26 Prozent steigen wird (Tabelle 4), um den Pro-Kopf-Fischkonsum zu decken (Chan et al., 2019; Mbengue, 2018). Der größte Teil der Produktion wird wahrscheinlich von GroßerzeugerInnen stammen, die ebenfalls hochwertige Junfische nachfragen, die a) schneller wachsen mit hohen Überlebensraten und guten Erträgen, b) krankheitsfrei oder resistent gegen Krankheitserreger sind, c) gute wirtschaftliche Erträge abwerfen, d) in jedem Kultursystem leicht anzubauen sind und e) widerstandsfähig gegen klimatische Extrembedingungen sind.

Afrika verfügt über eine reiche Vielfalt an **einheimischen aquatischen Ressourcen**, die durch Forschungsanstrengungen zur Verbesserung der Nahrungsmittelsicherheit und Ernährungssicherung genutzt werden könnten (Lind et al., 2012). Die größte Herausforderung für die Regierungen besteht jedoch darin, politische Maßnahmen zu entwickeln, die Aquakulturen miteinbeziehen, um Armut und Ernährungsunsicherheit zu verringern und die aquatische Biodiversität zu erhalten. Bei der Nutzung der aquatischen genetischen Ressourcen für die langfristige Entwicklung von Aquakulturen sollten Strategien für die Gebietseinteilung, die Umweltrisikoanalyse und molekulare Charakterisierungstechniken angewandt werden, die die natürliche Biodiversität, die Ökosystemleistungen und die Quelle genetischen Materials für künftige Zuchtprogramme erhalten (Lind et al., 2012). Es ist auch wichtig, dass die Regierungen Zuchtverbesserungsprogrammen Vorrang geben, die das Fachwissen lokaler Kapazitäten im Sinne der Nachhaltigkeit stärken.

Dementsprechend sollten in Afrika Programme zur genetischen Verbesserung dem Ansatz von Lind et al., (2012) folgen: a) Minimierung der Ausbreitung entflohener Fische durch die Schaffung von artenspezifischen Zonen und durch den Nachweis von Produktivitätsgewinnen gegenüber lokalen Arten, b) Bewertung der Produktionssysteme, die für die Aufzucht dieser genetisch verbesserten Jungfische erforderlich sind, c) Erhöhung des Nutzens verbesserter genetischer Ressourcen bei gleichzeitiger Sicherstellung, dass diese Technologien für die afrikanischen ProduzentInnen erschwinglich sind, und d) Schutz und Gewährleistung von Lizenzgebühren für Gemeinschaften, die diese genetischen Ressourcen seit Generationen bewahrt haben. Um jegliche Bedrohung durch Arten aus Aquakulturen zu verringern, sollte das Programm eine

Tabelle 3.3.1: Vorhersage der Fischproduktion sowie des Jungfisch- und Futtermittelbedarfs

	Jahr							
	2015	2020	2025	2030	2035	2040	2045	2050
Aquakulturen (Millionen Tonnen)	1.82	2.11	2.31	2.44	2.57	2.68	2.77	2.86
Pro-Kopf-Verbrauch (kg/Person/Jahr)	10	9.5	8.9	8.5	8.0	7.7	7.7	7.7
Geschätzter Bedarf an Jungfischen, gelagert bei 2 g (Milliarden)	910	1055	1155	1220	1285	1340	1385	1430
Erforderliches Futtermittel bei FCR 1,3 (Millionen Tonnen)	2.37	2.74	3.00	3.17	3.34	3.48	3.60	3.72

Quelle: Chan et al. (2019)

transparente und partizipatorische Umweltprüfung sowie eine Managementstrategie zur Schadensminderung haben.

Die **Ausbrüche von Krankheiten** werden in dem Maße vermehrt gemeldet, wie die Industrie von Aquakulturen sich intensiviert und expandiert. Zum Beispiel verursachen das neuartigen Tilapia Teich Virus (TILV) und das infektiöse Milz- und Nieren-Nekrose-Virus (ISKNV), über die in Ghana, Ägypten und Uganda berichtet wurden, Todesfälle in Produktionssystemen von Aquakulturen (Al-Hussinee et al., 2019; Hounmanou et al., 2018; Ramirez et al., 2018; Ramírez-Paredes et al., 2021). Daher sind umfassende Forschungsmaßnahmen zum Verständnis der Epidemiologie von Krankheiten oder Krankheitserregern, die Aquakulturen beeinträchtigen, erforderlich, um die Politik zu informieren und wirksame Maßnahmen für die biologische Sicherheit auf kontinentaler, regionaler, nationaler und betrieblicher Ebene festzulegen. Die Kapazitäten zur Diagnose und Kontrolle von Krankheiten müssen außerdem durch wirksame Netzwerke gestärkt werden.

Daher wird eine wissenschaftlich fundierte Unterstützung für die effektive Nutzung von hochwertigem aquatischem Erbgut einen entscheidenden Einfluss auf die Samenproduktion haben. Öffentliche Aufzuchtstationen sollten sich auf Programme zur Entwicklung von Zuchtbeständen konzentrieren, die

die Erhaltung von qualitativ hochwertigen Jungfischen und den Schutz der Biodiversität gewährleisten. Regierungen (Mitgliedsstaaten und regionale Wirtschaftsgemeinschaften), Entwicklungspartner, die Zentren der Consultative Group on International Agricultural Research (CGIAR) (z.B. das WorldFish Center) und Organisationen der Zivilgesellschaft werden bei der Entwicklung wirksamer Pläne, Richtlinien und politischer Maßnahmen für die Industrie der Jungfischproduktion und bei der Stärkung des Managements genetischer Ressourcen eine wichtige Rolle spielen. Der Privatsektor ist der Motor für die Transformation dieser Industrie, der die Vermehrung und den schnellen Zugang zu erschwinglichen Jungfischen sicherstellen kann und dadurch insbesondere für Frauen und Jugendliche Arbeitsplätze und Wohlstand schafft. Die Stärkung der Kapazitäten der wichtigsten Akteure (d.h. WissenschaftlerInnen, Planer, Beratungsdienstleister, ProduzentInnen, Verwalter genetischer Ressourcen und der Privatsektor) wird eine nachhaltige Nutzung der aquatischen Ressourcen für die Jungfische für Aquakulturen gewährleisten.

Qualitätsfuttermittel für die Produktion von Aquakulturen sind Antriebsfaktoren für den Sektor. Futtermittel machen 50 bis 70 Prozent der Produktionskosten aus und über 60 Prozent der Futtermittel für Aquakulturen werden importiert (Aanyu et al., 2020; Cai et al., 2017). Das rasche Wachstum der Aquakulturen in Afrika hat das Interesse der Regierungen an Investitionen in die Entwicklung von Futtermitteln und deren Management geweckt und damit eine Strategie der Importsubstitution gefördert. Obwohl die Futtermittelindustrie in Ägypten, Nigeria und Sambia, wo die Produktion stark gestiegen ist, mittlerweile gut etabliert ist, steht sie noch immer vor der Herausforderung, dass es an adäquaten Aufzeichnungen der ProduzentInnen und anderen Informationen für Planungszwecke mangelt. In Afrika besteht die Futtermittelindustrie von Aquakulturen überwiegend aus kleinen und einigen wenigen industriellen Herstellern wie Aller Aqua, Skretting und Ugachick Ltd (Agboola et al., 2019). Bei den Herstellern im industriellen Maßstab handelt es sich zumeist um ausländische Investitionen, die auf importierte Betriebsmittel und mit ca. 70–120 Personen pro Hersteller auf eine große Zahl von Arbeitskräften angewiesen sind.

Wildfische werden gefangen, verarbeitet und aufgrund ihres hohen Proteingehaltes zu Fischmehl verarbeitet. Da es gleichzeitig für den menschlichen Verzehr und auch als Viehfutter verwendet wird, ist es derzeit noch sehr teuer (de Silva und Anderson, 1995). Die Verwendung von Fischmehl ist jedoch nicht nachhaltig, da diese Praxis zum Rückgang der natürlichen Fischbestände beiträgt. Folglich ist die weltweite Forschung derzeit darauf ausgerichtet, einen Ersatz für Fischmehl durch pflanzliche Alternativen wie Sojabohnen zu finden, die preisewerter sind und auch einen geringeren CO_2-Fußabdruck haben (FAO, 2016a). Die Nutzung von pflanzlichen Alternativen wird jedoch auch durch negative Nährwerteigenschaften, die mangelnde Verfügbarkeit von adäquaten lokalen pflanzlichen Erzeugnissen und die Konkurrenz um den menschlichen Verzehr und andere Viehfuttermittel eingeschränkt (Francis et al., 2001; Hertrampf und Piedad-Pascual, 2012; Jobling, 2016). Mehrere industrielle Futtermittelhersteller in Afrika, z.B. in Ägypten, importieren Zutaten, um genügend Futtermittel für die Industrie zu produzieren. Jedoch erhöht die Abhängigkeit von Importen direkt die Futtermittelpreise und minimiert die Gewinne (Agboola et al., 2019; Cai et al., 2017). Daher wäre es wirtschaftlicher, effiziente agronomische Strategie zu entwickeln, die ErzeugerInnen pflanzlicher Inhaltsstoffe miteinbeziehen, um eine kontinuierliche Versorgung von Betriebsmitteln sicherzustellen und so den Preis für Futtermittel in Afrika zu senken.

In Afrika verfügen die meisten ProduzentInnen über unzureichende Fähigkeiten und Kenntnisse, um die Umweltauswirkungen von Futtermitteln auf aquatische Ressourcen zu bewältigen. Aquatische Ökosysteme können verschmutzt werden (Eutrophierung), wenn minderwertige Futtermittel und schlechte Managementpraktiken angewendet werden (Musinguzi et al. 2019). Daher ist es für WissenschaftlerInnen und Planer von entscheidender Bedeutung, die ProduzentInnen beim Management von Futtermitteln in installierten Aquakulturanlagen anzuleiten. Darüber hinaus kann eine schlechte Lagerung von Futtermitteln das Risiko einer Kontamination mit Aflatoxinen erhöhen und damit gesundheitliche Bedenken bei den VerbrauchererInnen hervorrufen (Namulawa et al., 2020).

Prioritäten für Investitionen und politische Maßnahmen

In Afrika behindert die mangelnde Gesetzgebung in einigen Ländern die Entwicklung von Aquakulturen. Dennoch gibt es bereits kontinentale, regionale und nationale politische Maßnahmen und rechtliche Rahmenbedingungen für eine nachhaltige Entwicklung von Aquakulturen. Bestehende Mängel an quantitativen Informationen beeinträchtigen die Entscheidungsfindung und die Formulierung nationaler und regionaler politischer Maßnahmen für die Entwicklung von Aquakulturen, deren Industrie sich derzeit an den folgenden politischen Rahmenvorgaben orientiert: Die UN-Nachhaltigkeitsziele (1, 2, 5, 8, 9, 10, 12, 13 und 14); der FAO Code of Conduct of Responsible Fisheries; die Säulen 1 bis 4 des CAADP; die Science Agenda for Agriculture in Africa; Aspiration One der Agenda 2063; die Pan-African Fisheries and Aquaculture Policy Framework and Reform Strategy (PFRS) 2014; die Africa Blue Economy

Strategy; das African Continental Free Trade Agreement; und das Regional Frameworks On Environmental Management For Sustainable Aquaculture Development in Africa. Daher ist es notwendig, dass die Mitgliedsstaaten ihre politischen Maßnahmen in Bezug auf Aquakulturen in Übereinstimmung mit den bestehenden Maßnahmen weiterentwickeln, rationalisieren, annehmen und überprüfen.

Für ein bedeutendes wirtschaftliches und transformatorisches Wachstum in Afrika durch die Entwicklung von Aquakulturen können die Mitgliedsstaaten die folgenden politischen Maßnahmen und Strategien priorisieren, annehmen und umsetzen:

Die Pan-African Fisheries and Aquaculture Policy Framework and Reform Strategy umsetzen, insbesondere des Politikbereichs 1 zur Erhaltung und nachhaltigen Ressourcennutzung; des Politikbereichs 3 zur nachhaltigen Entwicklung von Aquakulturen; des Politikbereichs 4 zu verantwortungsvollem und gerechtem Fischhandel und Marketing; des Politikbereichs 6 zur Bewusstseinsbildung und Verbesserung menschlicher Fähigkeiten; und des Politikbereichs 8 zu Querschnittsfragen, insbesondere zur Stärkung der Widerstandsfähigkeit und zur Verringerung der Anfälligkeit von afrikanischen Aquakulturen gegenüber dem Klimawandel, zur Straffung der wissensbasierten Berücksichtigung von Gender- und Jugendbelangen in politischen Maßnahmen, Gesetzen und Plänen sowie zur Förderung von Investitionen des Privatsektors und Finanzierungsmechanismen für Aquakulturen in Afrika, um die Leistung von kleinen und mittelständigen Unternehmen in der Wertschöpfungskette zu verbessern. Die PFRS wird durch das **Regional Frameworks On Environmental Management For Sustainable Aquaculture Development In Africa** ergänzt und vom öffentlichen und privaten Sektor unterstützt.

Die Africa Blue Economy Strategy umsetzen, die die Entwicklung einer integrativen und nachhaltigen Wirtschaft anleitet, die durch Biotechnologie, ökologische Nachhaltigkeit und Tourismus zu kontinentaler Transformation und Wachstum beitragen kann. Zu den relevanten Zielen und Maßnahmen für die Entwicklung von Aquakulturen gehören: Themenbereich 1 in Bezug auf Fischerei, Aquakulturen, Umweltschutz und nachhaltige aquatische Ökosysteme im Kontext der Africa Blue Economy und Themenbereich 5 in Bezug auf Politik, Institutionen und Regierungsführung, Beschäftigung, Schaffung von Arbeitsplätzen und Beseitigung von Armut sowie innovative Finanzierung im Kontext der Africa Blue Economy.

Den Fokus auf Aquakulturen im Rahmen AfCFTA erhöhen. Die AfCFTA zielt darauf ab, auf dem ganzen Kontinent einen einheitlichen Markt zu schaffen, diesen wettbewerbsfähig in die globale Wirtschaft zu integrieren, die Armut zu verringern und die Integration durch die Förderung des intraregionalen Handels zu fördern, um die Handelskosten für Produkte aus Aquakulturen zu senken. Zudem kann die AfCFTA geschlechtsspezifische Lohnunterschiede zwischen Männern und Frauen verringern und menschenwürdige Beschäftigungsmöglichkeiten für Arbeitnehmern schaffen.

Verarbeitungstechniken und -kapazitäten entwickeln, um die Haltbarkeit von Fischprodukten zu verlängern und einen besseren Zugang zu Fisch zu ermöglichen, insbesondere für Kinder und ihre Mütter.

Tsegaye Gatiso, Eike Luedeling und Jan Börner

3.4 (Agro-)forstwirtschaft

Wälder bieten einen direkten und indirekten Nutzen für Menschen weltweit (Angelsen et al., 2014; Paumgarten, 2005). Vor allem in Afrika, wo die Mehrheit der Bevölkerung (59 Prozent) in ländlichen Gebieten lebt (World Bank, 2020d), beziehen die Menschen einen erheblichen Teil ihrer Lebensgrundlage direkt aus den Wäldern. In neun afrikanischen Ländern machen nach Daten des Poverty and Environment Networks (PEN)[22] Produkte und Dienstleistungen des Waldes und der Umwelt mehr als 40 Prozent des jährlichen Gesamteinkommens bestimmter ländlicher Haushalte aus. Damit sind Wälder nach Ackerbau die zweitwichtigste Einkommensquelle der Haushalte der untersuchten Bevölkerungsgruppe (Abbildung 13). Aus den Fallstudien geht ferner hervor, dass einige afrikanische Gemeinschaften mehr als 30 Prozent ihres jährlichen Haushaltseinkommens aus der direkten Waldnutzung beziehen (Appiah et al., 2009; Babulo et al., 2008; Gatiso und Wossen, 2015; Tieguhong und Nkamgnia, 2012). Wälder tragen zum Lebensunterhalt in Afrika bei, indem sie es lokalen Gemeinschaften ermöglichen, ihre Grundbedürfnisse in Bezug auf Holz, Fasern, Brennholz, Heilpflanzen und Wildnahrung in Form von Wildfrüchten, Gemüse und Fleisch zu decken. Letztere sind vor allem für ärmere Haushalte die Hauptnahrungs- und Proteinquelle und spielen eine entscheidende Rolle bei der Verbesserung der Ernährungsqualität. Ländliche Haushalte in Westafrika beziehen zum Beispiel zwischen 20 und 90 Prozent des tierischen Proteins aus Buschfleisch (ACET, 2014).

In ländlichen Gebieten nutzen afrikanische Haushalte die Ressourcen des Waldes nicht nur für ihren Eigenbedarf, sondern auch als Einkommensquelle (Endamana et al., 2016). Dadurch tragen sie zur Ernährungssicherung, Bildung und Gesundheit bei, indem die damit verbundenen Haushaltsausgaben gedeckt werden (Lowore, 2020). Wälder spielen für arme Haushalte auch eine entscheidende Rolle als Absicherung in Zeiten von Schocks wie bei Ernteausfällen, Krankheiten, natürlichen und vom Menschen verursachten Katastrophen und dem Klimawandel. Diese Schocks schaffen Einkommenslücken, die ländliche

---

22 Der PEN-Datensatz deckt ausgewählte ländliche Gebiete in Burkina Faso, Kamerun, der Demokratischen Republik Kongo, Äthiopien, Ghana, Malawi, Senegal, Uganda und Sambia ab: https://www2.cifor.org/pen/

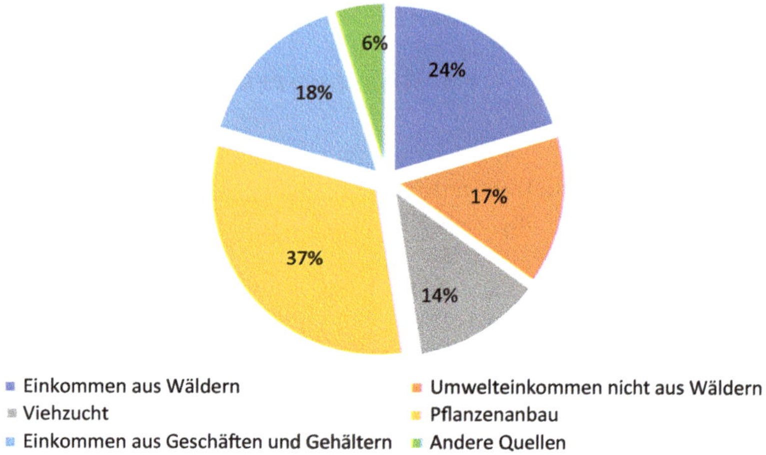

Abbildung 3.4.1: Anteile am jährlichen Haushaltseinkommen afrikanischer Haushalte

n=12585

Quelle: PEN (2016)

Haushalte vorübergehend überwinden können, indem sie auf die Ressourcen des Waldes zurückgreifen (Wunder et al., 2014).

Wälder bieten auch indirekte Vorteile für afrikanische Haushalte, da sie CO_2 speichern und somit die Auswirkungen der globalen Erwärmung und des Klimawandels reduzieren (Bernal et al., 2018). Wälder schützen Wassereinzugsgebiete und bieten Erosions- und Hochwasserschutz sowie Lebensraum für endemische Arten (Kaiser und Roumasset, 2002). Darüber hinaus liefern Wälder wesentliche Ökosystemleistungen, die für eine nachhaltige Lebensmittelproduktion erforderlich sind, indem sie Wasser- und Nährstoffkreisläufe regulieren (Reed et al., 2017; Watson et al., 2018).

Herausforderungen für den afrikanischen Forstsektor

Aufgrund von Entwaldung stehen die Waldressourcen in Afrika unter erheblichem Druck, wodurch die Lebensgrundlage der vom Wald abhängigen Bevölkerung gefährdet wird. Aleman et al. (2018) schätzten, dass seit 1900 die tropische Region Afrikas 27 Prozent seiner Wälder verloren hat, mit Spitzenwerten von 83–93 Prozent in ost- und westafrikanischen Ländern. Der afrikanische Forstsektor steht vor einer Vielzahl von Herausforderungen. Erstens setzt die hohe

Abhängigkeit der städtischen und ländlichen Haushalte von Waldprodukten, insbesondere von Brennholz, die Wälder unter erheblichen Druck (Fisher, 2010; Chirwa und Adeyemi, 2020). Zweitens erhöht Bevölkerungswachstum in Verbindung mit geringer landwirtschaftlicher Produktivität in Afrika den Druck auf die Wälder, wenn sich Acker- und Weideland in natürliche Waldgebiete ausdehnt (Curtis et al., 2018; Fisher, 2010). Drittens führt die hohe Nachfrage nach Holzprodukten in Afrika und weltweit (insbesondere aus China) zur Schädigung der Wälder durch nicht nachhaltige und oft illegale Abholzungsmethoden (Lukumbuzya und Sianga, 2017). Afrikas fieberhafter Entwicklungsschub durch ausländische Direktinvestitionen zur Ressourcengewinnung und zum Ausbau der Infrastruktur beschleunigt tendenziell die Entwaldung und Schädigung der Wälder in vielen afrikanischen Regionen (Assa, 2018). Außerdem mangelt es afrikanischen Waldbesitzern und relevanten Politikbereichen oft an Managementkapazitäten, Ausbildung und Ressourcen, um wirksam auf diesen Druck reagieren zu können (Atyi, 2018; Connolly, 2006).

Die Schädigung der Wälder beeinträchtigt die Ernährungssicherung der vom Wald abhängigen Haushalte sowohl direkt als auch indirekt. Einerseits wirkt sie sich direkt auf die Ernährungssicherung aus, indem sie Wildnahrung und das forstbasierte Einkommen der Haushalte verringert. Andererseits wirkt sie sich indirekt auf die Ernährungssicherung aus, indem sie den Zeitaufwand für das Sammeln von Waldprodukten erhöht, was die Verfügbarkeit von Arbeitskräften für die landwirtschaftliche Produktion (Sola et al., 2016) sowie die Zeit für Bildung (Levison et al., 2016) und Kinderbetreuung verringert. In Afrika ist für rund 53 Prozent der ländlichen Haushalte Holz die Hauptenergiequelle zum Kochen (Jin, et al., 2017). In einer Fallstudie in Uganda wurde beispielsweise festgestellt, dass die Menschen vier bis sechs Stunden pro Tag damit verbringen, 8 bis 12 km weite Strecken zurückzulegen, um Brennholz zu sammeln (Agea et al., 2010). Dennoch gibt es nur wenige empirische Untersuchungen, die den Zielkonflikt zwischen dem Sammeln von Waldprodukten und der landwirtschaftlichen Produktion rigoros untersuchen (Sola et al., 2016).

Die Verbesserung des Beitrags afrikanischer Wälder zur Ernährungssicherung

Investitionen und Innovationen im Forstsektor müssen kohärent mit Interventionen in anderen Sektoren abgestimmt werden, um die Ernährungssicherung wirksam zu verbessern und den Verlust und die Zerstörung der afrikanischen Wälder zu verringern.

Es liegt auf der Hand, dass in der Landwirtschaft produktivitätssteigernde Technologien den Druck auf die Waldressourcen verringern und die Fähigkeit landwirtschaftlicher Haushalte, ihre Grundbedürfnisse zu decken, verbessern können. Ersteres hängt jedoch von öffentlichen Investitionen ab, die sowohl die Effektivität der Waldbewirtschaftung als auch die Umsetzung von Naturschutzprogrammen erhöhen und damit die soziale Absicherung der benachteiligten und vom Wald abhängigen ländlichen Bevölkerung gewährleisten.

Auch von zielgerichteten Investitionen in alternative Energiequellen und deren effizienteren Nutzen sind positive Ergebnisse für die Bevölkerung und die natürlichen Ressourcen zu erwarten. Zum Beispiel wurden die Kosten für die Förderung verbesserter Kochöfen auf 0,17 bis 3,2 EUR pro Haushalt geschätzt (Jeuland und Pattanayak, 2012). Gezielte Wiederaufforstungsbemühungen, einschließlich der Agroforstwirtschaft (siehe unten), können das Angebot an Rohstoffen zur Substitution kritischer Waldprodukte (z.B. Brennholz) erhöhen und Nutzungskonflikte mit Ackerbau und Viehzucht minimieren.

In vielen lokalen Kontexten könnte der Übergang vom traditionellen „fence-and-fine" („Einzäunen-und-Bestrafen") Umweltschutz zu kollektiven Bewirtschaftungsmethoden der natürlichen Ressourcen den Wert der Wälder für Mensch und Umwelt erhöhen und Zielkonflikte zwischen Armutsminderung und Umweltschutz reduzieren (Persha et al., 2011). Ein gemeinschaftsbasiertes Ressourcenmanagement hat mehrere potenzielle Vorteile. Zum Beispiel kann es die Kosten der öffentlichen Waldbewirtschaftung senken und eine nachhaltigere Nutzung der Waldressourcen fördern, da mehr Waldnutzungs- und Zugangsrechte auf die Gemeindeebene übertragen werden. Der Aufbau einer systematischen Wissensbasis dafür, was beim Schutz der afrikanischen Wälder funktioniert und was nicht, ist derzeit noch eine große wissenschaftliche Herausforderung (Börner et al., 2020). Nicht zuletzt sollten Regierungen die Entwaldung und ihre negativen Auswirkungen auf die Ernährungssicherung verringern, indem sie die Umsetzung verschiedener politischer Methoden in Erwägung ziehen, die die Stärkung der Rechtsdurchsetzung im Forstsektor und die Einführung marktbasierter Instrumente (z.B. Zahlungen für Ökosystemleistungen) kombinieren (Busch und Ferretti-Gallon, 2017). Eine kürzlich durchgeführte Evaluierung einer Initiative zum Waldschutz in Uganda schätzte, dass der Nutzen von Zahlungen für den Waldschutz die Kosten um einen Faktor von bis zu 2,4 übersteigen kann (Jayachandran et al., 2017).

Agroforstwirtschaft: Das Beste aus zwei Welten?

Ein wichtiger Bestandteil der Strategien zum Schutz der Wälder kann die Schaffung alternativer Quellen für häufig verwendete Waldprodukte sein. Viele Produkte und Dienstleistungen von Ökosystemen, die traditionell aus natürlichen Wäldern stammen, können auch auf landwirtschaftlichen Flächen erzeugt werden. Die Agroforstwirtschaft integriert Tierhaltung oder die Produktion von Feldfrüchten mit kultivierten oder natürlich vorkommenden Bäumen oder Sträuchern mit dem Ziel, Synergien zwischen mehrjährigen und einjährigen Anbausystemen zu erzielen (Nair, 1993). Es gibt zahlreiche Beispiele, bei denen Agroforstwirtschaft nicht nur den Druck auf die Wälder verringert, sondern auch beträchtliche Vorteile für die LandwirtInnen geschaffen hat (Abbildung 14). Die Einführung von „Düngerbäumen", wie *Faidherbia albida*, kann die Pflanzenproduktion ankurbeln (Garrity et al., 2010), Futterstauden können als wertvolle Proteinquelle für das Vieh dienen (Vandermeulen et al., 2018), und mehrschichtige Hausgärten können die Ernährungsbedürfnisse von Haushalten mit knappen Kassen decken (Whitney et al., 2017). Wo Holz und Brennholz auf hofeigenen Anbauflächen produziert werden kann (Toth et al., 2019), können Waldressourcen geschont und in vielen Fällen die Arbeitsbelastung der LandwirtInnen verringert werden.

Abbildung 3.4.2: Agroforstwirtschaftliche Systeme in Afrika

Anmerkungen: a) Akazien und Obstbäume auf einem Getreidefeld in Äthiopien; b) Obst- und verschiedene andere Bäume um ein Gehöft in West-Kenia; c) Akazien auf einem abgeernteten Getreidefeld in Äthiopien; d) Obstbäume aus gemäßigtem Klima auf einem Bauernhof im kenianischen Hochland; e) Hausgarten in Ruanda; f) Baumschule in Ruanda für Arten, die in der Agroforstwirtschaft verwendet werden.

Neben der direkten Bereitstellung bestimmter Forstprodukte können Bäume in landwirtschaftlichen Betrieben zusätzliche Ökosystemleistungen erbringen, wie z.B. die Regulierung von Nährstoff- und Wasserkreisläufen, als Lebensraum für wildlebende Arten, zum Bodenschutz und der Bestäubung und als Schädlingsbekämpfung (Kuyah et al., 2017). In einer kürzlich erschienenen Meta-Analyse über die von der Agroforstwirtschaft in Subsahara-Afrika erbrachten Ökosystemleistungen fassen Kuyah et al. (2019) die Ergebnisse von 126 begutachteten Studien zusammen. In den meisten Fällen, auf die sich ihre Überprüfung bezog, erzielten Agroforstsysteme höhere Ernteerträge und waren beim Thema Bodenfruchtbarkeit, Erosionskontrolle und Wasserregulierung wirksamer als Anbausysteme ohne Bäume. In Bezug auf die Eindämmung des Klimawandels wurde gezeigt, dass Agroforstsysteme wesentlich mehr Kohlenstoff speichern als Anbausysteme ohne Bäume (Luedeling et al., 2011; Montagnini und Nair, 2004). Der Effekt der Agroforstwirtschaft wird überall dort erheblich verstärkt, wo Bäume auf landwirtschaftlichen Betrieben zur Erhaltung natürlicher Wälder beitragen. Die Forschung hat auch unterstrichen, dass Agroforstsysteme die Anpassung an den Klimawandel unterstützen, z.B. durch die Verringerung der Windgeschwindigkeit und der Evapotranspiration auf den Feldern, durch die Diversifizierung der Einkommensquellen der LandwirtInnen, die es ihnen ermöglichen, Ersparnisse anzulegen, und durch die Verringerung der Auswirkungen extremer Wetterereignisse wie Starkregen oder Dürren (Thorlakson und Neufeldt, 2012).

Da die Verwendung von Bäumen in Agrarsystemen potenzielle Vorteile für die Ernährungssicherung und die Minderung und Anpassung an den Klimawandel mit sich bringt (Mbow et al., 2014), wurde die Agroforstwirtschaft als ein potenzielles „Triple-Win"-System bezeichnet (Bryan et al., 2013). Dieses Potenzial wurde kürzlich im Special Report on Climate Change and Land im Auftrag des Intergovernmental Panel on Climate Change (IPCC) hervorgehoben, der die Agroforstwirtschaft als eine der vielversprechendsten landgestützten Optionen zur Bekämpfung sowohl des Klimawandels als auch der Bodendegradation hervorhob (Shukla et al., 2019). Auf globaler Ebene fanden die Autoren des IPCC heraus, dass die Agroforstwirtschaft das Potenzial hat, mehr als 3 Gt CO_2-Äquiv. pro Jahr zu binden, mehr als 25 Millionen Menschen bei der Anpassung an den Klimawandel zu unterstützen, die Wüstenbildung und Bodendegradation auf einer Fläche von mehr als 3 Millionen km^2 zu bekämpfen und die Ernährungssicherung von 100 Millionen Menschen zu verbessern. Im Vergleich zu anderen Landnutzungsoptionen wurden die Kosten für das Erreichen von Klima- und Naturschutzzielen mit Agroforstwirtschaft als relativ gering eingeschätzt.

Zwar kann die Agroforstwirtschaft in vielen Bereichen Vorteile bringen, aber nicht jede Kombination von Bäumen und Nutzpflanzen oder Vieh wird an jedem Standort gewinnbringend sein (Coe et al., 2014). Eine der entscheidenden wissenschaftlichen Herausforderungen der Agroforstwirtschaft ist daher die Identifizierung von funktionierenden Kombinationen aus Bäumen, Feldfrüchten und Nutztieren und die Gestaltung lokal angepasster Optionen. Diese Herausforderung ist beträchtlich, da eine robuste empirische Prüfung von Systemen der Agroforstwirtschaft ein zeitaufwändiges und ressourcenintensives Unterfangen ist. Die Entwicklung zuverlässiger Modelle zur Vorhersage der Leistung von Systemen der Agroforstwirtschaft in neuen Umgebungen wird durch die Notwendigkeit, die komplexen Wechselwirkungen zwischen Bäumen und Nutzpflanzen (oder Tieren) über und unter der Erde zu erfassen, weiter erschwert (Luedeling et al., 2016). Eine genaue quantitative Beschreibung dieser Wechselwirkungen erforderte die Analyse einer großen Menge an Daten und die daraus resultierenden Modelle sind oft nicht besonders zuverlässig. Es bleibt daher schwer vorherzusagen, welche Optionen der Agroforstwirtschaft wo und für wen funktionieren werden, was die Verbreitung erheblich erschwert. Die geringen Investitionen in die Forschung an Agroforstwirtschaftssystemen, verglichen mit der Forschung an reinen Nutzpflanzen- oder Viehzuchtsystemen, trägt zum Fortbestehen kritischer Wissenslücken bei.

Hindernisse für die Ausweitung der Agroforstwirtschaft

Trotz des hohen Potenzials der Agroforstwirtschaft, die Lebensgrundlage der ländlichen Bevölkerung wesentlich zu verbessern, blieb bisher deren Annahme durch LandwirtInnen meist hinter den Erwartungen zurück. Hindernisse für die Ausweitung der Agroforstwirtschaft können mit den Merkmalen der Innovation selbst, der Zielbevölkerung und dem institutionellen Rahmen zusammenhängen (Tabelle 3.4.1).

Im Vergleich zu einfacheren Interventionen, wie z.B. neuen Nutzpflanzensorten, sind Innovationen der Agroforstwirtschaft relativ komplex und erfordern die Bewirtschaftung und Interaktion von mindestens zwei Arten. Statt sofortige Erträge zu erzielen, erwirtschaftet die Agroforstwirtschaft in den meisten Fällen erst nach mehreren Jahren Gewinne, wenn die Bäume gereift sind. Dies ist besonders problematisch, wenn die Etablierung solcher Praktiken Anfangsinvestitionen in Form von Kapital, Arbeit oder Land erfordert, die andernfalls für die Produktion einjähriger Nutzpflanzen verwendet werden könnten (Do et al., 2020). Eine große Schwierigkeit für LandwirtInnen besteht darin, dass viele Innovationen nicht einfach getestet werden können. So kann

Tabelle 3.4.1: Hindernisse für die Ausweitung der Agroforstwirtschaft

Merkmale von		
Interventionen in der Agroforstwirtschaft	**Zielgruppen**	**Institutioneller Rahmen**
• Komplex • Lange Vorlaufzeit, bevor Gewinne anfallen • Erfordern oft hohe Anfangsinvestitionen (Kapital, Land, Arbeit) • Schwer zu testen	• Konservativ (skeptisch gegenüber Neuerungen) • Risikoscheu • Beschränkte Ressourcen • hohe Zeitpräferenz (Unwille oder Unfähigkeit,aufzukünftige Gewinne zu warten)	• Institutionelle Kluft zwischen Agrar- und Forstwirtschaft • Die Agroforstwirtschaft ist in Regierung, Forschung und Bildung nicht angemessen vertreten • Ungesicherte Grundbesitzverhältnisse • Bestimmungen für den Besitz oder die Nutzung von Bäumen

z.B. ein neuer Düngertyp ein Jahr lang ausgebracht und schnell wieder aufgegeben werden, wenn die Ergebnisse nicht zufriedenstellend sind. Aber zu experimentieren, um zu entscheiden, ob eine Innovation mit mehrjährigen Pflanzen letztendlich Vorteile bringt, erfordert von den LandwirtInnen einen viel größeren Aufwand, in den viele möglicherweise nicht bereit sind zu investieren. Solche Anstrengungen sind jedoch notwendig, weil es oft unklar ist, ob eine bestimmte Intervention der Agroforstwirtschaft den LandwirtInnen tatsächlich zugutekommt, wenn man ihre spezifischen Einschränkungen hinsichtlich Arbeit, Kapital, Marktzugang usw. berücksichtigt.

Die Merkmale der Zielgruppen beeinflussen auch die Wahrscheinlichkeit, dass bestimmte Praktiken angenommen werden. Im Idealfall müssen die LandwirtInnen offen für Experimente mit neuen Praktiken sein. LandwirtInnen mit eingeschränkten finanziellen Möglichkeiten und ohne Zugang zu Krediten können es sich aber unter Umständen nicht leisten, über mehrere Jahre hinweg Land aus ihrem traditionellen Anbausystem zu nehmen, um Bäume anzupflanzen, auch wenn sie letztendlich Gewinne erzielen werden. Ebenso können komplexe Interventionen der Agroforstwirtschaft scheitern, wenn es den LandwirtInnen an Managementfähigkeiten mangelt und sie keinen Zugang zu Programmen haben, die ihre Kapazitäten in diesem Bereich ausbauen könnten.

In vielen ländlichen Gebieten Afrikas stellen institutionelle Faktoren große Hindernisse für die Anwendung der Agroforstwirtschaft dar (Simelton et al.,

2017). Häufig sind Verwaltung und rechtliche Rahmenbedingungen sowie Forschungs- und Beratungsdienste für die Land- und Forstwirtschaft getrennt organisiert, mit wenig oder keiner Interaktion und widersprüchlichen Zielen. Da Agroforstsysteme zwischen diesen beiden Sektoren angesiedelt sind, erhalten sie von beiden Seiten oft keine angemessene Unterstützung. Länder wie Malawi, Ruanda oder Kenia sind dieses Problem in jüngster Zeit durch die Entwicklung spezifischer Politikmaßnahmen für die Agroforstwirtschaft angegangen.

Ungesicherte Grundbesitzverhältnisse sind ein weiteres großes Hindernis für die Einführung der Agroforstwirtschaft (Unruh, 2008). Millionen afrikanische LandwirtInnen haben keine gesicherten Eigentumsrechte für ihr Land, was die Attraktivität langfristiger Investitionen in die Agroforstwirtschaft einschränkt. Die Agroforstwirtschaft steht besonders dort vor Herausforderungen, wo Regierungen spezifische Regeln zur Regulierung des Baumbesitzes eingeführt haben (Fortman, 1985). Vor allem in Regionen, in denen Bäume knapp sind, ist das Fällen von Bäumen oft verboten, oder die LandwirtInnen sehen sich anderen Einschränkungen der Baumnutzung gegenüber, selbst wenn diese Bäume auf ihrem eigenen Land wachsen. Solche Regeln schrecken ab, Bäume in landwirtschaftliche Systeme aufzunehmen. Weitere institutionelle Beschränkungen betreffen den Zugang der LandwirtInnen zu hochwertigen Baumsamen und Setzlingen (Lillesø et al., 2018) sowie in vielen Fällen den Zugang zu relevanten Märkten für Betriebsmittel und Erzeugnisse von neuartigen Systemen der Agroforstwirtschaft.

Vorrangige Aktionsbereiche für den Ausbau der Agroforstwirtschaft

Da ein günstiges institutionelles Umfeld für die Einführung und Ausweitung der Agroforstwirtschaft entscheidend ist, müssen afrikanische Regierungen, die an der Förderung der Agroforstwirtschaft interessiert sind, ihre Landnutzungsregelungen und -vorschriften hinsichtlich ihrer Verträglichkeit mit der Agroforstwirtschaft prüfen. Dies kann die Einrichtung abteilungsübergreifender Arbeitsgruppen erfordern, um sicherzustellen, dass die Politik Agroforstwirtschaft unterstützt und nicht behindert (Bartlett, 2020). Institutionelle Hindernisse für die Einführung der Agroforstwirtschaft, die möglicherweise auf Regierungsebene angegangen werden müssen, sind ungesicherte Grundbesitzverhältnisse, Einschränkungen bei der Nutzung von Bäumen auf dem eigenen Grundstück landwirtschaftlicher Betriebe und andere Vorschriften, die der Agroforstwirtschaft im Wege stehen. Der Investitionsbedarf zur Schaffung eines günstigen institutionellen Umfelds ist gering, wenn solche Initiativen von innen heraus von Regierungen initiiert und vorangetrieben werden. Bemühungen externer Akteure, institutionelle Barrieren zu überwinden, waren häufiger erfolglos. Deshalb müssen möglicherweise neue Wege zur Mobilisierung politischer Unterstützung gefunden werden.

Regierungen, internationale Organisationen und die Entwicklungszusammenarbeit können ebenfalls eine Rolle beim Aufbau und bei der Stärkung der Kapazitäten von LandwirtInnen und WissenschaftlerInnen spielen, um Optionen der Agroforstwirtschaft zu entwickeln, umzusetzen, zu bewerten und zu verfeinern. Aufgrund der Heterogenität der landwirtschaftlichen Flächen Afrikas und der unterschiedlichen Merkmale und Anforderungen der Anbaumethoden erfordert die Ausweitung der Agroforstwirtschaft eine kontinuierliche Evaluierung dessen, was funktioniert und was nicht, um die Entwicklung kreativer Lösungen zu beeinflussen (Bartlett, 2019). Eine stärkere Beobachtung der Wirkungsmechanismen und die daraus resultierenden Lehren werden eine größere Gemeinschaft erfordern, als sie derzeit besteht. Eine solche Gemeinschaft könnte durch die feste Verankerung der Agroforstwirtschaft in den Lehrplänen der Agraruniversitäten sowie durch die Gestaltung von auf die Agroforstwirtschaft ausgerichteten Ausbildungs- und Beratungsprogrammen für LandwirtInnen gefördert werden. Die Saat für solche kapazitätsstärkenden Initiativen könnte durch die Einrichtung geeigneter Lehrpläne an ausgewählten Universitäten gesät werden, was bescheidene Investitionen erfordern würde oder sogar ohne externe Unterstützung geschehen könnte. Wenn solche Programme von anderen als erfolgreich empfunden und möglicherweise weiterhin durch Startkapital unterstützt werden, könnte eine breite Übernahme in anderen Hochschuleinrichtungen folgen. Millionen von LandwirtInnen mit geeigneten Ausbildungsprogrammen direkt zu erreichen, würde dagegen große Anstrengungen erfordern, die angesichts der geringen Kapazität vieler nationaler Beratungssysteme möglicherweise von nichtstaatlichen Entwicklungsorganisationen übernommen werden müssen.

Trotz jahrzehntelanger Forschung im Bereich der Agroforstwirtschaft mangelt es immer noch an zuverlässigen Instrumenten, um die Auswirkungen der Einführung einer bestimmten Praxis auf die Umgebung und die ländliche Haushalte vorherzusagen (Bartlett, 2019). Während einige prozessbasierte Modelle vorgeschlagen wurden (Luedeling et al., 2014; Smethurst et al., 2017; Van Noordwijk und Lusiana, 1999), hatten die Modellierungsbemühungen mit der Systemkomplexität zu kämpfen und beschränkten sich in der Regel darauf, die biophysikalischen Dimensionen ausgewählter Kombinationen von Feldfrüchten und Bäumen zu erfassen. Diese Beschränkung bleibt ein wesentliches

Hindernis für die vorausschauende Abschätzung der Folgen, denn ob eine bestimmte Praxis der Agrofortwirtschaft für einen bestimmten Haushalt gut funktioniert, hängt oft stark von der Verfügbarkeit von Arbeitskräften und dem Zugang zu Märkten, Kreditinformationen und Betriebsmitteln ab. Die Praktiken müssen mit den lokalen Bräuchen und Traditionen vereinbar sein und wirtschaftliche Gewinne sowie andere wertvolle Ergebnisse erzielen. Ob eine Technologie in dieser Hinsicht vielversprechend ist, kann von speziellen lokalen Gegebenheiten abhängen, für deren Berücksichtigung die derzeitigen Instrumente zur Abschätzung der Folgen oft zu grob sind. Verbesserte Methoden zur Vorhersage der Auswirkungen der Agroforstwirtschaft, bei denen Inputs und differenziertes Expertenwissen von LandwirtInnen in Betracht gezogen werden (Dumont et al., 2019), werden in der Entwicklungszusammenarbeit dringend benötigt (Lüdeling und Shepherd, 2016). Bemühungen zur Entwicklung solcher Methoden sind im Gange, z.B. bei World Agroforestry oder im Rahmen des WLE (Water, Land and Ecosystem) Programms der Consultative Group on International Agricultural Research (CGIAR). Eine beträchtliche Investition (etwa 10 Millionen Euro) ist nötig, um die Entwicklung und Verfeinerung von Methoden voranzubringen, die glaubwürdig Entscheidungen über die Einführung der Agroforstwirtschaft in komplexen Umgebungen unterstützen können, wobei anerkannt wird, dass solche Entscheidungen mehrere, oft konkurrierende Ziele im Auge behalten müssen und unter erheblichen Risiken und Unsicherheiten getroffen werden.

Ein großer Teil des potenziellen Nutzens der Einführung von Bäumen in landwirtschaftliche Systeme bleibt momentan ungenutzt Großteil der bisherigen Literatur bezüglich Agroforstwirtschaft dreht sich um relativ einfache Kombinationen von Getreiden mit Bäumen, die als Nutz- oder Brennholz angebaut werden, oder um die Verbesserung der Produktion von Grundnahrungsmitteln (Coe et al., 2014). Zwar tragen solche Leistungen zur direkten Deckung des Grundbedarfs der Haushalte bei, doch scheint es unwahrscheinlich, dass solche Systeme aus wirtschaftlicher Sicht das Beste sind, was die Agroforstwirtschaft zu bieten hat. Dort, wo geeignete Output-Märkte existieren oder eingerichtet werden können, verspricht die Einbeziehung von Obstbäumen, Gemüse, Kräutern oder anderen hochwertigen Produkten wesentlich höhere Erträge als traditionelle, geringwertige Produkte. Vor allem für LandwirtInnen, deren Land begrenzt ist, kann der Übergang zu höherwertigen Produkten eine Voraussetzung dafür sein, der Armutsfalle aufgrund schrumpfender Betriebsgrößen zu entkommen, mit denen viele afrikanische LandwirtInnen konfrontiert sind. Die Entwicklung hochwertiger Optionen der Agroforstwirtschaft, die für KleinerzeugerInnen geeignet sind, erfordert gemeinsame

Forschungsanstrengungen, an denen nicht nur Förster und im Bereich der Grundnahrungsmittel arbeitende Agrarwissenschaftler beteiligt sein sollten, sondern auch GartenbauwissenschaftlerInnen, die ihre Erfahrungen aus mehrschichtigen Haushaltsgärten einbringen können, in denen die LandwirtInnen seit langem mit einer breiten Palette von Kombinationen aus Bäumen und Feldfrüchten experimentieren. Systematische Bemühungen, solche innovativen Systeme zu finden und zu entwickeln, können erhebliche Investitionen in stationäre Experimente oder große koordinierte Versuche in landwirtschaftlichen Betrieben erfordern. Den LandwirtInnen könnten Anreize geboten werden, an solchen Versuchen teilzunehmen oder sogar eigene Experimente durchzuführen. Die daraus gewonnenen Erfahrungen könnten sowohl untereinander als auch mit Forschungs- und Entwicklungsorganisationen ausgetauscht werden. Ein integrativer Ansatz würde die Akzeptanz stärken und den Fortschritt beschleunigen. Solche groß angelegten Experimente in der Agroforstwirtschaft könnten zu Beginn Dutzende bis Hunderte von Millionen Euro erfordern, aber sie hätten eine faire Chance, die kleinbäuerliche Landwirtschaft widerstandsfähiger zu machen und die Lebensgrundlagen der afrikanischen LandwirtInnen zu stärken.

Prioritäten für Investitionen und politische Maßnahmen

- **Die Abstimmung sektoraler Politikmaßnahmen in Bezug auf die forst- und landwirtschaftliche Bodennutzung erleichtern**, um die Agroforstwirtschaft und anreizbasierten Umweltschutz zu fördern.
- **Die Effizienz der forstwirtschaftlichen Nutzung von Biomasse verbessern**, insbesondere zur Energiegewinnung, und **alternative saubere Energiequellen** für vom Wald abhängige ländliche Haushalte fördern.
- Hochfrequenz- und Hochauflösungsüberwachung des Baumbestandes und des Wechsels von Wildtieren ausweiten (einschließlich digitaler kommunaler Ansätze).
- **Kapazitäten zur Verbesserung der Wirksamkeit von Regelungen zur Land- und Waldnutzung aufbauen**, einschließlich sozialer Schutzmaßnahmen für benachteiligte ländliche Haushalte mit traditionellen Grundbesitzverhältnissen.
- Die Entwicklung wissenschaftsbasierter Instrumente zur **Bewertung potenzieller wirtschaftlicher, sozialer und ökologischer Auswirkungen der Einführung von innovativer Agroforstwirtschaft** unterstützen.

Teil 4: Systemische Investitionen für Nachhaltigkeit

Landwirtschaftliche Entwicklung braucht nicht nur spezifische Investitionen, etwa in Feldfrüchte, Tierproduktion und Verarbeitung, sondern auch Investitionen in das landwirtschaftliche System. Systeminvestitionen schaffen Synergien und Größenvorteile im gesamten Sektor.

In Kapitel 4 werden spezifische Fertigkeiten diskutiert, die zur Steigerung der Produktivität in den verschiedenen Teilsektoren, darunter Land- und Forstwirtschaft, Viehzucht und Fischerei, erforderlich sind. In diesem Kapitel wird auf die umfassenderen institutionellen Dimensionen der Entwicklung von Fertigkeiten eingegangen, wobei der Schwerpunkt auf der Stärkung der beruflichen Bildung und der landwirtschaftlichen Beratungsdienste liegt. Die Entwicklung von Fertigkeiten wird zusammen mit anderen Maßnahmen ebenfalls von wesentlicher Bedeutung sein, um die **Jugend** in die Produktion von Lebensmitteln einzubinden und ihnen dadurch Zugang zu einträglichen Einkommens- und Beschäftigungsmöglichkeiten zu verschaffen.

Um die Jugend und die landwirtschaftlichen Akteure im Allgemeinen zu unterstützen, werden in diesem Kapitel vier zusätzliche Bereiche für systemische Investitionen und politische Maßnahmen erörtert: (1) wie die **Digitalisierung** eine bedeutendere Rolle bei der Transformation landwirtschaftlicher Wertschöpfungsketten spielen und dadurch die Kapazitäten auf der Angebotsseite erhöhen könnte, (2) wie **Forschungspartnerschaften** gestärkt werden können, um Innovationen im Agrar- und Lebensmittelsektor anzuregen und zu skalieren, (3) wie der Zugang zu **Finanzmitteln** für landwirtschaftliche ProduzentInnen und KMU verbessert werden kann, damit sie die notwendigen Investitionen zur Produktionssteigerung und Risikominderung tätigen können, und (4) wie das Potenzial innovativer netzunabhängiger **Energielösungen** genutzt werden kann, um die derzeit unterversorgten Gebiete zu erreichen.

Das letzte Kapitel befasst sich mit der Rolle gut funktionierender **Märkte**, damit Lebensmittelprodukte die afrikanischen VerbrauchererInnen tatsächlich erreichen und gleichzeitig faire Preise für ProduzentInnen und Kleinunternehmen sichergestellt werden, die es ihnen ermöglichen, ihren eigenen Lebensmittelbedarf zu decken und Einkommen und Beschäftigung zu schaffen. Dies erfordert Maßnahmen auf zwei Ebenen. Erstens müssen die Märkte die KleinerzeugerInnen und Kleinunternehmen einbeziehen, was neben anderen Maßnahmen Investitionen und politische Maßnahmen erfordert, um den Grad der Kommerzialisierung und die Wettbewerbsfähigkeit kleinerer Akteure zu erhöhen. Zweitens müssen die Wertschöpfungsketten gut funktionieren, um die Transparenz, Effizienz und Fairness zu erhöhen.

Oliver Kirui

4.1 Kompetenzentwicklung und landwirtschaftliche Beratungsdienste

Kompetenzentwicklung für Akteure in landwirtschaftlichen Wertschöpfungsketten

Der Agrarsektor beschäftigt in vielen afrikanischen Ländern die meisten Arbeitskräfte. Allerdings ist er noch nicht ausreichend professionalisiert, um sein Potenzial für Ernährungssicherung, Armutsbekämpfung und Wirtschaftswachstum voll auszuschöpfen (Rangarajan und Chitja, 2020). Zu lange war die afrikanische kleinbetriebliche Landwirtschaft durch das Fehlen verbesserter Produktionsmethoden und eine geringe Produktivität gekennzeichnet, was sie zu einem unattraktiven Sektor für Arbeitnehmer macht. Die Gestaltung von politischen Maßnahmen und Programmen, um eine bessere, stabilere und nachhaltigere Lebensmittelversorgung zu gewährleisten, ist immer komplexer geworden. Innovationen (technologischer, politischer und institutioneller Natur), die neben einem effektiven und effizienten Verbreitungs- und Beratungssystem erhöhte öffentliche und private Investitionen erfordern, sind für den Fortschritt entscheidend.

Kompetenzen und Wissen sind Schlüsselfaktoren für die landwirtschaftliche Produktivität und eine Voraussetzung für die effektive und effiziente Bewirtschaftung von Boden und Land sowie Viehzucht und Fischerei. Eine formale Berufsausbildung und die Entwicklung von Kompetenzen sind erforderlich, um KleinerzeugerInnen zu qualifizierten UnternehmerInnen auszubilden, die ihre Produktivität und ihr Einkommen steigern und ihre Betriebe als produktive und nachhaltige Wirtschaftsunternehmen führen können, um so auf den nationalen und internationalen Märkten konkurrenzfähig zu sein (Carson, 2018; Kahan, 2013; Kahan und Worth, 2015; Reardon et al., 2019). Dabei ist es wichtig, dass traditionelle landwirtschaftliche Kenntnisse und Methoden mit ihren ganz eigenen Vorzügen das heutige Wissen ergänzen können und deshalb nicht verworfen werden sollten (Briggs und Moyo, 2012; Ezeanya-Esiobu, 2019).

Die Wirkung von Ausbildung und Kompetenzentwicklung geht über die individuelle Ebene hinaus. So kann zum Beispiel im Agrar- und Lebensmittelsektor eine höhere Produktivität aufgrund größerer Produktionsmengen zu einem höheren Lebensmittelangebot und niedrigeren Preisen führen (SDC,

2019). Darüber hinaus können Ausbildung und Kompetenzentwicklung zu einer besseren Handhabung nach der Ernte, zu einer verbesserten Lebensmittelqualität und weniger Abfällen sowie zu einer effizienteren Ressourcennutzung führen (SDC, 2019, 2013). Diese Verbesserungen wirken sich wiederum auf die Ernährungssicherung eines Landes aus. Zusammen mit höheren Einkommen in der Agrar- und Ernährungswirtschaft und verwandten Sektoren würde dies zu einer besseren Ernährung und langfristig zu einer noch höheren Produktivität führen (FAO et al., 2019).

Während die länderspezifischen Unterschiede in der landwirtschaftlichen Produktivität meist auf Unterschiede in der totalen Faktorproduktivität (TFP) zurückzuführen sind[23] - der Unterschied in der TFP macht **50 Prozent** des Produktivitätsunterschieds aus -, ist die Bedeutung von Kompetenzen zu groß, um ignoriert zu werden. Studien zeigen, dass insbesondere die Unterschiede in den Kompetenzen der LandwirtInnen etwa **30 Prozent** der Unterschiede in der landwirtschaftlichen Produktivität ausmachen (Cai, 2011). Andere Untersuchungen zeigen, dass kognitive, nicht-kognitive und technische Fähigkeiten bis zu **17 Prozent** der Ertragsschwankungen erklären (Laajaj und Macours, 2017). Gollin et al. (2014) zeigen, dass die Produktivitätsunterschiede kleiner werden, wenn man Unterschiede im Humankapital berücksichtigt. Ein gut entwickelter Lehrplan für die landwirtschaftliche *Berufsbildung*, der auf den aktuellen Bedürfnissen des Agrar- und Ernährungssektors basiert, kann daher der gesamten Wirtschaft Auftrieb verschaffen.

Jüngste Schätzungen der International Labour Organization (ILO) zeigen, dass etwa 44 bzw. 16 Prozent der Jugendlichen (im Alter von 15–24 Jahren) in Nordafrika und Subsahara-Afrika keine Arbeit, Bildung oder Ausbildung (NEET) haben, d.h. als „untätige" Jugendliche eingestuft werden (ILO, 2020). Es wird erwartet, dass die aktuelle COVID-19-Pandemie zu einem Anstieg dieser Zahlen führen wird. Diese Jugendliche sind nicht in der Lage, die auf dem Arbeitsmarkt benötigten Kompetenzen zu entwickeln, was ihre zukünftigen Beschäftigungsaussichten verringert und die Länder daran hindert, ein nachhaltiges Wirtschaftswachstum zu erreichen (IAO, 2019; O'Higgins, 2017; World Bank et al., 2017). Darüber hinaus zeigen die Statistiken, dass eine überwältigende Mehrheit (95 Prozent) der in 2016 in Subsahara-Afrika beschäftigten Jugendlichen aufgrund mangelnder Chancen in der Wirtschaft im informellen Sektor arbeitete (IAO, 2020). Informelle Tätigkeiten (wie Tätigkeiten in

23 Das TFP-Wachstum misst den Beitrag der Innovation zum Gesamtwachstum: TFP steigt, wenn aus einer konstanten Menge von Inputs mehr Output produziert wird.

familiären Betrieben) machen die Beschäftigten auf Grund des unsicheren Einkommens und einem begrenzten Sozialversicherungsschutz verwundbarer (Elder und Kring, 2016). Um mit der wachsenden Bevölkerung im erwerbsfähigen Alter Schritt zu halten, benötigt Afrika jährlich etwa 18–22 Millionen neue Arbeitsplätze (Africa Growth Initiative, 2019; ILO, 2019; IMF, 2020).

Der öffentliche Sektor bietet in ganz Afrika keine angemessene berufliche Bildung. Die landwirtschaftliche Berufsbildung ist in den Ländern, in denen sie am meisten benötigt wird, sogar noch schlechter (Eicker et al., 2017). Es gibt immer noch viel zu wenig Ausbildungsmöglichkeiten für junge Menschen. Die Berufsbildungseinrichtungen in vielen afrikanischen Ländern wurden viele Jahre lang vernachlässigt und wurden nur unzureichend mit physischen, personellen und finanziellen Ressourcen ausgestattet (Eicker et al., 2017). In Ländern, in denen ein gewisses Ausbildungsangebot vorhanden ist, fehlt es oft an praktischer Relevanz für die Ansprüche des Arbeitsmarktes. Außerdem entspricht die Ausbildung nicht den Bedürfnissen des Privatsektors und konzentriert sich hauptsächlich auf technische Fähigkeiten (hard skills) (Chong, 2014; Eicker et al., 2017; Kosec und Ragasa, 2019). Der Lehrplan vieler solcher Einrichtungen ist veraltet (Eicker et al., 2017; Janoski et al., 2014). Der niedrige soziale Status von Handwerk und Gewerben stellt eine weitere Herausforderung bei der Förderung der beruflichen Bildung dar (Chong, 2014; Ute et al., 2014). Zudem sind die Infrastruktur und Ausstattung äußerst unzureichend (Li et al., 2016). Besorgniserregend ist auch die geringe Qualität der Lehre in vielen Institutionen – die meisten Lehrer und Ausbilder verfügen nicht über die erforderliche Kombination aus akademischen Kompetenzen, technischen Qualifikationen und praktischen Erfahrungen (Eicker et al., 2017; Ismail, et al., 2018; Koobonye, 2020). Durch den Mangel an landwirtschaftlicher Berufsbildung haben die Anbieter von Beratungsdiensten diese Lücke gefüllt, wenn auch mit zumeist enttäuschenden Ergebnissen.

Kompetenzlücken und Bedarf an Ausbildungsmöglichkeiten bei verschiedenen Akteuren der landwirtschaftlichen Wertschöpfungskette

In ganz Afrika sind die meisten KleinerzeugerInnen und andere Akteure der Wertschöpfungskette schlecht ausgebildet und verfügen nicht über die Kapazität, ihre Kleinbetriebe auszuweiten (Babu et al., 2016). Obwohl die Innovation und die unternehmerischen Kapazitäten der Akteure der Agrar- und Ernährungswirtschaft zugenommen haben (Tambo, 2018; Tambo und Wünscher, 2015), ist eine große Menge an Akteuren noch nicht erreicht worden. Somit können sie die inhärente Schwäche der formalen Systeme zur Kompetenz- und Wissensvermittlung nicht übermäßig ausgleichen. Daher wird eine Reihe von Kompetenzen benötigt:

- Technische Kompetenzen auf der Produktionsebene der Wertschöpfungskette, wie Methoden der Bodenvorbereitung, der richtige Einsatz von Betriebsmitteln (Saatgut, Düngemittel) und Maschinen, Ernte- und Bodenmanagement sowie Handhabung und Lagerung nach der Ernte (Mabaya und Cramer, 2014).
- Kompetenzen in der Verarbeitung, um Rohprodukte in lagerfähige Produkte umzuwandeln, die den Nährstoffgehalt von Lebensmitteln erhalten, saisonale Verfügbarkeiten verlängern und eine breitere Verteilung von Lebensmitteln bei gleichzeitiger Reduzierung von Lebensmittelabfällen ermöglichen (IAP, 2019).
- Managementfähigkeiten, die den Akteuren der Wertschöpfungskette helfen, ihre physischen, finanziellen und personellen Kapitalressourcen effizient zu verwalten und dadurch die Produktion zu steigern. Mit den richtigen Managementfähigkeiten sind die Akteure der Wertschöpfungskette in der Lage, Chancen zu erkennen und zu nutzen, ihre Betriebsabläufe zu verbessern und schnell auf Marktveränderungen zu reagieren (Reardon et al., 2019).
- Unternehmerische Kompetenzen zur Steigerung der Rentabilität von Unternehmen (Yumkella, 2011). Diese Kompetenzen sind oft wichtig für die Teilnahme an Input- und Outputmärkten und für die Zusammenarbeit mit anderen Akteuren der Wertschöpfungskette (z. B. durch Vertragsanbau) (Rao, 2012).

Die Ausweitung von kleinen Produktionssystemen hin zu Agrarunternehmen hängt von der Steigerung sowohl der technischen als auch der unternehmerischen Kapazität ab (Yumkella, 2011).

Die Zusammenarbeit zwischen öffentlichen und privaten Organisationen und Universitäten kann LandwirtInnen und LandarbeiterInnen eine geeignete Ausbildung bieten und die ländliche Entwicklung fördern. Ein Beispiel dafür ist das Trainingsinstitut Songhai, – das mit einem dichten Netz von mehr als 40 Akteuren landwirtschaftliche Berufsbildung zunächst in Benin und mitlerweile in 15 afrikanischen Ländern anbietet. Das Ausbildungsangebot umfasst praktische und unternehmerische Lehrpläne und deckt ein breites Spektrum an Themen ab, wie Produktion, landwirtschaftliches Unternehmertum und nachhaltige landwirtschaftliche Praktiken. Neben dem Aufbau von Modellbetrieben waren die Zentren auch wegen ihres starken Informationstransfers und Lehrsystems erfolgreich, das eine große Anzahl von landwirtschaftlichen Beratern hervorbringt (McNamara et al., 2016).

Obwohl sich die meisten landwirtschaftlichen Berufsbildungsangebote in erster Linie auf die Ebene der landwirtschaftlichen Betriebe und den ersten Schritten in der Verarbeitung konzentrieren, ist ein viel breiteres Spektrum an Kompetenzen erforderlich, um den afrikanischen Agrarsektor umzugestalten. Die entsprechenden Berufe lassen sich in drei Kategorien einteilen (Abbildung 15):

1. Zu den Kernberufen gehören diejenigen, die in direktem Zusammenhang mit der landwirtschaftlichen Wertschöpfungskette stehen. Der Grad der Spezialisierung variiert, da Innovationen und die Einführung neuer Technologien hochspezialisierte und qualifizierte Arbeitskräfte über die Produktionsebene hinaus erfordern können – zum Beispiel bei der Produktion von Betriebsmitteln (Saatgut, Setzlinge, Düngemittelmischung), Verarbeitungs- und Lagerungstechnologien, Logistik und Einzelhandel.
2. **Unterstützende Berufe**, die erforderlich sind, um die Funktionsfähigkeit der Kernberufe auf verschiedenen Ebenen der landwirtschaftlichen Wertschöpfungskette zu gewährleisten - zum Beispiel Elektriker und Maschinentechniker zur Installation, Reparatur und Wartung von Landmaschinen und anderen Technologien auf der Produktions-, Verarbeitungs-, Lagerungs- und Transportebene.
3. **Sektor-übergreifende Berufe**, die erforderlich sind, um die Funktionsfähigkeit der Wertschöpfungskette als Ganzes zu gewährleisten, auch wenn sie nicht direkt mit dem Agrarsektor in Verbindung stehen – zum Beispiel Finanz-, Buchhaltungs-, Versicherungs- und Kommunikationsspezialisten.

Neben den technischen Fertigkeiten (hard skills) wird zunehmend der Wert von sozialen Kompetenzen für die Produktivität der Arbeitnehmer anerkannt. Die Entwicklung sozialer Kompetenzen (eine Mischung aus Kompetenzen, Einstellung, Verhaltensweisen, persönlichen Qualitäten und Denkweisen, die der Einzelne nutzt, um in verschiedenen Arbeits- und Lebenssituationen erfolgreich zu sein) ist eng mit der Entwicklung akademischer und technischer Kompetenzen verflochten (Ignatowski, 2017; Palmer, 2020). Lippmann et al. (2015) klassifizieren soziale Kompetenzen in fünf Gruppen: positives Selbstkonzept, Selbstkontrolle, Kommunikation, soziale Fähigkeiten und abstraktes Denken (was Problemlösung, kritisches Denken und Entscheidungsfindung einschließt). Zwar wird zunehmend davon ausgegangen, dass soziale Kompetenzen der Jugend in allen Lebensbereichen zugutekommen, doch werden sie im politischen und institutionellen Kontext, einschließlich der allgemeinen

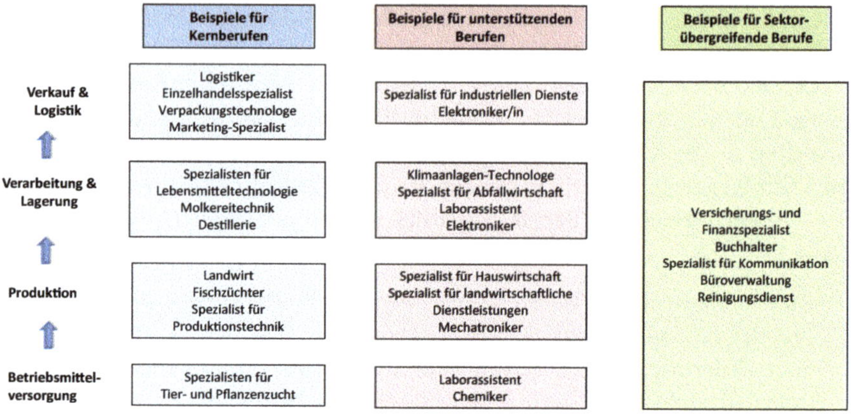

Abbildung 4.1.1: Berufe entlang der landwirtschaftlichen Wertschöpfungskette
Quelle: Kirui und Kozicka (2018)

und beruflichen Bildung und am Arbeitsplatz, nur unzureichend verstanden, nicht gut bewertet und allzu oft übersehen (Palmer, 2020).

Afrika muss das Rad nicht neu erfinden, sondern kann von Modellen lernen, die anderswo funktioniert haben – wie zum Beispiel das Duale Studium in Deutschland. Der Erfolg des dualen Studiums wird auf seine breite Qualifikationsstruktur zurückgeführt, die eine qualitativ hochwertige Bildung und gute Beschäftigungsmöglichkeiten für Jugendliche bietet, kombiniert mit einem hohen Maß an Engagement aller Beteiligten, einer gut finanzierten und ausgewogenen Struktur durch den privaten und öffentlichen Sektor sowie gut entwickelten und institutionalisierten Kapazitäten (Kirui und Kozicka, 2018).

Kosten-Nutzen-Prognosen von Fach- und Berufsausbildungen

Verschiedene Akteure (Regierungsbehörden, private Firmen, Entwicklungspartner, Nichtregierungsorganisationen und die Auszubildenden) können sich die Kosten der beruflichen Bildungen teilen. Diese beinhalten: Die Kosten für Ausbildungs- und Lehrpersonal, für Infrastruktur (wie Maschinen, Geräte, Ausbildungsräume), für Material (wie Bücher, audiovisuelle Materialien, Software), Einstellungs- und Verwaltungskosten, Löhne der Auszubildenden (wie z.B. Ausgleichszahlungen für Lebensmittel, Reisekosten oder Lebenshaltungskosten) und Kosten für unvorhergesehene Ausgaben (wie Zölle, Steuern, und die Sozialversicherung).

Die Vorteile sind vielfältig. Beispielsweise würde ein Unternehmen von Auszubildenden profitieren, die in der Lage sind, qualifizierte Aufgaben zu übernehmen, aber geringe Lohnkosten als Fachkräfte verursachen. Ebenso wären Auszubildende, die unqualifizierte Aufgaben ausführen, wahrscheinlich kostengünstiger, als ungelernter Arbeiter zu beschäftigen. Zu den weiteren nicht monetären Vorteilen für die Unternehmen gehören: die Möglichkeit, Lehr- und Lernprogramme direkt zu beeinflussen, um den Bedarf ihrer Kompetenzen zu decken und einen stetigen Nachschub an entsprechend qualifizierten Angestellten zu gewährleisten; eine Senkung der künftigen Kosten für Einstellung, Einarbeitung und innerbetriebliche Ausbildung; und die Möglichkeit des Aufbaus von Kapazitäten und der Verbesserung von Arbeitsplätzen für Firmenangestellte, die als Coaches/Mentoren eingesetzt werden. Trotz dieser Vorteile sind einige Firmen aus Angst vor Personalfluktuation – dass ausgebildete Arbeitnehmer von konkurrierenden Firmen abgeworben werden könnten – nicht bereit, in Ausbildung und Lehrstellen zu investieren (Mohrenweiser et al., 2019; Stockinger und Zwick, 2017). Mehrere Studien haben jedoch gezeigt, dass der Einfluss des Abwerbens auf die erwarteten Erträge aus der Lehrlingsausbildung und die Ausbildungsentscheidungen der Unternehmen gering ist und dass der Wert der alternativen Option, nämlich über zusätzliche gut ausgebildete Arbeitskräfte mit einer Reihe von Qualifikationen zu verfügen, die negativen Folgen des Abwerbens bei weitem übersteigt (Bornemann, 2006; Lerman, 2019).

Es gibt wenige Daten über die Kosten pro Person für eine typische Berufsausbildung in Afrika. Die verfügbaren Schätzungen zeigen, dass die jährlichen Gesamtkosten zwischen 204 US-Dollar für Lehrstellen und 1.704 US-Dollar für die teuerste private Ausbildung liegen (über zwei bis drei Jahre in Kenia). Die mittleren Kosten für eine dreijährige Ausbildung werden in Uganda auf 444 US-Dollar geschätzt, während die Gesamtkosten in Ghana und Mosambik auf etwa 1.500 US-Dollar geschätzt werden – das ist etwa drei bis vier Mal so hoch wie die Kosten für die Sekundarstufe (World Bank, 2009; Fox et al., 2012).

Es ist ebenfalls wichtig, die Ausbildung auf die verschiedenen Kategorien von KleinerzeugerInnen auszurichten. Auch wenn die Zahl der mittelgroßen Betriebe zunimmt, wird die Steigerung der Produktivität der KleinerzeugerInnen größte Wachstumsmotor sein. In Afrika gibt es etwa 51 Millionen landwirtschaftliche Betriebe, von denen 80 Prozent (oder 41 Millionen) kleiner als zwei Hektar betragen, wobei ihre Zahl in den meisten Ländern noch zunimmt (Lowder et al., 2016). Darüber hinaus sind Afrikas KleinerzeugerInnen vielfältig und haben je nach ihren eigenen Vermögenswerten und Bestrebungen sowie je nach ihrem lokalen, regionalen und länderspezifischen Kontext unterschiedliche Einkommensaussichten. Hazell und Rahman (2014) schlagen vor, KleinerzeugerInnen in drei Gruppen einzuteilen: (i) kommerzielle KleinerzeugerInnen, die erfolgreich in Wertschöpfungsketten eingebunden sind und ihre Betriebe auf kommerzieller Basis führen; (ii) KleinerzeugerInnen im Übergang, die andere Einkommensmöglichkeiten außerhalb der Landwirtschaft haben und einen Großteil ihres Einkommens aus außerlandwirtschaftlichen Quellen beziehen; und (iii) subsistenzorientierte KleinerzeugerInnen, die aus einer Vielzahl von Gründen benachteiligt sind z.B. aufgrund ihrer ethnischen Zugehörigkeit, eines schlechten Gesundheitszustands, ihres Alters oder weil sie in abgelegenen Gebieten mit begrenztem landwirtschaftlichen Potenzial leben. Berufliche Bildung sollte vor allem kommerziellen LandwirtInnen und KleinerzeugerInnen im Übergang zur Verfügung gestellt werden, da ihre zusätzlichen Erträge durch die Ausbildung höher wären.

Zusätzlich zur formalen Bildung und zur Förderung von lebenslangem Lernen wurden Informations- und Kommunikationstechnologien (IKTs) – einschließlich Radio, Fernsehen, DVDs usw. – gefördert (Kanwar et al., 2019). Die Integration dieser Technologien in die berufliche Bildung ist jedoch in vielen Teilen der Welt nach wie vor marginal (Latchem, 2017). IKTs können in der beruflichen Bildung für administrative Zwecke, die Kommunikation, Lehren und Lernen, die Entwicklung und Bewertung von Lehrplänen, die Berufsausbildung und -beratung und für Arbeitsmarktinformationen sowie die Arbeitsvermittlung eingesetzt werden (Chinien, 2003). Berufsschullehrer sollten ebenfalls darin geschult werden, IKTs zu verwenden, um ihre Lehrkompetenzen effektiv zu nutzen (Kanwar et al., 2019).

Landwirtschaftliche Innovationen, totale Faktorproduktivität (TFP) und Grüne Innovationszentren

Auf globaler Ebene haben Innovationen für eine verbesserte Ernährungssicherung zunehmend an Bedeutung gewonnen (Fuglie und Rada, 2013; von Braun, 2018). Innovationen, die sich auf den gesamten Kontext der Wirtschafts-, Sozial- und Nahrungssysteme auswirken, haben enorme positive Effekte auf die Verringerung des Hungers (Adenle et al., 2019; Ganguly et al., 2017; Gollin et al., 2014; Sayer und Cassman, 2013; von Braun, 2018). Die Faktoren, die die Verfügbarkeit von Lebensmitteln erhöhen, sind wichtige Komponenten der Ernährungssicherung. Insbesondere landwirtschaftliche Innovationen – die durch Plattformen gefördert werden können, die Innovation auf Betriebsebene (Bottom-up) mit wissenschaftsbasierten Innovationen (Top-down) verbinden – sind von zentraler Bedeutung für eine nachhaltige Produktivitätssteigerung zur Gewährleistung der Ernährungssicherung bei gleichzeitiger Erhaltung der Umweltqualität und der Ressourcen.

Die TFP – auch Multi-Faktor-Produktivität genannt – misst die gesamten Kosten der Ressourcen für die Produktion von Wirtschaftsleistungen (Outputs) (Fuglie und Rada, 2013). Sie berücksichtigt die Beiträge aller Betriebsmittel für die Produktion – wie Land, Arbeit, Kapital und Materialien (Inputs) (Fuglie und Rada, 2013; Hoang und Coelli, 2011; Lusigi und Thirtle, 1997). Die TFP der Landwirtschaft wird in der Regel als Verhältnis des aggregierten landwirtschaftlichen Outputs (Nutzpflanzen, Vieh und Fischerei) zu den aggregierten Inputs (Land, Arbeit, Kapital und Materialien) gemessen (Gavian und Ehui, 1999; Sheng et al., 2020). Die TFP spiegelt somit Verbesserungen in der Effizienz der gesamtwirtschaftlichen Inputs wider und ist eng mit dem technologischen Wandel verbunden (Shen et al., 2019). Grundsätzlich ist die Steigerung der Effizienz der landwirtschaftlichen Produktion – mehr Output aus der gleichen Menge an Ressourcen zu erhalten – entscheidend für die Verbesserung der Ernährungssicherung (Gavian und Ehui, 1999; Hoang und Coelli, 2011; Lusigi und Thirtle, 1997; Shen et al., 2019; Sheng et al., 2020).

Auf globaler Ebene tragen Innovationen derzeit etwa drei Viertel zum TFP Wachstum in der Landwirtschaft bei, während die erhöhte Nutzung von Ressourcen und die Intensivierung der Inputs – die in den vergangenen Jahrzehnten einen größeren Anteil dazu beigetragen haben – zurückgegangen ist (Fuglie und Rada, 2013). Dieser Beitrag liegt jedoch in Subsahara-Afrika nur noch bei einem Drittel (Fuglie und Rada, 2013). Im Vergleich zum Rest der Welt hat Subsahara-Afrika hat nach wie vor Mühe, in der Landwirtschaft ein nachhaltiges und langfristiges Wachstum der Produktivität zu erreichen. Während der letzten zwei Jahrzehnte verzeichnete die Region im Durchschnitt ein jährliches TFP-Wachstum von rund einem Prozent (Block, 2016; Gollin et al., 2014; Villoria, 2019). Neuere Studien zeigen, dass LandwirtInnen aktiv experimentieren und kontinuierlich bemerkenswerte und lokal angepasste Innovationen hervorbringen (Tambo, 2018; Tambo und Wünscher, 2015).

Innovationen auf der Betriebsebene (Bottom-up) und wissenschaftsbasierte Innovationen (Top-down) müssen auf neue und effektivere Weise miteinander verbunden werden. Ein Mittel dazu sind Innovationsplattformen oder Innovationszentren, in denen sich WissenschaftlerInnen und ProduzentInnen treffen, um gemeinsame Chancen zu identifizieren. Das von der Bundesregierung initiierte Projekt „Grüne Innovationszentren in der Agrar- und Ernährungswirtschaft“[24]

24 https://www.giz.de/en/worldwide/32209.html

(Green Innovation Centres for the Agriculture and Food Sector, GIZ), das im Zentrum der Initiative „EINEWELT ohne Hunger“ steht, hat 14 Zentren in 14 verschiedenen afrikanischen Ländern gegründet. Diese dienen als Versuchs- und Demonstrationsstandorte und bilden eine Grundlage für die Entwicklung von Synergien zwischen lokalen Bottom-up- und nationale und internationalen Top-down-Innovationen durch Akteure bzw. Forschungsgemeinschaften. Es ist wichtig, die Grünen Innovationszentren längerfristig zu erhalten, da die landwirtschaftliche Entwicklung Zeit braucht. Darüber hinaus ist die Förderung von Innovationen in verschiedenen Wertschöpfungsketten und die Einbeziehung von weiteren Akteuren erforderlich. Die Berufsbildung kann dies unterstützen. Die Stimulierung des Innovationsverhaltens der LandwirtInnen durch geeignete Anreize und die Einbeziehung von lokalem Wissen in stärker institutionalisierte Forschungsprogramme und Beratungsdienste sind erforderlich. Es wäre auch fair und effizient, einen stärkeren Fokus auf Landwirtinnen zu legen.

Landwirtschaftliche Beratungsdienste

Traditionelle landwirtschaftliche Beratungsansätze werden von Angesicht zu Angesicht durchgeführt, indem ein Berater einen Landwirt oder eine Gruppe von LandwirtInnen besucht (Buadi et al., 2013; Hall und Kuiper, 1998; Lukkainen, 2012). Ziel ist es, den LandwirtInnen eine angemessene und rechtzeitige Beratung zu ermöglichen, die Nutzung von Innovationen und neuen Technologien (wie verbessertes Saatgut und bessere landwirtschaftliche Praktiken) anzuregen und die Verbreitung von Forschungsergebnissen und Innovationen bei LandwirtInnen und der Industrie zu unterstützen (Danso-Abbeam et al., 2018; Lukkainen, 2012; Maiangwa et al., 2011; Sigei, 2014). So waren landwirtschaftliche Beratungsprogramme das wichtigste Instrument zur Verbreitung von Informationen über landwirtschaftliche Technologien, zur Unterstützung der Erwachsenenbildung in ländlichen Gebieten und zur Unterstützung von LandwirtInnen bei der Entwicklung technischer und organisatorischer Kompetenzen in den landwirtschaftlichen Betrieb. Von den Beratungsprogrammen wird erwartet, dass sie dazu beitragen, die landwirtschaftliche Produktivität und das landwirtschaftliche Einkommen zu steigern, die Armut zu verringern und die Ernährungsunsicherheit zu minimieren. Dieser seit langem verfolgte Ansatz wurde jedoch durch viele Herausforderungen erheblich beeinträchtigt, darunter die unzureichende Finanzierung, die begrenzte Einbeziehung der LandwirtInnen und der lokalen Bevölkerung sowie der unzureichende Austausch mit WissenschaftlerInnen und anderen Interessengruppen (McLeod Rivera und Qamar, 2003; Norton und Alwang, 2020).

Eines der größten Probleme, das die Organisation der landwirtschaftlichen Beratungsdienste in vielen afrikanischen Ländern erschwert, ist das Fehlen eines angemessenen und umfassenden rechtlichen und politischen Rahmens für die Erbringung von Dienstleistungen. Das Fehlen politischer Maßnahmen hat die Beratungssysteme in vielen Ländern ineffektiv gemacht (Akiyama et al., 2003). Umfassende politische Maßnahmen für landwirtschaftliche Beratungsdienste sollten für eine Koordinierung der Forschung, Bildung, Inputversorgung sowie Kredit-, Verarbeitungs- und Vermarktungssystemen sorgen (Jones, 2013). Solche Maßnahmen sollten auch die Ziele und Aufgaben der landwirtschaftlichen Beratungsdienste und ihrer Klienten klären. Außerdem sollten

Tabelle 4.1.1: Beratungsmodelle in verschiedenen afrikanischen Ländern

Beratungsmodell	**Länder**
Farmer Field School (FFS)	Angola, Benin, Burkina Faso, Côte d'Ivoire, Äthiopien, Ghana, Malawi, Mali, Mosambik, Nigeria, Ruanda, Senegal, Tansania, Uganda, Sambia, Swasiland
Pluralistic extension systems	Elfenbeinküste, Ghana, Kenia, Malawi, Mosambik, Nigeria, Ruanda, Senegal, Lesotho, Sierra Leone, Liberia, Guinea
Ministry-based extension systems	Madagaskar, Mauritius, Namibia, Südafrika, Sierra Leone, Simbabwe
Participatory extension (and training) systems	Benin, Äthiopien, Mali, Sambia, Swasiland
Training & Visit (Modified) Systems	Mali, Madagaskar, Mauritius
Unified Agricultural Extension Systems	Nigeria, Lesotho
University-based Extension Systems	Tansania, Südafrika
National Agricultural Advisory Services	Uganda
Commodity-based extension services	Madagaskar, Mauritius, Namibia, Südafrika
Community extension systems	Mauritius, Namibia, Südafrika, Simbabwe
Cyber-Erweiterungssystem	Südafrika,
Private Companies / Commercial Extension System	Sierra Leone, Simbabwe
Farming Systems' Approach	Botswana

Quelle: Zusammenstellung des Autors aus der Durchsicht verschiedener Literatur und Länderberichte.

sie die relevanten Richtlinien und Programmbereiche hervorheben, die angesprochen werden sollen. Die letzte veröffentlichte Studie, in der 27 Länder in Subsahara-Afrika zu diesem Thema befragt wurden, ergab, dass nur Botswana, Kenia, Malawi und Uganda politische Maßnahmen für landwirtschaftliche Beratungsdienste gesetzlich verankert haben und eine Reihe weiterer Länder (22 Länder) vorläufige Maßnahmen entwickelt haben (Jones, 2013; Oladele, 2011). Obwohl politische Maßnahmen für landwirtschaftliche Beratungsdienste im Rahmen von Multi-Stakeholder-Prozessen entwickelt werden sollten, sind in der Praxis Regierungsdekrete und Verkündigungen (die keine Rücksprache erfordern und an denen verschiedene Interessengruppen und Begünstigte nicht beteiligt sind) in den meisten Fällen die Norm. Eine Durchsicht der vorhandenen Literatur und Länderberichte zeigt, dass in Afrika gegenwärtig eine Vielzahl von Beratungsmodellen praktiziert wird (Tabelle 4.1.1).

Die Entstehung und das Potenzial von elektronischen Beratungsdiensten

Informations- und Kommunikationstechnologien haben sich zu einer vielversprechenden Alternative zu persönlichen Beratungsdiensten entwickelt. Die Kosten sind sehr unterschiedlich und IKTs sind in der Lage, den LandwirtInnen selbst an den entlegensten Orten und für verschiedene Bevölkerungsgruppen zeitnahe, relevante und verwertbare Informationen zu liefern. Zu den wichtigsten Technologien und Werkzeugen, die für die Bereitstellung verschiedener Beratungsdienste genutzt werden können, gehören Radio, Fernsehen, Video, Computer sowie Tablets und Mobiltelefone, soweit sie über einen einen Internetzugang verfügen (siehe Omoregbee et al. (2016) und Vignare (2013) für einen Überblick).

Alphabetisierungsprogramme sind notwendig, um die verschiedenen IKTs angemessen zu gestalten und die LandwirtInnen zu befähigen, diese erfolgreich einzusetzen. Andere Aspekte müssen ebenfalls berücksichtigt werden, z.B. IKTs in ländlichen und abgelegenen Gebieten zugänglich zu machen, sie sensibler in Bezug auf Genderfragen zu gestalten sowie die Kosten und den Nutzen gegeneinander abzuwägen. Da die Telekommunikationsdienste das Fundament der IKTs bilden, ist ihre Verfügbarkeit in ländlichen Gebieten erforderlich. Der Erfolg elektronischer Beratungsdienste wird daher davon abhängen, dass man sich mit den Einschränkungen in der Anbindung auseinandersetzt, insbesondere mit den Herausforderungen im Bereich Telekommunikation und Energie (Elektrizität). In der Praxis sollte mit dem Einsatz von

IKTs für die landwirtschaftliche Beratung an Standorten begonnen werden, die bereits über die notwendige Infrastruktur verfügen (Omoregbee et al., 2016).

Prioritäten für Investitionen und politische Maßnahmen

Im Folgenden sind wichtige Prioritäten für die **Kompetenzentwicklung** aufgeführt:

- **Bestehende Ausbildungseinrichtungen modernisieren und relevanter Ausbildungsmöglichkeiten systematische erweitern.** Überarbeitung und Anpassung der Lehrpläne, die in diesen Institutionen genutzt werden, um den Bedürfnissen und Anforderungen des Agrar- und Lebensmittelsektors gerecht zu werden und so zu Wachstum und nachhaltiger Entwicklung beizutragen.
- **Bedeutender Wertschöpfungsketten ermitteln**, die viele Menschen beschäftigen und maßgeblich Einkommen generieren (auf der Grundlage gegenwärtiger und künftiger nationaler Prioritäten auf dem Arbeitsmarkt und in Partnerschaft mit zahlreichen Interessengruppen) **und Lehrplänen für die verschiedenen Akteure entwickeln, die in diesen Wertschöpfungsketten tätig sind.**
- **Innovativer Methoden einsetzen, um Schulungen durchzuführen (wie z.B. den Einsatz von IKTs), und praxisorientiertes Lernen, das Theorie und Alltagsbeispiele miteinander verbindet.** Politische Entscheidungsträger und andere landwirtschaftliche Akteure sollten gemeinsam innovative Methoden für den effektiven Einsatz in der beruflichen Bildung überprüfen, anpassen und replizieren.
- Erfolgreiche Modelle aus anderen Regionen übernehmen und anpassen, wie z.B. das Duale Studium in Deutschland, um das System der (landwirtschaftlichen) Fach- und Berufsausbildung zu stärken.
- **Investitionen wie die Grünen Innovationszentren steigern und verstetigen, da die landwirtschaftliche Entwicklung Zeit braucht.** In dieser Hinsicht ist es notwendig regelmäßig nach landwirtschaftlichen Innovationen Ausschau zu halten und sie durch Innovationswettbewerbe anzuerkennen und zu fördern.

In Bezug auf die **Beratungsdienste** würden die Prioritäten umfassen:

- **Politische Reformen umsetzen, um neue Strategien zur Verbesserung der öffentlichen Bereitstellung von Beratungsdiensten zu entwickeln.** IKTs bieten beispielsweise die Möglichkeit, die Bereitstellung von Beratungsdiensten durch E-Learning kosteneffektiv und zeitnah umzugestalten. Der Aufbau der Kapazitäten von LandwirtInnen erfordert zunächst den Aufbau von Kapazitäten der Ausbilder.

- **Gleichzeitige Defizite in der Infrastruktur (z.B. Elektrizität, Mobilfunknetz und Straßen) und Alphabetisierung angehen.**
- **Landwirtschaftliche Beratungsdienste durch regelmäßige Überprüfung der politischen Maßnahmen, einen verstärkten politischen Dialog, den Aufbau von Partnerschaften und eine bessere Koordination aller relevanten Interessengruppen stetig weiterentwickeln.** Die Beratungssysteme müssen kontinuierlich auf die Veränderungen des Agrarsektors reagieren.

Zaneta Kubik

4.2 Einbindung der Jugend

Arbeit ist ein wesentlicher Produktionsfaktor im Agrarsektor (einschließlich Pflanzenbau, Viehzucht, Fischerei und Forstwirtschaft). Auch wenn der Anteil der Arbeit an allen Betriebsmitteln in der landwirtschaftlichen Produktion weltweit im Laufe der Zeit zurückgegangen ist (Gong, 2020), spielt sie in Afrika, wo der Sektor besonders arbeitsintensiv ist, weiterhin eine wichtige Rolle. Allerdings ist die Arbeitsproduktivität, gemessen an der Wertschöpfung pro Arbeitskraft, in der Regel in den anderen Sektoren deutlich höher als in der Landwirtschaft – im Durschnitt drei Mal so hoch und in Ländern mit niedrigem Einkommen sogar noch höher (Gollin et al., 2014). Neuere Studien zeigen, dass die Produktivitätslücke auf die Auswahl der Arbeitskräfte zurückzuführen ist; dies bedeutet, dass Arbeitskräfte mit geringeren Fähigkeiten und Kompetenzen besonders in der Landwirtschaft tätig sind, während Arbeitskräfte mit besseren Fähigkeiten und Kompetenzen aus der Landwirtschaft abwandern (Hicks et al., 2017).

Frühere Studien haben zudem gezeigt, dass junge Menschen mit höherem Humankapital, gemessen entweder am Bildungsniveau oder an den kognitiven Fähigkeiten, eher aus ländlichen Gebieten abwandern und folglich in anderen Sektor arbeiten (Beegle et al., 2010; Miguel und Hamory, 2009; Young, 2013). Darüber herrscht die weitverbreitete Meinung, dass verschiedene Einschränkungen, die im Folgenden näher erörtert werden und denen junge Menschen ausgesetzt sind, sie aus der Landwirtschaft verdrängen (Bezu und Holden, 2014) oder dass junge Menschen einfach kein Interesse haben, in der Landwirtschaft zu arbeiten, da diese negativ wahrgenommen wird (OECD, 2017). Diese Überlegungen haben eine Debatte über die sich verändernde Altersstruktur der landwirtschaftlichen Arbeitskräfte in Afrika ausgelöst sowie über die Notwendigkeit, mehr junge Menschen für die Landwirtschaft zu gewinnen, um eine ausreichende Lebensmittelproduktion für die wachsende Bevölkerung zu gewährleisten (siehe die Diskussion in Jayne et al. (2017)).

Um diese Frage zu klären, müssen zwei Punkte erörtert werden. Erstens das tatsächliche Ausmaß der Abwanderung junger Arbeitskräfte aus der Landwirtschaft und zweitens die möglichen Auswirkungen einer solchen Abwanderung auf die landwirtschaftliche Produktivität und Produktion. Ersteres ergibt aufgrund datengestützter Belege ein wesentlich differenzierteres Bild. In der Tat ist in den meisten afrikanischen Ländern der Anteil der Beschäftigung in der Landwirtschaft in den letzten Jahrzehnten zurückgegangen, auch wenn das Tempo des Rückgangs von Land zu Land sehr unterschiedlich ist (mit Ausnahme von Nigeria, wo er sogar zugenommen hat (Yeboah und Jayne, 2018)). Dieses Muster der Neuverteilung von Arbeitskräften geht mit der Diskussion über den Strukturwandel einher, der als Merkmal der wirtschaftlichen Entwicklung und als treibender Faktor für den allgemeinen Produktivitätsanstieg und die Armutsbekämpfung gilt, sowohl aus theoretischer (siehe Lewis (1954) und spätere Entwicklungen) als auch aus empirischer Sicht (Christiaensen und Martin, 2018; Timmer, 2009), auch im Falle Afrikas (Diao et al., 2017).

Andererseits steigt die absolute Zahl der in der Landwirtschaft beschäftigten Personen im erwerbsfähigen Alter (auch Jugendliche) in Afrika an (Yeboah und Jayne, 2018), entsprechend der demographischen Struktur und des Bevölkerungswachstums. Die derzeitige demographische Struktur in Afrika weist eindeutig auf das noch unerschlossene und junge Arbeitskräftepotenzial hin. Mit einem Anteil von 62 Prozent unter 25 Jahren (Stand 2019) hat Afrika die jüngste Bevölkerung weltweit. Es ist auch die einzige Region der Welt, in der, Prognosen zufolge, die jugendliche Bevölkerung weiterwächst und sich bis 2050 mehr als verdoppeln wird (UNDESA, 2019). Andererseits sinkt der Anteil der Jugend (jene zwischen 15 und 24 Jahren[25]), an den potenziellen Erwerbstätigen in Subsahara-Afrika bereits, wenn auch sehr langsam (Tabelle 7), was darauf hindeutet, dass der Überschuss an Jugendlichen bereits rückläufig ist (Thurlow, 2015). Gleichzeitig ist die erwachsene Bevölkerung im erwerbsfähigen Alter (25 bis 64) die am schnellsten wachsende Bevölkerungsgruppe in der Region, mit einer erwarteten Steigerung von 35 Prozent im Jahr 2019 auf 43 Prozent im Jahr 2050 (UNDESA, 2019). Die Tatsache, dass die Bevölkerung im erwerbsfähigen Alter voraussichtlich schneller wachsen wird als jede andere Altersgruppe, schafft Potenzial für eine demographische Dividende und bietet Chancen für das Wirtschaftswachstum und den Strukturwandel.

Es ist nicht überraschend, dass die Landwirtschaft in vielen afrikanischen Ländern nach wie vor der größte Arbeitgeber für junge Menschen ist, sei es aus Notwendigkeit oder aus freien Stücken. In einem Kontext, in dem die Zahl der jährlichen Neuzugänge zum Arbeitsmarkt immer noch sehr hoch ist – etwa 10 Millionen pro Jahr (Maïga et al., 2015) – und die Zahl der neuen Arbeitsplätze,

25 Diese Definition folgt der ILO (2015). Die Afrikanische Union definiert Jugendliche als Personen im Alter von 15–35 Jahren, während viele Länder südlich der Sahara ihre eigenen Definitionen anwenden (bis zu 40 Jahre alt).

die außerhalb der Landwirtschaft geschaffen werden, immer noch sehr gering ist (Yeboah und Jayne, 2018), nimmt die Landwirtschaft in Subsahara-Afrika viele Arbeitskräfte auf. Sie kann jedoch weit mehr bieten als nur die bloße Aufnahme von Arbeitskräften – die Landwirtschaft und die damit verbundenen Industrien können jungen Menschen auf dem Land wichtige Beschäftigungs- und Geschäftsmöglichkeiten bieten und so ihre Karieren voranbringen. Es wird erwartet, dass die wachsende Nachfrage nach Lebensmitteln sowie die Transformation des Ernährungssystems als Folge des steigenden Pro-Kopf-Einkommens, der Urbanisierung und neuer Exportchancen zu einer Verlagerung der Produktion von Getreide auf hochwertige, frische und verarbeitete Produkte führen wird (World Bank, 2013). Diese Verlagerung wird für junge Menschen, die im Lebensmittelsektor beschäftigt sind, wichtige Chancen bieten. Es wird erwartet, dass nachgelagerte Industrien eine immer wichtigere Rolle bei der Jugendbeschäftigung spielen werden, da die Schaffung von Arbeitsplätzen in diesem Sektor sehr dynamisch ist (Allen et al., 2016). Obwohl die Weiterverarbeitung von landwirtschaftlichen Erzeugnissen im Vergleich zu anderen Sektoren nur eine geringe Anzahl von Arbeitsplätzen bietet, wird davon ausgegangen, dass er zumindest in Ländern, in denen der Sektor bereits gut entwickelt ist, relativ hochwertige Beschäftigung und angemessene Löhne bietet.

Obwohl es Anzeichen dafür gibt, dass junge AfrikanerInnen in bestimmten Kontexten das Interesse an der Landwirtschaft verlieren (Bezu und Holden, 2014; Kosec et al., 2017), zeigen die Ergebnisse einer Befragung von 10.000 Personen im Alter zwischen 18 und 35 Jahren aus ländlichen Gebieten in 21 Ländern Subsahara-Afrikas[26], dass die Landwirtschaft auf dem Land nach wie vor eine wichtige Rolle in den Berufswünschen der Jugend spielt. Insgesamt möchten fast 25 Prozent der jungen AfrikanerInnen im Agrar- und Lebensmittelsektor (in dieser Umfrage definiert als Ackerbau und Viehzucht) arbeiten, in einigen Ländern ist der Anteil jedoch höher: in Kenia, Liberia, Malawi und Tansania sind es fast 40 Prozent (Abbildung 16). Der Fischereisektor ist für Jugendliche weitgehend unattraktiv, mit Ausnahme von Madagaskars, wo er eine ebenso

26 Die Daten wurden von GeoPoll für die GIZ / das BMZ gesammelt und werden in diesem Abschnitt präsentiert. Befragte, die in ländlichen Gebieten leben, sowie diejenigen, die sich zwischen ländlichen und städtischen Gebieten bewegen, sind eingeschlossen. Der Ausschluss von befragten Personen, die zwischen Dorf und Stadt hin und her ziehen, würde die in diesem Abschnitt vorgestellten Ergebnisse nicht wesentlich verändern.

Tabelle 4.2.1: Anteil der Jugend (15–24 Jahre) an der potentiellen Erwerbsbevölkerung (15+ Jahre)

	Anteil der Jugend (%)		**Historischer Spitzenanteil**	
	2019	2050	%	Year
Welt	21.0	17.4	29.7	1975
Entwicklungsländer	22.8	18.3	33.0	1975
Sub-Sahara Afrika	34.4	28.2	36.0	2002
Östliches Africa	35.7	27.1	37.2	2004
Westliches Afrika	34.6	29.6	35.8	2000
Mittleres Afrika	35.5	30.3	36.1	2005
Südliches Afrika	24.3	19.3	33.0	1977
Ohne Südafrika	29.9	22.2	37.5	2000
Nördliches Afrika und westliches Asien	23.9	19.0	33.8	1978
Zentral und südliches Asia	25.2	17.3	32.8	1977
Östliches und süd-östliches Asien	16.3	12.8	31.9	1973
Lateinamerika und die Karibik	22.0	14.8	33.5	1976

Berechnungen auf der Grundlage der Daten von UNDESA zu den Weltbevölkerungsaussichten 2019. Tabelle angepasst aus Thurlow (2015) und aktualisiert unter Verwendung der neuesten Bevölkerungsdaten. Prognosen für 2050 auf der Grundlage der Zufallsvariable der mittleren Fruchtbarkeit.
Anmerkung: Die potentielle Erwerbsbevölkerung wird als Bevölkerung im Alter von 15 Jahren und älter gemessen.
Quelle: Kubik (2020)

wichtige Rolle wie die Landwirtschaft spielt.[27] Der höchste Anteil der Befragten, mehr als ein Drittel, möchte im Dienstleistungs-, Kommunikations- und Transportwesen arbeiten, und ein Viertel im öffentlichen Sektor. Diese Zahlen und die relativ geringe Bedeutung des Verarbeitungssektors stimmen mit der Diskussion über den Strukturwandel ohne Industrialisierung überein (Gollin, 2018).

Der Anteil der Jugendlichen, die tatsächlich in der Landwirtschaft und verwandten Branchen tätig sind, ist sogar noch höher, insbesondere wenn man die

27 Die Umfrage umfasste die Fischerei, nicht aber Aquakulturen. Daher ist zu erwarten, dass der geringe Anteil des Fischereisektors in der Stichprobe durch geografische Beschränkungen der Standorte beeinflusst wurde. Der relativ große Anteil des Fischereisektors im Falle Madagaskars ist ein gutes Beispiel dafür.

in der Landwirtschaft verbrachte Zeit im Vergleich zu anderen Beschäftigungsmöglichkeiten betrachtet (Dolislager et al., 2019). Abbildung 17 stellt verschiedene Beschäftigungsmöglichkeiten im Agrar- und Lebensmittelsektor dar: Selbständigkeit in der Landwirtschaft, Lohnarbeit in der Landwirtschaft, Lohnarbeit und Selbständigkeit im Agrar- und Lebensmittelsektor sowie Lohnarbeit und Selbständigkeit in anderen Sektoren. Die Ergebnisse werden nach dem Alter (auch Erwachsene werden zum Vergleich hinzugezogen) und dem Gebiet (nach ihrer Abgelegenheit unterteilt) in unterschiedliche Kategorien eingeteilt. Es wird beobachtet, dass die Beteiligung der Jugendlichen an der Bewirtschaftung ihres eigenen Landes relativ hoch ist, mit steigendem Alter abnimmt und dann unter Erwachsenen wieder zunimmt, d.h. die Kurve hat die Form eines J. Erwartungsgemäß ist die Beteiligung an der Landwirtschaft in den abgelegensten ländlichen Gebieten am höchsten und nimmt mit der Nähe zu Stadt nach und nach ab. Die Selbständigkeit im Agrar- und Lebensmittelsektor ist in allen Alterskategorien die zweitwichtigste Beschäftigungsmöglichkeit in ländlichen Gebieten, während in den älteren Alterskategorien und in stadtnahen Gebieten die Selbständigkeit und Lohnbeschäftigung in anderen Sektoren am stärksten verbreitet ist.

Diese Zahlen zeigen, dass ein großer Teil der ländlichen Jugend in der Lebensmittelproduktion tätig ist, entweder in der primären Landwirtschaft oder in nachgelagerten Branchen wie Verarbeitung, Logistik oder Einzelhandel. Dieses hohe Maß an Beschäftigung in der Landwirtschaft erhöht den Druck auf die Altersstruktur der Arbeitskräfte. Entgegen der landläufigen Meinung steigt das Durchschnittsalter der afrikanischen LandwirtInnen nicht – es stagniert oder sinkt in einigen Ländern sogar (Yeboah und Jayne, 2018). Es ist auch viel niedriger als bisher behauptet – nicht 60 Jahre (FAO, 2014), sondern 34 Jahre, wenn man nicht nur die Familienvorstände, sondern alle im familiären Betrieb tätigen Familienmitglieder betrachtet (Arslan, 2019). Im Falle von Aquakulturen liegt die Mehrheit der Beschäftigten zwischen 20 und 39 Jahren (Hishamunda et al., 2014). Die Frage ist daher, zumindest auf kurze Sicht, nicht so sehr, wie man junge Menschen für die Landwirtschaft gewinnen kann, sondern vielmehr, wie man das Beste aus denen macht, die bereits in der Landwirtschaft tätig sind. Tatsächlich wird die Jugend oft als zukünftiger Motor der landwirtschaftlichen Transformation angesehen (AGRA, 2015). In der Charta von Berlin[28], die unter der deutschen G20-Präsidentschaft ausgearbeitet wurde, heißt es, dass es von wesentlicher Bedeutung ist, „die Vielfalt, Energie, Kreativität

---

28 https://www.bmz.de/en/publications/topics/education/Materialie295_berlin_charta.pdf

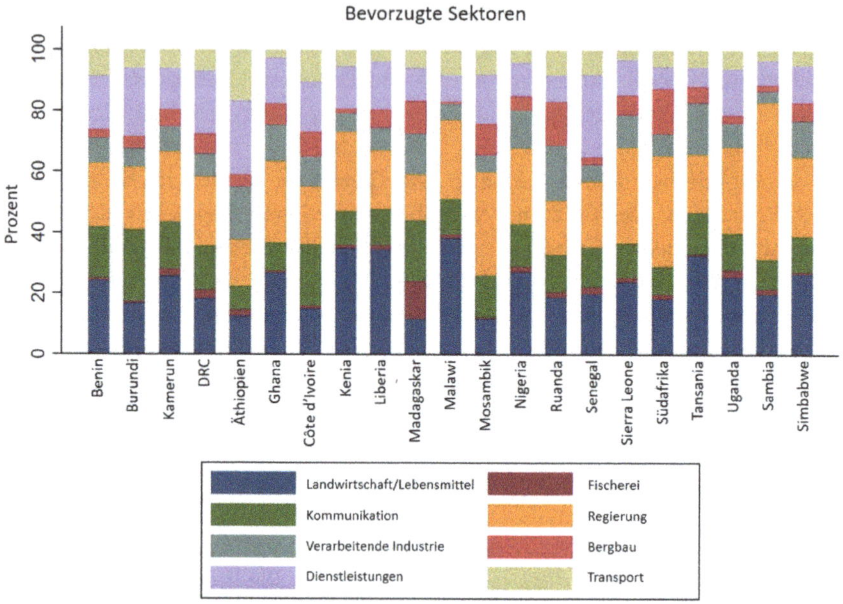

Abbildung 4.2.1: Berufswünsche Jugendlicher auf dem Land in ausgewählten Ländern

Quelle: Eigene Ausarbeitung der Autoren auf der Grundlage des GeoPoll-Datensatzes.

und Innovationsfähigkeit der Jugend zu nutzen, um lokale Lösungen für globale Herausforderungen zu suchen, einen integrativen ländlichen Wandel zu fördern und sicherzustellen, dass niemand zurückbleibt".

Hat die Jugend tatsächlich das Potenzial, den afrikanischen Agrarsektor und seine Produktivität zu fördern? Es gibt nur sehr wenige Studien, die die unterschiedlichen Leistungen junger und alter Arbeitnehmer in der Landwirtschaft gegeneinander abwägen.[29] Unseres Wissens fehlen solche Studien im Falle Afrikas ganz. Die verfügbaren Erkenntnisse aus den USA weisen jedoch eindeutig auf ein

29 Wir beziehen uns hier nur auf LandwirtInnen, da sich die einschlägige Literatur weitgehend auf Pflanzen- und Viehzucht beschränkt, Fischerei und Forstwirtschaft jedoch ausklammert. Es ist zu beachten, dass es in der Arbeitsökonomie eine umfangreiche Literatur über die Auswirkungen des Alters auf die Leistung von Arbeitnehmern in der verarbeitenden Industrie und im Dienstleistungssektor, vor allem in entwickelten Ländern, gibt.

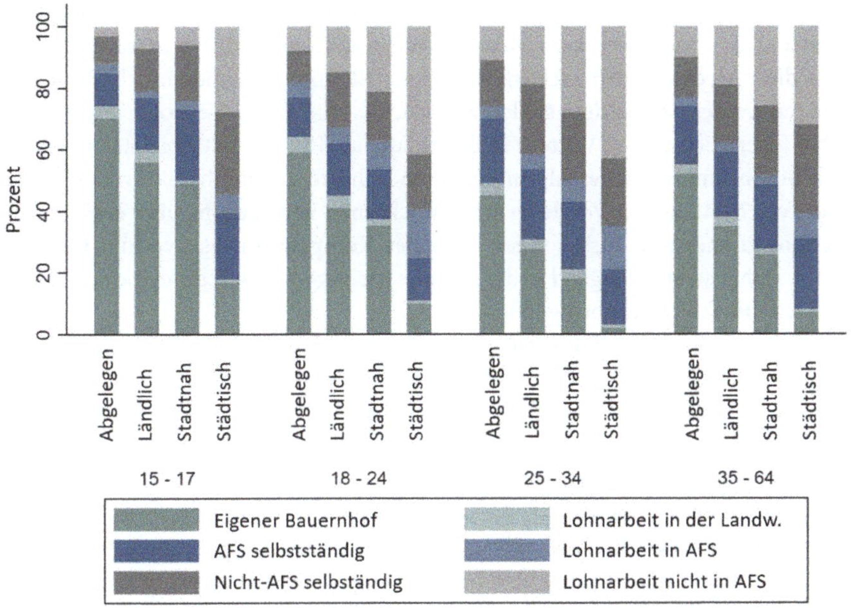

Abbildung 4.2.2: Zeitverteilung nach Beschäftigungskategorie (Anteil der Vollzeitäquivalente)

*AFS: agrifood system

Quelle: Eigene Ausarbeitung der Autoren basierend auf Zahlen von Dolislager et al. (2019)

konkaves Muster in der landwirtschaftlichen Produktion und Produktivität hin, mit einem Höhepunkt in der Altersgruppe der 35-44-Jährigen (Lordkipanidze und Tauer, 2000; Tauer, 1995, 1984), auch wenn das Muster in den letzten Jahren deutlich weniger ausgeprägt ist, möglicherweise aufgrund der Auswirkungen der Mechanisierung (siehe Abschnitt 2.2). Es wurden mehrere mögliche Erklärungen für dieses Muster vorgebracht. Jüngeren LandwirtInnen mangelt es an produktivem Kapital und Erfahrung (Tauer, 1995), aber sie haben Vorteile in Bezug auf physische Kraft und Gesundheit sowie kognitive Fähigkeiten (Lallemand und Rycx, 2016). Katchova und Ahearn (2016) zeigen, dass junge LandwirtInnen aufgrund ihres längeren Zeithorizonts viel mehr in die Expansion der Betriebe investieren, wobei die bewirtschaftete Landfläche für LandwirtInnen unter 35 Jahren innerhalb eines Jahrzehnts um durchschnittlich 6,3 Prozent wächst, verglichen mit 0,3 Prozent für LandwirtInnen zwischen 35 und 64 Jahren. Dies geht auch Hand in Hand mit einer stärkeren Einführung neuer Technologien und landwirtschaftlicher Praktiken sowie einem höheren Einsatz von Betriebsmitteln (Tauer, 2017). Auch wenn der Kontext sehr unterschiedlich ist, ist zu erwarten, dass diese Mechanismen auch im Falle der afrikanischen Landwirtschaft funktionieren werden. Außerdem stellen wir fest, dass die derzeitige Kohorte afrikanischer Jugendlicher klare Vorteile in Bezug auf das Humankapital bietet: Es handelt sich um die am besten jemals ausgebildete Kohorte in Subsahara-Afrika (Filmer und Fox, 2014), die im Vergleich zur erwachsenen Bevölkerung über ein höheres technologisches und insbesondere digitales Kompetenzniveau verfügt (AGRA, 2015). Daher stellt die Jugend in der Tat eine wichtige Ressource dar, die den Landwirtschaftssektor voranbringen kann.

Bis heute wurde das Potenzial der afrikanischen Jugend jedoch nicht genutzt; ganz im Gegenteil, die Jugend, insbesondere auf dem Land, kämpft darum, eine produktive und annehmbare Beschäftigung zu finden. Abgesehen von verschiedenen strukturellen Ineffizienzen in der Landwirtschaft, die in diesem Buch erörtert werden, sind die Jugendlichen in der Landwirtschaft einer Reihe spezifischer Herausforderungen ausgesetzt, die in manchen Kontexten als Eintrittsbarrieren empfunden werden können. Diese müssen systematisch angegangen werden, wenn die afrikanische Jugend in vollem Umfang zur Entwicklung des Agrar- und Lebensmittelsektors und zur Produktionssteigerung auf dem ganzen Kontinent beitragen soll. Es handelt sich vor allem um folgende Hindernisse: Erstens Fähigkeiten und Qualifikationen und zweitens der Zugang zu Ressourcen. Was Ersteres anbelangt, so hat sich das Bildungsniveau in Afrika zwar stark verbessert, doch fehlt es der Jugend nach wie vor an den technischen und sozialen Kompetenzen, die in der modernen Landwirtschaft erforderlich sind (siehe Abschnitt 4.1). Was letzteres betrifft, so ist die Jugend vor allem beim Zugang zu Land (Bezu und Holden, 2014; Kosec et al., 2017) sowie beim Zugang zu Finanzmitteln eingeschränkt (Demirguc-Kunt et al., 2015), meist aufgrund fehlender Sicherheiten.

Vor allem Frauen sehen sich in der Landwirtschaft größeren Einschränkungen ausgesetzt, insbesondere was den Zugang zu Ressourcen betrifft (siehe Abschnitt 5.4). In Subsahara-Afrika machen Frauen weniger als 15 Prozent der landwirtschaftlichen Grundbesitzer aus, in Westafrika sind es weniger als 5 Prozent (FAO, 2011). Es wurde zudem festgestellt, dass Haushalte mit weiblichen Familienvorständen durchweg weniger Investitionen im landwirtschaftlichen Betrieb tätigen als Haushalte mit männlichen Vorständen (Karamba und Winters, 2015). Frauen machen rund 50 Prozent der landwirtschaftlichen Arbeitskräfte in Subsahara-Afrika aus und ihre Arbeitsbelastung ist häufig höher als die der Männer. Sie sind jedoch bei unbezahlter, saisonaler und Teilzeitarbeit überrepräsentiert und haben nur begrenzte Kontrolle über Ressourcen (SOFA Team und Doss, 2011). Auch außerhalb der Landwirtschaft sind tendenziell mehr Frauen als Männer beschäftigt, insbesondere im Bereich „Food away from home", wo bis zu 90 Prozent der Arbeitsplätze von Frauen besetzt sind (Allen et al., 2016). Aber auch hier sind Frauen eher in arbeitsintensiven als in kapitalintensiven Sektoren beschäftigt, so dass sie in ländlichen Unternehmen außerhalb der Landwirtschaft mit geringen Investitionen und geringer Produktivität gefangen bleiben (Haggblade et al., 2010).

In allen Beschäftigungssektoren in Subsahara-Afrika sind geschlechtsspezifische Ungleichheiten zu beobachten. Der Verdienst von Frauen ist niedriger als der von Männern; gemessen am Anteil des Verdienstes von Männern variieren sie von 79 Prozent in Ghana bis zu 23 Prozent in Burkina Faso (Arbache et al., 2010). Auch wenn es verlockend ist, daraus den Schluss zu ziehen, dass das Lohngefälle ein Zeichen der Diskriminierung von Frauen auf dem Arbeitsmarkt ist, spiegelt es doch zu einem großen Teil nur die geschlechtsspezifischen Ungleichheiten in den zugrundeliegenden Faktoren wider, wie z.B. geringere Bildungsmöglichkeiten oder eingeschränkter Zugang zu Vermögenswerten, was wiederum auch den Zugang zu Krediten einschränkt, da Frauen nicht über die notwendigen Sicherheiten verfügen. Darüber hinaus haben Frauen und junge Mädchen aufgrund des Umfangs ihrer häuslichen Pflichten sowie der sozialen Normen im Zusammenhang mit Heirat und der Geburt von Kindern geringere Einkommenschancen (Arbache et al., 2010; Njiraini et al., 2018). Soziale Normen und begrenzte Handlungsfähigkeit betreffen auch Jungen, wenn auch auf eine andere Weise. Diese jugend- und geschlechtsspezifischen Herausforderungen werden durch die bestehenden strukturellen Defizite der lokalen Wirtschaft, insbesondere durch segmentierte Arbeitsmärkte und niedrige Beschäftigungselastizitäten des wirtschaftlichen Wachstums, die eine integrative wirtschaftlichen Entwicklung untergraben, noch verschärft.

Prioritäten für Investitionen und politische Maßnahmen

Vor diesem Hintergrund und im Einklang mit der Berliner Charta ist es von entscheidender Bedeutung, dass sich die politischen Entscheidungsträger aktiv an politischen Maßnahmen beteiligen, die auf die Jugend in der Landwirtschaft und in verwandten Branchen abzielen. Unter Berücksichtigung der Heterogenität der Kontexte und Einschränkungen in den afrikanischen Ländern ist es wichtig, dass die Prioritäten für Interventionen und Investitionen an die lokalen Bedingungen angepasst werden (World Bank und IFAD, 2017).

Kurzfristig sollte das Ziel darin bestehen, die Produktivität der bereits in diesem Sektor Beschäftigten zu verbessern. Die Schlüsselprioritäten sollten folgendes beinhalten:

- **Zugang zu Land** (einschließlich Systeme für die Landpachtung) durch Gesetze und Mechanismen (einschließlich Quittungen und Landnutzungsrechte) verbessern, die speziell junge Grundbesitzer unterstützen.
- **Zugang zu Krediten** verbessern, auch durch die Bereitstellung von Bürgschaften und Versicherungen.
- **Zugang zu Technologien** verbessern, insbesondere zu digitalen Technologien.
- **Qualifikationen** verbessern, hauptsächlich in der gesamten Fach- und Berufsausbildung, angepasst an die Anforderungen der modernen Landwirtschaft.
- **Praktikumsprogramme** anbieten, in denen junge aufstrebende LandwirtInnen die Möglichkeit haben, moderne praktische Fertigkeiten und neue Technologien zu erlernen.
- **Ländlicher Aktivitäten außerhalb der Landwirtschaft** fördern.

Die politischen Entscheidungsträger müssen anerkennen, dass diese Maßnahmen nicht die erwarteten Ergebnisse bringen werden, wenn sie nicht *langfristig* von systemischen Investitionen in die Landwirtschaft begleitet werden. In dieser Hinsicht sollten die politischen Entscheidungsträger folgende Maßnahmen ergreifen:

- **Landwirtschaftlichen Produktivität** durch Bewältigung der in diesem Buch aufgezeigten Herausforderungen steigern.
- **Marktverknüpfungen** zwischen der Landwirtschaft und der übrigen Wirtschaft verbessern.
- **Lehrpläne** an die Anforderungen der Landwirtschaft und verwandter Industriezweige anpassen, wobei der Schwerpunkt nicht nur auf der Landwirtschaft, sondern auch auf hochqualifizierten technischen Berufen liegen sollte,
- Investitionen in die **ländliche Infrastruktur** erhöhen, um die Anbindung zu verbessern, sowohl physisch, d.h. Straßennetz und Transporteinrichtungen, als auch virtuell, d.h. schnelle Internet- und Mobilfunknetzabdeckung,
- Investitionen in die **ländliche Entwicklung** erhöhen, um diese Gebiete durch verbesserten Zugang und eine höhere Qualität öffentlicher Einrichtungen und Dienstleistungen für junge Menschen attraktiv zu machen, einschließlich kultureller Dienstleistungen,
- **Die ländliche Jugend in den politischen Prozess einbeziehen**, damit ihre Stimmen gehört werden.

Heike Baumüller

4.3 Digitalisierung

Digitale Technologien haben das Potenzial, die Produktivität des afrikanischen Agrar- und Lebensmittelsektors zu steigern. Das Mobiltelefon ist die digitale Technologie, die auf dem Kontinent am weitesten verbreitet ist. Sie können die Geschäftsabläufe als Kommunikationsmittel oder über spezielle Dienste, die LandwirtInnen und anderen Akteuren in den landwirtschaftlichen Wertschöpfungsketten angeboten werden, erleichtern. Sie können damit zum Beispiel den Zugang zu Informationen, Betriebsmitteln, Märkten oder Finanzdienstleistungen verbessern (Baumüller, 2018; Malabo Montpellier Panel, 2019a). Andere, derzeit noch weniger verbreitete digitale Technologien sind Computer, Tablets, 3D-Drucker und verschiedene Datenerfassungsgeräte wie Sensoren, GPS-Tracker oder Drohnen. Häufig werden verschiedene Technologien in Kombination eingesetzt.

Verbesserungen in der Produktivität mit Hilfe digitaler Technologien können entlang der gesamten Wertschöpfungskette angewendet werden. Bislang lag der Schwerpunkt vor allem auf der Verbesserung der Produktivität von KleinerzeugerInnen. Eine im Jahr 2019 durchgeführte Untersuchung digitaler Lösungen im Landwirtschaftssektor (D4Ag), bei der 390 solcher Lösungen in Subsahara-Afrika untersucht wurden (Tsan et al., 2019)[30], ergab, dass digitale Dienste am häufigsten genutzt werden, um **Beratungsdienste** für KleinerzeugerInnen anzubieten (68 Prozent der registrierten NutzerInnen). Der größte Beratungsdienst in Subsahara-Afrika befindet sich in Äthiopien, wo die staatliche Hotline 80–82 über interaktive Sprachausgabe und SMS vier Millionen LandwirtInnen erreicht.[31] Ein weiteres Beispiel ist der Dienstleister WeFarm,

30 Tsan et al. (2019) definieren D4Ag als den Einsatz digitaler Technologien, Innovationen und Daten zur Transformation von Geschäftsmodellen und -praktiken in der gesamten landwirtschaftlichen Wertschöpfungskette und zur Beseitigung von Engpässen u.a. in den Bereichen Produktivität, Handhabung nach der Ernte, Marktzugang, Finanzen und Lieferkettenmanagement, um mehr Einkommen für KleinerzeugerInnen zu erzielen, die Nahrungsmittelsicherheit und Ernährungssicherung zu verbessern, die Klimaresilienz zu stärken und Jugendliche und Frauen stärker einzubeziehen.

31 http://www.ata.gov.et/programs/highlighted-deliverables/8028-farmer-hotline/

der eine soziales Netzwerk anbietet, auf dem sich ostafrikanische LandwirtInnen bei anderen LandwirtInnen Rat einholen können.[32]

Zu den vielversprechendsten Anwendungsbeispielen gehören digitale Technologien, die den Zugang zu **Finanzdienstleistungen** verbessern und dadurch Investitionen ermöglichen und das Risiko verringern. Mobiltelefone sind bereits weit verbreitet und ermöglichen es, über mobile Bezahlsysteme, wie z.B. M-Pesa in Kenia, Geld zu senden oder zu empfangen. Digitale Technologien können auch den Zugang zu Krediten erleichtern, z.B. durch die Nutzung von Mobiltelefondaten zur Prüfung der Kreditwürdigkeit, oder zur Verwaltung von Krediten sowie die damit verbundenen Zahlungen (siehe auch Abschnitt 4.5). Ein dritter Bereich umfasst die Bereitstellung von Versicherungen. Ein Anbieter von Ernteausfallversicherungen, ACRE Africa[33], beispielsweise verwendet wetterbezogene Fernerkundungsdaten, um im Falle von Ernte- oder Viehverlusten Versicherungsauszahlungen auszulösen.

Ein weiteres wichtiges Anwendungsgebiet betrifft die Verbesserung von **Marktverknüpfungen**, einschließlich der Märkte für Betriebsmittel, Arbeitskräfte und Erzeugnisse. Solche Funktionen werden zunehmend zusammen mit Informationsdiensten angeboten, insbesondere um VerkäuferInnen und KäuferInnen über virtuelle Handelsplattformen miteinander zu verbinden. Digitale Werkzeuge können Marktverknüpfungen auch durch eine bessere Integration der Lieferketten verbessern, um Effizienz und Rückverfolgbarkeit zu verbessern, Nacherntevérluste zu verringern (siehe auch Abschnitt 2.4) und die Teilnahme an regionalen und globalen Wertschöpfungsketten zu erleichtern. So hat beispielsweise das deutsche Softwareunternehmen SAP eine digitale Plattform entwickelt, mit der sich Erzeugnisse bis zum Landwirt zurückverfolgen lassen.[34] Ein weiteres Beispiel ist das kenianische Unternehmen iProcure, das sich selbst als die größte landwirtschaftliche Lieferkettenplattform im ländlichen Afrika bezeichnet.[35]

Bislang ist es schwierig, die tatsächliche Verbreitung dieser digitalen Technologien sowie deren Auswirkungen abzuschätzen. Während die weit verbreitete Einführung von Mobiltelefonen auf dem ganzen Kontinent gut dokumentiert ist[36], ist unklar, in welchem Umfang sie im Agrar- und Lebensmittelsektor eingesetzt wurden und ob sie die erwarteten Vorteile tatsächlich geliefert haben.

32 https://wefarm.co
33 https://acreafrica.com/
34 https://www.sap.com/germany/products/agriculture-supply-chain-mgmt.html
35 https://iprocu.re/
36 https://www.itu.int/en/ITU-D/Statistics/Pages/default.aspx

Die Daten, die über den Einsatz spezieller D4Ag-Lösungen gesammelt wurden, deuten darauf hin, dass es in Afrika viele solcher Dienste gibt, deren Reichweite jedoch begrenzt und geografisch ungleichmäßig verteilt ist. Von den 33 Millionen registrierten NutzerInnen der 390 erforschten D4Ag Dienste gelten 42 Prozent als engagierte NutzerInnen, d.h. sie wissen, wie die Dienste zu nutzen sind, und nur 15–30 Prozent sind aktive NutzerInnen (Tsan et al., 2019). Die meisten NutzerInnen (70 Prozent) befinden sich in Ostafrika, wo mehr als die Hälfte der Anbieter ihren Hauptsitz hat. Junge Menschen sind die HauptnutzerInnen digitaler Dienste; die Mehrheit der registrierten NutzerInnen (>70 Prozent) ist unter 35 Jahre alt. Die Reichweite der meisten Dienste ist gering und nur 15 D4Ag-Lösungen überschreiten die Marke von einer Million NutzerInnen.

Der begrenzte Zugang zu Finanzmitteln kann diese Statistiken teilweise erklären. Viele D4Ag-Lösungen sind nach wie vor auf Investitionen von Geldgebern angewiesen, während Investitionen des Privatsektors im Rückstand sind. Im Jahr 2018 machten Investitionen in afrikanische D4Ag-Start-ups nur 3–6 Prozent aller Investitionen in afrikanische Technologie-Start-ups aus (Tsan et al., 2019). Obwohl die meisten der verfügbaren digitalen Lösungen versuchen, Einnahmen aus ihren Dienstleistungen zu erzielen, gab nur etwa ein Viertel der befragten Unternehmen selbst an, finanziell nachhaltig zu sein (Tsan et al., 2019). Dies ist nicht überraschend, da viele der Dienste noch neu sind (d.h. weniger als drei Jahre alt). Es wird geschätzt, dass der derzeitige Umsatz aller Lösungen nur 6 Prozent des möglichen Marktes ausmacht, was auf ein erhebliches Expansionspotenzial hinweist.

Auf der Grundlage der bisher vorliegenden Erkenntnisse ist es nicht möglich, die Auswirkungen der Informations- und Kommunikationstechnologien (IKT) auf den Agrar und Lebensmittelsektor, z.B. auf die Erträge, Produktivität, Einkommen oder Ernährungssicherung, zu quantifizieren. Die wenigen verfügbaren Studien sind in ihrem Umfang begrenzt und stützen sich weniger auf erhobene Daten als auf die Wahrnehmung der NutzerInnen und die eigenen Berichte der Anbieter. Investitionen in zukünftige Forschung sind in diesem Bereich notwendig, um das Ausmaß und die Wirkungspfade besser zu verstehen. Nichtsdestotrotz lassen die verfügbaren Erkenntnisse über D4Ag-Lösungen einige positive Auswirkungen auf die landwirtschaftliche Produktivität vermuten (Baumüller, 2018; Tsan et al., 2019):[37]

37 Dieser Abschnitt enthält eine Zusammenfassung der wichtigsten Erkenntnisse aus der empirischen Literatur. Details und verwandte Referenzen zu den spezifischen Studien, aus denen die Ergebnisse stammen, finden Sie in Baumüller (2018).

- LandwirtInnen berichten, dass der verbesserte **Zugang zu Informationen** durch D4Ag-Lösungen geholfen hat, besser mit wetterbedingten Risiken umzugehen und ihre Anbaumethoden zu verbessern. Einige Studien deuten darauf hin, dass der Zugang zu Preisinformationen über digitale Lösungen die Produktionsplanung verbessern kann, jedoch nur begrenzte Auswirkungen auf die Preise hatte, die für die Erzeugnisse erzielt werden konnten.
- Im Bereich der **Finanzdienstleistungen** konzentrieren sich die meisten Studien auf digitale Bezahlungsdienste, die es den LandwirtInnen erleichtern, Geld zu erhalten, sei es in Form von Überweisungen oder aus ihren außerbetrieblichen Geschäftsaktivitäten. Studien über die Rolle digitaler Technologien beim Zugang zu Krediten oder Versicherungen sind nicht verfügbar.
- Empirische Belege deuten darauf hin, dass D4Ag-Lösungen, die die **Vermarktung** von Produkten erleichtern, nur einen begrenzten Einfluss auf Handelsmuster hatten, da andere Faktoren im ländlichen Kontext das Funktionieren der Märkte untergraben.
- Über die Auswirkungen digitaler Lösungen auf das **Management von Lieferketten** liegen nur wenige Erkenntnisse vor. Eine interne Überprüfung des Agrimanagr-Service des kenianischen Unternehmens Virtual City ergab, dass der Einsatz digitaler Technologien die Zahlungen an die LandwirtInnen beschleunigen, die Kaufzeiten verkürzen und Betrug reduzieren könnte.

Eine Reihe von Trends wird voraussichtlich die Reichweite und die transformative Kraft digitaler Technologien im afrikanischen Agar- und Lebensmittelsektors erhöhen:

Verschiedene Arten von Dienstleistungen werden zunehmend gebündelt und über Plattformen angeboten. Mehr als die Hälfte der 390 D4Ag-Dienste bieten mehr als eine Funktion. Solche Plattformen ermöglichen eine bessere Integration verschiedener Dienste, senken die Betriebskosten und ermöglichen es den NutzerInnen, von verschiedenen Funktionen zu profitieren, ohne eine Unzahl verschiedener digitaler Lösungen abonnieren zu müssen. Zurzeit fehlt es noch an Forschung über die Auswirkungen solcher Plattformen.

Kleinere Start-ups haben bisher den D4Ag-Sektor in Afrika dominiert, doch die Entwicklung hin zu Plattformen zieht zunehmend größere Akteure an. Der kenianische Mobilfunknetzbetreiber Safaricom beispielsweise hat die Plattform Digifarm ins Leben gerufen, um in Zusammenarbeit mit anderen Dienstleistungsanbietern den LandwirtInnen einen „One-Stop-Zugang“ zu Beratungs-, Finanz- und Marketingdienstleistungen zu bieten.[38] Das Engagement größerer

38 https://www.safaricom.co.ke/business/digifarm

Akteure dürfte die Reichweite und die Qualität digitaler Dienste erhöhen, da sie in der Regel über mehr Ressourcen und größere Netzwerke verfügen. Zudem sind sie in der Lage, finanzielle Einbußen zunächst hinzunehmen oder Dienstleistungen kostenlos oder zu reduzierten Preisen anzubieten. Es muss darauf geachtet werden, dass sie nicht lokale Start-ups verdrängen, die diesen Sektor bisher in Afrika vorangetrieben und damit zur Schaffung von Einkommen und Beschäftigung beigetragen haben.

Der Trend zu stärker integrierten Dienstleistungen wird durch die zunehmende Einführung neuer digitaler Technologien jenseits des Mobiltelefons unterstützt (Baumüller und Kah, 2020):

- Zu den vielversprechendsten Technologien gehören **Geräte zur Erfassung großer Datenmengen**, sei es vor Ort oder durch Fernerkundung, kombiniert mit auf künstlicher Intelligenz basierten Systemen zur Datenanalyse für die Entscheidungsfindung. In Südafrika nutzt beispielsweise die Firma Aerobotics Satelliten- und Drohnenbilder, um Schädlings- und Krankheitsausbrüche in landwirtschaftlichen Betrieben zu erkennen.[39] Die sich daraus ergebenden Lösungen sind zwar komplex, doch die Benutzeroberfläche kann für EndnutzerInnen relativ einfach sein und so die geringeren technologischen Kapazitäten und (digitalen) Kenntnissen von KleinerzeugerInnen ausgleichen.
- **Blockchains** (oder Transaktions- und Dokumentationstechnologien) versprechen eine Revolution in der Buchführung, Produktverfolgung und Vertragsgestaltung (Tripolis und Schmidhuber, 2018). Zu den Anwendungsbereichen im Agrar- und Lebensmittelsektor gehören beispielsweise intelligente Verträge, die Verwaltung von Registern, das Lieferkettenmanagement und Finanzdienstleistungen. Obwohl Blockchains im afrikanischen Agrar- und Nahrungsmittelsektor noch nicht weit verbreitet sind, deuten bestehende Beispiele auf ihr Potenzial hin. AgriLedger beispielsweise setzt sein Blockchain-basiertes Rückverfolgbarkeitssystem ein, um kenianische WeizenproduzentInnen bei der Buchführung auf ihrer Farm zu unterstützen und Produkte entlang der Wertschöpfungskette zu verfolgen.[40]
- Ein weiterer vielversprechender Bereich ist der Einsatz **digitaler Technologien zur Automatisierung von Vorgängen** in der landwirtschaftlichen Produktion und Lebensmittelverarbeitung. Es werden Drohnen und Roboter

39 http://www.aerobotics.com/
40 www.agriledger.io/

entwickelt, die zum Säen, Jäten oder zur Ausbringung von Dünger oder Pestiziden auf Farmen eingesetzt werden können; die nigerianische Firma BeatDrone beispielsweise setzt Drohnen zum Sprühen auf Farmen ein.[41] In der Weiterverarbeitung können Automatisierungstechnologien (auch als Industrie 4.0 bezeichnet) dazu beitragen, die Effizienz zu steigern und eine bessere und konstantere Qualität zu gewährleisten.

Angesichts solcher Trends wird die Sammlung und Nutzung von Daten immer wichtiger. Es muss ein Gleichgewicht zwischen den Vorteilen der Nutzung solcher Daten und dem Schutz der Rechte derer, die die Daten zur Verfügung stellen, gefunden werden. Während viele afrikanische Länder bereits über Datenschutzgesetze verfügen oder dabei sind, diese zu entwickeln (Greenleaf and Cottier, 2020), muss die Umsetzung dieser Vorschriften verbessert werden. Darüber hinaus hat eine Überprüfung von D4Ag-Lösungen in Afrika gezeigt, dass nur die wenigsten die nationalen Vorschriften tatsächlich einhalten, indem sie um Zustimmung bitten oder die NutzerInnen darüber informieren, wie Daten gesammelt, verarbeitet und weitergegeben werden (Chichaibelu et al., kein Datum).

Prioritäten für Investitionen und politische Maßnahmen

Investitionen in die Infrastruktur für die mobile Anbindung in ganz Afrika erhöhen, nicht nur um die Reichweite der Netze zu vergrößern, sondern auch um ihre Geschwindigkeit, Zuverlässigkeit und Erschwinglichkeit zu verbessern. Die African Development Bank schätzt, dass jedes Jahr zusätzlich 4–7 Milliarden US-Dollar in die Infrastruktur von Informations- und Kommunikationstechnologien investiert werden müssen (AfDB, 2018). Dies wird vor allem für die Nutzung modernerer digitaler Technologien entscheidend sein, die auf ein schnelles und stabiles Internet angewiesen sind. Prioritäten für Investitionen sind terrestrische Glasfaserkabel sowie die Infrastruktur der „letzten Meile" zur Anbindung der EndnutzerInnen an bestehende Netzwerke. Um die Internetnutzung und die damit verbundenen Dienste zu steigern, müssen insbesondere die Kosten der Daten gesenkt werden. Ein besonderes Augenmerk muss darauf gelegt werden, wie die derzeit unterversorgten ländlichen Gebiete und Bevölkerungsgruppen zu erreichen sind, z.B. durch Universalzugangsfonds, die Abgaben von Mobilfunkbetreibern zur Finanzierung der Infrastruktur, Anbindung vor Ort oder der Stärkung digitaler Kompetenz verwenden.

41 http://beatdrone.co

Ein förderliches Innovationsumfeld für lokale D4Ag-Dienstleister schaffen. Der Ausbau von Innovationszentren und die Beschleunigung von Innovationen würden lokalen Entwicklern einen Raum bieten, in dem sie mit Mentoren, Kollegen und Geldgebern in Kontakt treten können, und ihnen dabei helfen, Start-ups voranzubringen. In Afrika sind bereits über 600 solcher Innovationszentren aktiv, die durch zusätzliche Investitionen unterstützt werden könnten. Darüber hinaus würde ein verbesserter Zugang zu Finanzmitteln auf mittlerer Ebene Unternehmen in die Lage versetzen, die Gründungsphase zu überstehen. Zudem muss das Geschäftsumfeld insgesamt gestärkt werden, um Anreize für Investitionen zu schaffen und das Überleben vielversprechender Start-ups zu sichern. Dies beinhaltet Rechtssicherheit, ein geringes Maß an Korruption und eine positive Steuerpolitik, die Anreize schafft.

Menschliche Kapazitäten zur Entwicklung und Nutzung digitaler Innovationen im Agrar- und Lebensmittelsektor stärken. Zwei Investitionsbereiche sind hier wichtig. Zum einen sollten die menschlichen Kapazitäten von Anbietern digitaler Innovationsdienste durch spezielle Hochschulkurse gestärkt werden. Mehrere solcher Kurse sind bereits entstanden, insbesondere in Ostafrika. Kurse, die sektorales Fachwissen in Bezug auf Ernährung und Landwirtschaft vermitteln, sollten als Teil der Ausbildung aufgenommen werden. Zum anderen sollte die digitale Kompetenz der NutzerInnen verbessert werden, um die Annahme von D4Ag-Lösungen zu erleichtern, indem entsprechende Schulungen in die Lehrpläne von Schulen, Berufsausbildungen und Universitäten integriert werden. Die Schulungsaktivitäten sollten sich auch an mögliche Vermittler zwischen D4Ag-Diensten und LandwirtInnen richten, wie z.B. Berater, Händler von Betriebsmitteln oder Vertreter für mobile Bezahlsysteme.

Am wichtigsten ist, dass digitale Technologien in **umfassendere Strategien für die Landwirtschaft und die ländliche Entwicklung** eingebettet werden (wie im Rest dieses Buchs skizziert). Dies kann den Gesamtkontext verbessern, in dem die D4Ag-Lösungen bereitgestellt werden, und es den NutzerInnen ermöglichen, alle ihre Funktionen zu nutzen.

Assefa Admassie und Oliver Kirui

4.4 Forschungsinvestitionen in Partnerschaft

Investitionen in die landwirtschaftliche Forschung und Entwicklung (F&E) sind ein treibender Faktor des landwirtschaftlichen Produktivitätswachstums (Evenson and Gollin, 2003; Fuglie and Rada, 2013; McIntyre et al., 2009). Verschiedene Studien haben gezeigt, dass die Erträge aus landwirtschaftlichen Investitionen in F&E enorm sind (Alston and Pardey, 2017; Gardner et al., 2001; Mogues et al., 2015). So wird beispielsweise geschätzt, dass jeder US-Dollar, der für nationale landwirtschaftliche F&E ausgegeben wird, im Gegenzug durchschnittlich 3 US-Dollar generiert (Fuglie and Rada, 2013; Lynam et al., 2016). Studien haben auch gezeigt, dass die Auswirkungen der landwirtschaftlichen Investitionen in F&E im Vergleich zu anderen modernen landwirtschaftlichen Betriebsmitteln viel höher sind (Mogues et al., 2012). Darüber hinaus sind nachhaltige Investitionen in die Agrarforschung von entscheidender Bedeutung angesichts der zeitlichen Verzögerung zwischen Investitionen und erwarteten Erträgen – etwa 10 Jahre, laut einer Studie von Alene (2010).

Investitionen in die Forschung und Entwicklung

Afrikanische Regierungen haben die entscheidende Rolle landwirtschaftlicher F&E erkannt. Das CAADP-Programm betont die Notwendigkeit, die landwirtschaftliche Forschung sowie die Verbreitung und Übernahme von Technologien als Teil seiner Strategie der „Vier-Säulen“ auszuweiten, und die Afrikanische Union hat über die NEPAD für die Regierungsinvestitionen in landwirtschaftliche F&E ein Ziel von mindestens einem Prozent des landwirtschaftlichen BIPs festgelegt. Die Wissenschaftsagenda für die Landwirtschaft in Afrika (S3A), die auf dem Gipfeltreffen der afrikanischen Staatschefs 2014 verabschiedet wurde, betonte ebenfalls die Notwendigkeit, einen länderübergreifenden Plan für die Umsetzung zu entwickeln.

Die tatsächlichen Investitionen in F&E der zentralen und lokalen Regierungen in Afrika sind jedoch immer noch zu gering, um die landwirtschaftliche Produktivität zu beeinflussen (Alston und Pardey, 2014),[42] obwohl sie nach wie vor die wichtigste Finanzierungsquelle für die öffentliche landwirtschaftliche

42 Eine Studie von Benin et al. (2016) zeigt, dass die meisten afrikanischen Länder in

F&E sind. Im Allgemeinen empfiehlt das Global Forum on Agricultural Research Entwicklungsländern, mindestens einen bis 1,5 Prozent ihres landwirtschaftlichen BIPs in die Agrarforschung zu investieren (Lele et al., 2010). Ein Bericht des International Food Policy Research Institute über Agrarforschungsinvestitionen in Subsahara-Afrika zeigte, dass die landwirtschaftliche Investitionsintensität seit 2014 tatsächlich zurückgegangen ist (Beintema und Stads, 2017)[43]. Trotz des Ziels mindestens einen Prozent der öffentlichen Ausgaben für die landwirtschaftliche Forschung und Entwicklung auszugeben, haben nur sechs der 36 Länder, die in der Studie untersucht wurden, im Jahr 2014 mehr als einen Prozent ihres landwirtschaftlichen BIPs in F&E investiert (Beintema und Stads, 2017; World Bank, 2016). Bei den Investitionen gibt es große Unterschiede zwischen diesen Ländern. Allgemein ist die durchschnittliche Agrarforschungsintensität Afrikas von 0,68 Prozent im Jahr 2000 auf 0,46 Prozent im Jahr 2014 zurückgegangen (Beintema und Stads, 2017).

Der größte Teil der verfügbaren Mittel für landwirtschaftliche F&E wird von Personalgehältern sowie von Betriebs- und Programmkosten verschlungen, so dass nur noch wenig für die Steigerung des Kapitals übrigblieb. Laut einer Studie von Beintema und Stads (2017) wurden im Zeitraum 2009–2014 etwa 54 Prozent der öffentlichen Ausgaben in den 36 untersuchten Ländern für die Finanzierung von Gehältern verwendet, während der Betrieb und die Programme sowie die Steigerungen des Kapitals nur 29 bzw. 17 Prozent der öffentlichen Investitionen erhielten. Viele afrikanische Länder verfügen zudem über unzureichend ausgebildetes und erfahrenes Personal mit entsprechenden postgradualen Qualifikationen (Lynam et al., 2016). An den Agrarfakultäten und Agrarforschungsorganisationen herrscht ein Mangel an AgrarwissenschaftlerInnen mit einem abgeschlossenen Masterstudium oder einer Promotion. Obwohl die Zahl der Studierenden an afrikanischen Universitäten in den letzten Jahrzehnten rapide angestiegen ist, ist die Zahl der Studenten, die in Postgraduiertenprogrammen an den Agrarfakultäten eingeschrieben sind, immer noch recht gering. Angesichts von Budgetbeschränkungen und einer großen Zahl von Angestellten und Programmen sind die nationalen Agrarforschungssysteme (NARS) in Afrika oft gezwungen, die nicht lohnbezogenen Betriebsausgaben zu kürzen wie z.B. Ausgaben für Laborbedarf, Ausrüstung,

---

Subsahara-Afrika für den Zeitraum von 2010 bis 2015 weniger als fünf Prozent ihres Agrarhaushalts für die Forschung aufwendeten.

43 Die landwirtschaftliche Investitionsintensität ist definiert als die Ausgaben für landwirtschaftliche F&E, ausgedrückt als Anteil am landwirtschaftlichen BIP.

Ersatzteile, Ausbildung, Wartung, Treibstoff und Ähnliches. So verzeichnete beispielsweise die Hälfte der Länder in Subsahara-Afrika zwischen 2000 und 2011 fast kein oder ein negatives Wachstum der landwirtschaftlichen Investitionen in F&E (World Bank, 2016). Infolgedessen ist die Leistung der Forschungssysteme häufig unbefriedigend.

Argumente für Zusammenarbeit und Partnerschaft

Vor dem Hintergrund begrenzter und rückläufiger öffentlicher Ausgaben für die Agrarforschung auf nationaler Ebene werden zu viele Themen und Programme mit unzureichenden Ressourcen ausgestattet. Zusätzlich kommt es zu doppelter Arbeit, da jedes Land dieselbe, eher begrenzte Forschungsagenda verfolgt. Zusammenarbeit und Partnerschaften mit regionalen und subregionalen Organisationen wird daher eine wichtige Rolle bei der Finanzierung und Verbesserung der Agrarforschungssysteme in Afrika spielen. Forschungspartnerschaften mit nationalen und internationalen Organisationen sind für die Entwicklung und Förderung landwirtschaftlicher Innovationen zur Steigerung der Lebensmittelproduktion und zur Verringerung der Armut notwendig. In Anerkennung dieser Tatsache hat die NEPAD die Notwendigkeit deutlich betont, durch gemeinsame Forschung zwischen regionalen, kontinentalen und globalen Forschungszentren Partnerschaften aufzubauen.

Durch die Bündelung begrenzter Ressourcen und Talente können Partnerschaften die Durchführung einer gemeinsamen Forschungsagenda zwischen den teilnehmenden Ländern erleichtern und dadurch zur Verbesserung der Effektivität von Agrarforschungssystemen beitragen. Die Zusammenarbeit in Form von Forschungsallianzen und -partnerschaften könnte die Einrichtung Sektor-übergreifender Plattformen für gegenseitiges Lernen (Peer-Review) und gegenseitige Rechenschaftspflicht umfassen (NASAC, 2018). Es wird auch davon ausgegangen, dass Partnerschaften zur Entwicklung technischer, institutioneller und organisatorischer Innovationen zur Qualitätsverbesserung führen. Ein partnerschaftlicher Ansatz in der landwirtschaftlichen F&E würde es darüber hinaus ermöglichen, neue Technologien, die an einem Standort generiert werden, zu evaluieren und an die unterschiedlichen Gegebenheiten anderer Standorte anzupassen. Dies ist wichtig, da moderne landwirtschaftliche Technologien nicht immer universell an andere Umgebungen als die, in denen sie entwickelt wurden, angepasst werden können. Vieles, wenn auch nicht alles, ist in der Agrarforschung standortspezifisch.

Forschungspartnerschaften sollten alle Akteure der Wertschöpfungskette miteinbeziehen, u.a. die NARS, die lokalen Verwaltungen, die LandwirtInnen, die Bauernverbände, die Nichtregierungsorganisationen, der Privatsektor und die Consultative Group on International Agricultural Research Centres (CGIAR). Nationale Agrarforschungsinstitute (NARIs) könnten mit nationalen, regionalen und internationalen Partnern und Angestellten auf der Grundlage gemeinsam vereinbarter Rahmenbedingungen zusammenarbeiten. Die NARS stellen z.B. lokales Wissen zur Verfügung, die LandwirtInnen ihr indigenes Wissen, ihr Land und ihre Arbeitskräfte und der Privatsektor seine Produktion, ihr Marketing und ihre Informationen. Nichtregierungsorganisationen beteiligen sich an Ausbildung und Finanzierung, die CGIAR-Zentren helfen beim Kapazitätsaufbau, Bauernverbände versammeln LandwirtInnen auf lokaler, regionaler und nationaler Ebene und die lokale Regierungsverwaltung leistet politische Unterstützung. Partnerschaften und Zusammenarbeit könnte gemeinsame Forschungsprojekte, die Demonstration und Förderung von Technologien sowie den Austausch von Personal, Studenten und Finanzmitteln usw. umfassen.

Die Schaffung und Stärkung von Partnerschaften zwischen den afrikanischen NARS und nationalen und globalen Forschungszentren würde es teilnehmenden Instituten ermöglichen, sich nur auf ausgewählte strategische Forschungsbereiche zu spezialisieren. Die große Vielfalt zwischen den Ländern macht pauschale Aussagen über die Akteure der afrikanischen Landwirtschaft schwierig. In den meisten Fällen umfassen die NARS mehrere NARIs sowie mehrere Hochschuleinrichtungen (Roseboom und Flaherty, 2016). Die afrikanischen NARS sind oft auf nationaler Ebene stark zersplittert und verfügen nur über begrenzte Kapazitäten in der Agrarforschung, was sie zwingt, sich hauptsächlich auf adaptive Forschung zu konzentrieren. Deshalb würden solche Partnerschaften es den NARS ermöglichen, von Größenvorteilen zu profitieren und doppelte Forschung zu vermeiden. Es sollten auch Anstrengungen unternommen werden, Partnerschaften von WissenschaftlerInnen aus NARS und subregionalen Forschungsorganisationen (SROs) mit dem Privatsektor und Nichtregierungsorganisationen zu stärken.

Nichtregierungsorganisationen sind aktive Partner im Kampf gegen Armut und starke Fürsprecher für die sozialen, wirtschaftlichen und politischen Rechte der Armen. Daher sollten die NARIs ihre Zusammenarbeit mit diesen Organisationen verbessern. Auch das afrikanische Forschungssystem wird von dem öffentlichen Sektor mit geringer oder keiner Beteiligung des Privatsektors dominiert. Wo es die Situation erlaubt, sollten NARIs und kontinentale und subregionalen Agrarforschungseinrichtungen Partnerschaften mit dem Privatsektor aufbauen.

Bereits bestehende Forschungspartnerschaften

In Afrika gibt es vier SROs[44], um die landwirtschaftliche F&E regional zu koordinieren. Das Forum for Agricultural Research in Africa (FARA) wurde in 2001 als kontinentale Organisation gegründet, um die Zusammenarbeit in der Agrarforschung in ganz Afrika zu fördern und zu koordinieren. Im Rahmen seiner Funktionen zur Unterstützung von Netzwerken ist die Entwicklung von Partnerschaften und strategischen Allianzen eine seiner Hauptaufgaben (Adekunle et al., 2013). Diese Funktion zielt darauf ab, effektive Partnerschaftsmodelle zu identifizieren, die die nationalen und subregionalen Forschungssystemen auf dem Kontinent besser unterstützen würden. Dennoch ist eine bessere Koordination und klare Trennung der Verantwortlichkeiten erforderlich, da sich die Mandate des FARA und der SROs stark überschneiden. Darüber hinaus sind sowohl das FARA als auch die SROs stark von der Finanzierung durch Geldgeber abhängig, was nicht immer nachhaltig ist.

Auf globaler Ebene ist die CGIAR, die aus einer Gruppe von 15 internationalen Agrarforschungszentren besteht, eine wichtige Plattform für landwirtschaftliche Forschungspartnerschaften. Die CGIAR-Zentren versuchen, globale Herausforderungen für die Entwicklung anzugehen, indem sie, unter anderem, gemeinsame Forschung mit NARS durchführen, WissenschaftlerInnen ausbilden und Zugang zu verbessertem Keimplasma usw. gewähren. Im Laufe der Jahre waren die CGIAR-Zentren die Hauptlieferanten für landwirtschaftliche Innovationen in Afrika. Die CGIAR-Zentren sind finanziell besser ausgestattet als die afrikanischen NARS. Allerdings gab es eine nur schwache Koordination zwischen den verschiedenen CGIAR-Zentren und -Programmen, was zu doppelter Arbeit und gelegentlich zu Konkurrenz führte (CGIAR, 2005). In jüngerer Zeit wurde versucht, die Zusammenarbeit zwischen den CGIAR-Zentren, der SROs und den NARS durch die Festlegung gemeinsamer Forschungsprioritäten zu verbessern.

Neben der Zusammenarbeit mit den Zentren der CGIAR hat das afrikanische Agrarforschungssystem auch von einer starken bilateralen Forschungszusammenarbeit mit Forschungseinrichtungen in Industrieländern profitiert. Forschungsinstitute und Universitäten in Industrieländern haben

44 North Africa Research Organization (NARO), West and Central African Council for Agricultural Development (CORAF/WECARD), Center for Coordination of Agricultural Resources and Development for Southern Africa (CCARDESA) and the Association for Strengthening Agricultural Research in East and Central Africa (ASARECA).

auf unterschiedliche Weise wissenschaftliche Unterstützung geleistet, um spezifische Probleme der Agrarforschung in afrikanischen Ländern anzugehen. So bemüht sich beispielsweise die von FARA ausgerichtete Platform for African-European Partnership on Agricultural Research for Development (PAEPARD) um die Stärkung der Zusammenarbeit in der Agrarforschung zwischen Europa und Afrika. Auch die von der deutschen Bundesregierung geförderten Grünen Innovationszentren bieten eine wichtige Möglichkeit für bilaterale Forschungspartnerschaften. Die Süd-Süd-Zusammenarbeit in der Agrarforschung hat ebenfalls zugenommen, wobei die beiden prominentesten dieser Kooperationspartner Brasilien und China sind.

Das Potenzial für die Beteiligung des Privatsektors an Forschung und Entwicklung in Afrika ist enorm. Die privaten Akteure der Agrarforschung lassen sich in drei Kategorien einteilen: Forschung der Industrien für die Herstellung von Betriebsmitteln, Forschung der in der Produktion tätigen Unternehmen und Forschung der landwirtschaftlichen Verarbeitungsindustrie (IFPRI, 2016). Allerdings gibt es in Afrika nur sehr wenige private Anstrengungen in der Agrarforschung, die sich auf wenige Nutzpflanzen beschränken. In Afrika wird die private Agrarforschung durch begrenzte Märkte, einen Mangel an technischem Forschungspersonal, schwache Forschungsprogramme des öffentlichen Sektors und ein ungünstiges Geschäftsumfeld eingeschränkt (z.B. schwache geistige Eigentumsrechte) (IFPRI, 2016). Privatunternehmen können möglicherweise Forschungsaktivitäten finanzieren, die von nationalen Agrarforschungsinstituten und Universitäten durchgeführt werden.

Prioritäten für Investitionen und politische Maßnahmen

Investitionen in F&E in den Agrar- und Lebensmittelsektor als wichtiges Instrument für breit angelegte Innovationen erhöhen. Die Landwirtschaft in Subsahara-Afrika erfordert wesentlich höhere Investitionen in F&E. Obwohl Landwirtschaft und Ernährungssicherung klare Prioritäten auf der politischen Agenda vieler einkommensschwacher Länder sind, haben die Investitionen in F&E nicht ausreichend zugenommen. Stärkere internationale ernährungs- und agrarwissenschaftliche Partnerschaften zwischen Industriel- und Schwellenländern können wichtige Beiträge leisten. Darüber hinaus ist angesichts der knappen Finanzmittel die Einführung innovativer Finanzierungsmöglichkeiten sowie die Koordinierung und Priorisierung der Arbeiten zwischen verschiedenen Forschungseinrichtungen erforderlich.

Vorteile der landwirtschaftlichen F&E verstärken, indem die Verknüpfungen in der Agrarforschung zwischen ProduzentInnen, dem privaten und

dem gemeinnützigen Sektor verbessert werden, um eine effektivere Nutzung der landwirtschaftlichen F&E zu gewährleisten. Die NARIs in Afrika könnten die Übernahme ihrer Forschungsergebnisse verbessern, wenn sie mit dem Privatsektor, den Bauernverbänden und Akteuren der Zivilgesellschaft zusammenarbeiten würden. Diese Organisationen sind besonders wichtige Partner bei der Identifizierung von Problemen sowie der Validierung und Verbreitung neuer Technologien. Diese Partner können sich auch an der Lobbyarbeit afrikanischer Regierungen für eine verstärkte Unterstützung der landwirtschaftlichen F&E beteiligen.

Verknüpfungen zwischen landwirtschaftlichen Forschungszentren und Beratungsdiensten verbessern. Ein entscheidendes Element zur Verbesserung der Leistung des Agrarforschungssystems ist die Wirksamkeit der Verknüpfungen zwischen der Forschung und den Beratungsdiensten. Daher ist es notwendig, die Effizienz der landwirtschaftlichen Beratungsdienste zu verbessern und ihre Kapazitäts- und Finanzierungsprobleme anzugehen.

Bezawit Beyene Chichaibelu

4.5 Ländliche und landwirtschaftliche Finanzierung

Nach Jahren politischer Reformen hinken die afrikanischen Länder bei der Bereitstellung effizienter Finanzdienstleistungen sowohl für die Landwirtschaft als auch für ländliche Gebiete immer noch hinterher. Neue Produkte, Lieferkanäle und Partnerschaften sowie eine größere Aufmerksamkeit für Spareinlagen und andere Finanzdienstleistungen geben der Landbevölkerung Hoffnungen im Hinblick auf die finanzielle Eingliederung und alle damit verbundenen Vorteile.

Der aktuelle Stand der ländlichen und landwirtschaftlichen Finanzdienstleistungen in Afrika

Die Verbesserung des Zugangs zu Finanzdienstleistungen für landwirtschaftliche ErzeugerInnen und Agrarunternehmen ist von entscheidender Bedeutung, um das landwirtschaftliche Potenzial Afrikas freizusetzen und das Wachstum des Sektors zu finanzieren. AgrarproduzentInnen und Agrarunternehmen sind die größten Investoren in der Landwirtschaft. Daher ist die Verbesserung ihres Zugangs zu Finanzdienstleistungen wie Krediten, Sparprodukten, dem Zahlungsverkehr und Versicherungsprodukten von entscheidender Bedeutung, um Investitionen in den Sektor und damit das Wachstum und die Rentabilität von Agrarkreditprodukten zu fördern (AU und GIZ, 2012).

Der Agrarfinanzsektor in Afrika verfügt über ein großes Entwicklungspotenzial, da die finanziellen Bedürfnisse der ProduzentInnen und der Agrarunternehmen nach wie vor nicht gedeckt sind. Von den gesamten Krediten, die der Wirtschaft zur Verfügung stehen, erhält der Landwirtschaftssektor am wenigsten. Dies führt dazu, dass die Akteure in der landwirtschaftlichen Wertschöpfungskette, insbesondere KleinerzeugerInnen, auf ihre geringen Ersparnisse oder auf informelle Kreditquellen angewiesen sind. Gegenwärtig machen Kredite an die Land-, Forst-, Vieh- und Fischereiwirtschaft in Afrika nur einen geringen Prozentsatz der kommerziellen Kredite aus, wobei dies von Land zu Land unterschiedlich ist, z.B. drei Prozent in Sierra Leone 12 Prozent in Tansania, und der generelle Zugang zu Finanzdienstleistungen im landwirtschaftlichen und ländlichen Sektor nach wie vor gering ist (AfDB, 2016a). Insgesamt leiden KMUs in Subsahara-Afrika unter einer Finanzierungslücke von schätzungsweise 331 Milliarden US-Dollar (IFC, 2020), wovon ein großer Teil der KMUs aus dem Agrarsektor stammt (CTA, 2016). Wo es Zugang gibt, sind die Transaktionskosten hoch und Dienstleistungen sind teilweise von inakzeptabler Qualität (Dalberg Global Development Advisors, 2016; Sarris, 2016).

Darüber hinaus ist der größte Teil der landwirtschaftlichen Finanzierung für KleinerzeugerInnen nur in Form von kurzfristigen Exportfinanzierungen verfügbar, die den Erzeugerorganisationen angeboten werden. Dies ist problematisch, weil nur zehn Prozent der KleinerzeugerInnen solchen Organisationen angehören und daher nur etwa fünf Prozent ihres gesamten Finanzierungsbedarfs tatsächlich gedeckt werden. Da sich diese Art der Finanzierung meist auf die Finanzierung des Exporthandels konzentriert, wird die Nachfrage nach Finanzierungsmöglichkeiten für Grundnahrungsmittel, die 90 Prozent der Gesamtnachfrage ausmacht, vernachlässigt (Sarris, 2016).

Eine Reihe bestehender Finanzierungsmodelle für KleinerzeugerInnen zielt auf den landwirtschaftlichen Bedarf ab, darunter Kreditvorleistungen, die den ErzeugerInnen direkt von den Akteuren der Wertschöpfungskette gezahlt werden, Handelsfinanzierungskredite für Erzeugergemeinschaften und Betriebsmittelkredite, die direkt von Mikrofinanzinstitutionen (MFI) oder von staatlichen Banken gezahlt werden (Dalberg Global Development Advisors, 2016). Die erhebliche Diskrepanz zwischen Angebot und Nachfrage schafft jedoch eine Lücke, die informelle Finanzanbieter wie rotierende Spar- und Kreditvereinigungen, lokale Kreditgenossenschaften, Nichtregierungsorganisationen, lokale private Geldverleiher sowie Freunde und Verwandte zu füllen versuchen (Sarris, 2016).

Die Landwirtschaft ist mit hohen systemischen Risiken konfrontiert, die es den Finanzinstitutionen erschweren, in diesem Sektor tätig zu werden. Finanzinstitutionen sind oft nicht in der Lage, die Risiken im Sektor angemessen zu bewerten, und zögern daher, nachhaltige Finanzprodukte für ErzeugerInnen, die Agrarindustrie und andere Akteure in der landwirtschaftlichen Wertschöpfungskette zu entwickeln. Infolgedessen haben Akteure wie KleinerzeugerInnen keinen Zugang zu angemessenen Finanzdienstleistungen, was wiederum ihr Wachstum einschränkt. Einschränkungen speziell im Agrarsektor machen die Finanzierung des Sektors besonders schwierig, da Grundbesitzsysteme die Nutzung von Land als Sicherheit verhindern, Regenfeldbau mit hohen Risiken verbunden ist und die Preise schwanken. Die MFI haben zwar versucht arme ErzeugerInnen zu bedienen aber sind weitgehend in den Städten angesiedelt, lassen mehr ErzeugerInnen in ländlichen Gebieten außen vor und bieten im Allgemeinen nur begrenzte Unterstützung, die sich auf die Deckung des

Bedarfs an Betriebskapital beschränkt (Odhiambo, 2007). Anbieter auf dem Land verfügen in der Regel nicht über ausreichende institutionelle Kapazitäten und empfinden die Risiken von Investitionen im Agrarsektors als zu hoch (Beck und Maimbo, 2013).

Innovationen und neue Trends

Einige vielversprechende innovative Ansätze werden in Afrika eingeführt. Das landwirtschaftliche Leasing bietet jungen UnternehmerInnen und ErzeugerInnen ohne große Sicherheiten ein Polster. Durch das Leasing von Vermögenswerten für eine bestimmte Zeit gegen regelmäßige Zahlungen haben die Leasingnehmer einen besseren Zugang zu Technologien und Land, da sie nicht über eine lange Kreditgeschichte oder Vermögenswerte verfügen müssen, die als Sicherheit dienen können. Von ländlichen Leasingnehmern in Ländern mit niedrigem Einkommen wird jedoch erwartet, dass sie beim Leasing zusätzliche Sicherheiten und eine höhere Kaution oder Anzahlung leisten (IFC, 2012). Mikro-Leasing bietet Kleinstunternehmen in ländlichen Gebieten durch Vermögenswerte gesicherte Darlehen an, damit sie Güter kaufen können, um Einkommen zu erzielen. Dies bietet Flexibilität bei der Rückzahlung und eine angemessene tilgungsfreie Zeit (Dalberg Global Development Advisors, 2016).

Die Finanzierung auf Grund von Lagerhausbescheinigungen, d.h. eine Finanzierung, die durch in einem Lagerhaus gelagerte Waren, deren Existenz durch eine Quittung nachgewiesen wird, gesichert ist, könnte den Zugang zu Geldern verbessern. Dadurch erhalten die Banken liquide Sicherheiten, so dass die ProduzentInnen einen leichteren Zugang zu Krediten haben (IFC, 2012). Die Finanzierung mit Erntequittungen ist eine ähnliche Art der innovativen Finanzierung; allerdings sichert sie die Finanzierung vor der Ernte und nicht erst danach. Eine Erntequittung ist ein Schuldschein, der an einen ErzeugerInnen oder an Bauernverbände ausgegeben wird und die Lieferung einer bestimmten Anzahl von Feldfrüchten, Vieh oder des Gegenwerts in bar zu einem zukünftigen Zeitpunkt vorschreibt. Physische Erntequittungen funktionieren ähnlich wie ein vorausbezahlter Termin-Liefervertrag, während finanzielle Erntequittungen als besicherte Darlehen fungieren (Hollinger und Gross, 2019).

Der Aufstieg der digitalen Finanzdienstleistungen (DFS) eröffnet das Potenzial, Barrieren zu überwinden und die Finanzierung im landwirtschaftlichen und ländlichen Sektor zu erhöhen. DFS können den Zugang zu Agrarkrediten verbessern, indem sie die Transaktionskosten senken. Beispielsweise kann „E-Warehousing", die digitalisierte Verwendung von Lagerbelegen, für Kreditsicherheiten genutzt werden. Durch den Einsatz mobiler Registrierung und Zahlungen können Versicherungsanbieter KleinerzeugerInnen Versicherungen zu geringeren Kosten anbieten. Digitales Finanzwesen ermöglicht auch mobile Geldüberweisungen, wodurch Zahlungen an KleinerzeugerInnen für landwirtschaftliche Zwecke erleichtert werden, insbesondere im Auftrag von Regierungen und Organisationen. Sparprodukte für KleinerzeugerInnen werden ebenfalls digital angeboten (GPFI, 2015) (siehe auch Abschnitt 4.3).

Das Konzept der Wertschöpfungsketten-Finanzierung (Value Chain Finance, VCF) hat sich ebenfalls als ein möglicher Weg zur Finanzierung der afrikanischen Landwirtschaft herauskristallisiert. Als Finanzierungsmodell findet es innerhalb der Wertschöpfungskette statt und wird durch den Einsatz von Beziehungen und Mechanismen in der Wertschöpfungskette ermöglicht (Miller und Jones, 2010; Triki und Faye, 2013). Zur Umsetzung von VCF können zwei Strategien eingesetzt werden: Die erste bietet Finanzierungen gegen garantierte Abnahmevereinbarungen mit KleinerzeugerInnen, und die zweite bietet KleinerzeugerInnen Kredite über die Wertschöpfungsketten großer multinationaler Rohstoffabnehmer. VCF kann finanzielle Ressourcen für ErzeugerInnen und die ländliche Bevölkerung in Afrika erschwinglicher und zugänglicher machen (Triki und Faye, 2013). Es schafft jedoch auch Abhängigkeit von einem einzigen KäuferInnen und macht die ErzeugerInnen verwundbar (IFC, 2012).

Agrarversicherungen können nicht von Krediten getrennt werden, da sie dazu dienen, die Risiken der Landwirtschaft zu verringern und die Rentabilität landwirtschaftlicher Kreditprodukte zu verbessern. In Subsahara-Afrika war die landwirtschaftliche Versicherung 2015 nur bei sechs Prozent der KleinerzeugerInnen angekommen (Dalberg Global Development Advisors, 2016). Der Zugang zu Versicherungen hat in den letzten Jahren zugenommen, insbesondere im Rahmen privat-öffentlicher Partnerschaften. Nichtregierungsorganisationen legen den Schwerpunkt auf ihre Netzwerke, um die KleinerzeugerInnen zu erreichen, während private Versicherer die Versicherungsverträge bereitstellen. Eine andere Form der Versicherung, die index-basierte Versicherung, versucht, die Herausforderungen zu überwinden, mit denen traditionelle Formen der Ernteversicherung konfrontiert sind, indem sie Ereignisse abdeckt, die negativ mit der regionalen landwirtschaftlichen Produktion oder dem Einkommen korrelieren (GPFI, 2015).

Vorranginge Aktionsbereiche für den verbesserten Zugang zu ländlichen und landwirtschaftlichen Finanzen

Es sollte eine Strategie für die Ausweitung der Agrarfinanzierung entwickelt und in einer effektiven und engagierten Institution verankert werden. Die Agrarfinanzierung ist ein politisches Waisenkind (AU und GIZ, 2012), was einen politischen Verfechter auf Länderebene erfordert, der mit verschiedenen Interessengruppen zusammenarbeitet und ein spezifisches hochrangiges Koordinierungsgremium zur Förderung politischer Initiativen leiten kann. Gleichzeitig sollte die politisch begründete Einmischung in die Agrarfinanzmärkte beseitigt werden, während der Regierung weiterhin eine klar definierte und angemessene Rolle zukommt, die hauptsächlich auf die Förderung nachhaltiger Finanzsysteme und gegebenenfalls die Finanzierung der Landwirtschaft ausgerichtet ist. Die politischen Entscheidungsträger müssen auch erkennen, dass die beschlossene Auferlegung von Zinsobergrenzen der nachhaltigen Bereitstellung von landwirtschaftlichen Finanzdienstleistungen abträglich ist und nur dann in Betracht gezogen werden sollte, wenn missbräuchliche Praktiken auftreten. Regierungen sollten sich vielmehr darauf konzentrieren, Risiken zu verringern und das Vertrauen in den Sektor zu stärken, indem sie Informationen und Anreize zur Verbesserung der Leistung von Finanzinstitutionen bereitstellen (AU und GIZ, 2012).

Kluge Subventionen konzentrieren sich auf die Minimierung von Verzerrungen und die Maximierung des Nutzens, wobei sie gleichzeitig transparent, an Regeln gebunden, begrenzt und zeitlich befristet sein müssen und im Vorfeld klar definierte Ausstiegsstrategien benötigen (AU und GIZ, 2012). Der Ansatz sollte sich auf die Unterstützung öffentlicher Güter konzentrieren, die Finanzsysteme unterstützen, nicht aber auf die Unterstützung von Zielgruppen und damit von privaten Gütern. Einige Beispiele für intelligente Subventionen sind zeitgebundene Subventionen für Finanzvermittler mit einem erwarteten Replikationseffekt, Subventionen für die finanzielle Infrastruktur, die höhere Erträge abwirft, und Subventionen für die wirtschaftliche und soziale Infrastruktur zum Aufbau der Kapazitäten von KleinerzeugerInnen und anderen Teilnehmern der landwirtschaftlichen Wertschöpfungskette (AU und GIZ, 2012).

Notwendig ist ein günstiges rechtliches und regulatorisches Umfeld, das die Besonderheit der Agrarfinanzierung berücksichtigt und Finanzierungshindernisse beseitigt. Die bestehenden Vorschriften der Banken können die landwirtschaftliche Kreditvergabe an KleinerzeugerInnen unnötig erschweren, da (i) die LandwirtInnen möglicherweise nicht in der Lage sind, die Anforderungen an

Kreditsicherheiten zu erfüllen, (ii) die Rückstellungsanforderungen zu streng sind und die Kosten für Kreditvergabe und Zweigstellenregelungen erhöhen und (iii) die Anforderungen der Berichterstattung ländliche Finanzinstitutionen mit unnötigen Kosten überlasten können (AU und GIZ, 2012). Die Zulassung alternativer Formen von Sicherheiten, wie mobile materielle persönliche Vermögenswerte, Lagerhausbescheinigungen, zukünftige Ernte und andere Ersatzsicherheiten, kann es den ErzeugerInnen ermöglichen, die Anforderungen an Sicherheiten zu erfüllen und ihren Zugang zu Krediten zu verbessern.

Staatliche landwirtschaftliche Entwicklungsbanken haben traditionell schlecht abgeschnitten. Durch die Reform dieser Banken und die Verbesserung ihrer Führung und Verwaltung kann die Agrarfinanzierung ausgeweitet werden. Über die geeignetste Strategie im Umgang mit solchen Banken wird viel diskutiert. Einige Banken wurden erfolgreich reformiert, wie z.B. die Banque National de Développement Agricole in Mali (AU und GIZ, 2012).

Die Entwicklung der Finanzinfrastruktur und die Reform des Grundbesitzes sind wichtig. Die Finanzinfrastruktur, die in Afrika noch in den Kinderschuhen steckt, kann durch den Aufbau von Kreditinformationsbüros, Registern für Sicherheiten und Schulungsinstituten für Finanzinstitutionen unterstützt werden. Die Ausdehnung der Finanzinfrastruktur in ländliche Gebiete hat das Potenzial, hohe Gewinne zu erzielen (AU und GIZ, 2012). Zudem müssen bestehende Grundbesitzsystem in Betracht gezogen werden. Private Grundbesitzverhältnisse bestehen oft nicht, und die Rechte an Land, insbesondere von Frauen, sind von Region zu Region unterschiedlich (siehe auch Abschnitt 5.3). Um Landrechte zu sichern und damit die finanzielle und landwirtschaftliche Entwicklung zu fördern, sollte die Politik langfristige Formen des Grundbesitzes für die landwirtschaftliche Nutzung fördern (AU und GIZ, 2012). Dies sollte von Fall zu Fall und in Abhängigkeit von den bestehenden Traditionen geprüft werden.

Zwischen dem afrikanischen Finanz- und Agrarsektor bestehen große Informationslücken. Dies stellt ein Problem für die Kreditvergabe dar, da die Risikoprofile der Kunden nur unzureichend verstanden werden (AU und GIZ, 2012). LandwirtInnen müssen auch Zugang zu Marktinformationen, Finanzmechanismen und Marketingkanälen haben, damit sie Waren effektiv verkaufen und Kredite zurückzahlen können. Die politischen Entscheidungsträger sollten darauf achten, in bessere Daten, Wissensgenerierung und -verwaltung zu investieren, um die Informationslücke zu schließen. Der Einsatz alternativer Kreditdaten und eines digitalen Prüfungssystems der Kreditwürdigkeit könnten Finanzinstitutionen dabei helfen, das Risikoprofil ihrer Kunden zu bewerten, die Transaktionskosten zu senken und eine sofortige Kreditgenehmigung und -auszahlung zu ermöglichen. In dieser Hinsicht sind digitale Finanzdienstleister gut positioniert, um die Vorteile von Daten und Analysen zu nutzen, um ihren Kundenstamm zu erweitern und den Akteuren der landwirtschaftlichen Wertschöpfungskette einen qualitativ hochwertigeren Service zu bieten.

Prioritäten für Investitionen und politische Maßnahmen

- **Langfristige Strategien zur Ausweitung der Agrarfinanzierung in speziellen Institutionen entwickeln und verankern.** Dies kann erreicht werden, indem das Bewusstsein für (i) die Risiken politischer Interventionen zur Förderung einer integrativen Agrarfinanzierung und (ii) die positiven Auswirkungen einer langfristigen, soliden Agrarfinanzierungspolitik geschärft wird.
- **Intelligenten Subventionsansätze, die die Agrarfinanzierung unterstützt, ohne Marktverzerrungen zu verursachen, fördern.** Dieser Ansatz konzentriert sich auf die Unterstützung öffentlicher Güter, die den Finanzsystemen helfen, und nicht auf die Unterstützung von Zielgruppen und damit von privaten Gütern.
- **Ein günstiges rechtliches und regulatorisches Umfeld schaffen**, das die Besonderheit der Agrarfinanzierung berücksichtigt und Finanzierungshindernisse beseitigt. Ermöglicht wird dies durch die Verwendung alternativer Formen von Sicherheiten wie mobile materielle persönliche Vermögenswerte, Lagerhausbescheinigungen oder zukünftige Ernten.
- **Staatseigene landwirtschaftlicher Entwicklungsbanken reformieren.**
- **Entwicklung der Finanzinfrastruktur in Afrika unterstützen.**
- **Grundbesitzverhältnisse reformieren, um die Entwicklung der Landwirtschaft und die Steigerung der Produktivität zu fördern.**
- **Investitionen in bessere Daten, Wissensgenerierung und -verwaltung erhöhen**, um die Informationslücke zwischen dem Finanz- und dem Agrarsektor zu schließen.

Bei allen diesen Maßnahmen muss die Einbeziehung von Frauen und Minderheiten berücksichtigt werden. Beratungsdienste und Finanzprodukte sollten auf Frauen, Jugendliche und gefährdete Bevölkerungsgruppen zugeschnitten sein (GPFI, 2015). Die Rolle der digitalen Technologie als potenzieller „game changer" sollte nicht übersehen werden: Sie birgt ein enormes Potenzial für eine stärkere finanzielle Eingliederung und Innovationen, die mehr KleinerzeugerInnen erreichen können (GPFI, 2015).

Alisher Mirzabaev

4.6 Energie

Ein verbesserter Zugang zu Energie trägt wesentlich zu nachhaltiger Entwicklung, Wirtschaftswachstum, Armutsbekämpfung, der Schaffung von Arbeitsplätzen und der Verbesserung der Ernährungssicherung in Afrika bei. Gegenwärtig stammen etwa 45 Prozent der Primärenergieversorgung auf dem Kontinent aus traditioneller Biomasse, d.h. hauptsächlich aus Brennholz, während der verbleibende Anteil durch Öl (23 Prozent), Erdgas (15 Prozent) und Kohle (13 Prozent) gedeckt wird (Abbildung 18). Erneuerbare Energien machen nur zwei Prozent der gesamten Primärenergieversorgung aus. Diese Zahlen werden jedoch stark von der Zusammensetzung der Energiequellen in den Ländern Afrikas mit dem höchsten Energieverbrauch beeinflusst, d.h. Südafrika und den Ländern Nordafrikas. In vielen Ländern Subsahara-Afrikas liegt der Anteil der traditionellen Biomasse an der Gesamtenergieversorgung zwischen 70 und 90 Prozent (Mirzabaev et al., 2015).

Gegenwärtig haben etwa 600 Millionen Menschen, d.h. die Hälfte der Bevölkerung Afrikas, keinen Zugang zu Elektrizität. Gleichzeitig schreitet der Ausbau der Stromversorgung auf dem Kontinent mit rasantem Tempo voran: Jährlich erhalten etwa 20 Millionen Menschen Zugang zu Elektrizität (Malabo Montpellier Panel, 2019b). Äthiopien beispielsweise konnte im selben Zeitraum den Zugang der Bevölkerung zu Elektrizität von 12 Prozent im Jahr 2000 auf 45 Prozent im Jahr 2018 ausweiten, Senegal von 37 auf 67 Prozent, Ghana von 43 auf 82 Prozent, Marokko von 69 auf 100 Prozent und Südafrika von 71 auf 91 Prozent (World Bank, 2020e). Äthiopien hat im Rahmen seiner Strategie für eine klimaresistente grüne Wirtschaft gezielt den Zugang zu erneuerbaren Energien und energieeffizienten Technologien im Agrarsektor ausgeweitet. Ghana und Senegal haben ihre Energiesektoren liberalisiert, um die Energieerzeugung und -verteilung durch private Unternehmen zu fördern. Marokko bietet LandwirtInnen steuerliche Anreize und Subventionen für die Installation von solarbetriebenen Wasserpumpen. Südafrika investiert in netzunabhängige Solarsysteme, um den armen und zuvor benachteiligten ländlichen Gemeinden Zugang zu Elektrizität zu verschaffen (Malabo Montpellier Panel, 2019b).

Trotz dieser Fortschritte in vielen afrikanischen Ländern wird davon ausgegangen, dass unter Berücksichtigung des Bevölkerungswachstums bis 2030

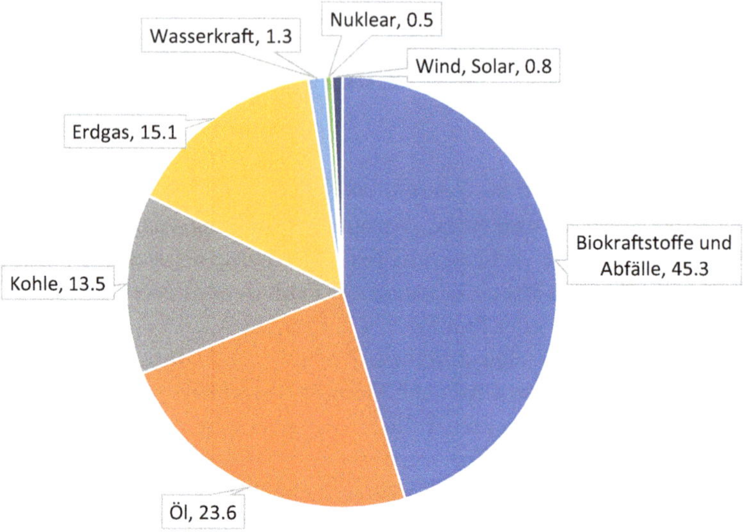

Abbildung 4.6.1: Gesamtanteile der Primärenergieversorgung nach Quellen in Afrika im Jahr 2017

Quelle: Malabo Montpellier Panel (2019b) auf der Basis von IEA-Daten

immer noch 530 Millionen Menschen keinen Zugang zu Elektrizität haben werden. Dieser Mangel ist in ländlichen Gebieten besonders groß: 80 Prozent der Menschen ohne Zugang zu Elektrizität leben in ländlichen Gebieten (Malabo Montpellier Panel, 2019b). Die starke Abhängigkeit von traditioneller Biomasse und der fehlende Zugang zu sauberen Energiequellen verursacht beträchtliche Gesundheitskosten durch Luftverschmutzung in Innenräumen und durch die Einschränkung der industriellen Entwicklung in ländlichen Gebieten, was letztlich die Möglichkeiten zur Schaffung von Arbeitsplätzen einschränkt (Mirzabaev et al., 2015). Die Abhängigkeit von Biomasse führt auch zur Bodendegradation auf dem ganzen Kontinent, da Bäume in Wäldern, Wald- und Strauchlandschaften für Brennholz und Holzkohle gefällt werden (Mirzabaev et al., 2019; Nkonya et al., 2016). Darüber hinaus konkurriert die Produktion von Biomasse für energetische Zwecke, einschließlich Biokraftstoffe, häufig mit der Lebensmittelproduktion um Land und andere Betriebsmittel (Mirzabaev et al., 2015).

Den Zugang zu Elektrizität in ländlichen Gebieten sicherzustellen, ist eine große Herausforderung für die Länder in Subsahara-Afrika. Derzeit haben nur

23 Prozent der Landbevölkerung Zugang zu Elektrizität, der sich vor allem auf die Hauptstädte und andere städtische Gebiete konzentriert. Oft ist der Zugang zu Elektrizität in vielen dieser Gebiete mit Netzanschluss höchst unzuverlässig. Viele afrikanische Stromversorgungsunternehmen sind ohne hohe staatliche Subventionen trotz steigender Strompreise für die VerbrauchererInnen nicht rentabel (Trimble et al., 2016). Dies liegt an Verlusten bei der Übertragung, Verteilung und Abrechnung sowie an der personellen Überbesetzung der öffentlichen Stromversorgungsunternehmen (Trimble et al., 2016). Der Zugang zu Elektrizität in ganz Afrika wächst derzeit mit einer Rate von 5,4 Prozent pro Jahr, diese müsste aber auf 8,4 Prozent erhöht werden, um einen universellen Zugang zu Energie bis 2030 sicherzustellen (gemäß der UN-Nachhaltigkeitsziele) (World Bank, 2017a). Um eine zuverlässige Stromversorgung in Afrika zu erreichen, sind bis 2040 Investitionen in Höhe von rund 120 Milliarden US-Dollar pro Jahr erforderlich, aber nur etwa 100 Milliarden US-Dollar wurden in 2018 in Afrika in den Energiesektor investiert (IEA, 2019). Zum Vergleich: Der Betrag der europäischen Zusagen für afrikanische Energieprojekte betrug 2016 etwa 3,3 Milliarden US-Dollar (AEEP, 2017).

Das Malabo Montpellier Panel (2019b) weist auf eine starke positive Wechselwirkung zwischen einem höheren Energieverbrauch in der Landwirtschaft und einer höheren Wertschöpfung pro landwirtschaftlichem Arbeitnehmer hin, wodurch das Einkommen erhöht und neue Arbeitsplätze geschaffen werden. Es gibt mehrere Schlüsselmechanismen, durch die ein erweiterter Zugang zu Energie und Elektrizität die Lebensmittelproduktion und -versorgung verbessert. Erstens würde der Zugang zu Energie eine Verlagerung von der Handarbeit zur Mechanisierung der Produktion ermöglichen und damit die Arbeitsproduktivität in der Landwirtschaft erhöhen. Zweitens kann die erweiterte Verfügbarkeit von Elektrizität das Pumpen von Grundwasser für die Ausweitung der Bewässerung erleichtern. Drittens würde ein verbesserter Zugang zu Energie und Elektrizität in ländlichen Gebieten und bei den landwirtschaftlichen ErzeugerInnen eine Ausweitung der Möglichkeiten für die Verarbeitung landwirtschaftlicher Erzeugnisse nach der Ernte bedeuten, einschließlich Kühllagerung, Mahlen, Zerkleinern usw. Für ganz Afrika bedeutet eine 1-prozentige Verringerung der Lebensmittelverluste einen jährlichen Gewinn von 40 Millionen US-Dollar (Obayelu, 2014). Viertens wird ein besserer Zugang zu Energie dazu beitragen, Lebensmitteltransport- und -verteilungsnetze durch Kühlung und Erweiterung der Transportmöglichkeiten zu entwickeln. Und schließlich ermöglicht die Verfügbarkeit von sauberer und erschwinglicher Energie auf Haushaltsebene das Kochen ohne Luftverschmutzung in Innenräumen und erleichtert die erweiterte Nutzung von Haushaltsgeräten, wie z.B. Waschmaschinen (Malabo Montpellier Panel, 2019b).

Afrika verfügt über ein beträchtliches ungenutztes Potenzial für die Herstellung erneuerbarer Energien, insbesondere durch die Nutzung von Sonnenenergie (Abbildung 19). An vielen Orten auf dem Kontinent kann die Nutzung erneuerbarer Energiequellen als Teil dezentraler lokaler Netze kostengünstiger sein als die Stromerzeugung mit fossilen Brennstoffen. Zur Veranschaulichung: Der Anschluss eines ländlichen Haushalts an das zentrale Stromnetz könnte in Ruanda 2000 US-Dollar und in Kenia 1400–1800 US-Dollar kosten, hauptsächlich auf Grunde der Ausgaben für Masten und Drähte. (Taneja, 2018). Die Entwicklung erneuerbarer Energien bietet auch beträchtliche Möglichkeiten zur Schaffung von Arbeitsplätzen. Tatsächlich sehen viele Regierungen in ganz Afrika den Sektor der erneuerbaren Energien als den wichtigsten Aktionsbereich für die Schaffung „grüner Arbeitsplätze", da er das ganze Jahr über Arbeitsplätze für junge Menschen schaffen könnte, die im Agrarsektor tätig sind (Malabo Montpellier Panel, 2019b).

Investitionen in erneuerbare Energien werden in Afrika auch wichtige Auswirkungen auf den Klimaschutz und ein nachhaltiges Landmanagement haben (Mirzabaev et al., 2019). Zum einen würde ein geringerer Verbrauch

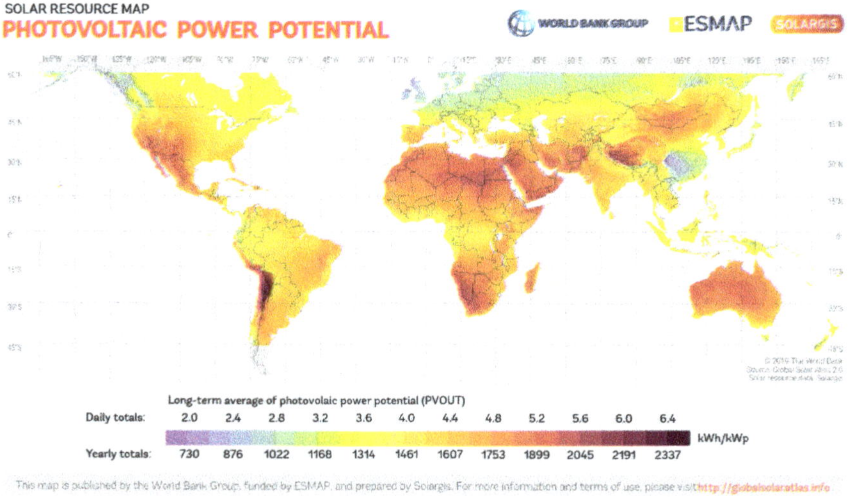

Abbildung 4.6.2: Potenzial für Solarstrom auf der ganzen Welt und in der Sahelzone
Quelle: https://globalsolaratlas.info. Autor: Solargis. Attribution: © The World Bank / CC BY 4.0

an fossilen Brennstoffen die Treibhausgasemissionen verringern, zum anderen könnte die Kohlenstofffixierung erhöht werden, wenn weniger Wald zur Gewinnung von Holzkohle und Brennholz gerodet wird. Modelrechnungen haben zudem gezeigt, dass großflächige Installationen von Solar- und Windparks in der Sahara zu einer Verdoppelung der Niederschläge in der Sahelzone führen könnten (Li et al., 2018), was wiederum positive Auswirkungen auf das Pflanzenwachstum und die landwirtschaftliche Produktivität in der gesamten Sahelzone hätte.

Prioritäten für Investitionen und politische Maßnahmen

Den Energiezugang für landwirtschaftliches Wachstums und ländliche Entwicklung erweitern. Energie ist ein wesentliches Betriebsmittel für die landwirtschaftliche Transformation und muss zu einem sektorübergreifenden Thema werden, bei dem verschiedene Ministerien und öffentliche Organisationen eng zusammenarbeiten, um den Zugang zu Energie in ländlichen Gebieten zu erweitern. Hierbei müssen spezifische Programme den Zugang zu Energie für die Mechanisierung und Bewässerung von landwirtschaftlichen Betrieben, die Verarbeitung nach der Ernte sowie den Transport und die Verteilung verbessern.

Investitionen in netzunabhängige (off-grid) und kleinflächige (mini-grid) Lösungen erhöhen, einschließlich erneuerbarer Energien wie Sonne, Wind und nachhaltige Energie aus Biomasse. Statt sich auf den Ausbau zentralisierter Netzverbindungen zu verlassen, verändern Off-Grid- und Mini-Grid-Technologien bereits jetzt rasch die Aussichten für die afrikanische Energieversorgung. Mit den richtigen politischen Maßnahmen und institutionellen Veränderungen könnten kleine Energielösungen maßgeschneiderte Dienstleistungen für die spezifischen Bedürfnisse von LandwirtInnen bieten. Investitionen in innovative Start-ups, die den Zugang zu Elektrizität erweitern können, sind notwendig.

Die Liberalisierung des Energiesektors fördern und private Energieerzeuger stärker einbeziehen. Anreize und ein unterstützendes ordnungspolitisches Umfeld sind für die dynamische Entwicklung der privaten Energieerzeuger von entscheidender Bedeutung. Länder, die das Entstehen anpassungsfähiger und sich rasch entwickelnder Privatunternehmen in ihrem Energiesektor förderten, konnten den Zugang zu Elektrizität wesentlich schneller ausweiten als Länder, die auf starre öffentliche Versorgungseinrichtungen angewiesen sind.

Grenzüberschreitende politische Maßnahmen für Energiesicherheit entwickeln. Eine grenzüberschreitende Zusammenarbeit im Energiebereich, im

Zusammenhang mit einem wachsenden Anteil erneuerbarer Energien, könnte zur Stabilisierung der afrikanischen Energiesysteme beitragen (Malabo Montpellier Panel, 2019b). Die regionale Energieintegration in Subsahara-Afrika könnte bis 2040 40 Milliarden US-Dollar an Energieinfrastrukturkosten einsparen und die Stromrechnungen der VerbrauchererInnen um 10 Milliarden US-Dollar pro Jahr senken (Castellano et al., 2015).

Getaw Tadesse und Tekalign Sakketa

4.7 Aufbau integrativer Märkte und Wertschöpfungsketten

Kleine landwirtschaftliche Betriebe sind sehr heterogen und vielfältig. In der Regel werden ProduzentInnen mit einem Grundbesitz von bis zu zwei Hektar als KleinerzeugerInnen bezeichnet, manchmal werden aber auch Kriterien wie Beschäftigung, der ökonomische Gesamtwert und soziale Rollen berücksichtigt (Gatzweiler und von Braun, 2016). KleinerzeugerInnen machen die Mehrheit der armen und benachteiligten Landbevölkerung in Afrika aus. Ihre Betriebe sind zumeist in der Produktion von Nutzpflanzen oder der Viehzucht angesiedelt und sind sowohl hinsichtlich des Ressourcenverbrauchs als auch hinsichtlich der Einschränkungen stark eingegrenzt. Sie sind jedoch zunehmend von komplexen nationalen und globalen wirtschaftlichen Veränderungen betroffen (Gatzweiler und von Braun, 2016). Obwohl die Kommerzialisierung der Geschäfte von KleinerzeugerInnen stark von lokalen Märkten abhängt, besteht ein direkter Zusammenhang mit nationalen und globalen technologischen und institutionellen Veränderungen.

Die Notwendigkeit die landwirtschaftliche Kommerzialisierung zu fördern

Die Kommerzialisierung der Landwirtschaft – definiert durch die Beteiligung der ProduzentInnen an der Produktion von Cash-Crops oder den Anteil der auf dem Markt verkauften Produkte oder die Verwendung externer Inputs - ist seit langem als wichtiger Motor der Transformation der ländlichen Wirtschaft durch Rückwärts- und Vorwärtsverknüpfungen zwischen inner- und außerlandwirtschaftlichen Aktivitäten anerkannt (Pingali, 1997; Pingali und Rosegrant, 1995). Außerdem trägt sie dazu bei, die Marktteilnahme von KleinerzeugerInnen zu erhöhen, indem sie ihnen den Zugang zu Märkten für Betriebsmittel und Erzeugnisse erleichtert. Dies kann durch Bauernverbände, Agrarunternehmen, verbesserte Marktinfrastruktur und durch die Entwicklung von Systemen für die Versorgung mit landwirtschaftlichen Betriebsmitteln erreicht werden.

Eine andere Form der Kommerzialisierung ist die Kommodifizierung und verbesserte Produktion von Nutzpflanzen für den Konsum, oft

Grundnahrungsmittel, als Strategie zur Verbesserung der Ernährungssicherung und zur Erhöhung des Einkommens ländlicher Haushalte. Somit trägt die Kommerzialisierung auf zwei verschiedene Arten zur Produktivitätssteigerung von Nutzpflanzen bei. Einerseits trägt die Kommodifizierung von Lebensmitteln – wie z.B. Teff und Weizen in Äthiopien, Hirse im Senegal und Maniok und weißer Mais in vielen anderen afrikanischen Ländern – direkt zur Verbesserung der Produktivität dieser Lebensmittel und der gesamten Lebensmittelversorgung bei. Auf der anderen Seite verringert die Kommerzialisierung die Liquiditätsengpässe, wodurch der Einsatz externer Betriebsmittel nicht nur für Cash Crops, sondern auch für Nutzpflanzen zunimmt. Dies schafft Synergien zwischen Cash Crops und Nutzpflanzen für den Konsum und erleichtert die Einführung neuer Technologien für Nutzpflanzen, da die meisten technologischen Innovationen einen verstärkten Einsatz von Betriebsmitteln und Spezialisierung mit sich bringen.

Die empirischen Beweise für die positiven Auswirkungen der Kommerzialisierung auf die Produktivität von Nutzpflanzen sind überzeugend. So zeigte beispielsweise eine Studie aus dem Jahr 2016 im ländlichen Ruanda und der Demokratischen Republik Kongo einen Anstieg der Erträge von Bananen und Hülsenfrüchten pro Hektar um 22 Prozent als Folge eines um ein Prozent höheren Kommerzialisierungsindex (Ochieng et al., 2016). Dieses Ergebnis stimmt mit früheren Erkenntnissen aus Äthiopien überein (Bekele et al., 2010) und bestätigt, wie wichtig es ist, LandwirtInnen zu einer kommerziell orientierten Landwirtschaft zu ermutigen. Was den Effekt auf das Einkommen der LandwirtInnen betrifft, so zeigen viele Fallstudien in Afrika, dass das Haushaltseinkommen steigt, wenn die landwirtschaftlichen Ressourcen von Subsistenz- zu kommerziellen Kulturen umgeschichtet werden. In Kenia erhöht der Anbau von Gemüse für den Export das Einkommen von KleinerzeugerInnen um 49 bis 52 Prozent im Vergleich zu nicht kommerziell orientierten LandwirtInnen (Muriithi und Matz, 2015). Dieser Effekt ist nur für ärmere Haushalte robust. Ein ähnlicher Einkommenseffekt wird in Tansania beobachtet (Herrmann et al., 2018).

Die Kommerzialisierung der Landwirtschaft kann auch als Katalysator für einen Anstieg der ländlichen Einkommen außerhalb der Landwirtschaft und die weitere Kommerzialisierung der ländlichen Wirtschaft dienen. Zum Beispiel erhöht eine stärkere Kommerzialisierung der Landwirtschaft wiederum das landwirtschaftliche Angebot an vermarktbaren Überschüssen und die Nachfrage nach Betriebsmitteln und Dienstleistungen, was die Entstehung kleiner Unternehmen wie Händler, Verarbeiter, Vermittler und Logistikanbieter fördert. Eine Zunahme der außerlandwirtschaftlichen Betriebe erhöht die Nachfrage nach landwirtschaftlichen Produkten und Arbeitskräften, was die Preise bei Direktvermarktung, die Beschäftigung und die Produktivität erhöht. Das Endergebnis ist eine Verbesserung des gesamten Bareinkommens von KleinerzeugerInnen, Kleinunternehmen und anderen Haushalten aus der Beschäftigung sowohl innerhalb als auch außerhalb des landwirtschaftlichen Betriebes (von Braun, 1995).

Da in Afrika die Mehrheit der armen Bevölkerung in ländlichen Gebieten lebt, wird erwartet, dass eine Erhöhung des Einkommens ländlicher Haushalte eine größere Auswirkung auf die Ernährungssicherung und Armutsbekämpfung haben wird als eine Erhöhung des Einkommens städtischer Haushalte. Die tatsächlichen Auswirkungen der Kommerzialisierung auf die Nahrungsmittelsicherheit und Ernährungssicherung ländlicher Haushalte bleiben jedoch aufgrund von zwei großen empirischen Herausforderungen ein wichtiges öffentliches Anliegen. Die erste bezieht sich auf die Frage, ob ein höheres Einkommen tatsächlich zu einer verbesserten Nahrungsmittelsicherheit und Ernährungssicherung führt. In Gebieten, in denen die Kommerzialisierung durch eine Verlagerung der Produktion der Subsistenzwirtschaft auf einige wenige Nutzpflanzen diktiert wird, kann die Kommerzialisierung die Wohlfahrt nicht unbedingt verbessern (Carletto et al., 2017; Herrmann et al., 2018; Radchenko und Corral, 2018). Wenn sich Haushalte auf einige wenige Nutzpflanzen, wie Getreide, Kaffee oder Kakao, spezialisieren und nur begrenzten Marktzugang zu nährstoffreichen Lebensmitteln, wie tierische Produkte, Gemüse und Früchte, haben, neigen sie dazu, weniger diversifizierte Lebensmittel zu konsumieren; daher wird die Kommerzialisierung nicht notwendigerweise ihre Nahrungsmittelsicherheit und Ernährungssicherung verbessern. Im Gegensatz dazu: Wenn Kommerzialisierung die Produktion diversifizierter landwirtschaftlicher Rohstoffe sowohl für den Eigenbedarf als auch für die Märkte beinhaltet und/oder durch einen verbesserten Zugang zu den Lebensmittelmärkten ergänzt wird, wird sie zu erheblichen Verbesserungen sowohl in der Menge als auch in der Vielfalt der konsumierten Lebensmittel führen (Kuma et al., 2019; Ogutu et al., 2014). So zeigt beispielsweise eine kürzlich durchgeführte Studie, dass eine Diversifizierung in der Produktion positiv und signifikant mit der Ernährungsvielfalt assoziiert ist und dass Zugang zu Märkten die Ernährungsvielfalt signifikant verbessert (Ludwig, 2018).

Die zweite empirische Herausforderung bezieht sich auf die Inklusivität der landwirtschaftlichen Kommerzialisierung in Afrika. Studien zeigen, dass der jüngste Anstieg des Wirtschafts- und Agrarwachstums in Afrika ländliche, arme, junge und weiblich geführte Haushalte weniger einbezieht, da er sich kaum auf deren Einkommen und Produktivität auswirkt (Ngepah, 2017).

Dies ist zum Teil auf die inhärenten Merkmale des Wirtschaftswachstums zurückzuführen, das durch Faktoren wie die gestiegene Nachfrage nach Primärprodukten angetrieben wird, und auf der Angebotsseite durch mehrere Faktoren eingeschränkt wird, wie den fehlenden Zugang zu (i) Finanzmitteln, (ii) wirksamen Institutionen, die produktivitätssteigernde Betriebsmittel und Technologien bereitstellen, und (iii) grundlegenden Ressourcen wie Land und Energie (wobei sich diese Faktoren in den einzelnen Ländern unterschiedlich auswirken). Leider kommen Angebotsengpässe weitaus häufiger vor und benachteiligen arme ländliche Haushalte, so dass sie vom aufkommenden Wirtschaftswachstum ausgeschlossen sind. Dies spiegelt sich auf dem Land in der hohen Jugendarbeitslosigkeit, der erheblichen Abwanderung und der weit verbreiteten Unterernährung in einigen Teilen des Kontinents wider. Die Förderung integrativer und nachhaltiger Agrar- und Ernährungssysteme, die höhere Einkommen und menschenwürdige Arbeitsplätze schaffen und zu einer gesünderen Ernährung der armen Landbevölkerung beitragen können, ist erforderlich.

In Afrika ist die Verbesserung des Marktzugangs für Output, Input und Arbeitskräfte weiterhin eine wichtige Strategie zur Förderung der Kommerzialisierung von KleinproduzentInnen und ländlichen Haushalten. Diese Strategie konzentriert sich auf die Lockerung der angebotsseitigen und/oder nachfrageseitigen Beschränkungen der Märkte. Die wichtigsten Interventionen, die üblicherweise zur Lockerung der angebotsseitigen Zwänge und zur Verbesserung der kommerziellen Kapazität ländlicher Haushalte eingesetzt werden, sind die Förderung von kollektivem Handeln, Vertragslandwirtschaft, Ausbildung, Zugang zu Krediten, Bau und Erhalt von kleinen Futterstraßen, Entwicklung und die Verwaltung ländlicher Zentren (Tabelle 8). Maßnahmen, die üblicherweise zur Lockerung der Beschränkungen auf der Nachfrageseite und zur Verbesserung der allgemeinen Funktionsweise der Märkte eingesetzt werden, sind der Ausbau von Straßen, IKT, Wareneingangssysteme und Warenbörsenmärkte. Empirische Belege deuten jedoch darauf hin, dass Interventionen, die die Beschränkungen auf der Angebotsseite lockern, wirksamer sind als solche, die die Beschränkungen auf der Nachfrageseite lockern (Aragie und Balié, 2020). Tabelle 8 zeigt die empirischen Beschränkungen und innovativen Interventionen, die erforderlich sind, um den Zugang zu Märkten für ProduzentInnen zu verbessern und kleine Unternehmen zu fördern.

Förderung von Vermarktungsorganisationen für LandwirtInnen

Die Förderung kollektiver Maßnahmen in Form von mitgliederbasierten Vermarktungsorganisationen für LandwirtInnen (Farmers Marketing Organizations, FMOs) ist eine weit verbreitete innovative Maßnahme zur Verbesserung des Marktzugangs von KleinerzeugerInnen durch Erhöhung ihrer Verhandlungsmacht, Senkung der Transaktionskosten und Schaffung von Größenvorteilen auf den Märkten für Betriebsmittel und Erzeugnisse. Sowohl theoretisch als auch empirisch gibt es kaum Zweifel an den positiven Auswirkungen von FMOs auf die Verbesserung der Marktteilnahme, Produktivität, des vermarkteten Überschusses und des Einkommens von KleinerzeugerInnen. Jüngste Fallstudien aus Kenia, Ruanda und Äthiopien weisen darauf hin, dass die Teilnahme an FMOs den Einsatz von Betriebsmitteln, die technische Effizienz, die Ernteerträge, den vermarkteten Überschuss, das Einkommen und den Vermögensbesitz von KleinerzeugerInnen deutlich erhöht hat. In Kenia erhöhte die Mitgliedschaft in einer FMO das Gesamteinkommen von Haushalten um 24 bis 35 Prozent und senkte die Häufigkeit von Armut um drei bis vier Prozent (Mutonyi, 2019). In Ruanda erhielten Genossenschaftsmitglieder 18 Prozent mehr Einkommen aus dem Kaffeeanbau als Nichtmitglieder (Ortega et al., 2019). In Äthiopien erhöhte die Mitgliedschaft in einer FMO das Einkommen von LandwirtInnen um etwa 13 Prozent (Wassie et al., 2019). FMOs haben auch wesentlich zum Einsatz von Betriebsmitteln, zur technischen Effizienz, zu Ernteerträgen und zu vermarkteten Überschüssen beigetragen, da diese Organisationen landwirtschaftliche Betriebsmittel und Marketing-Dienstleistungen anbieten, die Marktversagen beheben. Es gibt daher überzeugende Belege dafür, dass Bauernverbände die Lebensmittelversorgung und Ernährungssicherung in Afrika verbessern können.

Viele FMOs in Afrika sind jedoch nach wie vor weniger stark von ärmeren Haushalten abhängig und nicht wettbewerbsfähig. Während Eintrittsbarrieren ärmere Haushalte ausschließen, können die strategischen und operativen Schwierigkeiten von FMOs sie wettbewerbsunfähig machen (siehe beispielsweise die Einschränkungen in Tabelle 4.7.1). Eine der größten Herausforderungen für afrikanische FMOs ist in der Tat die negative Korrelation zwischen ihrer Inklusivität und ihrer Wettbewerbsfähigkeit. In der Regel verfügen Mitglieder gut funktionierender Vermarktungskooperativen im Vergleich zu Nichtmitgliedern über einen größeren Grundbesitz, bessere landwirtschaftliche Ressourcen und besseren Zugang zu Beratungsdiensten (Tefera und Bijman, 2019). Daher sind innovative Geschäftsmodelle erforderlich, um den

Tabelle 4.7.1: Strategien und Innovationen, die Landwirte mit Märkten verbinden und ländliche Unternehmen in Afrika fördern

Politischer Zweck	**Strategie/Interventionen**	**Beobachtete Einschränkungen**	**Vorgeschlagene Innovationen**
LandwirtInnen den Zugang zu Märkten ermöglichen	Vermarktungsorganisationen für LandwirtInnen (Farmers' Marketing Organizations, FMOs)	Nebenverkäufe (side-selling) von Mitgliedern; Mangel an Vertrauen und Engagement unter Mitgliedern und Führungskräften; weniger partizipatorische Regierungsführung	Schulungen für Gruppenleiter; Verringerung der Einmischung von außen oder durch die Regierung; integrative Regierungsführung
	Vertragsanbau/Outgrower-Programme	Hohe Kosten der Vertragsdurchsetzung; begrenzte Abdeckung von Grundnahrungsmitteln	Vertragsdurchsetzung durch Dritte; Verträge auf Anreizbasis
	Zugang zu Marktinformationsdiensten durch Mobiltelefone	LandwirtInnen können Mobiltelefone nur eingeschränkt benutzen; Mangel an zuverlässigen und zugänglichen Informationsquellen; die Netzabdeckung ist begrenzt; LandwirtInnen können keine räumliche und zeitliche Arbitrage durchführen	Institutionalisierung von Management-Informations-Systemen (MIS); nutzerfreundliche Apps; die Verwendung von FMOs als MIS-Vermittler
	Einstufung und Standards	Mangel an rohstoffbasierten Standards für Qualität und Größe; Probleme bei der Durchsetzung	Einführung von Waagen; Schulungen zur Qualitätsmessung

Tabelle 4.7.1: Fortsetzung

Politischer Zweck	Strategie/Interventionen	Beobachtete Einschränkungen	Vorgeschlagene Innovationen
Förderung von Kleinunternehmen in ländlichen Gebieten und Kleinstädten	Entwicklung unternehmerischer Fähigkeiten Zugang zu Finanzmitteln	Fehlanpassung an Bedürfnisse; sich wiederholend Ineffizientes Targeting führt zu Anreizproblemen; Ausschluss risikoscheuer Haushalte von Krediten	Bedarfs- und wachstumsbasierte Schulungen Definition der Typologie ländlicher Haushalte; Zuschüsse für die ärmsten Haushalte
	Unterstützung beim Marketing (Zugang zu Märkten und Verbindung von ProduzentInnen mit KonsumentInnen und Firmen)	Geringes Niveau der Unterstützung beim Marketing Schutz vor Wettbewerb	Unterstützung kleiner Unternehmen beim Zugang zu lukrativen Märkten; Ermöglichung des Wettbewerbs zwischen Unternehmen

Quellen: Basierend auf Abate und Bernard (2017); Bernard et al. (2019, 2014); Saenger et al. (2014); Tadesse und Kassie (2017)

negativen Zusammenhang zwischen Inklusivität und Wettbewerbsfähigkeit in kleinen Erzeugerorganisationen im Allgemeinen zu beheben.

Ausweitung der Vertragslandwirtschaft

Der Vertragsanbau, manchmal auch als „Outgrower"-Programme bezeichnet, ist eine weitere institutionelle Innovation, die häufig eingesetzt wird, um KleinerzeugerInnen den Zugang zu Händlern, Einzelhändlern und dem Verarbeitungssektor zu ermöglichen, wobei letzterer die dominierende Rolle spielt. Der Vertragsanbau trägt dazu bei, KleinerzeugerInnen durch gesicherte Absatzmärkte zur Teilnahme an der kommerziellen Nutzpflanzen- und Tierproduktion zu ermutigen. Die Unterstützung umfasst hierbei die Versorgung mit Betriebsmitteln (mit oder ohne Kredit) und Beratungsdiensten. In Afrika decken diese Verträge eine breite Palette landwirtschaftlicher Erzeugnisse ab, darunter Cash Crops und Grundnahrungsmittel sowie Fischerei- und Viehzuchtprodukte.

Die zahlreichen Studien über Vertragsanbau – sowohl in Afrika als auch anderswo – weisen im Allgemeinen auf positive Auswirkungen auf die

Kommerzialisierung und das Einkommen von KleinerzeugerInnen hin. Dennoch ist Vertragsanbau in vielen afrikanischen Ländern eine seltene Praxis. Eine Meta-Analyse, die Erkenntnisse aus 26 Vertragsanbauprogrammen in 13 afrikanischen Ländern analysiert, zeigt, dass der Vertragsanbau das durchschnittliche Gesamteinkommen der LandwirtInnen um rund 38 Prozent erhöht (Ton et al., 2018). Im Gegensatz zu der weit verbreiteten Ansicht, dass Vertragsanbau nur für Cash Crops machbar ist, bestätigen jüngste Studien aus Senegal, Ghana und Benin den positiven und bedeutenden Beitrag des Vertragsanbaus zur Steigerung der Kommerzialisierung, Produktivität und des Angebots von Nahrungspflanzen wie Reis und Cashews. In Benin zum Beispiel erhöhte die Teilnahme am Vertragsanbau von Reis das Einkommen der LandwirtInnen um 17 Prozent und den Reisertrag um 13 Prozent (Maertens und Vande Velde, 2017). In ähnlicher Weise haben die Beteiligung an Reismärkten und Produktionsverträge in Senegal das Ausmaß der Ernährungsunsicherheit der teilnehmenden LandwirtInnen um 10 bzw. 6 Prozentpunkte verringert (Soullier und Moustier, 2018). In Ghana stieg die technische, allokative und wirtschaftliche Effizienz der LandwirtInnen durch den Vertragsanbau um 21 bis 26 Prozent (Bidzakin et al., 2020). Ein positiver Aspekt des Vertragsanbaus bei Nahrungspflanzen ist, dass er integrativer ist als der Vertragsanbau bei Cash Crops. Beispielsweise profitierten im Cashew-Vertragsanbau in Ghana kleine Betriebe tendenziell mehr als mittlere und große Betriebe (Dubbert, 2019).

Eine weitere Analyse der oben vorgestellten Erkenntnisse zeigt die Notwendigkeit einer Reihe von Programmreformen, um die positiven Wohlfahrtseffekte und die Inklusivität des Vertragsanbaus auszuweiten. Eine Möglichkeit hierfür ist die Verbesserung von Dienstleistungspaketen. Reisproduktionsverträge in Senegal, die die Einführung neuer Feldfrüchte und Betriebsmittel ergänzen, erhöhten die Produktivität der KleinerzeugerInnen stärker als Marktverträge[45]. Ermessensabhängige Zahlungen auf der Grundlage der von ProduzentInnen gelieferten Qualität und Quantität könnten dazu beitragen, Anreize für verstärkte Investitionen zu schaffen, um die Produktivität zu steigern und die Qualität der Produkte zu verbessern. Der Aufbau der Kapazität und des Engagements des Vertragsunternehmens zur Bereitstellung von

45 Marktverträge umfassen Output-Transaktionen und legen nur die Menge, Qualität und Preise des Vertrags vor oder nach der Ernte fest. Produktionsverträge umfassen neben dem Output auch Transaktionen von Inputs und Dienstleistungen und werden in der Regel vor der Pflanzung abgeschlossen. Während Marktverträge nur zur Risikominimierung beitragen, helfen Produktionsverträge den LandwirtInnen, Zugang zu Betriebsmitteln und Dienstleistungen zu erhalten.

Produktions- und Vermarktungsdienstleistungen für seine eigenen LandwirtInnen ist eine zweite Neukonzeption des Programms, die die Auswirkungen des Vertragsanbaus auf Wohlbefinden und Nachhaltigkeit verbessern könnte. Die Einbeziehung Dritter wie Regierungen, Nichtregierungsorganisationen und FMOs als Vermittler und Förderer in Outgrower-Programme bietet ebenfalls eine Möglichkeit, die Stärken des Unternehmens und der LandwirtInnen zu nutzen und ihre institutionellen Schwächen zu überwinden. Die Einbeziehung von Bauernverbänden als Vermittler trägt dazu bei, die Verhandlungsmacht zu stärken und eine höhere Preisprämie zu erzielen. Andere Interventionen für LandwirtInnen, die sich im Vertragsanbau engagieren, können die Förderung von Lebensmitteln der Subsistenzwirtschaft wie Gemüse, Hühner und Kühe umfassen. Dies trägt dazu bei, das Problem der Unterernährung im Zusammenhang mit der spezialisierten Lebensmittelproduktion zu verringern. Die Förderung eines integrativen Privatsektors, bei der VertragslandwirtInnen Anteilseigner des Verarbeitungsunternehmens werden könnten, kann als eine innovative Strategie zur Verbesserung der Effizienz und der Gerechtigkeit angesehen werden.

Förderung kleiner Unternehmen in ländlichen Gebieten

Weit verbreitete Zugangsbarrieren können ländliche Haushalte mit geringem Einkommen daran hindern, sich an Bauernverbänden und Vertragsanbauprogrammen zu beteiligen, trotz der Bemühungen, ihnen zu helfen. Eine alternative Möglichkeit besteht darin, sie dabei zu unterstützen, sich in Kleinst- und Kleinbetrieben zu engagieren. Die Geschäftsmöglichkeiten für ländliche Haushalte sind sehr vielfältig und umfassen sowohl Tätigkeiten auf dem landwirtschaftlichen Betrieb, wie Geflügel- und Bienenzucht, Aquakulturen, Forstwirtschaft und Gemüseproduktion, als auch außerlandwirtschaftliche Tätigkeiten wie im Kleingewerbe, Handwerk und in ländlichen Dienstleistungen. Solche Aktivitäten erfordern keine großen Investitionen und können von unausgebildeten ländlichen Haushalten leicht gemeistert werden. Da die Nachfrage nach diesen Produkten und Dienstleistungen in den Kleinstädten steigt, werden sie rentabel und attraktiv. Allerdings ist sowohl öffentliche als auch private Unterstützung erforderlich, um armen Haushalten dabei zu helfen, sich in solchen Aktivitäten zu engagieren und wettbewerbsfähig zu werden. Zu den häufigsten öffentlichen Interventionen gehören die Bereitstellung von Finanzmitteln und die Kompetenzentwicklung in Form von Berufsausbildungen, vergünstigten Darlehen und Zuschüssen für Unternehmensgründungen, sowie in geringerem Maße auch Unterstützungen beim Marketing wie der Zugang zu Märkten und die Kontaktherstellung mit Großunternehmen und VerbrauchererInnen (Tabelle 8).

Die Auswirkungen von Unternehmerschulungen sind im Allgemeinen positiv, da sie unternehmerische Orientierung, Innovationsfähigkeit, Risikobereitschaft und Eigeninitiative fördern (Al-Awlaqi et al., 2018). Um effektivere Ergebnisse zu erzielen, muss die Fortbildung jedoch auf die Bedürfnisse von Kleinunternehmen ausgerichtet sein, die ihren eigenen Wachstumskurs verfolgen. Dies bedeutet, dass berufliche, kommerzielle und institutionelle Trainingsangebote effektiver sind, wenn sie in der Gründungs-, Wachstums- und Reifephase des Unternehmens angeboten werden (Tadesse und Badiane, 2020). Trainingssitzungen sind wirksamer, wenn die ausgewählten Teilnehmer über ein ausgewogenes Bündel von Qualifikationen und Fähigkeiten verfügen. Der Inhalt der Schulung sollte den Fähigkeiten und Bedürfnissen der Teilnehmer entsprechen. Beispielsweise ist eine Ausbildung im Bereich der Finanzkompetenz wirksam zur Verbesserung der Geschäftsleistung von Frauen, wenn sie für Frauen mit und nicht ohne Hochschulausbildung angeboten wird (Brixiová et al., 2020). Dies bedeutet, dass öffentliche Investitionen in die Hochschulausbildung unerlässlich sind, um die Wirksamkeit der Entwicklung unternehmerischer Fähigkeiten zu steigern, was wiederum die Leistungsfähigkeit kleiner Unternehmen erhöht.

Traditionell werden vergünstigte Kredite und Zuschüsse zur Unternehmensgründung zu Vorzugsbedingungen an arme ländliche Haushalte vergeben. Jüngste Belege deuten darauf hin, dass für die arme Bevölkerung, die eher risikoscheu ist, der interne Zinsfuß, der die Rentabilität einer Investition im Laufe der Zeit misst, und der Kapitalzuwachs bei Investitionen auf Zuschussbasis im Vergleich zu Investitionen, die in Form von Krediten bereitgestellt wurden, um 9 bzw. 16 Prozentpunkte höher ist (Tadesse und Zewdie, 2019). Dies liegt daran, dass Zuschüsse die Rückzahlungshemmnisse und die Angst vor Risiken verringern. In ähnlicher Weise zeigt ein Langzeitexperiment zur Überwachung der Gründungszuschüsse in Uganda, dass die Einkommen der Empfänger vier Jahren nach der Unternehmensgründung um 38 Prozent gestiegen sind. Eine Evaluierung derselben Empfänger nach neun Jahren zeigte nachhaltige positive Auswirkungen der Zuschüsse auf Vermögen, qualifizierte Arbeit und die Gesundheit der Kinder (Blattman et al., 2018). Dieser Befund deutet darauf hin, dass Zuschüsse für die Gründung kleiner Unternehmen besser geeignet sind als Kredite. Diese Erkenntnis ist besonders wichtig, wenn man bedenkt, dass die ärmsten ländlichen Haushalte in Afrika risikoscheu sind und nur über begrenzte soziale Netzwerke verfügen. Eine effiziente Identifizierung und Zielausrichtung sind jedoch entscheidend, um die Wirkung zu erhöhen und negative Anreize zu vermeiden.

Die Notwendigkeit die Midstream-Segmente der Wertschöpfungsketten zu erweitern

Trotz ermutigender Fortschritte und Veränderungen muss die landwirtschaftliche Wertschöpfungskette in Afrika zuerst den zunehmend diverseren Lebensmittelbedarf der Bevölkerung decken und die wachsende Zahl junger Arbeitskräfte aufnehmen. Tabelle 9 fasst einige der wichtigsten Faktoren zusammen, die die Midstream-Segmente einschränken, einschließlich der Verteilungssegmente, die den Großhandel, die Logistik sowie den Einzelhandel umfassen, und stellt vielversprechende Interventionsbereiche zu deren Milderung vor.

Das Großhandels- und Logistiksegment wird fälschlicherweise als die „fehlende Mitte“ oder „das fehlende Glied“ der afrikanischen Wertschöpfungskette des Agrar- und Lebensmittelsektors bezeichnet. Dennoch ist in Subsahara-Afrika eine stille Revolution im Handels- und Logistiksegment der KMUs im Gange. So ist beispielsweise die Zahl der KMUs, die im Senegal Hirse handeln und verarbeiten, innerhalb der letzten zwei Jahrzehnte um etwa 400 Prozent gestiegen (Tadesse und Badiane, 2020). KMUs nehmen immer mehr zu und tätigen größere Investitionen in Fahrzeuge und Ausrüstung, sowohl insgesamt als auch einzeln betrachtet. Auch die Logistikdienstleistungen Dritter in den Bereichen LKW-Transport und Lagerhaltung florieren. Trotz dieser Tatsache hat die Wahrnehmung der „fehlenden Mitte“ Regierungen und Geldgeber dazu veranlasst, die Bereitstellung von Vermittlungsdiensten zu unterstützen und den wiederauflebenden Privatsektor insbesondere an der Basis zu verdrängen (AGRA, 2019b). Dies erfordert rasches politisches Engagement, um die direkte Beteiligung der Regierungen an diesen Dienstleistungen zu begrenzen und um aufstrebende privatwirtschaftliche Großhändler, LKW-Fahrer und Lagerhausbetreiber zu unterstützen.

Was die Logistik betrifft, so sind die schlechten Straßenverhältnisse für Händler und LKW-Fahrer von Nachteil, da sie Lieferungen verzögern und Transportkosten erhöhen. Die Instandhaltung von Straßen ist ein großes Problem, dem in vielen afrikanischen Ländern noch nicht die gebührende Aufmerksamkeit geschenkt wird. Wissenslücken im Umgang mit Produkten, insbesondere verderblichen Produkten, bei Händlern und LKW-Fahrern verschärft zusätzlich die realen Kosten des Vertriebssystems für Lebensmittel.

Tabelle 4.7.2: Zentrale Einschränkungen, die sich auf die Midstream-Akteure auswirken, und mögliche Interventionsbereiche

Midstream-Segment	**Einschränkungen**	**Interventionsbereiche**
Vertrieb von Lebensmitteln (Großhandel, Logistik und Einzelhandel)	Mythen, dass Händler „Ausbeuter“ sind; Fehlen von Logistik-Dienstleistern	Regierungen und Geber müssen und sollten das Rad nicht „neu erfinden“; aufstrebende private Akteure können Dienstleistungen in den Bereichen Lager, Transport und Sammeleinrichtungen übernehmen
	Degradierte und überlastete Großhandelsmärkte	Restrukturierung und Investitionen im Großhandel
	Mangel an Wissen und Trainings für Händler und Lkw-Fahrer	Schulungen von Händlern im Großhandel im Umgang mit Produkten beim Be- und Entladen
	Schlechter Zustand der Straßen; Korruption bei der Straßenverwaltung	Investitionen zur Verbesserung der Reichweite und Qualität von Straßen; starke Kontrollen zur Verringerung von Korruption
	Hohe Treibstoffkosten und schwieriger Importprozess für Fahrzeuge und Maschinen	Maßnahmen zur Senkung der Treibstoffkosten und zur Erleichterung des Importprozesses

Tabelle 4.7.2: Fortsetzung

Midstream-Segment	Einschränkungen	Interventionsbereiche
Verarbeitung von Lebensmitteln	Begrenzte Anzahl großer Verarbeitungsunternehmen, die Produkte von KleinerzeugerInnen beziehen	Aggregationsmöglichkeiten zur Zusammenlegung von Produkten; Förderung direkter Verbindungen zwischen Vertragsbauern und Verarbeitungsunternehmen
	Begrenzter Zugang zu Energie; Unsicherheit; Überregulierung	Investitionen in Energie; Erleichterung der Geschäftstätigkeit
	Bedenken hinsichtlich der Lebensmittelsicherheit in der ersten und zweiten Stufe der Verarbeitung bei Milch, Fleisch, Fisch, Gemüse, Speiseöl und Erdnussbutter sowie in der zweiten Stufe bei Fertiggerichten in Restaurants	Erweiterung und Institutionalisierung von Vorschriften und ihrer Umsetzung im Bereich Lebensmittelsicherheit; Investitionen in Kapazitäten im Bereich Lebensmittelsicherheit; die Durchsetzungskapazität muss gestärkt werden
	Weniger diversifizierte und qualitativ minderwertige Produkte	Förderung von Innovationen; Schutz von Eigentumsrechten
	Niedrige Qualität und hohe Kosten von Vorleistungen wie z.B. landwirtschaftlichen Outputs	Vorgelagerte Interventionen zur Senkung von Produktions- und Vermarktungskosten und zur Verbesserung der Produktionsqualität von Landwirten

Quellen: Jaffee et al. (2011); (AGRA, 2019b); und Zusammenstellung des Autors

In der Verarbeitung bleibt die Verknüpfung der Verarbeitungsunternehmen mit den KleinerzeugerInnen eine Herausforderung. In Subsahara-Afrika beziehen nur fünf Prozent der großen Verarbeitungsunternehmen ihre Produkte direkt aus dem Vertragsanbau von KleinerzeugerInnen (AGRA, 2019b). Dies ist zum Teil auf die geringe Qualität und Quantität der Erzeugnisse zurückzuführen, die KleinerzeugerInnen an diese Firmen liefern können (Abebe et al., 2013; Goodhue, 2011). So gehören beispielsweise bei einem Vertragsanbausystem die Qualität und ein ausreichendes Angebot zu den Hauptproblemen bei der Vertragsgestaltung, die häufig von den Akteuren des Agrar- und

Lebensmittelsektors gemeldet werden. Unternehmen sind jedoch oft nicht dazu bereit, mit KleinerzeugerInnen zusammenzuarbeiten, die sie für unrentabel und für nicht glaubwürdig halten (Minot, 2011). In einigen Fällen versuchen LandwirtInnen beispielsweise, an andere KäuferInnen zu verkaufen, um von den guten Marktpreisen zu profitieren. Da die meisten Verträge nicht rechtlich durchsetzbar sind, auch wenn sie auf dem Papier rechtsverbindlich sind, weigern sich Firmen, die schlechte Erfahrungen gemacht haben, direkt mit LandwirtInnen zusammenzuarbeiten. Um dieses Problem zu entschärfen, sind Maßnahmen wie Gruppenkredite, Informationsaustausch, gute Kommunikation und angemessene Überwachung erforderlich (Coulter et al., 2000).

Ein letztes Problem des afrikanischen Agrar- und Lebensmittelverarbeitungssektors ist die geringe Qualität und Sicherheit der verarbeiteten Produkte (Henson et al., 2005). Beispielsweise sehen sich Supermarktlieferanten in Südafrika, die von Simbabwes größtem Frischeproduzenten Hortico Fresh Produce Ltd. importieren (der wiederum von kleinen Vertragsbauern beliefert wird), aufgrund der sich entwickelnden Lebensmittelsicherheits- und Qualitätsstandards Südafrikas mit erheblichen Herausforderungen und Kosten konfrontiert. Dies hat zum Ausschluss von LandwirtInnen aus Exportlieferketten geführt (Henson et al., 2005). In ähnlicher Weise wurden viele KMUs und Fischfabriken am Viktoriasee aus dem Geschäft gedrängt, da sie Schwierigkeiten hatten, die Gesundheits- und Sicherheitsvorschriften zu bewältigen (AGRA, 2019b). Dies ist besonders im Hinblick auf die wachsende Mittelschicht kritisch, die diversifiziertere, qualitativ hochwertigere und sicherere Produkte verlangt.

Ausweitung des Lebensmitteleinzelhandels in Afrika

Die Ausweitung des Lebensmitteleinzelhandels, nicht nur durch lokale KMUs, sondern auch durch nationale und große internationale Supermarktketten, trägt zur Verbesserung der Ernährungssicherung von VerbrauchererInnen auf dem Land und in den Städten bei (Minten et al., 2017; Reardon et al., 2003). So spielt z.B. das rasche Wachstum großer Supermärkte in Städten eine entscheidende Rolle bei der Gestaltung landwirtschaftlicher Wertschöpfungsketten, indem es die Ströme landwirtschaftlicher Güter erhöht und die Nachfrage nach qualitativ hochwertigen und günstigen Produkten zur Deckung des städtischen Lebensmittelbedarfs steigert. Auch Sekundärstädte und Gemeinden spielen bei der Gestaltung landwirtschaftlicher Wertschöpfungsketten eine zunehmend wichtige Rolle, da sie etwa 60 Prozent der städtischen Bevölkerung Afrikas ausmachen und nahegelegene Märkte für lokale ProduzentInnen und deren Bedarf an Betriebsmitteln bieten (AGRA, 2019b). Allerdings konzentrieren sich die Supermärkte bei der direkten Beschaffung landwirtschaftlicher Produkte nach wie vor auf einige wenige Frischprodukte wie Obst, Gemüse, Eier und Milchprodukte (Nair et al., 2018). Der direkte Zugang von Supermärkten zu landwirtschaftlichen Produkten, um die Vermarktungskosten zu senken und Anreize an die ProduzentInnen weiterzugeben, ist ein Bereich, in dem öffentliche Interventionen helfen könnten.

In Subsahara-Afrika macht der Lebensmitteleinzelhandel etwa 20 Prozent des Gesamtwerts der landwirtschaftlichen Wertschöpfungskette aus, was darauf hindeutet, dass seine Leistung für die Ernährungssicherung sowohl in städtischen als auch in ländlichen Gebieten von entscheidender Bedeutung ist (AGRA, 2019b). Da die Mehrheit der Einzelhandelsläden zumindest einige hochwertige Produkte verkauft, wird die Nachfrage nach diesen Produkten von den Einzelhändlern an die Großhändler und von diesen wiederum an die LandwirtInnen in Subsahara-Afrika weitergeleitet. Dieses Relais sendet ein starkes Signal an ProduzentInnen, hochwertige Produkte wie Wurzel- und Knollengemüse, Hülsenfrüchten, Fisch, Fleisch, Milch, Gemüse, Obst, Speiseölsaaten und Futtergetreide zu erzeugen. Die Expansion globaler Einzelhändler in die Großstädte Afrikas könnte auch dazu beitragen, die heimischen Märkte und Produkte durch die Festlegung von Qualitäts- und Sicherheitsstandards und die Erfahrungen und Technologien, die sie mitbringen, positiv zu beeinflussen. Zertifizierungen werden hierbei notwendig sein, um nachzuweisen, dass die Wertschöpfungsketten den von den Regulierungsbehörden festgelegten Standards entsprechen, auch wenn dies teilweise durch die kostspielige institutionelle und regulatorische Infrastruktur eingeschränkt wird, die zur Aufrechterhaltung solcher Systeme erforderlich ist (Henson et al., 2005; Jaffee et al., 2011).

Die sich abzeichnende Revolution der Supermärkte in Afrika fördert den Verzehr von abwechslungsreicheren Lebensmitteln durch städtische VerbrauchererInnen, was zu einer Verbesserung der Ernährungssicherung beitragen kann (siehe Abschnitt 1.2). Die Beschaffungssysteme der Supermärkte können die Konzentration mittlerer und großer Lebensmittelverarbeiter fördern, die ein wesentliches Element für das Wachstum der Verarbeitungsindustrie sind. Diese Beschaffungssysteme und die Nachfrage der Kunden fördern die Anreicherung von Grundnahrungsmitteln mit Vitaminen und Mineralstoffen (Food Fortification) und die Konservierung verderblicher Lebensmittel wie Obst und Gemüse (IFPRI, 2011). Sie können auch den Druck auf Land und Wasser verringern und damit die nachhaltige Nutzung natürlicher Ressourcen fördern (Jia et al., 2018). Die Anreicherung und Konservierung von Lebensmitteln machen gegebenenfalls die Bereitstellung von Sammeleinrichtungen erforderlich, was den Zugang zu Märkten und die vermehrte Errichtung von Verarbeitungsanlagen erleichtern könnte. Der Einfluss von Supermärkten auf die Ernährungssicherung ist jedoch nicht eindeutig. Forschungsarbeiten in Kenia haben gezeigt, dass das Einkaufen in städtischen Supermärkten den Body-Mass-Index erhöht, da die Kunden zunehmend auf verarbeitete Lebensmittel umsteigen (Demmler et al., 2018). Dies könnte die bestehenden Trends steigender Adipositasraten weiter verschärfen (Bixby et al., 2019).

Die Verbesserung der Lebensmittelsicherheit verbessert direkt die Ernährung und Gesundheit, indem sie den Ausbruch und die Verbreitung von Krankheiten verringert. Qualitätseinstufung, Standardisierung und Lebensmittelkennzeichnung verbessern indirekt auch die Ernährungssicherung armer Bevölkerungsschichten im Agrar- und Lebensmittelsektor, indem sie Anreize schaffen, die Qualität der Lebensmittel zu verbessern, was schließlich zu einer Einkommenssteigerung führen sollte. Dies sollte dazu beitragen, einen wettbewerbsfähigen Markt zu schaffen, der die Lebensmittelpreise zumindest theoretisch durch die Vermeidung von Informationsasymmetrien senken sollte.

Prioritäten für Investitionen und politische Maßnahmen

Um die aufkommenden Chancen zu nutzen und die Funktionen der Wertschöpfungskette zu vertiefen, muss die Rolle von Regierungen, Nichtregierungsorganisationen und Geldgebern erweitert und gestärkt werden, nicht nur um KleinerzeugerInnen in die Wertschöpfungsketten zu integrieren, sondern auch um Arbeitsplätze für die Jugend zu schaffen. Für eine integrative Entwicklung von KleinerzeugerInnen sind institutionelle Investitionen erforderlich, die die Verbindungen zwischen ProduzentInnen, Sekundärstädten und Gemeinden begünstigen. Zudem sind über die Innovationsförderung auf Betriebsebene hinaus institutionelle Maßnahmen durch gezielte Schulungen, Innovationszuschüsse und den Erhalt von Eigentumsrechten notwendig, um systemweite Einschränkungen anzugehen, die sich auf Akteure der gesamten Wertschöpfungskette auswirken. Dies würde dazu beitragen, die Geschäftsführungskosten zu senken, die Innovationsfähigkeit von Unternehmen zu fördern, die Unternehmensleistung zu steigern und letztlich die Wettbewerbsfähigkeit der gesamten Wirtschaft zu verbessern. Im Folgenden werden die wichtigsten Prioritäten für politische Maßnahmen und Investitionen aufgeführt, die erforderlich sind, um Einschränkungen im Zusammenhang mit einem schlechten Geschäftsumfeld und einer schlechten Steuerung der Wertschöpfungskette anzugehen:

- **Integrativere und umfassendere Strategien für die Kommerzialisierung von Kleinbauern entwickeln und umsetzen**, um höhere Einkommen, annehmbare Arbeitsplätze und-bedingungen und eine gesündere Ernährung für arme ländliche Haushalte zu erzielen. Dies bezieht sich auf arme, jugendliche und von Frauen geführte ländliche Haushalte, und auf den Zugang zu Lebensmittelmärkten, die Diversifizierung der Subsistenzwirtschaft und den Ausbau ländlicher Beschäftigungsmöglichkeiten, auch außerhalb der Landwirtschaft.
- **Zuschüssen anstelle von regulärer Lebensmittelhilfe zur Unternehmensgründung für arme und benachteiligte Bevölkerungsgruppen bereitstellen**. Unternehmensschulung ist weniger wichtig als der Zugang zu Finanzmitteln, die ländlichen Haushalten auf zwei Arten zugänglich gemacht werden können: durch Mikrokredite zu Vorzugsbedingungen und durch Gründungszuschüsse. Letztere sind wirksamer als erstere, insbesondere für diejenigen, die risikoscheu sind.
- **Öffentliche Investitionen in die ländliche Marktinfrastruktur erhöhen**, z.B. Bau von Zubringerstraßen, Brücken und ländlichen Marktzentren. KleinerzeugerInnen und Kleinunternehmen, die ländliche Dienstleistungen anbieten, sehen sich auf der letzten Meile des Vermarktungssystems mit enormen Transaktionskosten konfrontiert. Diese „letzte Meile", die LandwirtInnen mit nahegelegenen Märkten verbindet, bestimmt den Umfang der Lieferungen von LandwirtInnen an den Markt sowie den Einsatz ihrer Betriebsmittel. Die Reduzierung der entstehenden Kosten wird die Marktgewinne der LandwirtInnen erheblich steigern.
- **Spezialisierte Vermarktungsorganisationen für LandwirtInnen (FMOs) fördern**, die Mitglieder mit ähnlichen Fähigkeiten und Bedürfnissen anziehen können. Die Heterogenität der Mitgliedschaft schließt diejenigen aus, die weniger fähig und kompetent sind, so dass die Förderung spezialisierter FMOs mit homogenen Mitgliederprofilen (z.B. Arme, Frauen, Jugendliche), Interessen und Kapazitäten dazu beitragen wird, sowohl die Inklusivität als auch die Wettbewerbsfähigkeit zu erhöhen.
- **Vertragsanbau verbessern**, um Vertragssicherheit für Teilnehmer und eine faire Rendite für ErzeugerInnen zu gewährleisten. Der Vertragsanbau sollte gefördert, ausgeweitet und so gestaltet werden, dass verantwortungsbewusste Unternehmen begünstigt werden, die fähig und bereit sind produktionssteigernde Pakete wie neue Technologien, Betriebsmittel und Beratungsdienste bereitzustellen.
- **Zugang zu infrastrukturellen Dienstleistungen für lebensmittelverarbeitende Unternehmen verbessern**. Es sind öffentliche Investitionen

erforderlich, um die Zusammenführung von Produkten zu erleichtern und den Zugang aufstrebender kleiner und großer Lebensmittelverarbeitungsbetriebe zu harter und weicher Infrastruktur wie Elektrizität, Straßen, IKT oder Lagereinrichtungen zu verbessern.

- **Öffentlichen Investitionen in Großhandelsmärkte ausweiten**. Schlechte Organisation und lokal begrenzte Monopole kennzeichnen die Großhandelsmärkte, auf denen die meisten Preise bestimmt werden. Um ihre Effizienz zu verbessern, die richtigen Preise zu signalisieren und den reibungslosen Austausch von Produkten zu erleichtern sind daher organisierte und modernisierte Marktplätze erforderlich, die durch digitale Technologien unterstützt werden. Moderne Warenbörsen expandieren in einigen afrikanischen Ländern, aber ihr Betrieb ist auf wenige Waren und Orte beschränkt (Minten et al., 2017). Öffentliche Investitionen sind erforderlich, um die notwendige Infrastruktur für ein wettbewerbsfähiges, effizientes und modernes Börsensystem aufzubauen.
- **Qualitätseinstufung und Standardisierung verbessern**, einschließlich der Formulierung und Umsetzung eines Systems von Qualitätsstufen und -normen für Lebensmittel zur nachhaltigen Bereitstellung diversifizierter, hochwertiger und sicherer Produkte für ländliche und städtische VerbraucherInnen. Neben der Schaffung neuer oder Stärkung bestehender Institutionen und Organisationen ist die Formulierung von Vorschriften und Regularien erforderlich.
- **Vorschriften für die Lebensmittelsicherheit ausweiten und durchsetzen.** Auf politischer Ebene besteht die Notwendigkeit, die Vorschriften und Maßnahmen zur Sicherheit von Lebensmitteln (food safety) und deren Durchsetzung zu straffen. Außerdem müssen geeignete Institutionen geschaffen oder gestärkt werden, die in der Lage sind, Innovationen zu fördern und zu schützen und die Verbindungen zwischen Verarbeitern und KleinerzeugerInnen zu stärken.

Teil 5: Investitionen in die Regierungsführung (Governance)

Alle Bemühungen zur Produktionssteigerung und Verteilung von Lebensmitteln müssen innerhalb eines soliden Governance-Rahmens erfolgen. In diesem Kapitel werden in diesem Zusammenhang vier vorrangige Investitionsbereiche erörtert. Der erste Abschnitt umfasst verschiedene Elemente eines günstigen **politischen Umfelds** für Produktions- und Produktivitätswachstum und Ernährungssicherung, wobei der Schwerpunkt auf der Stärkung der rechtlichen Rahmenbedingungen, der Verringerung der Korruption, der Gewährleistung der Rechenschaftspflicht und der Vertretung aller Bevölkerungsgruppen sowie der Förderung von Frieden und Stabilität liegt. Der zweite Abschnitt befasst sich mit der Rolle von **Bauernverbänden** bei der Bereitstellung produktivitätssteigernder Dienstleistungen für ihre Mitglieder und der Vertretung ihrer Interessen in politischen Prozessen. Der folgende Abschnitt konzentriert sich auf den Schutz von **Land- und Wasserrechten**, um Anreize für Investitionen zu schaffen, die Transparenz zu erhöhen und potenzielle Konflikte zwischen privaten und kommunalen Rechten zu lösen. Der letzte Abschnitt befasst sich mit der Frage, wie die **Rechte und Kapazitäten von Frauen** gestärkt werden können, da sie trotz ihrer wichtigen Rolle im Agrar- und Ernährungssystem nach wie vor erheblich benachteiligt sind.

Tekalign Sakketa

5.1 Agrar- und Ernährungspolitik

Das Fehlen oder die schwache Durchsetzung von „Rechtsstaatlichkeit" (rule of law) kann KleinerzeugerInnen davon abhalten, sich an wirtschaftlichen Aktivitäten wie der Produktion von Nutzpflanzen zu beteiligen (Kaufmann et al. 2005)[46]. In den frühen 1990er Jahren führten zum Beispiel Gewalt und Diebstahl dazu, dass somalische LandwirtInnen ihre Felder nicht bestellen konnten, was wiederum zu Hunger führte (Lio und Liu, 2008). Darüber hinaus kann Korruption die Funktionen der Regierung, wie den Schutz von Eigentumsrechten und die Durchsetzung von Verträgen, untergraben und so landwirtschaftliche Investitionen stark beeinträchtigen (Kaufmann et al. 2005). Die Regierungsführung beeinflusst die landwirtschaftliche Produktivität über verschiedene Kanäle, einige direkt und andere indirekt:

- Steuern (schaffen oder verringern die Anreize für die Produktion) (Meon und Weill, 2005);
- Korruption (beeinträchtigt die Effizienz der Produktion) (Kaufmann et al., 2004);
- Politische Maßnahmen oder Institutionen (entscheidend für die Funktionsfähigkeit des Marktes) (Kaufmann et al., 2004);
- Schutz der Eigentumsrechte (zur Durchsetzung von Verträgen, die für Produktion und Investitionen relevant sind);
- Unterstützung für landwirtschaftliche Innovationen (Bereitstellung von Unterstützung und Anreizen);
- Bereitstellung von ländlichen öffentlichen Gütern und Dienstleistungen (die für die Produktion und Märkte unerlässlich sind) (La Porta, 1999);
- Politische Stabilität (bestimmt Investitionsentscheidungen) (Kaufmann et al., 2005); u.a.

Unter Verwendung der aggregierten Governance-Indikatoren der Weltbank für 118 Länder stellten Lio und Liu (2008) fest, dass ein Land mit einer besseren

46 Für Kaufmann umfasst Governance sechs Dimensionen: (1) Mitspracherecht und Rechenschaftspflicht; (2) politische Instabilität und Gewalt; (3) Effektivität der Regierung; (4) Qualität der Regulierung; (5) Rechtsstaatlichkeit und (6) Kontrolle der Korruption.

Governance-Infrastruktur höhere landwirtschaftliche Erträge erwirtschaftet, was darauf hindeutet, dass Investitionen in die Governance-Infrastruktur die landwirtschaftliche Produktivität verbessern können. Beispielsweise würde ein Anstieg des Governance-Infrastruktur-Index um einen Prozent den landwirtschaftlichen Output (landwirtschaftliche Wertschöpfung pro Arbeitnehmer in konstanten US-Dollar von 2000) um etwa 0,38 Prozent erhöhen, wenn man die gleichen Mengen an landwirtschaftlichen Betriebsmitteln berücksichtigt.[47] Von den verschiedenen Dimensionen der Governance-Indikatoren wirken sich Rechtsstaatlichkeit und Korruptionskontrolle mit 0,34 Prozent bzw. 0,27 Prozent stärker auf die landwirtschaftliche Produktion aus als andere Indikatoren (z.B. politische Stabilität, Mitspracherecht und Rechenschaftspflicht). Der African Governance Report (AGR) legt auch nahe, dass die Sicherung von Eigentumsrechten und die Verbesserung von Transparenz und Rechenschaftspflicht für eine steigende Produktivität und eine nachhaltige landwirtschaftliche Produktion von entscheidender Bedeutung sind (APRM und AGA, 2019). Die Alliance for a Green Revolution in Africa (AGRA) betont auch die Wichtigkeit von Verbesserungen der Governance-Infrastruktur und von politischen Maßnahmen gegen Korruption und für das Wohlergehen der Bevölkerung, um die Nahrungsmittelsicherheit, Ernährungssicherung und das Umfeld der Agrarindustrie zu verbessern.

Mitspracherecht und Rechenschaftspflicht sowie Frieden und Stabilität sind weitere Schlüsselkomponenten einer guten Regierungsführung, die für die landwirtschaftliche Entwicklung von Bedeutung sind. Sie beeinflussen landwirtschaftliche Beziehungen und prägen die Politik zur Unterstützung der Landwirtschaft (z.B. Besteuerung der Landwirtschaft, Subventionen und Bereitstellung öffentlicher Infrastruktur). Instabilität kann jedoch die landwirtschaftliche Produktion behindern, indem sie Investitionen in die Landwirtschaft verringert, die Produktionskosten erhöht und den Zugang zu Finanzmitteln und Handelsströmen einschränkt (Arias et al., 2017). Es ist auch wichtig zu beachten, dass eine dauerhafte Verbesserung der landwirtschaftlichen Produktivität Konflikte verringern kann, indem sie den Wettbewerb um knappe Ressourcen wie z.B. Land entzerrt (Iyigun et al., 2017).

Die verschiedenen Governance-Indikatoren stehen in engem Zusammenhang miteinander: Die Wirksamkeit einer Governance-Dimension beeinflusst

47 Der Governance-Infrastruktur-Index wurde als Mittelwert aller sechs Dimensionen der von Kaufmann et al. (2005) vorgeschlagenen Governance-Indikatoren der Weltbank berechnet, aber auf einen Wert zwischen 0 und 1 umskaliert.

die Wirksamkeit anderer. Beispielsweise verringert Korruption die landwirtschaftliche Produktion, indem sie die Transaktionskosten erhöht und die landwirtschaftlichen Gewinne senkt. In ähnlicher Weise verringert Korruption die Fähigkeit einer Regierung, Infrastruktur wie ländliche Straßen und andere damit verbundene Dienstleistungen effektiv bereitzustellen, was wiederum die Kosten der landwirtschaftlichen Produktion erhöht.

Eine gute Regierungsführung schafft ein günstiges und förderliches Umfeld für die landwirtschaftliche Transformation, indem sie die Entwicklung und Umsetzung einer soliden Agrarpolitik und Agrarstrategie ermöglicht (AGRA, 2018). Dies erfordert den Aufbau von Kapazitäten für die Analyse von innovativen politischen Maßnahmen und die Festlegung von Prioritäten. Eine gute Regierungsführung unterstützt die Fähigkeit von Regierungen, die Rahmenbedingungen für Unternehmen zu verbessern, einschließlich der Schaffung von Foren, in denen ErzeugerInnen und VerbrauchererInnen ihre Interessen austauschen und vertreten können, und der Lenkung von Investitionen, die die institutionellen Kapazitäten stärken. In diesem Prozess spielen internationale Organisationen und Institutionen (AGRA, FAO, Weltbank und andere UN-Organisationen), die Zivilgesellschaft und der Privatsektor eine wichtige Rolle, vor allem bei der Vermittlung von Kenntnissen darüber, wie ein evidenzbasierter politischer Wandel für die landwirtschaftliche Transformation unterstützt werden kann (AGRA, 2019b; AUDA-NEPAD, 2013; OECD, 2013).

Nach den Daten der Weltbank zu Gesetzen und Vorschriften, die sich auf das Geschäftsumfeld der Landwirtschaft auswirken, weisen Länder mit besser entwickelten Vorschriften in Bezug auf landwirtschaftliche Betriebsmittel im Durchschnitt eine bessere Ernährungssicherung auf (World Bank, 2019). Dies steht im Einklang mit der früheren Diskussion, dass funktionierende rechtliche Rahmenbedingungen entscheidend dafür sind, dass LandwirtInnen neben der Subsistenzwirtschaft einen Überschuss für die Märkte erzeugen können (World Bank, 2020f). Es ist jedoch nicht immer der Fall, dass die Existenz einer starken rechtlichen Autorität die Effizienz steigern würde. Obwohl Malawi beispielsweise über eine gute Gesetzeslage bezüglich der Registrierung von Saatgutsorten und Düngemitteln verfügt, sind die Transaktionskosten im Zusammenhang mit dem Prozess der Registrierung neuer Saatgutsorten und Düngemittel im Vergleich zu den anderen 62 Ländern, die im Bericht der Weltbank „Enabling the Business of Agriculture (EBA)" 2017 behandelt werden, hoch (World Bank, 2017b).[48] Im regionalen Vergleich liegen die Länder

48 Die EBA ist eines der verfügbaren Instrumente zur Bewertung des regulatorischen

Subsahara-Afrikas bei allen EBA-Indikatoren, die sich positiv auf das Umfeld der Agrarwirtschaft auswirken, immer noch hinter den anderen zurück (mit einer EBA-Gesamtpunktzahl von etwa 40; auf einer Skala von 0 bis 100, wobei 0 die schlechteste und 100 die beste Leistung bedeutet). Betrachtet man die durchschnittliche EBA-Punktzahl der einzelnen Länder, so haben viele Länder Subsahara-Afrikas Mühe, die Rahmenbedingungen für die Agrarindustrie zu verbessern: Angola (27), Benin (33), Burkina Faso (35) und Burundi (36) gehören zu den Ländern mit der schlechtesten Leistungen in 2018 (World Bank, 2019).

Was die Rolle von Anreizen zur Förderung der landwirtschaftlichen Produktion betrifft, so ist es wichtig, zwei der gängigsten und am meisten verwendeten Agrarpreispolitiken zu erwähnen: Subventionen für landwirtschaftliche Betriebsmittel und Steuern (siehe Anderson et al. (2013) für eine ausführliche Diskussion über die Ökonomie politischer Maßnahmen im Agrar- und Lebensmittelsektor). Jayne und Rashid (2013) schlagen vor, dass der Nutzen von Subventionen für Betriebsmittel durch eine Änderung der Governance-Strukturen in Bezug auf die Gestaltungs- und Durchführungsmodalitäten erhöht werden kann. Obwohl Betriebsmittel-Subventionen in Afrika auch positive Auswirkungen auf die Lebensmittelproduktion haben können, ist die Art und Weise, wie sie gewährt werden, hoch politisch und anfällig für Korruption. Sind sie einmal eingeführt, lassen sie sich außerdem nur schwer wieder abschaffen.

Die landwirtschaftliche Besteuerung von Betriebsmitteln ist in den meisten afrikanischen Ländern aufgrund der Mehrfachbesteuerung verschiedener Produkte und Dienstleistungen relativ hoch (Malan et al., 2016). Eine kürzlich von AGRA unter führenden Vertretern der Agrarindustrie durchgeführte Umfrage zur Ermittlung ihrer Ansichten zu einem förderlichen Umfeld für die Agrarwirtschaft ergab beispielsweise, dass ein typisches Saatgutunternehmen eine Lohnsteuer von 20 Prozent, eine Mehrwertsteuer von 16 Prozent und eine Gewinnsteuer von 30 Prozent zahlen muss (AGRA, 2018). Die Umfrage kommt zu dem Schluss, dass solche Steuern das Wachstum von Agrarunternehmen behindern und die Produktivität einschränken. Was die Wirkung von Steuern auf Cash Crops (z.B. Kaffee und Kakao) betrifft, so deuten Studien darauf hin, dass sinkende Steuern auf diese Kulturen zu einer Produktivitätssteigerung führen, auch wenn der Effekt von Land zu Land sehr unterschiedlich ist (Malan et al., 2016). Andererseits können die Einnahmen aus diesen Steuern mit einer angemessenen Steuerpolitik und einer effektiven Verwaltung so reinvestiert

Umfelds in der Agrarwirtschaft.

werden, dass die landwirtschaftliche Produktivität und die Ernährungssicherung verbessert werden können (siehe Khan (2005) und OECD (2013) für Einzelheiten). Beispielsweise können die durch Steuern erzielten Einnahmen zur Finanzierung der öffentlichen Infrastruktur im Zusammenhang mit der landwirtschaftlichen Entwicklung verwendet werden, einschließlich landwirtschaftlicher Aktivitäten in Bezug auf Forschung und Entwicklung, und zur Umverteilung von Einkommen an ressourcenarme Haushalte.

Die Formulierung und Umsetzung konsistenter, kohärenter und günstiger politischer Maßnahmen, Gesetze und Vorschriften zur Steigerung der landwirtschaftlichen Produktion in allen Ländern war bisher nur begrenzt erfolgreich. Die partizipative Entwicklung politischer Maßnahmen in Bezug auf die Entwicklung des Agrarsektors und häufige Dialoge mit Schlüsselakteuren sind notwendig. Der gegenseitige Erfahrungsaustausch und Besuche innerhalb und zwischen Ländern, die Fortschritte bei den Regierungsstrukturen verzeichnen, wäre hilfreich.

Die Förderung guter Regierungsführung für nachhaltige Produktion und Ernährungssicherung erfordert auch ein Verständnis der Rolle anderer Schlüsselakteure, wie der Zivilgesellschaft und der Unternehmen. Beispielsweise ist die Beteiligung der Zivilgesellschaft ein integraler Bestandteil der Umsetzung und des Erfolgs von politischen Maßnahmen und Programmen, die auf eine nachhaltige landwirtschaftliche Produktion und den Schutz natürlicher Ressourcen wie Wälder und Fischerei abzielen (Mikalsen et al., 2007). Die Beteiligung der Zivilgesellschaft ist oft unerlässlich, um den Erfahrungsaustausch und die Interaktionen innerhalb von landwirtschaftlichen Systemen zu erleichtern (OECD, 2013; Warshawsky, 2014), um die Förderung einer nachhaltigen landwirtschaftlichen Produktion und Naturschutzprogramme zu stärken (Akinola, 2016; Scholte, 2012), um den Kontakt zwischen LandwirtInnen und Agrarunternehmen herzustellen (Warshawsky, 2016) und um innovative marktorientierte Ansätze für ökologische und soziale Nachhaltigkeit zu fördern.

Die Regierungsführung bleibt jedoch in den meisten afrikanischen Ländern eine zentrale Herausforderung. In Äthiopien zum Beispiel behindert der starke Einfluss der öffentlichen Verwaltung und ihrer Vorschriften die Beteiligung der Zivilgesellschaft an kleinbäuerlichen Innovationsnetzwerken im Agrarsektor (Spielman et al., 2011). Dabei ist der Einfluss von Unternehmen auf die landwirtschaftliche Entwicklung und Ernährungssicherung nicht eindeutig. Einiges deutet darauf hin, dass sich Investitionen der Unternehmen positiv auf die landwirtschaftliche Produktivität und die Ernährungssicherung, die Schaffung von Arbeitsplätzen, die Verringerung von Umweltverschmutzung (van Dijk und Vander Stichele, 2008) und die Förderung guter Regierungsführung

(Jensen, 2006) ausgewirkt haben. Andere argumentieren, dass Unternehmen die Ernährungsunsicherheit und die Umweltverschmutzung noch verschärfen können (de Schutter, 2009). Beispielsweise entscheiden sich einige Unternehmen dafür, in Länder zu investieren, in denen die Löhne niedrig und die Arbeits- und Umweltgesetzgebung schwach ist, was den Erwerb von großen Grundstücken ermöglicht, die aber die Unsicherheit der Besitzverhältnisse für KleinerzeugerInnen noch verschärfen (da Vià, 2011; Deininger et al., 2011).

Prioritäten für Investitionen und politische Maßnahmen

Reformen im Bereich der Rechtsstaatlichkeit und seiner konsequenten Durchsetzung umsetzen, um eine gute Regierungsführung zur Verbesserung der Ernährungssicherung und landwirtschaftlichen Produktivität zu fördern. Spezifische Interventionen umfassen:

- Schutz der Eigentumsrechte für Schlüsselressourcen (wie Land, Wasser, Saatgut und Maschinen) und die Förderung ihrer kommerziellen Nutzung. In dieser Hinsicht sind geeignete politische Maßnahmen erforderlich, um Monopole in Bezug auf Eigentumsrechte zu verhindern.
- Regulierung von Produktionstechnologien (Pestizide, Tierarzneimittel, Saatgutzertifizierung, Qualitätskontrolle von Düngemitteln, Mechanisierung) und Durchsetzung von Verträgen.
- Gestaltung geeigneter Anreizmechanismen für nationale und internationale Investoren und Verbesserung der geltenden Regelungen für diese Anreize (z.B. Subventionen, Steuern oder auf den Preis bezogene politische Maßnahmen).
- Einrichtung von Agenturen zur Durchführung von landwirtschaftlichen Entwicklungsprogrammen und -projekten sowie zur Verwaltung von Rechtsfragen.
- Förderung von zivilgesellschaftlichen Organisationen und Aktivitäten zum Aufbau der Kapazitäten von KleinerzeugerInnen.

Solide Koordinierungsstrukturen schaffen, um die Effizienz der Abläufe und des Ressourceneinsatzes zu gewährleisten.

Korruptionskontrolle und Rechenschaftspflicht zur Verbesserung von Infrastruktur und Dienstleistungen, die für die landwirtschaftliche Entwicklung von Bedeutung sind, stärken. Zu den wichtigsten Interventionen gehören Investitionen in IKT und Energie sowie die Entwicklung elektronischer Systeme und Online-Plattformen zur Gewährleistung von Transparenz und Rechenschaftspflicht und zur Einhaltung gesetzlicher Bestimmungen, um die Erbringung von Dienstleistungen im Zusammenhang mit der Landwirtschaft zu verbessern.

Frauen, Jugendlichen und Randgruppen wie Nomaden Möglichkeiten und eine Stimme geben und sie in landwirtschaftliche Entwicklungsprogramme integrieren. Die verstärkte Einbeziehung solcher Gruppen erfordert gezielte Interventionen, wie z.B. die Ausbildung von Produzentinnen, die Erhöhung ihrer Beteiligung an Entscheidungsprozessen auf verschiedenen Ebenen und die Einbeziehung von Gender-Fragen in politischen Maßnahmen und Programmen.

Frieden und Stabilität fördern (eine hohe Priorität für die Sahelzone) durch die Stärkung demokratischer Prozesse, die Unterstützung privater Investitionen und lokaler Akteure, die sich für die Umverteilung von Ressourcen einsetzen, sowie die Verbesserung der Zusammenarbeit zwischen Nachbarländern.

Ein ordnungspolitisches Umfeld schaffen, das die Rolle der Zivilgesellschaft und der Unternehmen optimiert, damit diese die landwirtschaftliche Entwicklung vorantreiben können. Dies erfordert die Lockerung von Kontrollen der Regierung, die Unterstützung von Führungspersonen, die Einrichtung Sektor-übergreifender Koordinations- und Rechenschaftsmechanismen und Investitionen in qualifizierte Arbeitskräfte.

Oliver Kirui

5.2 Bauernverbände

Die Rolle der Bauernverbände in Afrika

Bauernverbände können eine wichtige Rolle bei der landwirtschaftlichen Transformation in Afrika spielen, insbesondere indem sie kollektives Handeln unter den ErzeugerInnen fördern und ihnen eine politische Stimme geben. Die grundlegende Aufgabe von Bauernverbänden besteht darin, die ErzeugerInnen zu vertreten, um ihre Beteiligung an der Formulierung und Umsetzung von politischen und landwirtschaftlichen Entwicklungsmaßnahmen zu gewährleisten. Bauernverbänden sind formelle oder informelle (registrierte oder nicht registrierte) und auf Mitgliedschaft basierende kollektive Aktionsgruppen, die Mitglieder unterstützen, die ihren Lebensunterhalt ganz oder teilweise aus der Landwirtschaft (Ackerbau, Viehzucht, Fischerei und/oder anderen ländlichen Aktivitäten) beziehen (Mastercard Foundation, 2020). Bauernverbände agieren auf lokaler, regionaler oder nationaler Ebene. Sie zielen darauf ab, den Lebensunterhalt ihrer Mitglieder zu verbessern, indem sie die Interessenvertretung und den Zugang zu Informationen, Märkten und Betriebsmitteln erleichtern. Es verschiedene Arten von Bauernverbände wie Produkt-orientierte Verbände (z.B. Vertriebsorganisationen für LandwirtInnen), Verbände, die sich auf bestimmte Untergruppen z.B. Jugendliche und Frauen konzentrieren, Genossenschaften und deren Dachverbände und regionale Verbände (NEPAD, 2014).

Konzeptionell gibt es mehrere Mechanismen, durch die Bauernverbände die landwirtschaftliche Entwicklung potenziell fördern und so dazu beitragen können, die Ernährungssicherung zu verbessern und die Armut zu verringern. Bauernverbände sind wichtige Institutionen für die Stärkung und Förderung von ErzeugerInnen und der armen Landbevölkerung (Penunia, 2011). Indem sie sich gemeinsam organisieren, können ProduzentInnen Zugang zu Informationen erhalten, die zur Verbesserung der Produktion, zur Wertschöpfung, zur Vermarktung ihrer Produkte und zur Entwicklung effektiver Geschäftsbeziehungen mit Absatzmärkten oder den Anbietern von Betriebsmitteln benötigt werden. Bauernverbände können den ErzeugerInnen helfen, Qualifikationen zu erwerben, Zugang zu Inputs zu erhalten, Unternehmen zu gründen und ihre Produkte effektiver zu verarbeiten und zu vermarkten, um ein höheres Einkommen zu erzielen (Sinyolo und Mudhara, 2018). Insbesondere können Bauernverbände Größenvorteile erzielen, wodurch die Kosten gesenkt und die

Verarbeitung und Vermarktung von Rohstoffen für den einzelnen ProduzentInnen erleichtert werden. Vermarktungsorientierte Erzeugerorganisationen können ihre Mitglieder beim Kauf von Betriebsmitteln und Ausrüstung, bei der Einhaltung von Qualitätsstandards sowie bei der Trocknung, Lagerung, Sortierung, Reinigung, Verarbeitung, Verpackung, Branding, Einsammeln und dem Transport von Produkten unterstützen (Tolno et al., 2015).

Politisch stärken Bauernverbände die Verhandlungsgrundlage der ErzeugerInnen, indem sie die Wahrscheinlichkeit erhöhen, dass ihre Bedürfnisse und Belange von politischen Entscheidungsträgern und der Öffentlichkeit gehört werden (Penunia, 2011). Einerseits können Bauernverbände die Ansichten des Agrarsektors und der ProduzentInnen über ihre Notlage vermitteln. Andererseits können sie, wenn sie gut organisiert sind, an der Formulierung von agrarpolitischen Maßnahmen und Strategien mitwirken, die für die ländliche Entwicklung in Betracht gezogen werden müssen. Bauernverbände sind auch ein wichtiges Mittel, mit dem KleinerzeugerInnen Regierungs- und Nichtregierungsorganisationen für ihre Rolle in der ländlichen Entwicklung zur Rechenschaft ziehen können. Gut organisierte Bauernverbände können wirksame ländliche Institutionen sein, die sicherstellen, dass die Stimmen der ProduzentInnen gehört und ihre Forderungen erfüllt werden. Zudem fördern starke und rechenschaftspflichtige ländliche Institutionen den sozialen Zusammenhalt und die Stabilität und verringern die negativen Folgen politischer und wirtschaftlicher Entmündigung. Wenn sich Bauernverbände auf höheren Ebenen zusammenschließen, können sie Entscheidungen, die ihre Erfolgschancen beeinträchtigen, und den politischen Dialog beeinflussen.

Der Zustand der afrikanischen Bauernverbände

Bauernverbände in Afrika gelten als schlecht organisiert (FAO, 2017b; Penunia, 2011). So beträgt der Anteil der ProduzentInnen, die in verschiedenen Bauernverbänden in Kenia, Burkina Faso, Tansania, Uganda, Senegal und Sambia eingeschrieben sind, kaum zehn Prozent (Kampmann und Kirui, 2021; Wortmann-Kolundžija, 2019). Der National Farmers Federation Kenias (KENAFF) gehören rund zwei Millionen LandwirtInnen an, während der Agricultural Council Tansanias (ACT) etwa 2,7 Millionen Mitglieder zählt. Die Farmers Union of Malawi (FUM) und die National Smallholder Farmers Association of Malawi (NASFAM) haben etwa 1,1 Millionen bzw. 100.000 Mitglieder (Kampmann und Kirui, 2021; Wortmann-Kolundžija, 2019). Darüber hinaus haben sich landwirtschaftliche Organisationen in den meisten afrikanischen Ländern nicht effektiv an der Gestaltung der Agrarpolitik beteiligt – im

Gegensatz zu anderen Ländern in Europa, Nordamerika und Asien, wo landwirtschaftliche Organisationen weithin respektierte und anerkannte Partner im politischen Entscheidungsprozess sind (Davidova und Thomson, 2014; FAO, 2017c; Vorley et al., 2012; Wolfenson, 2013).

Die Aufnahme in einen Bauernverband führt jedoch nicht automatisch zu einer Steigerung der Produktivität, des Einkommens oder der für die Produkte erzielten Preise. Wie Fischer und Qaim (2012a) zeigen, müssen die Ziele von Bauernverbänden und die Aktivitäten, die sie durchführen, sorgfältig abgewogen werden. Signifikante Produktivitäts- und Einkommenssteigerungen sind nur möglich, wenn entsprechende Dienstleistungen angeboten werden (z.B. kollektives Marketing, Maßnahmen zur Verbesserung von Qualität und Effizienz entlang der Lieferkette, effizienter Informationsfluss) (Fischer und Qaim, 2012b, 2012a). Bauernverbänden müssen sich überlegen, welche Aktivitäten das Wohlbefinden ihrer Mitglieder am ehesten verbessern und welche Anreize am attraktivsten sind (Verhofstadt und Maertens, 2014; 2015). Frühere Studien haben gezeigt, dass verschiedene strukturelle Komponenten (wie z.B. die Art der Organisation, das Aktionsfeld, die Verfügbarkeit von Ressourcen) die Auswirkungen von Bauernverbänden auf ihre Mitglieder beeinflussen (Francesconi und Wouterse, 2015; McInerney, 2014; Vanni, 2014). Beispielsweise scheinen Produktionsgenossenschaften im Vergleich zu Land- und Vermarktungsgenossenschaften weniger effizient bei der Steigerung der Gewinne ihrer Mitglieder zu sein, während Maisgenossenschaften effizienter und mit höheren Erträgen arbeiten als Gartenbaugenossenschaften (Verhofstadt und Maertens, 2015, 2014). Eine Verknüpfung von Bauernverbänden mit dem Markt könnte nur dann sinnvoll sein, wenn einzelne Mitglieder Zugang zu natürlichen und produktiven Vermögenswerten haben, aber die Teilnahme der Gruppen an solchen Märkten hängt auch vom Sozialkapital der Mitglieder ab (Barham und Chitemi, 2009). Darüber hinaus scheitern marktorientierte Schulungen und Interventionen, wenn die Mitglieder der Bauernverbände keinen Zugang zu Ressourcen haben (Barham und Chitemi, 2009).

Dennoch zeigen empirische Studien aus Afrika, dass die Mitgliedschaft in landwirtschaftlichen Organisationen die landwirtschaftliche Produktivität verbessern kann. In Nigeria erhöhte die Mitgliedschaft in einer Erzeugergemeinschaft die Wahrscheinlichkeit und Intensität der Einführung verbesserter Kuhbohnensorten (dual-purpose cowpeas) um 14 Prozent (Kristjanson et al., 2015; Shiferaw et al., 2011), während die Mitgliedschaft in einer Genossenschaft die Einführung verbesserter Manioksorten um etwa 22 Prozent erhöhte (Wossen et al., 2017). In Simbabwe stieg die Wahrscheinlichkeit, dass sogenannte Viehfutter-Bank-Technologien zur Verbesserung der Viehzucht eingesetzt werden, durch die Mitgliedschaft in Bauernverbänden um das Doppelte (Jera und Ajayi, 2008). Eine nationale Umfrage in Mosambik ergab, dass die Mitgliedschaft in Bauernverbänden das Wohlergehen der KleinerzeugerInnen verbesserte. Sie erhöhte den vermarktbaren Überschuss um 25 Prozent, den Wert der landwirtschaftlichen Produktion um 18 Prozent und das Gesamteinkommen um 15 Prozent (Bachke, 2019). In Äthiopien verbesserten sich der Ertrag und die Qualität von Gerstenmalz, nachdem Genossenschaften technische Managementschulungen zur Produktivitäts- und Qualitätsverbesserung organisierten (Windsperger et al., 2019). Die Qualitätsverbesserung führte zu einem Preisaufschlag um bis zu 20 Prozent, der den Genossenschaftsmitgliedern zugutekam (Windsperger et al., 2019).

Überall auf der Welt sind ähnliche Gewinne durch die Mitgliedschaft in Bauernverbänden zu verzeichnen. Chinesische Genossenschaften steigerten die Produktivität um durchschnittlich etwa 5,4 Prozent, erhöhten die Nettoerträge um 6,1 Prozent und verbesserten das Einkommen um 4,7 Prozent (Ma und Abdulai, 2016). Diese Auswirkungen waren bei Kleinbetrieben tendenziell größer als bei mittleren und großen Betrieben. In Nepal steigerte eine Organisation von TomatenproduzentInnen die Produktivität um etwa 27 Prozent (Mishra et al., 2018). Andere ähnliche Studien fanden eine Ertragssteigerung bei Tomaten von etwa 64 Prozent in Indien (Eaton und Shepard, 2001) und eine Produktivitätssteigerung von etwa 100 Prozent für MaisproduzentInnen in Ghana (Ragasa et al., 2018). In Äthiopien berichteten LandwirtInnen, die sich (etwa fünf Jahre lang) an kollektiven Aktionsgruppen beteiligten, über eine durchschnittliche Produktivitätssteigerung von 10 Prozent bei Nutzpflanzen und Vieh. Diese LandwirtInnen erhielten in der Gruppe Beratungsangebote und ihre Teilnahme förderte die Einführung und Nutzung landwirtschaftlicher Technologien.

Herausforderungen der Bauernverbände

Obwohl Bauernverbände unbestreitbar eine wichtige Rolle in der landwirtschaftlichen Transformation und Entwicklung Afrikas spielen, bleiben ihre Kapazitäten bisher eher begrenzt (Kampmann und Kirui, 2021; Zimmermann et al., 2009). Den Bauernverbänden fehlt ein transparentes Mitgliederregister und sie sind daher nicht in der Lage, die Interessen ihrer Mitglieder zu vertreten. Informationen über die tatsächliche Zahl der Mitglieder sind schwer zu bekommen und zu überprüfen, was die Rechenschaftspflicht der Bauernverbände vor Herausforderungen stellt. Es wurden nicht genügend Ressourcen eingesetzt und Anstrengungen unternommen, um Bauernverbände aufzubauen und die ProduzentInnen zu mobilisieren. Viele Bauernverbände verfügen weder über eine klare Strategie noch über Möglichkeiten, sich an der Agrarpolitik zu beteiligen, um diese zu beeinflussen. Ihre schwachen Kapazitäten hindern sie daran, politische Prozesse vorzubereiten oder an ihnen teilzunehmen (z.B. sind sie nicht in der Lage, Debatten bei der Formulierung und Umsetzung von politischen Maßnahmen zu verfolgen) (FAO, 2017b; Zimmermann et al., 2009). Obwohl die Dachverbände landwirtschaftlicher Organisationen in einigen Ländern (z.B. Senegal, Uganda und Sambia) als gut strukturiert angesehen und gelegentlich von Regierungsministerien und Parlamenten zu wichtigen Fragen bezüglich des Agrarsektors eingeschaltet werden, sind sie zum großen Teil nach wie vor schwach und verfügen nicht über eine angemessene Führung.

Zur Bewältigung dieser Herausforderungen sind vielfältige Anstrengungen erforderlich. Beispielsweise müssen bestehende Bauernverbände durch (i) den Ausbau der Kapazitäten der bestehenden Führungskräfte, (ii) die Erhöhung der Anzahl der Mitglieder und ihres finanziellen Beitrags zur Unterstützung der Tätigkeit der Organisationen und (iii) die Schaffung von Gelegenheiten für Bauernverbände, regelmäßig mit politischen Entscheidungsträgern in Kontakt zu treten, angeregt werden. Um die Beteiligung der Mitglieder an kollektiven Aktivitäten zu erhöhen, müssen die bestehenden Verbände eine zuverlässige, kooperative Arbeitsatmosphäre schaffen, die von gegenseitiger Verpflichtung, Vertrauen, Rechenschaftspflicht und Gemeinschaftssinn geprägt ist. Darüber hinaus müssen die Mitglieder einen klaren Vorteil darin sehen, sich in einer Gruppe zu engagieren. Führungspersönlichkeiten müssen umsichtig und transparent bezüglich ihres Umgangs mit den Finanzen sein, ihre Agenda klar festlegen, die Prüfung der Mitglieder nicht scheuen und sich an die Bedingungen einer leistungsorientierten Führung anpassen. Zuschüsse sollten sich auf die Stärkung von Bauernverbänden durch institutionelle Entwicklung konzentrieren und nicht zur Unterstützung von Kleinprojekten verwendet werden. Die Regierungen sollten den Bauernverbänden auch das Recht einräumen, in allen Entscheidungsgremien mitzuwirken, die sich mit Fragen der Agrar- und Ernährungswirtschaft befassen.

Prioritäten für Investitionen und politische Maßnahmen

Die folgenden drei Prioritäten werden als notwendig erachtet, um die Rolle der Bauernverbände zu verbessern:

- **Fähigkeiten der Bauernverbände zur Interessenvertretung und Lobbyarbeit verbessern.** Regierungsbeamte benötigen Schulungen zu Fragen bezüglich politischer Prozesse und des Engagements mehrerer Interessensgruppen. Länderübergreifendes Lernen und länderübergreifender Austausch (z.B. über Agrarpolitik, Interessensvertretung, technische und praktische Ausbildung in der Landwirtschaft, organisatorische Stärkung), auch mit etablierten europäischen (oder anderen globalen) Bauernverbänden, käme den Bauernverbänden in Afrika zugute.

- **Bauernverbände bei der Erbringung wirtschaftlicher Dienstleistungen für ihre Mitglieder unterstützen**. Es gibt drei Kategorien von Dienstleistungen, die Bauernverbände in Afrika in der Regel für ihre Mitglieder erbringen:
  - o Dienstleistungen zur Unterstützung der Produktion (Zugang zu Inputs, Ausrüstung, Beratungsdiensten),
  - o Dienstleistungen zur Wertsteigerung der Produkte (Verarbeitung und Zertifizierung, Management nach der Ernte, Lagereinrichtungen, Verarbeitungsanlagen für Frischwaren),
  - o Dienstleistungen zur Unterstützung des Marketings (Angebote einholen, potenzielle KäuferInnen finden, Verträge mit KäuferInnen aushandeln, Informationen über Marktpreise bereitstellen).
- **Regeln und einen Verhaltenskodex einführen, die mit Sanktionen und Anreizen durchgesetzt werden sollen.** Bauernverbände müssen auch das Engagement der Mitglieder (und ihren finanziellen Beitrag durch Gebühren) fördern, um finanzielle Nachhaltigkeit zu gewährleisten.

Tekalign Sakketa

5.3 Land- und Wasserrechte

Die Koordination der Verwaltung (governance) von Land und Wasser für die Ernährungssicherung von entscheidender Bedeutung, da die Lebensmittelproduktion von den beiden knappen Ressourcen Süßwasser und Ackerland abhängt (Niasse und Cherlet, 2014). Trotz der Wechselwirkungen und gegenseitigen Abhängigkeiten werden Land- und Wasserressourcen meist getrennt voneinander und von unterschiedlichen Institutionen verwaltet. Obwohl die Notwendigkeit für bessere Koordinierung der Verwaltung von Land- und Wasserressourcen immer häufiger anerkannt wird (Niasse und Cherlet, 2014), trägt Koordinierung nur wenig zur Steigerung der landwirtschaftlichen Produktivität bei (AGRA, 2014).

Strategien und Richtlinien in Bezug auf Land- und Wasserpolitik, die viele afrikanische Länder verabschiedet haben, erkennen Sicherheit des Grundbesitzes und Wasserrechte als wichtige Faktoren für landwirtschaftliche Investitionen, Wachstum und Produktivitätssteigerungen an. So nennen beispielsweise der Report der Commission for Africa (2005), der 2005 State of Food Insecurity Report (FAO, 2005), NEPADs CAADP (2003), die UN-Nachhaltigkeitsziele (2015) und die Strategiepapiere zur Armutsbekämpfung vieler afrikanischer Länder den Grundbesitz als ein wichtiges Thema. In ihrer Bewertung der Einschränkungen, denen die afrikanische Landwirtschaft ausgesetzt ist, nennt die NEPAD schlecht definierte Eigentumsrechte als eine der größten Hemmnisse für Investoren (AUDA-NEPAD, 2013). Laut Deininger et al. (2014) sind ineffektive Institutionen für die Dokumentation von Landrechten und der Streitschlichtung, der schwache Rechtsschutz in der Praxis und große Lücken beim Zugang zu Land von Frauen einige der bedeutendsten Einschränkungen in der Landverwaltung. Um diese Lücken zu schließen, wurden verschiedene Reformen und Initiativen umgesetzt, um den Zugang von Frauen und junge LandwirtInnen zu Land und Wasser auf nationaler, regionaler und internationaler Ebene zu verbessern. Diese Reformen wurden von Regierungen, regionalen Wirtschaftsgemeinschaften, der Afrikanischen Union, der Europäischen Union, den Vereinten Nationen und Entwicklungsorganisationen initiiert (siehe z.B. Adams und Palmer (2007); van Koppen (2003); WPP (2010). Die Sicherung von Landrechten verbessert im Allgemeinen den Zugang zu Wasser und damit zu Wasserrechten, da der Zugang zu Land in vielen Gegeneden Zugang zu Wasser bedeutet (FAO, 2011; Niasse und Cherlet, 2014; World Bank, 2012).

Grundbesitzsysteme, die oft KleinerzeugerInnen und Frauen diskriminieren, beeinflussen weiterhin die Wasserpolitik in vielen afrikanischen Ländern (Olagunju et al., 2019). Aufgrund des soziokulturellen und wirtschaftlichen Umfelds gibt es verschiedene Arten von Grundbesitzsystemen (z.B. inhabergeführt mit vollen Eigentumsrechten, inhabergeführt mit eingeschränkten Rechten, Festpreis- und Teilpachtverträge). Diese unterschiedlichen Besitzverhältnisse wirken sich auf die LandwirtInnen in vielfältiger Weise aus. In Ghana z.B. erhöht ein Festpreispachtvertrag die Wahrscheinlichkeit, in Dünger zu investieren, um 16 Prozent, während volle Eigentumsrechte die Wahrscheinlichkeit um 11 Prozent erhöhen. Unterschiedliche Besitzverhältnisse wirken sich auch auf die Wahrscheinlichkeit von Investitionen in bodenverbessernde und -schützende Maßnahmen (wie Bäume und Mulch) aus (Abdulai et al., 2011). Zudem gibt es Unterschiede in Bezug auf Zugang zu Land, Gleichberechtigung im Grundbesitz und die Individualisierung der Rechte einschließlich ihrer Kontrollmöglichkeiten und der Fähigkeit, diese Rechte zu wahren (Deininger et al., 2017).

Obwohl der Gedanke weit verbreitet ist, dass gesicherte Grundbesitzrechte für Investitionen in produktivitätssteigernde Maßnahmen wichtig sind (Abdulai et al., 2011), gibt es keine schlüssigen Belege für die Auswirkungen von Grundbesitzrechten auf die landwirtschaftliche Produktivität. Die Auswirkungen hängen vom lokalen Kontext und den makroökonomischen und sektoralen Bedingungen ab, unter denen Grundbesitzsysteme funktionieren (siehe Place (2009) für eine Studie zum Thema Grundbesitz). Ein kürzlich erschienener Bericht von Singirankabo und Ertsen (2020) bestätigt ebenfalls die unterschiedlichen Auswirkungen von Grundbesitz auf die Produktivität. In Kenia zum Beispiel sind Auswirkungen von Landrechten auf Ernteerträge nicht signifikant. In Äthiopien verbessert die Landzertifizierung weder die Sicherheit der Grundbesitzverhältnisse und den Umgang mit Land noch die Produktivität. Zudem hat die geschlechtsspezifische Umsetzung der Landregistrierung und -sicherheit zu einer asymmetrischen Verteilung von Kosten und Nutzen geführt, die bei dieser Art von Analyse oft ignoriert wird. In dieser Hinsicht erschweren die verschiedenen Arten von Grundbesitzsystemen das Verständnis der Auswirkungen von Grundbesitz auf die landwirtschaftliche Produktivität (die auch von der Fähigkeit abhängt, Investitionen in die Landwirtschaft zu fördern). Wenn der Kontext nicht förderlich ist, können Reformen der Grundbesitzverhältnisse die Ungleichheit in Bezug auf Grundbesitz verschärfen und neue Herausforderungen mit sich bringen. Benachteiligte Gruppen wie Frauen,

Kinder und Nomaden können unter solchen Situationen leiden (Singirankabo und Ertsen, 2020).

Nilsson (2019) argumentiert weiter, dass es in Afrika kaum Beschränkungen für den Kauf von Land gibt, was internationale Firmen und Regierungen dazu veranlasst hat, Landkäufe zu tätigen, wodurch KleinerzeugerInnen dem willkürlichen Landerwerb ausgesetzt sind; dieses Phänomen wird manchmal auch als „Land Grabbing" bezeichnet (Niasse und Cherlet, 2014). Dies ist in vielen afrikanischen Ländern zu einer Konfliktquelle geworden. Obwohl die Mehrheit der WissenschaftlerInnen argumentiert, dass sich eine Reform der Grundbesitzverhältnisse positiv auf die Verbesserung der landwirtschaftlichen Produktivität in Afrika auswirkt (Li und Zhang, 2017), wie z.B. in Ghana (Abdulai et al., 2011), Benin (Kariuki, 2011) und Burkina Faso (Ali et al., 2019), legen die meisten Übersichtspapiere nahe, dass mehr Beweise erforderlich sind, um Maßnahmen zur Sicherung der Grundbesitzverhältnisse anzuleiten.

Der kommunale Grundbesitz ist ein weiteres Besitzverhältnis. Empirische Befunde deuten darauf hin, dass kommunale Grundbesitzverhältnisse bei der Förderung von Investitionen, die die langfristige Produktivität lokaler Ressourcen (z.B. Bäume, Bewässerung, Wälder) und die Ernährungssicherung der Haushalte verbessern, weniger wirksam sind. So wurde z.B. anhand einer Makro-Simulation, die an den äthiopischen Kontext angepasst wurde (Gottlieb und Grobovšek, 2019), festgestellt, dass die Abschaffung kommunaler Grundbesitzverhältnisse das BIP um etwa 9 Prozent erhöht, die landwirtschaftliche Beschäftigung jedoch um etwa 18 Prozentpunkte verringert. So erhöht die Abschaffung kommunaler Grundbesitzverhältnisse die landwirtschaftliche Produktivität, während die nicht-landwirtschaftliche Produktivität abnimmt. Die Mitgliedschaft in einer lokalen Gemeinschaft sichert die Landnutzungsrechte über Gewohnheitsrechte in Bezug auf Grundbesitz, wie z.B. Regeln für die gemeinsame Nutzung von kommunalem Weideland. Solche Nutzungsrechte besitzen genügend Flexibilität, um mehrfache Nutzungsrechte für Ressourcen anzuerkennen, z.B. gemeinsame Baumrechte oder Weiderechte von Hirten auf bewirtschaftetem Land nach der Ernte (Migot-Adholla et al., 1991). Solche gemeinschaftsbasierten Nutzungsreche können jedoch zu geringeren Investitionen in den Umweltschutz führen, z.B. wenn LandwirtInnen nicht in Land investieren möchten, das ihnen nicht gehört. Aus den unterschiedlichen Interessen und Prioritäten einzelner Rechtsinhaber (z.B. LandwirtInnen) und gemeinschaftlicher Rechtsinhaber (z.B. Hirten) ergeben sich infolgedessen Ressourcenkonflikte. Zusammenfassend kann man sagen, dass individuelle Rechte wichtiger für die Ernährungssicherung sind als kommunale Rechte, aber letztere für den Umweltschutz (z.B. Kohlenstofffixierung) wichtiger sein könnten (Alaanuloluwa Ikhuoso et al., 2020).

Ein Antriebsfaktor von Konflikten in Bezug auf Land- und Wassernutzung ist der **Mangel an klar definierten Land- und Wasserrechten und deren schwache Durchsetzung**. Die Unsicherheit über die Land- und Wasserrechte und die damit verbundenen Ressourcen hat auf verschiedenen Ebenen einen Wettbewerb um knappe Ressourcen entfacht, der manchmal zu Konflikten führt, z.B. zwischen lokalen Stämmen, zwischen Staaten bezüglich grenzüberschreitenden Ressourcen oder Konflikte über die Nutzung von Gemeinschaftsressourcen zwischen LandwirtInnen und Hirten (Cabot, 2017; Sakketa, 2018). Die Institutionen, die für die Bewältigung solcher Streitigkeiten über Land- und Wasserrechte erforderlich sind, fehlen in den meisten Ländern, und falls vorhanden, sind sie oft schwer zugänglich und haben keine klar definierten Mandate. Darüber hinaus erkennen zwar viele Länder eine Reihe von Landrechten an, die von Einzelpersonen und Gruppen gehalten werden, aber deren Durchsetzung stellt nach wie vor eine Herausforderung dar (Deininger et al., 2014; Hegre und Nygård, 2015).

Ein weiterer Antriebsfaktor von Konflikten ist der **Verlust von Rechten und das Ausbleiben einer Entschädigung**. Wenn Land- und Wassernutzer infolge von Landnutzungsänderungen oder Umsiedelung ihre Rechte verlieren, führt das Ausbleiben einer angemessenen Entschädigung in Form von Geld- oder Sachleistungen häufig zu Konflikten (FAO, 2019c). Enteignungen mit unzureichender Entschädigung sind weit verbreitet, z.B. in Nigeria und Äthiopien. Wo solche Enteignungen stattfinden, ist es unwahrscheinlich, dass die Ressourcen für die nächsten Jahrzehnte genutzt werden, was wiederum Auswirkungen auf die Lebensmittelproduktion und Ernährungssicherung hat (Deininger et al., 2017, 2014). In vielen Ländern gibt es noch keine öffentlich zugänglichen, detaillierten Informationen über Grundbesitz und Wasserrechte, und wenn es Informationen gibt, sind sie unvollständig, unzuverlässig oder veraltet und werden nicht zwischen den zuständigen öffentlichen Stellen ausgetauscht, was manchmal zu Betrug führt (Deininger et al., 2014). Darüber hinaus haben ineffiziente Institutionen häufig dazu geführt, dass staatliche Enteignungen aufgrund von Unklarheiten im rechtlichen Rahmen und der Nichtbeachtung der Gesetze und Verfahren der Landverwaltung unrechtmäßig vonstattengingen. Diese Konflikte können durch Transparenz (z.B. öffentliche Bereitstellung von Landinformationen), Rechenschaftspflicht und Fairness in Bezug auf Enteignungen besser bewältigt werden (Olagunju et al., 2019).

Der dritte Antriebsfaktor ist das **Bevölkerungswachstum und die rasche Urbanisierung** (Malthusianismus). Der zunehmende Druck auf die Land- und Wasserressourcen hat zum Verlust von Ackerland und zu vermehrter

Vertreibung geführt. Das Fehlen von Regierungskapazitäten zur Lösung dieser Probleme verschärft diese Konflikte weiter (Olagunju et al., 2019).

Nicht zuletzt erhöht **der Klimawandel** den Druck auf und somit den Wettbewerb um knappe Land- und Wasserressourcen (Alaanuloluwa Ikhuoso et al., 2020).

Sowohl bei der Prävention als auch bei der Schlichtung von Land- und Wassernutzungskonflikten wurden formelle und informelle Ansätze in der Regierungsführung umfassend genutzt. Die formellen Ansätze beinhalten sowohl die Anerkennung von Rechtsansprüchen als auch Praktiken zur Schlichtung von Land- und Wasserkonflikten im Falle von Streitigkeiten. Was die informellen Ansätze anbelangt, so werden Zugang zu und Kontrolle über Land- und Wasserressourcen in vielen afrikanischen Ländern häufig durch traditionelle Rechtssysteme (tribal legal systems) geregelt – meist auf lokaler Ebene (Hegre und Nygård, 2015). Die meisten afrikanischen Länder, die auf traditionelle Institutionen wie Verwandtschaftsbeziehungen und Stammeshäuptlinge setzen, sind besser in der Lage, Rechte durchzusetzen als solche, die sich ausschließlich auf formelle Institutionen stützen, die zur Gewährleistung formeller Regeln eingerichtet wurden (Schnegg und Bollig, 2016). Diese Realitäten werden jedoch in nationalen, regionalen und internationalen Regularien zur Land- und Wasserverwaltung oft nicht berücksichtigt. So wird in den meisten Ländern von den Wassernutzern erwartet, dass sie unterschiedliche Prioritäten wie Gesetzgebung, kulturelle Normen und ökologische Gegebenheiten beachten, um eine effektive Wassernutzung und -bewirtschaftung zu gewährleisten (Sakketa, 2018).

Prioritäten für Investitionen und politische Maßnahmen

Land- und Wasserrechte sichern und durchsetzen. Angemessene politische Maßnahmen angepasst an den lokalen Kontext sind wichtig, um ein günstiges Umfeld zu schaffen, das Land für KleinerzeugerInnen, insbesondere Frauen, Jugendliche und Nomaden, zugänglich macht und gegen die Diskriminierung von KleinerzeugerInnen vorgeht. Insbesondere muss die Dokumentation von Grundbesitzrechten und der Informationsaustausch zwischen Behörden verbessert werden. Es bedarf sowohl einer harten als auch einer weichen Infrastruktur, die in der Lage ist, Fragen der Land- und Wasserbewirtschaftung zu regeln. Investitionen in den Einsatz fortschrittlicher digitaler Technologien sind erforderlich, um Grundbücher zu erstellen und die verfügbaren Land- und Wasserressourcen zu ermitteln und zu dokumentieren. Ruanda ist ein gutes Beispiel für den Einsatz fortgeschrittener digitaler Technologien[49].

---

49 Siehe https://mediciland.com/

Konfliktlösung im Bereich der Land- und Wassernutzung stärken. Gut funktionierende Institutionen zur Schlichtung von Land- und Wassernutzungskonflikten sind erforderlich. Beispielsweise kann das Fehlen festgeschriebener Landrechte und eines Rechtstitels dazu führen, dass KleinerzeugerInnen durch den Staat und die reiche Bevölkerungsschicht vertrieben werden. Innovative, kostenwirksame und effiziente Investitionen in die Beilegung von Streitigkeiten, einschließlich der Einrichtung eines unabhängigen Justizsystems, das sich mit der Prävention und Schlichtung von Konflikten sowie der Umsetzung der vereinbarten Kompromisse befasst, sind erforderlich.

Einen Rechtsrahmen zur Koordinierung der Bewirtschaftung von Land und Wasser auf verschiedenen Ebenen entwickeln und durchsetzen. Eine angemessene Koordinierung und Zusammenarbeit sind notwendig, um konkurrierende Interessen zwischen Sektoren, Behörden und Ländern (z.B. Spannungen zwischen Äthiopien, Ägypten und Sudan) in Einklang zu bringen. Dies erfordert eine institutionelle Zusammenarbeit zwischen Land, Wasser und verwandten Sektoren, um Synergien zu fördern. Eine Behörde ist erforderlich, um die Governance-Mechanismen zwischen verschiedenen Sektoren zu stärken. Relevante Daten für sinnvolle Planungs- und Überwachungspraktiken müssen generiert und verwaltet werden. Außerdem ist ein Dialog zwischen KleinerzeugerInnen, WissenschaftlerInnen, politischen Entscheidungsträgern und Entwicklungsakteuren erforderlich. Investitionen in die Nutzung von Satelliten für die Planung und Verwaltung der Land- und Wassernutzung können Koordination und Kooperation erleichtern.

Evelyn Baraké

5.4 Gleichstellung der Geschlechter

Schätzungen zufolge beschäftig der Agrarsektor 60 Prozent der Frauen in Subsahara-Afrika und ist damit ihr größter Arbeitgeber (UNDESA, 2015). Insbesondere dort, wo der Zugang zu alternativen Beschäftigungsmöglichkeiten für Frauen begrenzt ist, sind Frauen im hohen Maße von landwirtschaftlicher Arbeit und Einkommen abhängig (Agarwal, 2015). Zugleich sind die afrikanischen Ernährungssysteme von der bezahlten und unbezahlten Arbeit der Frauen entlang der gesamten Wertschöpfungskette abhängig. Frauen arbeiten vor allem in der Lebensmittelproduktion, bewirtschaften ihre eigenen oder die ihnen zugewiesenen Flächen, stellen Arbeitskräfte auf den von Männern bewirtschafteten Flächen und sind als Viehzüchterinnen tätig. Zudem ist ihre Arbeit vor allem für die die Zeit nach der Ernte in der Lebensmittelverarbeitung und –zubereitung, von entscheidender Bedeutung (Care Canada, 2016; Njiraini et al., 2018; SIDA, 2015). Wie wichtig die Arbeit von Frauen für die Ernährungssicherung ist, ist gut dokumentiert, vor allem im Hinblick auf ihre Verantwortung für Lebensmittel innerhalb des Haushalts, wo sie sowohl für den Anbau als auch für die Zubereitung der Lebensmittel für den Verzehr verantwortlich sind und dadurch eine vielfältige Ernährung gewährleisten (Agarwal, 2015; Doss und Morris, 2001).

Im Großen und Ganzen haben Frauen begrenzteren Zugang zu und Kontrolle über produktive Ressourcen für die Landwirtschaft, sowie weniger Zugang zu Informationen und Einfluss auf Entscheidungen als ihre männlichen Kollegen. Dies führt zu einem erheblichen geschlechterspezifischen Unterschied in der landwirtschaftlichen Produktivität und im Einkommen insgesamt. Angesichts der hohen Abhängigkeit der Frauen von der Landwirtschaft als Lebensgrundlage ist eine stärkere Rolle der Frauen in der Landwirtschaft ein wichtiger Schritt für die Gleichstellung der Geschlechter. Zudem kann eine Stärkung der Frauen die Ernährungssicherung voranbringen, indem die Produktivität der Frauen gesteigert wird sowie ihre Fähigkeit, ein Angebot an sicheren und nährstoffreichen Lebensmitteln zu gewährleisten. Die Notwendigkeit, die Benachteiligungen zu beheben, die das Potenzial der in der Landwirtschaft tätigen Frauen einschränken, wird in politischen Zielsetzungen führender kontinentaler und globaler Entwicklungsinstitutionen und politischer Erklärungen anerkannt.

Die geschlechterspezifische Benachteiligung in der Landwirtschaft

Die Ungleichheiten im landwirtschaftlichen Einkommen und der Produktivität von Männern und Frauen in Afrika wurden in Gemeinden, Regionen und Ländern untersucht. Unterschiede im Zugang zu und der Kontrolle über produktive Ressource, sowie bei Zugang zu Informationen und Entscheidungsprozessen, liegen vielen dieser Ungleichheiten zugrunde. Dies wird durch bestehende Geschlechternormen verstärkt, das heißt informelle Regeln, die individuelle Interaktionen, kollektive Verhaltensweisen sowie Erwartungen an das Verhalten anderer bestimmen (Markel et al., 2016). Diese Normen prägen Institutionen und Systeme und schränken somit die Wahlmöglichkeiten der Frauen und damit ihr Einkommen und ihre Produktivität ein (Njiraini et al., 2018). Geschlechterrollen und –beziehungen sind in hohem Maße kontextabhängig und manifestieren sich auf unterschiedliche Weise und in unterschiedlichem Ausmaß zwischen Kulturen, sozialen Gruppen und im Laufe der Zeit. Sie verändern sich auch als Reaktion auf sozio-ökonomische und ökologische Belastungen, technologische Entwicklungen und Veränderungen der Beschäftigungsmuster (Huyer, 2016).

Geschlechternormen bedeuten eine systematische Benachteiligung für Frauen, die in der Landwirtschaft tätig sind. Dies wird durch Unterschiede in der Produktivität und des Einkommens deutlich, was auch als Geschlechtergefälle (gender gap) bezeichnet wird. Unterschiede zwischen Männern und Fraun mit Bezug auf Zugang zu und Kontrolle über Land, Geschlechterrollen und Arbeitsteilung innerhalb des Haushalts, Zugang zu Beratungsdiensten und landwirtschaftlichen Informationen sowie finanzielle Ausgrenzung von Frauen tragen maßgeblich zum Geschlechtergefälle bei (Njiraini et al., 2018).

In weiten Teilen Afrikas haben Frauen weniger Zugang zu Land als Männer und es fehlen festgeschriebene Landtitel. In Nigeria beispielsweise besitzen Frauen vier Prozent der landwirtschaftlichen Nutzfläche eines Haushalts, während 87 Prozent den Männern gehört (Doss et al., 2018). In anderen Ländern wie Niger, Äthiopien und Tansania besitzen Männer drei- bis siebenmal mehr landwirtschaftliche Nutzfläche als Frauen (ibid). Obwohl die Rechte der Frauen auf Grundbesitz in den Verfassungen vieler afrikanischer Länder verankert sind, werden diese Landrechte in den Erbschaftsgesetzen oft nicht explizit geschützt. Außerdem sind sich Frauen nicht immer über ihre Rechte im Klaren oder ihre gesetzlichen Rechte werden nicht respektiert, wenn gebräuchliche Normen den staatlichen Gesetzen entgegenstehen.

Obwohl viele Frauen in Haushalten mit Männern leben, die Zugang zu und Kontrolle über einige dieser Ressourcen haben, kann nicht davon ausgegangen werden, dass Vermögen und Entscheidungsfindung fair aufgeteilt werden (Meinzen-Dick et al., 2011). Diese Unterschiede in Zugang und Kontrolle benachteiligen Frauen und (i) begrenzen die Investitionen von Frauen in ihre eigene landwirtschaftliche Produktion, ii) beinträchtigen ihre Fähigkeit, produktivitätssteigernder Technologien und Innovationen zu nutzen, (iii) begrenzen ihre Möglichkeiten, sich an ökologische und ökonomische Schocks anzupassen, und (iv) schaffen Anreize für eine Landwirtschaft mit geringerer Produktivität (Meinzen-Dick et al., 2011; Njiraini et al., 2018).

Quantifizierung des Geschlechtergefälles

Es ist schwierig, die Auswirkungen des geschlechtsspezifischen Produktivitätsgefälles auf die Lebensmittelversorgung und die Ernährungssicherung abzuschätzen und Schätzungen unterscheiden sich erheblich. Laut einem häufig referenzierten Bericht der FAO würde die Beseitigung des geschlechtsspezifischen Produktivitätsgefälles den Ertrag der Flächen, die von Frauen bewirtschaftet werden, um 2 bis 30 Prozent und die gesamte landwirtschaftliche Produktion in den Entwicklungsländern um 2,5 bis 4 Prozent steigern (FAO, 2011). Eine neure Studien, die in fünf verschiedenen Ländern in Subsahara-Afrika durchgeführt wurde, schätzt, dass ein besserer Zugang zu Betriebsmitteln und Ausrüstung für Frauen die Pflanzenproduktion um bis zu 19 Prozent steigern könnte (UN Women, 2018). Andere Studien deuten jedoch darauf hin, dass eine Schließung der Produktivitätslücke zwischen den Geschlechtern deutlich geringere Gewinne bringen würde. So schätzen Palacios-Lopez et al. (2017), dass eine vollständige Beseitigung des Gefälles in der Produktivität die gesamte afrikanische Nutzpflanzenproduktion nur um 6,25 Prozent steigern würde.

Ein ausschließlicher Fokus auf Produktivitätslücken vernachlässigt zudem andere, schwerer zu quantifizierende Wege, auf denen die Stärkung der Rolle der Frau zu einer höheren Ernährungssicherung beitragen kann (u.a. durch die Viehzucht), zumal der Beitrag von Frauen zur landwirtschaftlichen Arbeit wahrscheinlich nicht ausreichend erfasst wird (Doss et al., 2018). Beispielsweise können Frauen in Gesellschaften, in denen die Rollen und Aufgaben im Zusammenhang mit der landwirtschaftlichen Produktion nach strengen Geschlechternormen geregelt sind, über wertvolles Wissen über bestimmte Nutzpflanzenarten, biodiversitätsfördernde Anbaumethoden oder Tierproduktionssysteme verfügen (Assan, 2014; Doss et al., 2018; Garcia, 2013). Auch weiter oben in der Wertschöpfungskette, insbesondere nach der Ernte in der Verarbeitung und Lebensmittelzubereitung, können sich Maßnahmen zur Förderung von Frauen positiv auf die Lebensmittelsicherheit auswirken, z.B. durch geringere Lebensmittelverluste. Die Stärkung (Empowerment) von Frauen durch Initiativen, die darauf abzielen, ihre Kontrolle über und ihren Zugang zu produktiven Ressourcen, Informationen und Entscheidungsbefugnissen zu verbessern, kann ungenutztes produktives Potenzial, Innovationen oder Vorteile für die Ernährung im Haushalt freisetzen (Doss et al., 2018).

Zudem ist es wichtig, dass der Schwerpunkt auf Innovationen und politische Maßnahmen gelegt wird, die über das direkte Engagement von Frauen in landwirtschaftlichen Wertschöpfungsketten hinausgehen. Frauen tragen nach wie vor die Hauptverantwortung für die häusliche unbezahlte Arbeit, was ihre Mobilität und die Nutzung ihrer Zeit erheblich einschränken kann. Diese Zeit wird bei der Messung der landwirtschaftlichen Arbeitsproduktivität nur selten berücksichtigt (Doss, 2018). Jegliche Neuerungen, die das Ausmaß schwerer Arbeit verringern, die mit vielen (häufig von Frauen erledigten) körperlichen Hausarbeiten und Aufgaben verbunden ist (z.B. sammeln und hacken von Holz, Feuer machen, Wasser tragen, Wäsche waschen, Getreide mahlen, Essenszubereitung usw.), könnten ihre Autonomie erhöhen und sie in die Lage versetzen, ihre Zeit besser für Aktivitäten einzuteilen, die ihr eigenes Wohlbefinden und das ihrer Familienmitglieder verbessert.

Gleichstellung der Geschlechter und der Ernährungssicherung in der Politik

In den letzten zehn Jahren haben führende internationale Organisationen, darunter die Vereinten Nationen und afrikanische und nationalen Entwicklungsorganisationen, die Idee aufgegriffen, dass die Maximierung des produktiven Potenzials von Frauen ein Schlüssel dafür ist, die Ziele der Ernährungssicherung und Armutsbekämpfung weltweit zu erreichen. Im Jahr 2011 erklärte die FAO, dass die Überbrückung der Kluft zwischen den Geschlechtern notwendig ist, um die landwirtschaftliche Produktivität zu steigern, Ernährungssicherung zu erreichen und den Hunger zu verringern (FAO, 2011). Der World Development Report bekräftigte 2012 diese Botschaft und stellte fest, dass die Stärkung der Rolle der Frauen erhebliche Auswirkungen auf die Effizienz und die Wohlfahrtsergebnisse von Projekten und politischen Interventionen haben kann (Alkire et al., 2013; Worldbank, 2012). Dieser Gedanke war auch der Anstoß für das „Joint Programme on Accelerating Progress towards the Economic Empowerment of Rural Women“, das 2012 als eine fünfjährige Partnerschaft zwischen UN Women, der FAO, dem World Food Programme (WFP) und dem International Fund for Agricultural Development (IFAD) ins Leben gerufen wurde. Sie spiegelt sich auch in den SDGs wider, insbesondere in SDG 2 „den Hunger zu beenden", das ausdrücklich erwähnt, dass die Einschränkungen für Kleinerzeugerinnen im Lebensmittelbereich und die Ernährungsbedürfnisse von Frauen und heranwachsenden Mädchen beseitigt werden müssen. Die strategische Priorität der African Union Development Agency (AUDA-NEPAD) zum „Aufbau gesunder nationaler und regionaler Ernährungssysteme und -kulturen und Stärkung der ländlichen Gemeinschaften" verweist auf die Bedeutung der Frauen für afrikanische Ernährungssysteme und bekräftigt die Notwendigkeit, die Ungleichheiten beim Zugang zu Ressourcen anzugehen.

Prioritäten für Investitionen und politische Maßnahmen

Es gibt viele forschungsgestützte Empfehlungen zur Verringerung des geschlechtsspezifischen Produktivitätsgefälles und zur Stärkung von Frauen, die im landwirtschaftlichen Sektor in Subsahara-Afrika arbeiten. Dies beinhaltet die direkte Auseinandersetzung mit den treibenden Faktoren des landwirtschaftlichen Produktivitäts- und Einkommensgefälles zwischen Männern und Frauen, indem die Unterschiede im Zugang zu und der Kontrolle über produktive Ressourcen identifiziert und angegangen werden und die wichtigsten einschränkenden Faktoren für Frauen in einem bestimmten Kontext priorisiert werden. Diese Interventionen müssen lokal angemessen sein und in Partnerschaft mit der Zielbevölkerung initiiert, konzipiert und umgesetzt werden, um erfolgreich zu sein:

Investitionen in die Entwicklung von Innovationen und Technologien in der Landwirtschaft und im Haushalt steigern, die speziell Frauen zugutekommen. Bestehende Innovationen berücksichtigen oft nicht die Bedürfnisse von Frauen und können daher die Ungleichheiten in der Landwirtschaft vertiefen, indem sie Frauen stärker von der Hilfe von Männern abhängig machen, z.B. durch zu schwere Werkzeuge oder Technologien, bei denen zur Bedienung das Tragen von Hosen nötig ist. Zu den Innovationen, von denen Frauen profitieren könnten, gehören auch Technologien, die den Arbeitsaufwand für die Erledigung von Aufgaben verringern, die traditionell von Frauen erledigt werden. Dies kann dazu beitragen, dass Frauen mehr Zeit haben, um ihre begrenzten Ressourcen besser zu nutzen.

Beratungsdienste für Produzentinnen zugänglich machen. Beratungsdienste können sich an Frauen wenden, indem sie Schulungen an Treffpunkten von Frauen anbieten, dafür sorgen, dass die Ausbildung den vollen Zeitplan der Frauen berücksichtigt, Trainings für Paare anbieten, die Dienste an potenziell niedrigere Bildungsniveaus anpassen und Schulungen durch Beraterinnen durchführen. Der erste Schritt ist die Sensibilisierung der BeraterInnen für Gender-Fragen und deren Behandlung, was die Unterstützung von Beratungsstellen erfordert.

Landrechte von Frauen sichern. Einige Strategien beinhalten:

- Das **Erbrecht reformieren**, wo dieses nicht die Rechte von Frauen auf das Erbe von Land und Ressourcen regelt.
- **Sicherstellen, dass Frauen und Gemeinschaften sich ihrer gesetzlichen Rechte bewusst sind**, z.B. durch die Förderung von Partnerschaften zwischen lokalen Nicht-Regierungsorganisationen, Netzwerken von Rechtsanwaltsfachangestellten und Einrichtungen für die rechtliche Stärkung (Legal Empowerment).
- **Bestehende progressive soziale Normen innerhalb von Gemeinschaften formalisieren** (anstatt neue Normen zu schaffen) unter Einbindung aller Ebenen der Gewohnheits- und Staatsgewalt, um sicherzustellen, dass diese rechtlichen oder institutionellen Neuerungen aufrechterhalten werden.
- **Forschungsinitiativen zur Landverwaltung und zu Grundbesitzsystemen unterstützen** sowie den Austausch von Fachwissen und bewährten Praktiken.

Positive politische Maßnahmen umsetzen, um den Zugang für Frauen zu Ressourcen (z.B. Richtlinien, die Eltern ermutigen, ihre Tochter zur Schule zu schicken) und zu Vermögenswerten (z.B. gerechte Vermögensauflösung bei Scheidung) zu verbessern.

Den Ausbau arbeitsintensiver Arbeitsplätze in der weiterverarbeitenden Industrie für Frauen fördern, z.B. in der Leder-, Textil- und Bekleidungsindustrie sowie in der Lebensmittel- und Getränkeindustrie.

Geschlechtsspezifische Erwägungen systematisch in der Gestaltung von politischen Maßnahmen, Interventionen und Investitionen berücksichtigen (Gender-Mainstreaming). Gender-Transformative Ansätze (GTAs) sind führende Ansätze im Bereich des Gender-Mainstreamings. GTAs befassen sich nicht nur mit den Symptomen der Ungleichheit zwischen den Geschlechtern, d.h. mit der Schließung von Geschlechterlücken, sondern auch mit deren Ursachen, was häufig einer Infragestellung bestehender Geschlechterparadigmen und Machtstrukturen bedarf (Danielsen et al., 2018). Um dies zu erreichen, müssen Interventionen die Geschlechterfrage berücksichtigen und die sinnvolle Beteiligung von Frauen in jeder Phase sicherstellen, von der Planung der Intervention bis hin zur Personal- und Kapazitätsentwicklung für Begünstigte und lokale Organisationen (IFAD, 2018). Ziel der GTA ist es, sicherzustellen, dass sowohl Männer als auch Frauen die Kontrolle über wichtige Vermögenswerte haben, die zur Verbesserung ihrer Lebensgrundlagen, ihres Wohlergehens und ihrer Verhandlungsmacht innerhalb der Haushalte und Gemeinschaften eingesetzt werden können (Meinzen-Dick et al., 2011).

Teil 6: Entwicklungshilfe, Investitionen und internationale Zusammenarbeit

Die afrikanischen Länder werden allein nicht in der Lage sein, die Wachstumsrate des Agrarsektors schnell genug zu erhöhen und aufrechtzuerhalten, um den rasch wachsenden Bedarf der nationalen Ernährungssysteme zu decken. Eine Zusammenarbeit auf verschiedenen Ebenen, sowohl innerhalb des Kontinents als auch mit internationalen Partnern, und unter Einbeziehung verschiedener Akteure wird erforderlich sein. Vier Bereiche der Zusammenarbeit werden hier erörtert. Der erste Abschnitt gibt einen Überblick über den derzeitigen Umfang und die Ausrichtung der ausländischen **Entwicklungshilfe** für den afrikanischen Agrar- und Lebensmittelsektor. Im zweiten Abschnitt wird untersucht, wie in- und ausländische **Direktinvestitionen des Privatsektors** mobilisiert werden könnten, um den Zugang zu Kapital im afrikanischen Agrar- und Lebensmittelsektor zu verbessern. Der dritte Abschnitt erörtert Möglichkeiten und Einschränkungen für afrikanische ProduzentInnen, vom **internationalen Handel** zu profitieren. Im letzten Abschnitt werden verschiedene afrikanische und internationale **politische Initiativen und Prozesse** vorgestellt, die Möglichkeiten bieten, die in diesem Buch dargelegten Prioritäten voranzubringen.

Bezawit Beyene Chichaibelu

6.1 Entwicklungshilfe in der Landwirtschaft

Nach jahrzehntelanger Vernachlässigung der Landwirtschaft in der Entwicklungszusammenarbeit wird allgemein anerkannt, dass die Investitionen in die Landwirtschaft deutlich erhöht werden müssen, um die UN-Nachhaltigkeitsziele – Armutsbekämpfung sowie Nahrungsmittelsicherheit und Ernährungssicherung – zu erreichen. Dieses Bewusstsein geht mit erneuten Verpflichtungen für eine deutliche Erhöhung der Entwicklungsinvestitionen in Afrika einher. In 2018 erhielt Afrika 52 Prozent der landwirtschaftlichen Entwicklungsgelder (United Nations, 2020). In den letzten zwei Jahrzehnten hat sich die Hilfe für Afrika verdoppelt von rund 16 Milliarden US-Dollar im Jahr 1998 auf 32 Milliarden US-Dollar im Jahr 2018.[50] Auch die sektorale Aufteilung der Entwicklungshilfe (ODA) der Development Assistance Committee (DAC) Mitglieder[51] hat sich in Afrika im Laufe der Jahre verschoben, wobei mehr Mittel für den sozialen Sektor bereitgestellt wurden. Der Agrar-, Forstwirtschafts- und Fischereisektor erhielt 9,2 Prozent der gesamten ODA für Afrika.

Die ODA-Zusagen für die Landwirtschaft schwankten im Laufe der Jahre und stiegen in den letzten Jahren an, zum Teil in als Reaktion auf die Lebensmittelkrise im Jahr 2008 (Abbildung 6.1.1). Erst nach 2006 begann der ODA Anteil für die Landwirtschaft an der gesamten ODA wieder zu wachsen.

Die Finanzierung der ODA für die Landwirtschaft wird fast zu gleichen Teilen von bilateralen und multilateralen Institutionen unterstützt, wobei die Unterstützung durch multilaterale Organisationen in den letzten Jahren rasant zugenommen hat. Im Zeitraum 2000–2018 wurden 67 Milliarden US-Dollar an ODA für die Landwirtschaft in Afrika bereitgestellt (allesamt offizielle Geber), davon 33 Milliarden US-Dollar von DAC-Mitgliedstaaten und 32 Milliarden US-Dollar von multilateralen Organisationen (der Rest wurde von Nicht-DAC-Ländern beigetragen).

---

50 Sofern nicht anders angegeben, werden alle in diesem Abschnitt dargestellten ODA-Ströme in konstanten US-Dollar-Preisen gemessen, wobei 2018 als Basisjahr verwendet wird.

51 Eine Liste der 30 DAC Mitglieder ist hier erhältlich: http://www.oecd.org/dac/development-assistance-committee.

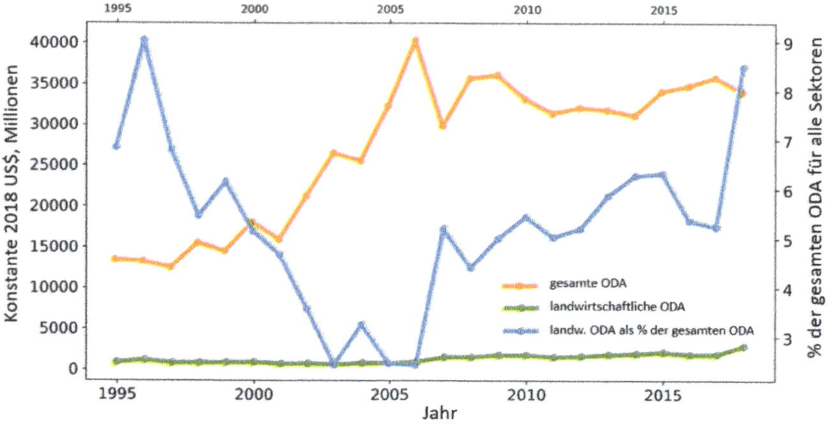

Abbildung 6.1.1: Trend und ODA-Verpflichtungen der DAC-Mitgliedsländer für die Landwirtschaft in Afrika, 1995–2018

Quelle: Eigene Ausarbeitung der Autoren auf der Grundlage der OECD (2020), ODA nach Sektorindikator. Doi: 10.1787/a5a1f674-de (zitiert am 12. August 2020)

Die subsektorale Zuweisung der ODA für die Landwirtschaft von DAC-Mitgliedern scheint im Laufe der Zeit relativ konstant geblieben zu sein, wobei die landwirtschaftliche Entwicklung, die Agrarpolitik und die Verwaltung die meisten Mittel erhielten; mehr als andere Aktivitäten wie Agrarforschung, Lebensmittelproduktion und Viehzucht (Abbildung 6.1.2).

In den vergangenen Jahren ist die kurzfristige Unterstützung Afrikas durch Nahrungsmittelsoforthilfe und entwicklungsorientierte Nothilfe schneller gewachsen als die langfristige Unterstützung der landwirtschaftlichen Produktion. Dabei wurden in 2017 beträchtliche 2,8 Milliarden US-Dollar für Nahrungsmittelsoforthilfe bereitgestellt und die entwicklungsorientierte Nothilfe erreichte 1,2 Milliarden US-Dollar. Dies verdeutlicht das Risiko eines zunehmenden Ungleichgewichts zwischen kurzfristigen Interventionen und langfristigen Entwicklungsinvestitionen für den Agrarsektor.

In den letzten zehn Jahren hat sich die Süd-Süd-Zusammenarbeit zu einem wichtigen Element der globalen Zusammenarbeit entwickelt, bei der mehrere Schwellenländer, die kein Mitglied der OECD sind, zu aktiven Partnern Afrikas in der Entwicklungszusammenarbeit geworden sind. Einige dieser Länder[52]

52 Die Daten der OECD zur gesamten ODA umfassten die folgenden Nicht-DAC-Mitgliedstaaten: Aserbaidschan, Kroatien, Estland, Kasachstan, Kuwait, Lettland,

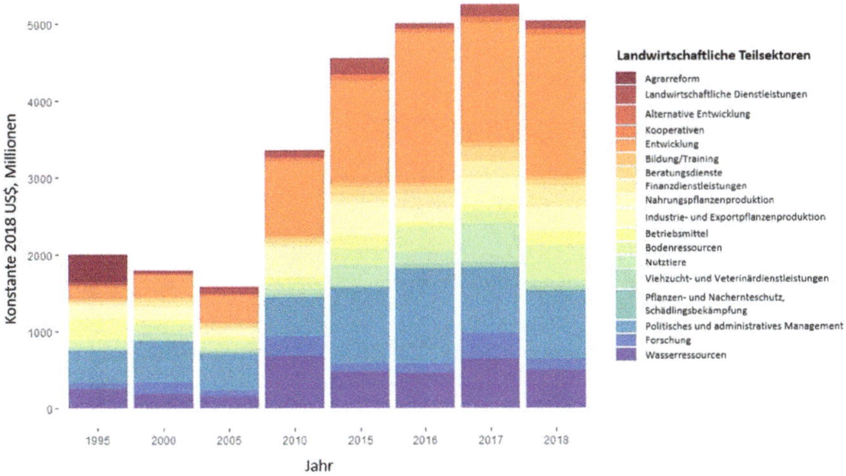

Abbildung 6.1.2: Subsektorale Aufteilung der ODA für die Landwirtschaft nach DAC-Mitgliedsländern in Afrika, 1995–2018

Quelle: Eigene Ausarbeitung der Autoren auf der Grundlage der OECD (2020), ODA nach Sektorindikator. Doi: 10.1787/a5a1f674-de (zitiert am 12. August 2020)

melden der OECD ihre ODA-Ströme. Im Jahr 2018 waren Saudi-Arabien, die Vereinigten Arabischen Emirate, Kuwait und die Türkei die wichtigsten Nicht-DAC-Geber für Afrika, auf die fast alle Nicht-DAC-Verpflichtungen entfielen.[53] Insgesamt stellten die Nicht-DAC-Geber zwischen 2015 und 2018 jährlich durchschnittlich rund 2,5 Milliarden US-Dollar an ODA für Afrika bereit. Die ODA der Nicht-DAC-Länder für die Landwirtschaft war dabei sehr unbeständig (Abbildung 6.1.3). Insgesamt stellten die Nicht-DAC-Länder, die der OECD Bericht erstatten, in diesem Zeitraum 1,6 Milliarden US-Dollar an ODA für den Agrarsektor in Afrika bereit. Andere prominente Geber für Afrika, insbesondere China und Brasilien, melden ihre Entwicklungshilfe nicht an die OECD. Im Zeitraum zwischen 2000 und 2011 belief sich Chinas Entwicklungshilfe für Afrika auf rund 73 Milliarden US-Dollar (von denen 15 Milliarden US-Dollar mit dem nach der OECD-Definition gemeldeten Beträgen vergleichbar sind).

Litauen, Rumänien, Türkei, Saudi-Arabien, Timor-Leste und die Vereinigten Arabischen Emirate.

53 Auf den Privatsektor entfällt ein bedeutender Anteil der ODA von Nicht-DAC-Mitgliedern an Afrika, der 2018 etwa 24,4 Prozent ausmacht.

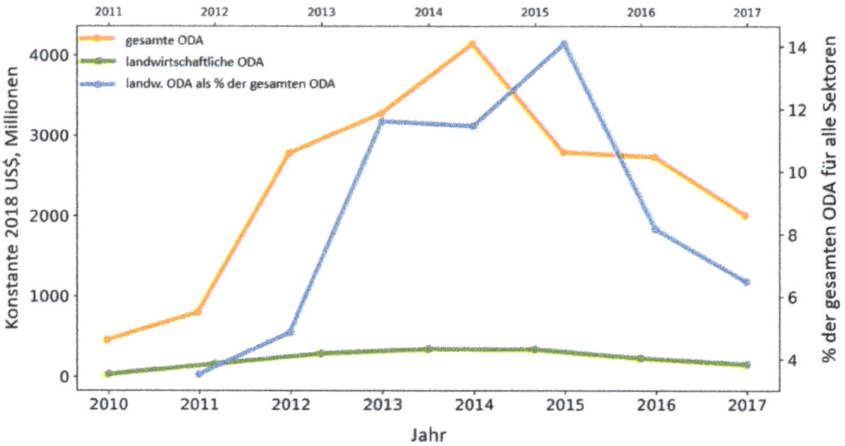

Abbildung 6.1.3: Trend und ODA-Verpflichtungen für die Landwirtschaft in Afrika durch Nicht-DAC-Länder, die der OECD Bericht erstatten, 2009–2018

Quelle: Eigene Ausarbeitung des Autors auf der Grundlage der OECD (2020), ODA nach Sektorindikator. Doi: 10.1787/a5a1f674-de (zitiert am 12. August 2020

Davon wurden 3,5 Milliarden US-Dollar für Landwirtschaft, Forstwirtschaft und Fischerei bereitgestellt (Strange et al., 2017).

Prioritäten für Investitionen und politische Maßnahmen

Die Prioritäten in der ODA für die Entwicklung der Ernährungssysteme und der Landwirtschaft müssen mit den in den übrigen Kapiteln dieses Buchs genannten Prioritäten übereinstimmen und sollten nicht von der strategischen Agenda Afrikas abweichen. Die folgenden Prioritäten werden hier erneut hervorgehoben:

- **Das erneuerte Engagement und Interesses an der afrikanischen Landwirtschaft durch Erhöhung und Erhaltung der Hilfe für das Ernährungssystem und die Landwirtschaft aufrechterhalten.** Besonderes Augenmerk muss auf die Sektoren gerichtet werden, die die landwirtschaftliche Produktivität sowie das Einkommen und die Lebensgrundlagen der KleinerzeugerInnen direkt verbessern, indem die Produktionssysteme, die Märkte und der Handel gestärkt werden.

- **Hilfsgelder für die wichtigsten systemischen Antriebsfaktoren der Entwicklung in ländlichen Gebieten erhöhen, die mit Ernährungssystemen und Landwirtschaft verbunden sind**, wie Bildung, Forschung, Technologien und institutionelle Innovationen, um die landwirtschaftliche Produktion und das Wachstum zu steigern.
- **Investitionen in die Infrastruktur steigern.** Auf die Landwirtschaft ausgerichtete Interventionen allein werden nicht ausreichen, um das Ziel einer nachhaltigen Ernährungssicherung zu erreichen. Dafür ist es auch wichtig, die Verknüpfungen zwischen ErzeugerInnen und VerbrauchererInnen zu stärken und die Transportkosten von Lebensmitteln auf lokaler und nationaler Ebene zu reduzieren.

Zaneta Kubik

6.2 Inländische und ausländische Investitionen des Privatsektors im Agrar- und Lebensmittelsektor

Die Argumente für Investitionen in den afrikanischen Agrar- und Lebensmittelsektor sind sehr überzeugend. Investitionen sind für die Steigerung der landwirtschaftlichen Produktivität und Produktion unerlässlich (siehe z.B. Bardhan (2008) und Basu und Weil (1998)). Auch wenn die Bildung von Kapital allein das langfristige Wachstum nicht aufrechterhalten kann, wenn sie nicht von technologischem Fortschritt begleitet wird, so bleibt sie dennoch von zentraler Bedeutung für den Wachstumsprozess. Dies ist besonders für Volkswirtschaften mit geringem Kapitalstock von Bedeutung, wie z.B. für die Länder in Subsahara-Afrika.

Dieser Abschnitt konzentriert sich auf aggregierte Kapitalinvestitionen in die Landwirtschaft und die damit verbundenen vor- und nachgelagerten Industrien. Er umfasst Investitionen des privaten Sektors sowohl von inländischen, hauptsächlich ProduzentInnen, als auch von ausländischen Investoren, aber wir erkennen die Komplementaritäten an, die zwischen privaten und öffentlichen Investitionen und der oben erörterten öffentlichen Entwicklungshilfe bestehen.

Empirische Erkenntnisse über das Wachstum der Landwirtschaft unterstützen weitgehend die Idee, dass die Bildung von Kapital eine zentrale Rolle bei der Steigerung von Produktion und Produktivität spielt, insbesondere für Länder mit Entwicklungsrückstand. Gong (2020) weist darauf hin, dass die weltweite Elastizität der landwirtschaftlichen Produktion in Bezug auf verschiedene Formen von Sachkapital in den letzten fünf Jahrzehnten zugenommen hat und dass in der Landwirtschaft Arbeit langsam durch Kapital ersetzt wird. In Ländern mit niedrigem und mittlerem Einkommen trägt die Anhäufung von Betriebsmitteln immer noch mehr zum Wachstum der landwirtschaftlichen Produktion bei als Produktivitätsgewinne. Benin und Nin-Pratt (2016) zeigen, dass der rasche technologische Wandel in der Landwirtschaft in den letzten Jahrzehnten in Ländern mit hoher Kapitalausstattung möglich war, in unterkapitalisierten Volkswirtschaften, vor allem in Subsahara-Afrika, jedoch nur langsam vonstattenging oder sogar stagnierte. Diese Beobachtungen machen deutlich, dass die Landwirtschaft in Subsahara-Afrika unterkapitalisiert ist und daher mehr Investitionen erfordert, um das Produktivitätswachstum zu stimulieren. Die Argumente für Investitionen sind auch dringend, denn die wachsende Nachfrage nach Lebensmitteln einerseits und eine wachsende Zahl von Arbeitskräften in ländlichen Gebieten andererseits werden die ohnehin knappen Kapitalressourcen zusätzlich unter Druck setzen.

An den Investitionen des Privatsektors in die Landwirtschaft sind eine Reihe von Akteuren aus dem In- und Ausland beteiligt. Zu den inländischen Investoren gehören LandwirtInnen und lokale Unternehmen in vor- und nachgelagerten Branchen. In Ländern mit niedrigem und mittlerem Einkommen sind die ErzeugerInnen bei weitem die größten Investoren in der Landwirtschaft. Die innerbetrieblichen Investitionen in den landwirtschaftlichen Kapitalstock sind mehr als dreimal so hoch wie die Investitionen aus allen anderen privaten und öffentlichen Quellen zusammen (FAO, 2012). Abbildung 6.2.1 zeigt, dass dies auch in Subsahara-Afrika der Fall ist, wobei sich die Kluft zwischen privaten und öffentlichen Investitionen[54] in die Landwirtschaft vor allem in den letzten Jahren vergrößert hat.

Die Rolle ausländischer Investitionen in die Landwirtschaft in Subsahara-Afrika ist im Vergleich zu inländischen Investitionen immer noch marginal, auch wenn sie mit der Zeit zugenommen hat. Die Zahlen in Abbildung 6.2.1 sind grobe Schätzungen und daher mit Vorsicht zu behandeln.[55] Dennoch weisen sie deutlich darauf hin, dass die politischen Entscheidungsträger in Subsahara-Afrika alle verschiedenen Akteure berücksichtigen müssen, darunter sowohl kleine inländische ProduzentInnen als auch große ausländische Unternehmen.

Genaue Schätzungen der Kapitalinvestitionen in die afrikanische Landwirtschaft sind schwierig zu erhalten, nicht nur wegen der üblichen Probleme bei der Datenverfügbarkeit, sondern auch, weil die Definition von Agrarinvestitionen Herausforderungen mit sich bringt. Im erweiterten Sinne wird Investition als Allokation von Ressourcen verstanden, die zur Bildung von Kapital führt, das im Laufe der Zeit einen Strom von Erträgen abwirft. Im Falle der landwirtschaftlichen Produktion unterscheidet die FAO (2012) zwischen Investitionen und Ausgaben für Betriebsmittel und bezieht die Landentwicklung, Viehzucht, Maschinen und Ausrüstung, Plantagenkulturen und Strukturen für die Viehzucht in ihr Maß des landwirtschaftlichen Kapitalstocks ein. Ein äquivalentes

54 Dieser Abschnitt präsentiert Zahlen für die Staatsausgaben, d.h. Investitionen und wiederkehrende Ausgaben. Daten über Kapitalinvestitionen des öffentlichen Sektors in die Landwirtschaft sind nicht verfügbar.

55 Auch die sektorale Abdeckung unterscheidet sich zwischen den drei Arten von Investitionen. Es sind keine Daten für inländische Investitionen in nachgelagerten Industrien verfügbar.

Maß für Investitionen in die Fischerei und Forstwirtschaft wird in diesem Abschnitt angenommen, d.h. die Deckung von Kapitalinvestitionen, aber keine Betriebsmittel. Für Investitionen in vor- und nachgelagerte Lebensmittel- und Agrarindustrien gilt die übliche Definition.

Unterkapitalisierte afrikanische Landwirtschaft

Im Vergleich zu anderen Regionen der Welt hinkt Afrika bei den Investitionen in die Landwirtschaft, gemessen an den Bruttoinvestitionen (Gross Fixed Capital Formation, GFCF) in der Landwirtschaft, immer noch hinterher. Dieses Maß wird hier als Inlandsinvestition bezeichnet, da der Anteil der ausländischen Investitionen in die Produktion von Nutzpflanzen, Viehzucht, Fischerei und Forstwirtschaft[56] marginal ist (fast 2 Prozent). Im Jahr 2016 wurden 19 Milliarden[57] US-Dollar in die Landwirtschaft in Subsahara-Afrika investiert, verglichen mit mehr als 100 Milliarden US-Dollar in Ostasien und im Pazifik, davon allein mehr als 50 Milliarden US-Dollar in China. Innerhalb Subsahara-Afrikas selbst sind die Investitionslücken groß. Abbildung 6.2.2 zeigt die zehn Länder mit den höchsten landwirtschaftlichen Bruttoinvestitionen im Zeitraum von 1995 bis 2016. Unter ihnen führt Nigeria mit durchschnittlichen Investitionen von fast 3 Milliarden US-Dollar pro Jahr die Rangliste an, gefolgt von Südafrika, Sudan und Äthiopien. Am anderen Ende des Spektrums finden sich Länder mit Investitionen von nur 1 bis 10 Millionen US-Dollar pro Jahr.

Niedrige Kapitalinvestitionen führen zu einem sehr niedrigen Verhältnis zwischen Kapital und Arbeit, das in der Landwirtschaft in Subsahara-Afrika zu beobachten ist. Zusammen mit Südasien weist Subsahara-Afrika das niedrigste Niveau des landwirtschaftlichen Kapitalstocks pro Arbeitskraft auf, weniger als 3.000 US-Dollar in 2016 (Tabelle 6.2.1). Dies weist in der Region auf den sehr arbeitsintensiven Charakter der Landwirtschaft hin. Betrachtet man die Veränderungen der letzten zwei Jahrzehnte, so stellt man fest, dass eine doppelt so hohe Wachstumsrate des gesamten landwirtschaftlichen Kapitalstocks durch ein nach wie vor erhebliches Wachstum der in der Landwirtschaft tätigen Bevölkerung beeinträchtigt wurde. Dieses Phänomen ist im Falle Westafrikas besonders sichtbar, wo die Kapitalintensität trotz einer Beschleunigung

56 Im Falle von FDI im Forstsektor beziehen wir uns nur auf die Lebensmittelproduktion innerhalb des Forstwirtschaftssystems, aber wir schließen die Holzproduktion aus.

57 Alle Geldwerte in diesem Abschnitt sind in konstanten US-Dollar von 2010 angegeben.

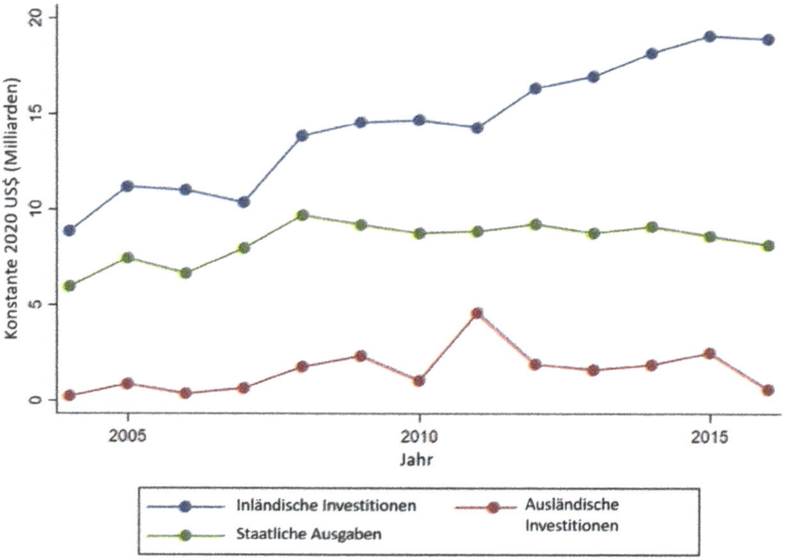

Abbildung 6.2.1: Geschätzte Investitionen des privaten und öffentlichen Sektors in Landwirtschaft, Fischerei und Forstwirtschaft in Subsahara-Afrika

Quelle: Eigene Ausarbeitung der Autoren auf der Grundlage von Daten von ESS-FAO, fDi Markets, IMF COFOG, WEO, FAOSTAT und IFPRI SPEED. Die Inlandsinvestitionen umfassen alle Investitionen des inländischen Privatsektors in Landwirtschaft, Fischerei und Forstwirtschaft. Ausländische Investitionen umfassen alle Greenfield-Investitionen des ausländischen Privatsektors in Landwirtschaft, Fischerei und Forstwirtschaft, aber auch die nachgelagerte Lebensmittelindustrie; Investitionen in Form von Fusionen und Übernahmen sind ausgeschlossen. Staatsausgaben umfassen Kapitalinvestitionen, aber auch wiederkehrende Ausgaben im Zusammenhang mit Landwirtschaft, Fischerei und Forstwirtschaft und werden auf gesamtstaatlicher Ebene gemessen.

der Kapitalbildung in den letzten zehn Jahren sehr niedrig bleibt (Abbildungen 25 und 26).

Das Niveau der Investitionen in die Landwirtschaft in Subsahara-Afrika hat sich zwar im Vergleich zu den späten 1990er Jahren fast verdreifacht, liegt aber immer noch weit unter dem, was erforderlich ist, um das volle Potenzial der afrikanischen Landwirtschaft auszuschöpfen. Schmidhuber et al. (2009) schätzten den Investitionsbedarf[58] für Subsahara-Afrika im Zeitraum 2005–2050 auf 940

58 Diese Schätzungen spiegeln den Kapitalbedarf wider, der erforderlich ist, um die Gesamtmengen an Feldfrüchten und Viehprodukten zu produzieren, die in der langfristigen Prognose der FAO bis 2050 prognostiziert werden.

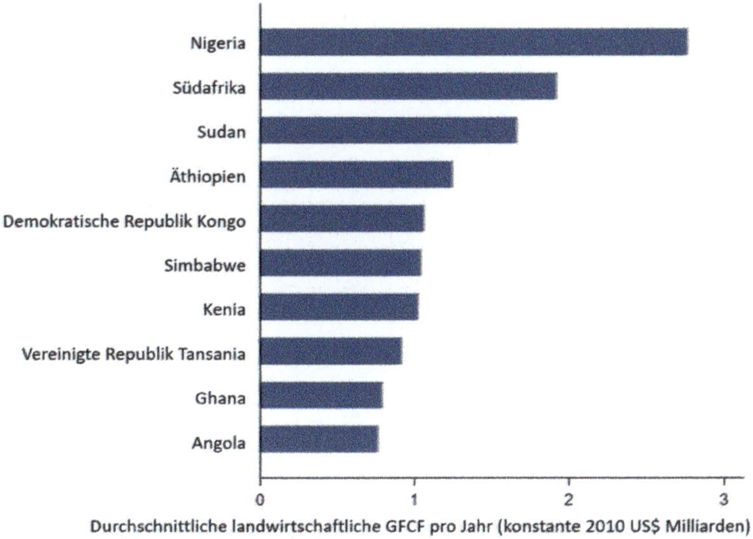

Abbildung 6.2.2: Die zehn Länder in Subsahara-Afrika mit den höchsten landwirtschaftlichen Bruttoinvestitionen in den Jahren 1995–2016

Quelle: Eigene Ausarbeitung der Autoren auf der Grundlage von Daten der ESS-FAO.

Milliarden US-Dollar[59], davon 496 Milliarden US-Dollar für die primäre Landwirtschaft und 444 Milliarden US-Dollar für die nachgelagerten Industrien. Diese Schätzungen könnten bereits veraltet sein und stellen auch die Untergrenze des Investitionsbedarfs dar, da sie nur die langfristigen Schätzungen der FAO zur Lebensmittelproduktion widerspiegeln und nicht die Ziele einer weiteren Verschiebung der landwirtschaftlichen Produktionsmöglichkeitenkurve. Nichtsdestotrotz weisen sie eindeutig auf eine wichtige Investitionslücke hin, die noch zu schließen ist. Neuere Schätzungen des Finanzierungsbedarfs zur Erreichung der Ernährungssicherung durch die FAO et al. (2015) legen nahe, dass in Subsahara-Afrika jährlich rund 43 Milliarden US-Dollar in den Agrar- und Lebensmittelsektor investiert werden müssen, um bis 2030 den Hunger zu

59 In konstanten 2009 US-Dollar.

Tabelle 6.2.1: Landwirtschaftlicher Kapitalstock pro Arbeiter

	Durchschnittlicher landwirtschaftlicher Kapitalstock pro Arbeiter (2016)	**Durchschnittliche jährliche Veränderung (1995–2016)**		
		Landwirtschaftlicher Kapitalstock	**Zahl der Landarbeiter**	**Landwirtschaftlicher Kapitalstock pro Arbeiter**
	(Konstante 2010 US-Dollar)	**(Prozentualer Anteil)**		
Länder mit hohem Einkommen	**156595**	**1.4**	**-1.6**	**2.8**
Länder mit niedrigem und mittlerem Einkommen	**5921**	**2.9**	**0.5**	**2.5**
Länder mit mittlerem bis hohem Einkommen	10046	2.3	-0.3	2.6
Länder mit niedrigem bis mittlerem Einkommen	3752	3.6	0.7	3.1
Länder mit niedrigem Einkommen	1492	2.7	1.7	1.2
Sub-Sahara Afrika	**2870**	**3.4**	**1.7**	**1.7**

Die jährlichen Veränderungen wurden auf Länderebene berechnet und über die jeweiligen Einkommensgruppen und Regionen gemittelt. Argentinien und Weißrussland wurden wegen unplausibel hoher Zahlen im Vergleich zu früheren FAO-Daten aus der Analyse ausgeschlossen.
Quelle: Eigene Ausarbeitung des Autors auf der Grundlage von Daten von ESS-FAO, UNDESA, ILOSTAT und WDI.

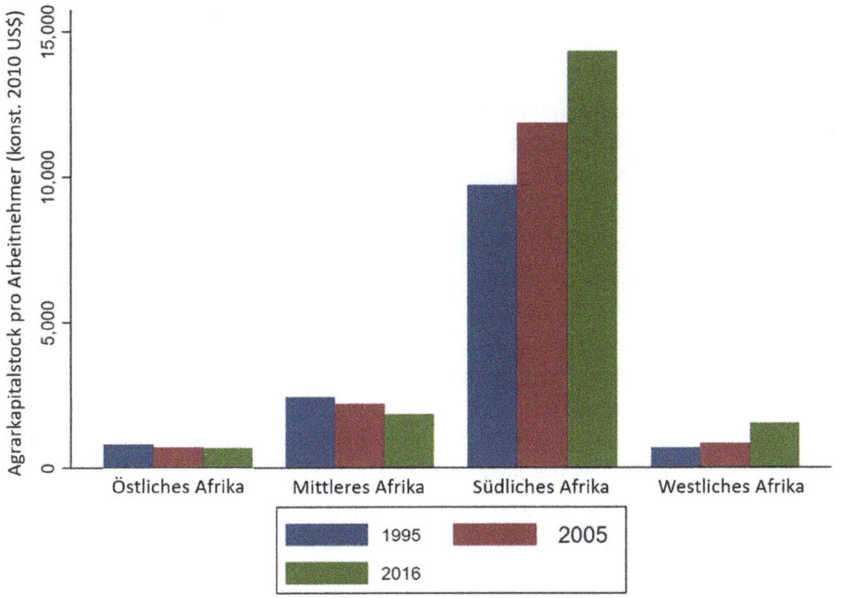

Abbildung 6.2.3: Landwirtschaftlicher Kapitalstock pro Arbeiter in Subsahara-Afrika

Quelle: Eigene Ausarbeitung der Autoren auf der Grundlage von Daten von FAO, UNDESA, ILOSTAT und WDI.

beenden.[60] Sie weisen auf eine Investitionslücke von 17 Milliarden US-Dollar pro Jahr hin, wenn sich die gegenwärtigen Investitionstrends fortsetzen.[61]

Die starke Unterinvestition in die afrikanische Landwirtschaft lässt sich durch die besonderen Herausforderungen erklären, denen afrikanische KleinerzeugerInnen gegenüberstehen. Zwei der gravierendsten Hemmnisse, die sie von Investitionen abhalten, sind der fehlende Zugang zu Ersparnissen und Krediten sowie zu Versicherungen gegen Risiken (Barrientos, 2012) (siehe Abschnitt 4.5). Sozialschutztransfers können bei der Bewältigung dieser

60 Die Studie unterscheidet nicht zwischen privaten und öffentlichen Investitionen und umfasst eine Reihe von Investitionen, die bis zu einem gewissen Grad auch aus öffentlichen Quellen finanziert werden könnten.

61 Diese Zahlen beziehen sich nur auf Investitionen in die Landwirtschaft. Es wird jedoch geschätzt, dass der gesamte Investitionsbedarf für die Ernährungssicherung viel größer ist.

Einschränkungen nützlich sein. Es hat sich herausgestellt, dass sie die Vermögensbildung und bessere Investitionsentscheidungen fördern und die Haushalte durch ein gewisses Maß an Risikoschutz vor der Auschöpfung ihres Vermögens als Reaktion auf Schocks bewahren (Covarrubias et al., 2012; Hoddinott, 2008). Die Entwicklung des Finanzsektors sowie erschwingliche Versicherungssysteme werden das Potenzial haben, die Investitionen der LandwirtInnen nachhaltig zu steigern.

Das breitere Anreizsystem ist für Investitionen der ProduzentInnen nicht günstig. KleinerzeugerInnen sind beim Zugang zu Land, unsicheren Eigentumsrechten und beim Zugang zu Märkten, einschließlich der Betriebsmittel, benachteiligt. Vor allem Erzeugerinnen leiden unter dem ungleichen Zugang zu Ressourcen, der ihre Investitionen in landwirtschaftliche Vermögenswerte untergräbt (Karamba und Winters, 2015) (siehe Abschnitt 5.4). Darüber hinaus schreckt die Agrarpolitik, z.B. in Bezug auf Besteuerung, Subventionen oder Schutzniveaus, Investitionen weiter ab, indem sie zu Marktverzerrungen führt (Anderson und Valenzuela, 2008). Afrikanischen Regierungen kommt daher

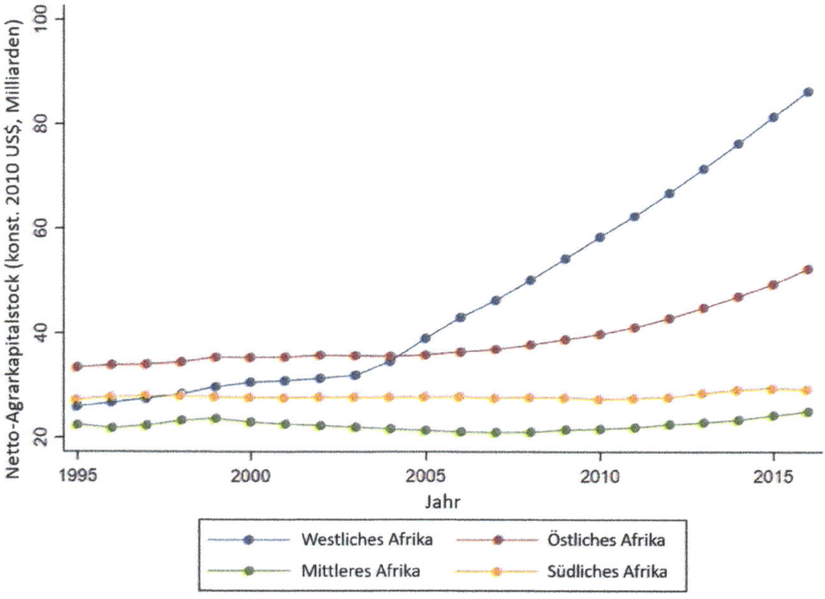

Abbildung 6.2.4: Landwirtschaftlicher Kapitalstock (Netto) in Subsahara-Afrika
Quelle: Eigene Ausarbeitung der Autoren auf der Grundlage von Daten der FAO.

eine wichtige Rolle bei der Förderung privater Investitionen zu, indem sie u.a. ein günstiges Umfeld schaffen, Verzerrungen beseitigen, die Regulierung und Besteuerung verbessern und Eigentumsrechte gewährleisten.

Ausländische Direktinvestitionen (FDI)

In einem Kontext, in dem inländische Investitionen nicht ausreichen, wird erwartet, dass ausländische Direktinvestitionen (FDI) das Potenzial haben, diese Lücke zu schließen. Bislang erhält Afrika nur etwa 10,5 Prozent der weltweiten FDI des Agrar- und Lebensmittelsektors (Fiedler und Lafrate, 2017). Darüber hinaus sind die FDI im Vergleich zu den inländischen Investitionen sehr gering (Abbildung 6.2.5). Betrachtet man nur die Bereiche Landwirtschaft, Fischerei und Forstwirtschaft, so ist die Rolle der FDI in monetärer Hinsicht immer noch marginal, auch wenn die Auswirkungen von Großinvestitionen auf lokale ProduzentInnen, z.B. im Vertragsanbau, erheblich sein können (Husmann und Kubik, 2019).

Der Beitrag der FDI ist am deutlichsten in den vor- und nachgelagerten Industrien, die zusammen 90 Prozent der FDI des Agrar- und Lebensmittelsektors erhalten. Insgesamt wurden im Zeitraum 2003–2017 49 Milliarden US-Dollar[62] in den afrikanischen Agrar- und Lebensmittelsektor investiert. Fast die Hälfte dieses Betrags wurde in den Düngemittelsektor investiert. Die zweite Hälfte finanzierte nachgelagerte Industrien. Obwohl es nicht möglich ist, ausländische und inländische Investitionen in nachgelagerte Industrien zu vergleichen, weil für letztere die länderübergreifenden Daten fehlen, kann man dennoch davon ausgehen, dass diese Ströme wesentlich zur Entwicklung des Verarbeitungssektors und zu einer größeren Wertschöpfung auf dem Kontinent beigetragen haben.

Der potenzielle Nutzen von FDI geht über das Schließen der Finanzierungslücke hinaus. Es wird auch erwartet, dass FDI Arbeitsplätze schaffen, neue Technologien fördern, die die Produktivität inländischer Unternehmen durch Spillover-Effekte steigern (Zhan et al., 2018) und den Grad der Integration des inländischen Lebensmittelsektors in globale Wertschöpfungsketten erhöhen (Amendolagine et al., 2019). Zu diesen Veränderungen gehören eine zunehmende Ausrichtung auf Exportmärkte, insbesondere auf

62 Die Werte für die FDI werden in aktuellen US-Dollar angegeben. Unter Berücksichtigung des kurzen Zeitraums der Analyse und der niedrigen US-Dollar-Inflationsrate in diesem Zeitraum hat die Verwendung eines Deflators nur eine marginale Auswirkung auf die FDI-Werte.

die Lebensmittelmärkte der Industrieländer, sowie eine Konsolidierung von Verarbeitung und Einzelhandel, die die so genannte „Supermarkt-Revolution“ und die Ausbreitung von Fast-Food-Ketten in vielen Ländern mit niedrigerem Einkommen auslöste (Reardon et al., 2009) (siehe Abschnitt 4.7). Die Zunahme der vertikalen Koordination durch Verträge und Marktingvereinbarungen sowie durch private Güteklassen und Standards ist ein damit verbundener organisatorischer und institutioneller Wandel (Dolan und Humphrey, 2004; Reardon et al., 2009; Swinnen und Maertens, 2007).

Während die FDI in den afrikanischen Agrar- und Lebensmittelsektor von einem sehr niedrigen Niveau aus begannen, haben sie sich nach dem Boom bei den Agrarrohstoffen beschleunigt, was darauf hindeutet, dass ausländische Investoren versuchten, aus den hohen Lebensmittelpreisen und den hohen Renditeerwartungen Kapital zu schlagen. Es ist jedoch eine große Heterogenität zwischen den afrikanischen Ländern zu beobachten (Abbildung 5), wobei der höchste Kapitalbetrag in Nigeria (3,98 Milliarden US-Dollar) investiert wurde, gefolgt von Ägypten (2,91 Milliarden US-Dollar), Kamerun (2,47 Milliarden US-Dollar) und Südafrika (2,46 Milliarden US-Dollar). Husmann und Kubik (2019) zeigen, dass ausländische Unternehmen in erster Linie von dem Potenzial der aufstrebenden inländischen Konsumentenklasse angetrieben werden und sich deshalb dafür entscheiden, in große und bevölkerungsreichere Länder zu investieren. Ausländische Investoren werden auch durch die bestehenden natürlichen Ressourcen und das landwirtschaftliche Potenzial der Länder angezogen. Diese Faktoren stehen zwar im Einklang mit den wirtschaftlichen Beweggründen der Investoren, könnten aber auch erklären, warum einige afrikanische Länder außen vor bleiben.

In diesem Zusammenhang wurden vor kurzem mehrere Multi-Stakeholder-Initiativen auf den Weg gebracht, wie die New Alliance for Food Security and Nutrition und Grow Africa, um ein günstiges Umfeld für Investitionen des privaten Sektors zu schaffen. Auch wenn es nur wenige Belege dafür gibt, scheinen sie Kapitalinvestitionen in die afrikanische Landwirtschaft gefördert zu haben. Selbst wenn sie bei der Erfüllung der formellen Verpflichtungen ausländischer Investoren vielleicht nicht effektiv waren, so waren sie doch erfolgreich bei der Schaffung eines investitionsfreundlichen Umfelds, mit möglichen Spillover-Effekten auf ausländische Direktinvestitionen, die außerhalb des Rahmens der Initiativen realisiert wurden (Husmann und Kubik, 2019). In diesem Sinne müssen auch die Kommunalverwaltungen private Investitionen unterstützen, indem sie ein günstiges Umfeld schaffen, z.B. durch Investitionen in die Infrastruktur, aber auch durch die Verbesserung der Regierungsführung, die ein wichtiger Faktor für ausländische Direktinvestitionen in Afrika ist (Husmann

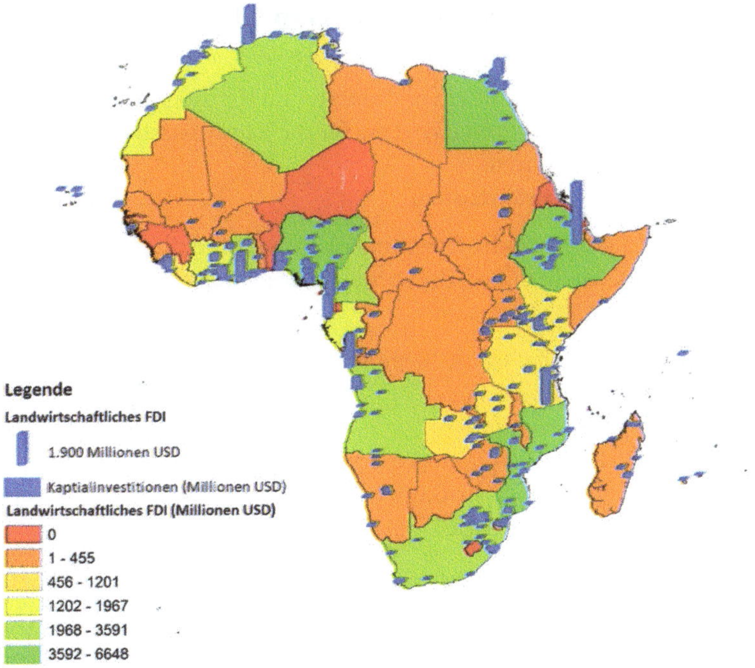

Abbildung 6.2.5: Standorte von Investitionsprojekten (ohne Düngemittel) und Investitionen pro Land (2003–2017)

Quelle: Husmann und Kubik (2019) basierend auf Daten aus fDi-Daten (www.fdimarkets.com)

und Kubik, 2019) (siehe Abschnitt 5.1). Darüber hinaus können Regierungen die Investitionen des Privatsektors fördern, indem sie öffentliche Ausgaben in die Landwirtschaft und insbesondere in Forschung und Entwicklung lenken.

Prioritäten für Investitionen und politische Maßnahmen

Zusammenfassend lässt sich sagen, dass Kapitalinvestitionen ein wesentlicher Bestandteil der landwirtschaftlichen Produktion und ein entscheidender Faktor für das Produktivitätswachstum in der Landwirtschaft sind. Die Landwirtschaft in Subsahara-Afrika ist jedoch stark unterkapitalisiert. Die politischen Entscheidungsträger sollten eine Politik entwerfen, die auf zwei wichtige, aber sehr unterschiedliche Akteure abzielt: lokale KleinerzeugerInnen auf der einen Seite und ausländische Großinvestoren auf der anderen Seite.

Im Hinblick auf **lokale KleinerzeugerInnen** sollten dies die kurzfristigen politischen Prioritäten sein:

- Deb Zugangs zu Finanzmitteln erleichtern und Kreditkosten senken.
- Erschwingliche Versicherungssysteme für die Landwirtschaft, Fischerei und Forstwirtschaft einführen.
- Eigentumsrechten gewährleisten.

Im Hinblick auf **ausländische Direktinvestitionen** sind dies die vorgeschlagenen langfristigen Maßnahmen, die aber auch das Potenzial haben, die inländischen Investitionen zu verbessern:

- Günstige Regulierungs- und Steuersysteme einführen, die jedoch lokale Interessen nicht untergraben.
- Geschäftstätigkeit vereinfachen.
- Den internationalen Handel erleichtern.
- Investitionen in die Infrastruktur beschleunigen und die Regierungsführung (governance) verbessern.

Lukas Kornher

6.3 Regionaler und internationaler Handel

Die Lebensmittelimporte Afrikas belaufen sich auf etwa 46 Milliarden US-Dollar pro Jahr (netto). Auf die drei Getreidesorten (Weizen, Mais, Reis) entfallen etwa 25 Milliarden US-Dollar pro Jahr, auf Fleisch und Milchprodukte etwa 8 Milliarden US-Dollar, auf den Zucker 4 Milliarden US-Dollar und auf Pflanzenöle 9 Milliarden US-Dollar. Bedeutende Nettoexporte sind Kaffee, Kakao, Baumwolle, Tee, Hülsen- und Zitrusfrüchte, Tomaten, südafrikanische Weine, Schnittblumen, Sesamsamen und Cashews (Bouët und Odjo, 2019).

Die Auswirkungen des Handels auf die verschiedenen Dimensionen der Ernährungssicherung sind komplex und erfordern eine Analyse der verschiedenen Faktoren, die die Ernährungssicherung beeinflussen, und ihrer Wechselwirkungen, sowie die Berücksichtigung kurz- und langfristiger Auswirkungen. Beispielsweise erhöhen Importe kurzfristig das einheimische Angebot und senken die Lebensmittelpreise auf Kosten der Einkommen lokaler ErzeugerInnen. Langfristig stellen sich die ProduzentInnen auf das erhöhte Angebot ein und verlagern ihre Produktion in profitablere Sektoren (FAO, 2016b). Länder mit begrenztem Marktzugang aufgrund geografischer Einschränkungen und größerer Bevölkerung benötigen für ihr Wirtschaftswachstum landwirtschaftliche Entwicklung. Daher kann ein vorübergehender Schutz der lokalen Industrien wünschenswert sein.

Wichtig ist, dass der Handel und die lokale Produktion zur Sicherstellung der Lebensmittelversorgung nicht widersprechen. Stattdessen hat der internationale und insbesondere der innerafrikanische Handel das Potenzial, das Bestreben des Kontinents nach Selbstversorgung zu untermauern. Die Ernährungssicherung Afrikas hängt davon ab, (1) die afrikanische Produktion und den innerafrikanischen Handel mit Lebensmitteln zu steigern, die für die Lebensmittel-(Liefer-)kette von entscheidender Bedeutung sind und (2) den Zugang armer (ernährungsunsicherer) Menschen zu Lebensmitteln zu verbessern. Dies kann geschehen, indem es ihnen ermöglicht wird, Lebensmittel zu kaufen, die ihr Land im Inland nicht ausreichend produzieren kann, oder indem das betreffende Land Lebensmittel aus der übrigen Welt bezieht.

Die Vorteile des Handels für Afrika

Die wirtschaftlichen Vorteile der (regionalen) Integration (z.B. die Schaffung regionaler Handelsblöcke) sind nicht ausschließlich auf den Agrarsektor beschränkt. Sie beruhen hauptsächlich auf der Umverteilung von Produktionsfaktoren (z.B. Arbeit, landwirtschaftliche Betriebsmittel) von ineffizienten zu effizienten ProduzentInnen, was zu einer Produktspezialisierung führt (Baldwin und Venables, 1995). Die Konkurrenz regionaler oder internationaler Firmen führt zu Größenanpassungen und drängt ineffiziente Firmen vom Markt. Darüber hinaus ist die regionale Integration als indirekter Effekt mit Investitionen in verbesserte Technologien, grenzüberschreitende Wertschöpfungsketten, landwirtschaftliche F&E und verwandte Industrien verbunden (UNCTAD, 2009).

Der Protektionismus in der Landwirtschaft schadet dementsprechend der Ernährungssicherung, indem er die Anreize und Marktchancen für ProduzentInnen verringert (Clapp, 2016). Es wird daher erwartet, dass Afrika überproportional von einer Handelsliberalisierung, wie sie von der 2001 eingeleiteten Doha-Runde der WTO vorgeschlagen wurde, profitieren würde (Anderson und Martin, 2005) und dass die Integration der Agrarmärkte die Zahl der unterernährten Menschen weltweit um mehr als 100 Millionen reduzieren könnte (Hertel und Baldos, 2018). Um dieses Potenzial zu nutzen, sind Handelsreformen zur Marktliberalisierung in Entwicklungsländern jedoch ebenso wichtig wie die Reduzierung von Agrarsubventionen in Industrieländern. Die Gewinne aus der Handelsliberalisierung werden zum Teil durch die Steigerung der landwirtschaftlichen Produktivität im Zusammenhang mit der Nutzung von Skaleneffekten in der Produktion erzielt. Dies ist für Entwicklungsländer von Bedeutung, deren begrenzte Marktgröße die volle Ausnutzung des Produktionspotenzials behindert. Gleichzeitig kann die Handelsliberalisierung die Steigerung der Erlöse aus Agrarexporten ermöglichen, wenn freier Zugang zu größeren und profitableren Märkten in Nordamerika, Asien und Europa gewährt wird. Diese Exporteinnahmen verringern die Devisendefizite, schaffen fiskalischen Spielraum für öffentliche Investitionen und generieren Einkommen für den Kauf von Lebensmitteln auf dem internationalen Markt. Nachdem sich die Produktion zu wettbewerbsfähigeren Handelspartnern verlagert hat, könnten einige Länder kurzfristig Verluste verzeichnen, bis sie ihre Wirtschaft umstrukturieren.

Afrikas gegenwärtige Handelsposition und internationale Wettbewerbsfähigkeit

Es wird seit langem diskutiert, wie Afrika trotz seines enormen landwirtschaftlichen Potenzials, das mit den günstigen klimatischen Bedingungen, den niedrigen Grundstückspreisen und einer großen Zahl landwirtschaftlicher Arbeitskräfte sowie einem ausgeglichenen Handelsstatus um 1980 zusammenhängt, zu einem Lebensmittelimporteur geworden ist (Rakotoarisoa et al., 2012). Nach Berechnungen der AfDB (2016b) belaufen sich die afrikanischen Ausgaben für Lebensmittel, die den Wert der afrikanischen Lebensmittelimporte von außerhalb Afrikas repräsentiert, auf etwa 35 Milliarden US-Dollar. Es wird prognostiziert, dass sie bis 2025 110 Milliarden US-Dollar erreichen wird. Der Anteil der innerafrikanischen Importe an den gesamten afrikanischen Lebensmittelimporten (nach Wert) liegt nach Statistiken der UNCTAD (2020) bei etwa 15 Prozent und bei Fleisch, Weizen und Milchprodukten sogar noch darunter. Dennoch ist es wichtig, darauf hinzuweisen, dass der afrikanische Liebensmittelhandel durch zwei gegensätzliche Tatsachen gekennzeichnet ist. Auf der einen Seite hängen die Agrarexporte des Kontinents hauptsächlich von einigen wenigen Rohstoffen wie Kakao, Kaffee, Baumwolle und Tee ab, die den größten Anteil der Exporte des Kontinents ausmachen (Bouët et al., 2019). Auf der anderen Seite bleibt der Kontinent Nettoimporteur von Lebensmitteln, insbesondere von Fleisch, Milchprodukten, Reis und verarbeiteten Lebensmitteln (Kornher und von Braun, 2020). Während eine Selbstversorgung mit allen Lebensmitteln aufgrund von Umweltproblemen und der Ressourcenverfügbarkeit nicht wünschenswert ist (Clapp, 2016), ist das große strukturelle Defizit Afrikas bei der Produktion von Grundnahrungsmitteln besorgniserregend.

Laut Statistiken der FAO (2020a) variiert der Grad der Abhängigkeit von Lebensmittelimporten stark, sowohl zwischen afrikanischen Ländern als auch zwischen verschiedenen Lebensmitteln innerhalb eines Landes. Im Durchschnitt ist die Importabhängigkeit bei Getreideprodukten mit mehr als 40 Prozent und bei tierischen Produkten wie Milch und Fleisch mit rund 20 Prozent am höchsten. Im Allgemeinen sind Länder in West-, Zentral- und Nordafrika stärker importabhängig, insbesondere bei Getreide und Milchprodukten (Matthews und Soldi, 2019). In einem Versuch, die Auswirkungen der globalen Handelsliberalisierung unter dem Einfluss des Klimawandels zu modellieren, zeigen Cui et al. (2018), dass die globale Lebensmittelproduktion infolge sinkender Lebensmittelpreise zurückgehen könnte, während Exporte und Importe steigen. Daher würde eine globale Handelsliberalisierung unter den gegenwärtigen Bedingungen die derzeitige Handelsposition Afrikas fördern, aber es ist nicht zu erwarten, dass sie Anreize zur Ausweitung der Gesamtproduktion von Getreide und Vieh in Afrika schafft.

Trotz der niedrigen durchschnittlichen landwirtschaftlichen Produktivität auf dem gesamten Kontinent verfügt der Agrarsektor in vielen afrikanischen Ländern über ein großes Exportpotenzial. Dieses ergibt sich nicht aus dem Potenzial eines Landes an sich, sondern aus dem der einzelnen Exportfirmen, so dass eine hohe durchschnittliche Wettbewerbsfähigkeit keine notwendige Voraussetzung für Exporte ist (Melitz, 2003). So stellen Dedehouanou et al. (2019) fest, dass die globale Wettbewerbsfähigkeit Afrikas in den letzten Jahren zugenommen hat und sich insbesondere auf Sesamsamen sowie Hülsenfrüchte konzentriert. Die Globalisierung ist eine weitere Möglichkeit, vom internationalen Handel zu profitieren, nämlich durch die Teilnahme an länderübergreifenden Wertschöpfungsketten (WSK), die als globale oder regionale WSK bezeichnet werden. Die Daten zeigen, dass sich das Ausmaß der Beteiligung Afrikas an globalen WSK, relativ gesehen, nicht von anderen Regionen unterscheidet. Im Agrar- und Lebensmittelsektor ist die Beteiligung an globalen WSK generell niedriger als in anderen Sektoren und wird von gering verarbeiteten Produkten dominiert, die von anderen Ländern zur Wertschöpfung genutzt werden. Anders als im gesamten Agrarsektor sind die Aktivitäten der WSK im Lebensmittelsektor näher am EndverbrauchererInnen, machen aber nur etwa vier Prozent der Aktivitäten der globalen WSK in Subsahara-Afrika und Nordafrika aus (Balié et al., 2019). Die Beteiligung an globalen WSK schafft zwei Arten von Produktionsanreizen. Erstens hat die Teilnahme an globalen WSK wirtschaftliche Vorteile für den Zugang zu größeren Märkten. Dies hat dazu beigetragen, die Produktivität, Komplexität und Diversifizierung der Exporte zu steigern, unabhängig davon, ob ein Land importierte Vorleistungen zur Herstellung von Exportgütern verwendet oder ob es Vorleistungen an ausländische Partner für deren eigene Exportproduktion bereitstellt (Kowalski et al., 2015). Gleichzeitig fördert die vorgelagerte Beteiligung an globalen WSK die landwirtschaftliche Produktivität und bietet Anreize für die Flächenexpansion. Höhere ländliche Einkommen tragen auch zur Armutsbekämpfung und damit langfristig zur Ernährungssicherung bei, wie Studien aus dem Gartenbausektor in ganz Afrika zeigen (Asfaw et al., 2009; Minten et al., 2009; Van den Broeck et al., 2017).

Der internationale Handel trägt auch dadurch zur Ernährungssicherung bei, indem er Exporterlöse und Einkommen für arme Menschen schafft. Es gibt zahlreiche Belege dafür, dass die Produktion von Nutzpflanzen für den Export mit einer erhöhten Ernährungssicherung verbunden ist, da ein relativ großer Anteil der KleinerzeugerInnen an der Produktion dieser Pflanzen beteiligt ist

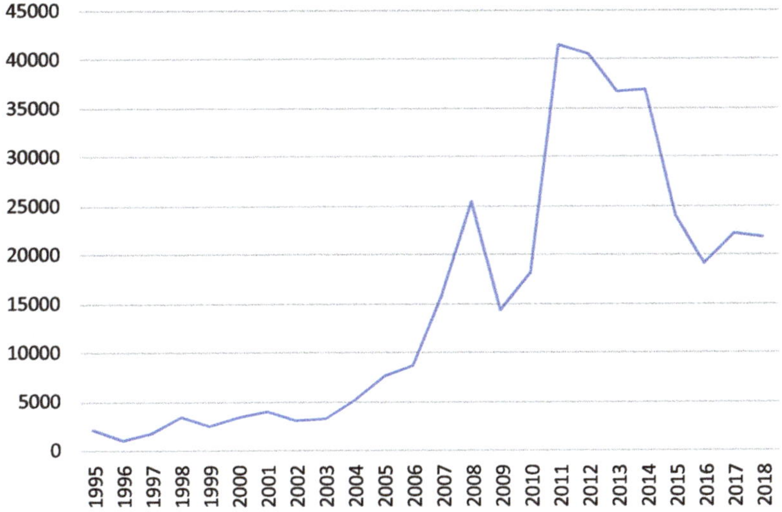

Abbildung 6.3.1: Nettokosten der Agrarimporte Afrikas (Import-Exporte) (in Millionen laufende US-Dollar)

Quelle: Ausarbeitung der Autoren basierend auf UNCTAD (2020)

(Kuma et al., 2019; Wiggins et al., 2015). Besonders zertifizierte ProduzentInnen, z.B. für den Fair-Trade-Standard, profitieren durch höhere Löhne und fairere Arbeitsbedingungen (Meemken et al., 2019). Auf der Makroebene sind die Terms of Trade von Agrarprodukten, d.h. der Anteilswert der Exporte gegenüber dem Anteilswert der Importe, ein Indikator dafür, wie viele Importe sich ein Land oder eine Region unter Nutzung der eigenen Exportkapazität leisten kann. Die Kosten für die Einfuhr von Lebensmitteln entsprechen den Terms of Trade multipliziert mit den exportierten und importierten Mengen. Nachdem die Nettokosten der Agrarimporte Afrikas um 2011–2013 ihren Höhepunkt erreicht hatten, verringerte sich das monetäre Handelsdefizit erheblich (Abbildung 6.3.1). Wenn sich dieser Trend fortsetzt, werden die Agrarexporte zur Fähigkeit des Kontinents beitragen, seine Lebensmittelversorgung sicher zu stellen, indem sie zusätzliches Einkommen für den Kauf von Lebensmitteln auf dem internationalen Markt schaffen.

Innerafrikanischer Handel und Ernährungssicherung, einschließlich AfCFTA

Regionale Integration

In Afrika wurden bereits mehrere, sich gelegentlich überschneidende regionale Handelsabkommen abgeschlossen, die als regionale Wirtschaftsgemeinschaften bezeichnet werden. Die größte durch ein regionales Handelsabkommen vereinte Wirtschaftszone ist die Economic Community of West African States (ECOWAS). Die ECOWAS ist eine Freihandelszone, die sich mit der West African Economic and Monetary Union (WAEMU) überschneidet, die zusätzlich einen gemeinsamen Außenzolltarif anwendet. Elf Länder Zentralafrikas bilden die Freihandelszone der Economic Community of Central African States (ECCAS), von denen sechs auch Mitglied der Central African Economic and Monetary Community (CEMAC) mit einem gemeinsamen Außenzoll sind. Die dominierenden regionalen Handelsabkommen im östlichen und südlichen Afrika sind die East African Community (EAC) und die Southern Africa Development Community (SADC). Die nordafrikanischen Staaten bilden die Arabische Maghreb-Union (AMU). Die größte Freihandelszone ist der Common Market for Eastern and Southern Africa (COMESA), dem 20 Mitglieder aus der ECCAS, der SADC und der CEMAC angehören. Der Grad der wirtschaftlichen Integration ist in den verschiedenen Freihandelszonen sehr unterschiedlich. Nach Angaben des African Agriculture Trade Monitor ist der innerafrikanische Agrarhandel nach wie vor gering und liegt zwischen weniger als 5 Prozent in der ECCAS und der AMU und fast 30 Prozent in der SADC (Bouët und Odjo, 2019). Die offiziellen Statistiken unterschätzen jedoch möglicherweise weitgehend die tatsächlichen grenzüberschreitenden Handelsströme in Afrika.

Die regionale Integration wirkt sich auf zwei Arten auf die afrikanische Ernährungssicherung aus. Erstens erhöht der Handel in der Regel die Zugänglichkeit von Lebensmitteln, indem er die Preise senkt. Zweitens wirkt sich der Handel auf die gesamte Lebensmittelversorgung aus. Eine positive Auswirkung des Handelsabkommens auf die Lebensmittelversorgung setzt voraus, dass mehr Handel geschaffen als ausgelagert wurde. Mit anderen Worten, es müssen zusätzliche Handelsströme zwischen Ländern innerhalb des Handelsabkommens den Rückgang der Handelsströme mit Ländern außerhalb des Abkommens aufwiegen. Mujahid und Kalkuhl (2016) zeigen, dass regionale Handelsabkommen seit 1990 die Lebensmittelversorgung und den Lebensmittelhandel erheblich gesteigert haben. Dies wird vermutlich den Zugang landwirtschaftlicher Haushalte zu externen Märkten verbessern und ihre Einkommen erhöhen. Unter den regionalen Wirtschaftsräumen wurden die stärksten Auswirkungen für die SADC und die COMESA festgestellt, für die sich der Lebensmittelhandel durch die regionale Integration verdoppelt hat, während der Lebensmittelhandel durch die Umsetzung der ECOWAS nicht zugenommen hat. Berücksichtigt man jedoch nicht nur Zölle, sondern auch nichttarifäre Hemmnisse, so zeigt sich, dass sich die regionale Handelsintegration für die Lebensmittelversorgung in der ECOWAS als vorteilhaft erwiesen hat. Dies unterstreicht die Bedeutung von Handelserleichterungen zur Erhöhung der Produktionsanreize (Seck et al., 2010). Eine Studie von Tadesse und Badiane (2018) prognostiziert, dass der Exportwert eines Landes um 3 bis 5 Prozent steigen wird, wenn Export- und Importländer in der gleichen regionalen Wirtschaftsgemeinschaft liegen. Zusammenfassend lässt sich sagen, dass regionale Integration die landwirtschaftliche Produktion in Afrika erhöht und Exporteinnahmen geschaffen hat, wenn auch in unterschiedlichem Ausmaß in den einzelnen regionalen Wirtschaftsgemeinschaften.

Die Berücksichtigung der Wettbewerbsfähigkeit und der komparativen Vorteile der verschiedenen Lebensmittelrohstoffe in den Mitgliedsstaaten der regionalen Wirtschaftsgemeinschaften ermöglicht eine genaue Bewertung der Produktionsanreize regionaler Handelsintegration. So zeigt z.B. die Aufgliederung der Analyse von Cui et al. (2018) nach Rohstoffen, dass eine Handelsliberalisierung die Maisexporte sowohl im östlichen als auch im südlichen Afrika trotz einer Verringerung der Netto-Handelsbilanz steigern würde (Kornher, 2018). Ebenso stellt Sukati (2016) einen strukturellen Vorteil in der Maisproduktion für Malawi, Sambia und Uganda fest. Mais gehört zu den am meisten gehandelten Rohstoffen in der COMESA und der SADC, und der Maishandel macht etwa 5 Prozent des gesamten Agrarhandels in beiden Wirtschaftsgemeinschaften aus (Goundan und Fall, 2017). Mali gilt in Westafrika in der Reisproduktion als international wettbewerbsfähig, da das entlang des Niger installierte Bewässerungssystem dem Land ermöglicht, in ernährungsunsichere Nachbarländer zu exportieren (European Commission, 2017). Innerhalb der ECOWAS macht der Reishandel derzeit vier Prozent des regionalen Handels aus, gehört aber seit 2006 zu den Sektoren, die am schnellsten wachsen. Der innerafrikanische Lebensmittelhandel hat sich in den letzten zehn Jahren weiter diversifiziert, wobei Tiefkühlfisch mit einem Anteil von mehr als sieben Prozent am Gesamthandelswert die wichtigste Handelsware ist (Goundan und Fall, 2017). Die wachsende Nachfrage nach Milchprodukten und Fleisch, insbesondere in afrikanischen Städten, wird den regionalen Handel mit Milch und Vieh ankurbeln. Uganda ist zum größten Exporteur von Milchprodukten in

Afrika geworden und könnte seine Nachbarländer beliefern. Die Ausweitung der Produktion erfordert jedoch Investitionen in verbesserte Technologien und die Formalisierung des Milchhandels (Makoni et al., 2014).

Die Anreize zur Steigerung der afrikanischen Produktion dieser Rohstoffe und Produkte hängen jedoch nicht nur von der Beseitigung von Zöllen ab, sondern erfordern auch die Abschaffung nichttarifärer Hemmnisse, die an den Grenzen der ECOWAS zu Preisunterschieden von mehr als 15 Prozent führen (Allen, 2017). Bonuedi et al. (2020) fanden bei ihrer Analyse der Auswirkungen nichttarifärer Barrieren auf die Ernährungssicherung in Afrika heraus, dass niedrigere Transaktionskosten mit einer geringeren Prävalenz von Unterernährung, einem Anstieg der Kalorienversorgung und einem geringeren Lebensmitteldefizit in Afrika verbunden sind.

Es gibt zahlreiche Belege für den Nutzen regionaler Integration für Wirtschaftswachstum, Handel und Beschäftigung (Balistreri et al., 2018; Makochekanwa, 2014). Infolge der besseren Exportmöglichkeiten werden die Einkommen und die Kaufkraft der Handelspartner steigen. Die Integration von Lebensmittelmärkten stabilisiert die Preise, sowohl zum Nutzen der VerbrauchererInnen als auch der ProduzentInnen, und wird auch der regionalen Preisstabilität in allen regionalen Handelsblöcken, vor allem in Westafrika, zugutekommen. Darüber hinaus könnten niedrigere Transport- und Transaktionskosten den regionalen Handel erheblich ankurbeln (Badiane und Odjo, 2016).

Der regionale Handel ist nicht nur für die Ernährungssicherung entscheidend, da er die Verfügbarkeit und Zugänglichkeit von Lebensmitteln verbessert, sondern hat auch großes Potenzial, inländische Angebotsschocks abzuschwächen, die in Landwirtschaftssystemen mit Regenfeldbau üblich sind und mit dem Klimawandel häufiger auftreten werden. In integrierten Märkten garantiert die räumliche Arbitrage angesichts ihrer relativen Knappheit den Austausch verfügbarer Lebensmittel zwischen verschiedenen Ländern. Daher werden Lebensmittelversorgung und Rohstoffpreise bei Produktionsausfällen, z.B. verursacht durch extreme Wetterereignisse, durch effiziente Märkte automatisch stabilisiert. Je größer und geographisch vielfältiger der gemeinsame Markt ist, desto stabiler ist die aggregierte Lebensmittelproduktion. Kornher und Kalkuhl (2019) untersuchten die potenziellen Vorteile einer Handelsintegration für die Stabilität der Lebensmittelversorgung in Westafrika. Die Ergebnisse zeigen, dass die regionale Lebensmittelversorgung um nur etwa drei Prozent variiert hat, deutlich weniger als die Lebensmittelversorgung auf Länderebene. In ähnlicher Weise bietet die Handelsintegration großes Potenzial zur Stabilisierung der Maisversorgung im östlichen und südlichen Afrika (Kornher, 2018).

Die afrikanische kontinentale Freihandelszone (AfCFTA)

Im März 2018 unterzeichneten Vertreter von 44 (von 55) Mitgliedsländern der Afrikanischen Union während einer außerordentlichen Sitzung der Afrikanischen Union den konsolidierten Text des Abkommens zur AfCFTA. Im Juli 2019 unterzeichnete auch Nigeria, die größte Volkswirtschaft Afrikas, das Abkommen. Mittlerweile haben 54 Länder die Erklärung unterzeichnet, wobei Eritrea das einzige verbleibende afrikanische Land außerhalb der AfCFTA ist. Sobald das Abkommen zur AfCFTA in Kraft tritt, bietet es einen Markt von 3 Billionen US-Dollar (gemessen am aggregierten BIP) und könnte alle 55 Länder umfassen, was es zur größten Freihandelszone der Welt machen würde (gemessen an der Zahl der Länder).

Die AfCFTA hat das Potenzial, die Verwirklichung des wirtschaftlichen Versprechens des Kontinents zu unterstützen und den Strukturwandel der afrikanischen Volkswirtschaften zu fördern. Seit dem Beginn der Diskussion über eine panafrikanische Handelszone haben mehrere Studien ihre gesamtwirtschaftlichen Auswirkungen analysiert, wenn auch nicht ihre spezifische Bedeutung für die Ernährungssicherung. Eine Durchsicht der vorhandenen Studien ergibt jedoch ein klares Bild: a) der innerafrikanische Handel würde angekurbelt, b) das Gesamt-BIP und die Beschäftigung würden zunehmen, c) die Reallöhne würden steigen und die Armut zurückgehen, d) die Zolleinnahmen würden einbrechen und e) die Auswirkungen wären heterogen, weswegen einige Länder Verluste erleiden würden.

Die Bewertung der potentiellen wirtschaftlichen Vorteile einer panafrikanischen Handelszone wird in der Regel durch wirtschaftsweite Handelsmodelle durchgeführt. Die Abschätzung der Auswirkungen auf die verschiedenen Agrarsektoren und die Ernährungssicherung auf Länderebene ist jedoch aufgrund der Aggregation von Rohstoffen und verschiedener sektoraler Verflechtungen schwierig. Es wurde vorhergesagt, dass der innerafrikanische Agrarhandel um 20 bis 35 Prozent gesteigert werden könnte, wobei der stärkste Anstieg bei Fleisch und Milchprodukten, Zucker, Getränken und Tabak, Gemüse/Obst/Nüssen und Reis zu beobachten ist (UNECA und AU, 2020). Für den gesamten Agrarsektor prognostiziert die Weltbank für 2035 einen Anstieg innerafrikanischer Importe um 72 Prozent gegenüber der derzeitigen Situation (World Bank, 2020f). Saygili et al. (2017) untersuchten über sektorspezifische Beschäftigungseffekte und zeigen auf, dass die Beschäftigung im Milch- und Getreidesektor sowie in anderen landwirtschaftlichen Subsektoren signifikant zu dem gesamten Beschäftigungszuwachs beiträgt. Abrego et al. (2019) zeigen, dass die Landwirtschaft nach der verarbeitenden Industrie der zweitwichtigste

Sektor ist und 16 Prozent der gesamten Wohlfahrtsgewinne der AfCFTA ausmacht. Wie oben erwähnt, würde die Handelsliberalisierung jedoch Verlierer und Gewinner hervorbringen. Für einige Länder würde der Verlust an Zolleinnahmen nicht durch die Gewinne durch die Schaffung von Handel und Beschäftigung kompensiert werden. Im Allgemeinen profitieren die VerbrauchererInnen von niedrigeren Rohstoffpreisen, während die ProduzentInnen in Ländern mit geringerer Wettbewerbsfähigkeit zu den Verlierern gehören. Daher dürfte die AfCFTA auf kurze Sicht bestehende komparative Vorteile in der landwirtschaftlichen Produktion fördern, während es für gefährdete Länder mit einer hohen Prävalenz von Unterernährung und geringem landwirtschaftlichen Potenzial problematisch ist.

Afrikas internationaler Handel

Wie bereits diskutiert, könnte eine panafrikanische Freihandelszone starke Produktionsanreize schaffen. Der derzeitige Rechtsrahmen der AfCFTA für den internationalen Handel bleibt jedoch vage. Der Vorschlag der AfCFTA spricht zwar von einer Freihandelszone, aber nicht von einem gemeinsamen Außenzoll. Zudem sollen nur 90 Prozent des Gesamthandels liberalisiert werden. Ohne einen gemeinsamen Außenzoll könnte die Zolldifferenzierung zu einem Steuerwettbewerb zwischen Regierungen führen und dem grenzüberschreitenden Schmuggel zwischen Nachbarländern mit unterschiedlichen Steuersätzen Tür und Tor öffnen (Kornher und von Braun, 2020). Odijie (2019) argumentiert, dass eine regionale Handelspolitik ohne regionale Koordinierung der Industriepolitik den Protektionismus verstärken könnte, anstatt die Handelsintegration zu fördern. Eine Ausschlussliste, ähnlich der Liste von Entwicklungsgütern in der ECOWAS, erlaubt es Ländern, lokale ProduzentInnen von Gütern zu schützen, die ansonsten aus anderen Regionen importiert werden könnten. In einem solchen Fall verschwindet das Problem der Marktgröße für kleine Länder. Als Folge von Außenhandelsabkommen könnten die Länder schließlich ProduzentInnen, die die gleichen Waren wie ihre Handelspartner produzieren, schützen, wie die Beispiele von Zement und Geflügel aus Westafrika zeigen. Die Gleichheit der Industriepolitik führt daher zu Verlusten für die VerbrauchererInnen, und Produktionskapazitäten können nicht ohne die Aussicht auf Exportmöglichkeiten aufgebaut werden (Odijie, 2019).

Afrikas Position im internationalen Handel ist nicht nur an eine panafrikanische Freihandelszone gebunden, sondern auch an den Grad der Integration Afrikas in das internationale Handelssystem. Unabhängig von der Umsetzung der panafrikanischen Freihandelszone bleibt die Landschaft bestehender und potenzieller Handelsabkommen unübersichtlich. Im Rahmen des Cotonou-Abkommens, das die Handelsbeziehungen Afrikas mit der Europäischen Union regelt, hat die EU die Gewährung von Handelspräferenzen, die nicht auf Gegenseitigkeit beruhen, beendet. Wirtschaftspartnerschaftsabkommen erlauben es afrikanischen Ländern, den Marktzugang durch Zölle für sensible landwirtschaftliche Produkte zu beschränken, fordern jedoch eine schrittweise Senkung der Zölle und einen völlig freien Marktzugang bis 2035. Die Verabschiedung dieser Abkommen stagnierte in den letzten Jahren, was zum Teil auf die unterschiedlichen Interessen der regionalen Handelspartner in den jeweiligen Wirtschafts- und Handelszonen in Afrika und der am wenigsten entwickelten Länder (least-developed countries, LDCs) innerhalb der regionalen Wirtschaftsabkommen zurückzuführen ist, denen im Rahmen des Abkommens „Everything but Arms" freier Zugang zu den internationalen Märkten gewährt wird (Schmieg, 2018). Seit dem Cotonou-Abkommen haben der Agrarhandel zwischen der EU und Afrika sowie afrikanische Exporte in die EU zugenommen. Das daraus resultierende Handelsmuster ist, dass Afrika Rohstoffe exportiert und Lebensmittel importiert (Kornher und von Braun, 2020).

Der African Growth and Opportunity Act (AGOA) ist die entsprechende vertragliche Grundlage zur Regelung des amerikanisch-afrikanischen Handels. Er enthält eine Liste afrikanischer Länder, denen freier Zugang zum US-Markt gewährt wird. In Wirklichkeit bietet er hauptsächlich einen präferenziellen Marktzugang für Öl- und Gasexporte aus Afrika (vor allem für Angola und Nigeria) und hat den Agrarhandel von Afrika in die USA seit seiner Umsetzung nicht beeinträchtigt (Zenebe et al., 2014). Folglich hat er keine Produktionsanreize in Afrika geschaffen.

Mehrere afrikanische Länder schlossen auch spezielle Handelsabkommen mit einzelnen Staaten, vor allem mit China. Angesichts der Ungewissheit und Unklarheiten im regulatorischen Rahmen der AfCFTA wird es für den afrikanischen Kontinent wichtig sein, seine Außenhandelsbeziehungen in neuen Handelsabkommen mit wichtigen Handelspartnern wie der EU, den USA und China zu regeln. Eine panafrikanische Freihandelszone, die alle afrikanischen Kräfte bündelt, hat das Potenzial, das Gewicht Afrikas in internationalen Handelsverhandlungen zu erhöhen.

Das internationale Handelssystem ist durch die WTO-Verhandlungen und den Abbau von Agrarsubventionen in Ländern mit hohem Einkommen gerechter geworden. Allerdings diskriminiert es nach wie vor afrikanische ProduzentInnen (Kornher und von Braun, 2020). Historisch gesehen hat die Agrarpolitik in Afrika lokale ProduzentInnen diskriminiert, was in den letzten Jahren jedoch durch politische Maßnahmen, die den Zielen des CAADP entsprechen, abgeschwächt wurde (Anderson et al., 2013; Anderson und Masters, 2009; Angelucci et al., 2014). Nichtsdestotrotz werden landwirtschaftliche ProduzentInnen in Industrieländern immer noch durch landwirtschaftliche Anreize, wie z.B. entkoppelte Zahlungen, unterstützt (Anderson und Nelgen, 2012) und das trotz der Beseitigung von Subventionen durch Preisstützungen (Kornher und von Braun, 2020). Darüber hinaus ist der freie Marktzugang zum EU- und US-Markt an Qualitäts-, Gesundheits-, Umwelt- und Sozialstandards von Agrar- und Lebensmittelprodukten aus Afrika gebunden. Afrikanischen ProduzentInnen fehlt es jedoch häufig an der technischen Kapazität, diese Standards zu erfüllen. Bei verarbeiteten Lebensmitteln erschweren die Ursprungsregeln am Bestimmungsort den afrikanischen ProduzentInnen die Ausfuhr höherwertiger Produkte, da der Ursprungsnachweis schwierig zu erbringen sein kann. Um sicherzustellen, dass Produktionsanreize in Afrika geschaffen werden, sollten künftige Handelsabkommen daher lange und ergebnisorientierte Übergangsfristen gewähren, damit afrikanische Länder wichtige Agrarsektoren schützen können. Darüber hinaus könnten durch die Vereinfachung der Ursprungsregeln und die Fortführung von „Aid for Trade"-Programmen die Standards afrikanischer Produkte verbessert werden, damit die afrikanischen Länder ausreichende Kapazitäten aufbauen können, um Exporterlöse mit höherwertigen Agrarprodukten zu erzielen (Kornher und von Braun, 2020).

Prioritäten für Investitionen und politische Maßnahmen

Die regionale Handelsintegration in Afrika ist eine der wichtigsten Strategien, um Afrika in die Lage zu versetzen, sich selbst mit ausreichen Lebensmitteln zu versorgen. Um die Vorteile des regionalen Handels voll auszuschöpfen, müssen jedoch die folgenden zentralen politischen Maßnahmen und Investitionen berücksichtigt werden.

- **Die Institutionalisierung und nachhaltige Dokumentation nichttarifärer Hemmnisse erleichtern.** Das Haupthindernis für eine bessere Integration des Agrarhandels in Afrika besteht darin, dass Freihandel nur auf dem Papier existiert, de facto aber weiterhin nichttarifäre Hemmnisse bestehen. Beispiele dafür sind administrative Hemmnisse wie der Zeit- und Kostenaufwand für die Zollabwicklung und -deklaration sowie Ad-hoc-Handelsbeschränkungen. Diese Hemmnisse bestehen nach wie vor und Schrecken davon ab, in den regionalen Handel zu investieren (Odijie, 2019). Die AfCFTA ist mit dem Versprechen verbunden, den Marktzugang in Afrika zu verbessern und restriktive handelspolitische Maßnahmen abzuschaffen. In dem Versuch, die gegenwärtige Situation zu verbessern, hat die Afrikanische Union eine Website zur Dokumentation nichttarifärer Hemmnisse in Afrika eingerichtet. Auf der Website können Unternehmen nichttarifäre Hemmnisse melden und den Prozess bis zu ihrer Beseitigung verfolgen. Dies ist eine wichtige Initiative, die die gebührende Aufmerksamkeit von Regierungen und Gebern verdient, um ihre Institutionalisierung und ihren nachhaltigen Betrieb sicherzustellen.

- **Die AfCFTA wirksam umsetzen, um die regulatorischen Handelshemmnisse innerhalb und außerhalb Afrikas anzugehen**. Besonders nennenswert sind die technischen Handelshemmnisse, zu denen soziale Standards wie Mindestlöhne und der Ausschluss von Kinderarbeit sowie sanitäre und phytosanitäre Standards gehören (Kornher und von Braun, 2020). Diese Standards erfüllen eine legitime und kritische Funktion zum Schutz der öffentlichen Gesundheit sowie des Lebens und der Gesundheit von Tieren und Pflanzen. Sowohl die Einhaltung der Standards als auch die Erbringung der erforderlichen Nachweise erhöhen die Transaktionskosten des Handels unabhängig vom Grad der Wettbewerbsfähigkeit der ProduzentInnen. Gegenwärtig ist der Nachweis der Lebensmittelsicherheit in Afrika nicht gut entwickelt, da er durch schwache institutionelle Legitimation, unzureichende Laborkapazitäten und komplizierte und veraltete Prozesse gekennzeichnet ist. Die Harmonisierung von sanitären und phytosanitären Standards und Verwaltungsverfahren, möglicherweise durch die Einrichtung der Afrikanischen Behörde für Lebensmittelsicherheit, ist ein wichtiger Schritt zur Verbesserung der institutionellen Kapazitäten, zur Senkung der Transaktionskosten und zur Erleichterung des Zugangs zu ausländischen Märkten (FAO, 2020d). Darüber hinaus könnten öffentliche Investitionen in Geräte für die Qualitätsprüfung wie Feuchtigkeitsmesser und Labore die Transaktionskosten senken und die Beteiligung an der Wertschöpfungskette fördern.
- **Einen ordnungspolitischen Rahmen durch die AfCFTA schaffen, um sich überschneidende Investitionsstrategien zu beseitigen, überflüssige öffentliche Investitionen zu reduzieren und die Ziele des CAADP bei der Erleichterung nationaler und regionaler Agrarinvestitionen zu ergänzen**, die zur Steigerung der landwirtschaftlichen Produktivität und zur Verbesserung der Ernährungssicherung in Afrika erforderlich sind. Dieser Rahmen könnte dazu beitragen, öffentliche Investitionen in F&E, Ausbildung und Beratung, aber auch in Programme zur Erleichterung des Zugangs zu und der Einführung von hochwertigen Betriebsmitteln und Technologien (z.B. Saatgut, Düngemittel, Maschinen) und Technologien zu koordinieren (FAO, 2020d).

- **Regionale Wertschöpfungsketten mit regionalen Produktionszentren entwickeln**, die aufgrund der Anhäufung von Wissen und Technologietransfer von Spillover-Effekten profitieren können.
- **Die am wenigsten entwickelte Länder (LDCs) unterstützen**, um ihre Beteiligung am internationalen Handel zu erhöhen, z.B durch den Aufbau von Handels- und Produktionskapazitäten. So könnte der bestehende präferenzielle Marktzugang für LDCs die Exportfähigkeit dieser Länder verbessern und zur Diversifizierung ihrer Wirtschaft beitragen. Dies setzt kontinuierliche Unterstützungssysteme wie Aid for Trade voraus (United Nations, 2020). Zwischen 2006 und 2017 haben die Geldgeber 410 Milliarden US-Dollar ausgezahlt, von denen Afrika 146 Milliarden US-Dollar erhielt. Empirische Untersuchungen haben gezeigt, dass diese Unterstützung Entwicklungsländer bei der Ausweitung und Diversifizierung ihres Handels hilft und zur Schaffung von Arbeitsplätzen sowohl für Männer als auch für Frauen beigetragen hat (OECD und WTO, 2019).

Assefa Admassie

6.4 Politische Prozesse und Initiativen in Afrika und auf internationaler Ebene

Afrikanische Regierungen, die Gemeinschaft der Entwicklungspartner sowie subregionale und kontinentale Organisationen haben verschiedene Initiativen und politische Maßnahmen entwickelt, um die Produktivität des Agrarsektors zu verbessern und die Ernährungsunsicherheit auf dem Kontinent zu verringern. Die Kommission der Afrikanischen Union, die regionalen Wirtschaftsgemeinschaften sowie subregionale Organisationen haben verschiedene ehrgeizige Programme zur Produktivitätssteigerung in Angriff genommen. Einige der aktuellen Initiativen werden in diesem Abschnitt erörtert.

Aktuelle Initiativen in Afrika

Die Kommission der Afrikanischen Union hat immer wieder betont, dass die afrikanischen Regierungen ihre Investitionen in den Agrarsektor erhöhen müssen. Die Agenda 2063 der Afrikanischen Union und das CAADP sind die beiden Leitinitiativen, die formuliert wurden, um die Funktionsfähigkeit des Agrarsektors zu verbessern und den Gesamtfortschritt zu fördern. Darüber hinaus wurden verschiedene Mechanismen zur Überwachung der Fortschritte eingerichtet. Zum Beispiel ist der African Peer Review Mechanismus, ein freiwilliger Selbstüberwachungsmechanismus, der 2002 von den Mitgliedstaaten der Afrikanischen Union vereinbart und angenommen wurde. Das Hauptziel besteht darin, die Dynamik der Regierungsführung auf lokaler und kontinentaler Ebene zu verbessern. Strategische Konzepte wie die Agenda 2063, CAADP und die UN-Nachhaltigkeitsziele sind zusätzliche Mechanismen zur Überwachung der Fortschritte in ihren jeweiligen Bereichen. Die verschiedenen kontinentalen Organisationen, die zur Koordinierung der verschiedenen Aktivitäten der Afrikanischen Union gegründet wurden, haben ebenfalls ihre eigenen Strategien und Programme.

Agenda 2063 der Afrikanischen Union

Die Agenda 2063 der Afrikanischen Union, die 2013 verabschiedet wurde, bietet einen strategischen Rahmen für die sozioökonomische Transformation des Kontinents. Sie baut auf früheren und bestehenden kontinentalen Initiativen für Wachstum und nachhaltige Entwicklung auf und versucht, deren Umsetzung zu beschleunigen. Zu den Hauptmerkmalen und Absichten der Agenda 2063 gehören die Schaffung und Aufrechterhaltung eines gerechten Wachstums und einer gerechten Entwicklung, die Beseitigung der Armut und die Ermöglichung interner Kohärenz und Koordination mit kontinentalen, regionalen und nationalen Rahmenwerken und Plänen, die von der Kommission der Afrikanischen Union, den regionalen Wirtschaftsgemeinschaften und den Mitgliedstaaten angenommen wurden. Die Agenda 2063 hat sieben Ziele, von denen sich eine auf die Modernisierung der Landwirtschaft zur Steigerung der Produktion, Produktivität und Wertschöpfung unter Nutzung von Wissenschaft, Technologie, Innovation und einheimischem Wissen konzentriert, damit sie zum nationalen Wohlstand und zur kollektiven Ernährungssicherung Afrikas beiträgt. Genauer gesagt zielt die Vision darauf ab, die Modernisierung der afrikanischen Landwirtschaft und Agrarindustrie durch eine Steigerung der Wertschöpfung und Produktivität zu konsolidieren (AU, 2015b). Bis zum Jahr 2063 soll folgendes erreicht werden:

- Vollständige Beseitigung des Hungers und der Ernährungsunsicherheit;
- Verringerung der Lebensmittelimporte und Steigerung des innerafrikanischen Agrar- und Lebensmittelhandels auf 50 Prozent des gesamten formellen Lebensmittel- und Agrarhandels;
- Einführung moderner landwirtschaftlicher Systeme, Technologien, Praktiken und Ausbildungsmaßnahmen, einschließlich der Abschaffung der Handhacke;
- Entwicklung und Umsetzung affirmativer politischer Maßnahmen und Fürsprache, um den verstärkten Zugang von Frauen zu Land und Betriebsmitteln zu gewährleisten und sicherzustellen, dass mindestens 30 Prozent der landwirtschaftlichen Finanzierung von Frauen in Anspruch genommen wird; und
- Wirtschaftliche Stärkung von Frauen und Jugendlichen durch verbesserten Zugang zu finanziellen Mitteln für Investitionen.

Das Comprehensive African Agricultural Development Programme (CAADP)

In Anerkennung der Bedeutung des Sektors für die Volkswirtschaften ihrer Mitgliedsstaaten gründete die Afrikanische Union zusammen mit der NEPAD 2003 in Maputo das CAADP. CAADP ist ein afrikaweiter Entwurf für ein beschleunigtes Wachstum der Landwirtschaft, der darauf abzielt, politische Maßnahmen und Partnerschaften zu fördern, Investitionen in den afrikanischen Agrarsektor zu erhöhen und bessere Entwicklungsergebnisse zu erzielen. Hauptziel des CAADP ist es, den afrikanischen Ländern bei der Armutsbekämpfung und Ernährungssicherung zu helfen, indem sie eine durchschnittliche jährliche Wachstumsrate der Landwirtschaft von sechs Prozent erreichen und mindestens zehn Prozent ihres jährlichen Gesamtbudgets für den Agrarsektor und ein Prozent des landwirtschaftlichen BIPs für die Agrarforschung bereitstellen (AUDA-NEPAD, 2003). Obwohl es sich um ein kontinentales Vorhaben handelt, ist es integraler Bestandteil der nationalen Bemühungen zur Förderung des landwirtschaftlichen Wachstums und der wirtschaftlichen Entwicklung.

CAADP verfolgt die folgenden Prinzipien und Ziele:

1. Wachstum unter Führung der Landwirtschaft als Hauptstrategie zur Erreichung des Millenniums-Entwicklungsziels der Armutsbekämpfung (MDG 1),
2. Streben nach einer durchschnittlichen jährlichen Wachstumsrate der Landwirtschaft von sechs Prozent auf nationaler Ebene,
3. Zuweisung von 10 Prozent der nationalen Budgets an den Agrarsektor,
4. Ausnutzung regionaler Komplementaritäten und Zusammenarbeit zur Förderung des Wachstums,
5. Politische Effizienz, Dialog, Überprüfung und Rechenschaftspflicht, die von allen NEPAD-Programmen geteilt werden,
6. Aufbau von Partnerschaften und Allianzen unter Einbeziehung von LandwirtInnen, der Agrarindustrie und zivilgesellschaftlichen Gemeinschaften,
7. Durchführungsprinzipien, einschließlich der Programmdurchführung durch die Länder, der Koordinierung durch regionale Wirtschaftsgremien und der Erleichterung durch das NEPAD-Sekretariat.

Das CAADP definiert vier große Interventionsbereiche, auch Säulen genannt, um das landwirtschaftliche Wachstum zu beschleunigen, die Armut zu verringern und die Nahrungsmittelsicherheit und Ernährungssicherung in Übereinstimmung mit den oben genannten Prinzipien und Zielen zu erreichen:

- Säule I. Ausdehnung des Gebiets unter nachhaltiger Landbewirtschaftung und zuverlässigen Wasserkontrollsystemen.
- Säule II. Verbesserung der ländlichen Infrastruktur und der handelsbezogenen Kapazitäten für den Marktzugang.
- Säule III. Erhöhung der Lebensmittelversorgung, Verringerung des Hungers und Verbesserung der Reaktionsfähigkeit auf Hungersnöte.

- Säule IV. Verbesserung der landwirtschaftlichen Forschung und der Verbreitung und Anwendung von Technologien.

In ihrer Erklärung in Malabo 2014 haben die afrikanischen Staats- und Regierungschefs auf die Fortschritte hingewiesen, die durch den Ergebnisrahmen des CAADP bereits erzielt wurden. Dessen Prinzipien und Ziele wurden in der Erklärung weiter bekräftigt und es wurde eine Reihe von Zielen und Vorgaben festgelegt, die im nächsten Jahrzehnt im Rahmen der „Accelerated Agricultural Growth and Transformation Goals“ verfolgt werden sollen. Des Weiteren wurde in der Erklärung von Malabo die Notwendigkeit betont, den innerafrikanischen Handel anzukurbeln und die Widerstandsfähigkeit der Lebensgrundlagen und Produktionssysteme der Bevölkerung gegenüber Klimarisiken und externen Schocks zu verbessern. Außerdem wurden die Anforderungen an die gegenseitige Rechenschaftspflicht erweitert (AU, 2014). Die Bewertungsberichte über die Ziele der Agenda 2063 und des CAADP zeigen für die afrikanischen Länder bei den Agrarindikatoren gemischte Ergebnisse. Die tatsächliche Erreichung des Zehn-Prozent-Ziels war uneinheitlich. Einige afrikanische Länder haben das Ziel zum Teil erreicht, aber nur sehr wenigen Ländern ist es gelungen, dieses Finanzierungsniveau durchgängig zu halten (Benin und Yu, 2013; Husmann et al., 2015). Laut einer Studie von Getahun et al. (2018) haben selbst die Länder mit den besten Ergebnissen diese Ziele zwischen 2005 und 2014 – den Jahren, für die Daten verfügbar waren – nicht durchgängig erreicht.

Die “Feed Africa” Strategie der Afrikanischen Entwicklungsbank

Da die Landwirtschaft die Hauptstütze der Wirtschaft vieler afrikanischer Länder ist, ist die landwirtschaftliche Entwicklung ein Schwerpunktbereich der African Development Bank (AfDB). Dementsprechend bietet die AfDB den afrikanischen Ländern finanzielle und technische Unterstützung für die Entwicklung des Agrarsektors. Um den afrikanischen Agrarsektor zu verbessern, Selbstversorgung zu erreichen und eine verbesserte Wertschöpfungskette für Exportgüter zu entwickeln, hat die AfDB 2016 die Initiative „Feed Africa – Strategy for Agricultural Transformation in Africa, 2016–2025“ ins Leben gerufen. Hauptziel der Strategie ist es, dazu beizutragen, die extreme Armut zu beenden, die Fehlernährung zu beseitigen, die Abhängigkeit von Futtermittelimporten zu beenden und Afrika in den Bereichen, in denen es über komparative Vorteile verfügt, an die Spitze der Wertschöpfungskette zu bringen. Sie konzentriert sich auf die Steigerung der landwirtschaftlichen Produktion und Produktivität, die Förderung von Investitionen in die erforderliche Infrastruktur und die Schaffung eines günstigen Umfelds für die Agrarindustrie bei gleichzeitiger

Gewährleistung von Inklusivität, Widerstandsfähigkeit und Nachhaltigkeit. Die „Feed Africa“ Strategie baut auf die Erklärung von Maputo und die Verpflichtungen von Malabo auf und möchte die Ziele des CAADP unterstützen.

The Great Green Wall of the Sahara and Sahel Initiative (GGWSSI)

Die Wüstenbildung ist vor allem in der Sahelzone, wo einige der ärmsten Bevölkerungsgruppen der Welt leben, ein großes Problem. Wüstenbildung und Bodendegradation haben in dieser Region starke negative Auswirkungen auf die Ernährungssicherung und die Lebensgrundlagen der lokalen Bevölkerung. Millionen von Menschen von Senegal bis Dschibuti haben ständig mit anhaltenden Dürren, Hungersnöten und der raschen Erschöpfung der natürlichen Ressourcen zu kämpfen. Daher war es notwendig, ein Projekt zu initiieren, das die Sahelzone vor dem ökologischen Kollaps retten kann. Die Initiative „Great Green Wall“, die 2007 von der Afrikanischen Union ins Leben gerufen wurde, sollte dazu beitragen, die Wüstenbildung aufzuhalten, die Ernährungssicherung zu verbessern und die Armut zu verringern. Bei der Initiative geht es um eine nachhaltige und klimafreundliche Entwicklung und sie ist in der Region ein Symbol der Hoffnung für Millionen von Menschen. Bis 2030 sollen mit der Initiative 100 Millionen Hektar derzeit degradierter Flächen wiederhergestellt, 250 Millionen Tonnen Kohlenstoff gebunden und 10 Millionen grüne Arbeitsplätze geschaffen werden (UNCCD, 2020). Am Südrand der Sahara wurden bereits Millionen von Bäumen gepflanzt.[63] Gemeinden in der gesamten Sahelzone sind mit dem Bau und der Instandhaltung der „Great Green Wall“ beschäftigt, und als solches soll das Projekt sowohl für die Menschen als auch für den Planeten einen langfristigen Nutzen haben. Nach seiner Fertigstellung wird die „Great Green Wall“ eine 8000 km lange natürliche Mauer sein, die sich über den gesamten Kontinent erstreckt. Die Initiative wird jetzt in mehr als 20 afrikanischen Ländern umgesetzt, und es wurden mehr als 8 Milliarden US-Dollar mobilisiert und zur Unterstützung zugesagt (UNCCD, 2020).

---

63 Obwohl Bäume im Vordergrund stehen, werden andere Methoden eingesetzt, um das Land entsprechend den spezifischen biogeografischen Bedürfnissen wiederherzustellen.

Landwirtschaftsprogramme innerhalb der regionalen Wirtschaftsgemeinschaften (RECs)

Wie bereits erläutert, wurden in ganz Afrika wurden acht regionale Wirtschaftsgemeinschaften (Regional Economic Communities, RECs) geschaffen, die ihren jeweiligen Mitgliedstaaten dienen und als Bausteine der Afrikanischen Union anerkannt sind. Zu diesen gehören die Arab Maghreb Union (AMU), die Community of Sahel-Saharan States (CEN-SAD), der Common Market for Eastern and Southern Africa (COMESA), die East African Community (EAC), die Economic Community of Central African States (ECCAS), die Economic Community of West African States (ECOWAS), die Intergovernmental Authority on Development (IGAD) und die Southern African Development Community (SADC). Landwirtschaftliche Entwicklung und Ernährungssicherung gehören zu den Prioritäten der Interventionen dieser regionalen Gemeinschaften.

Einige wichtige internationale Prozesse

Marshall Plan mit Africa

Im Jahr 2017 hat Deutschland zusammen mit der Europäischen Union beschlossen, sich auf die afrikanischen Beziehungen und die Entwicklung Afrikas zu konzentrieren. Zu diesem Zweck wurde im Rahmen der Entwicklung einer neuen europäischen Afrikastrategie der Marshallplan mit Afrika eingeführt, um „einen erfolgreichen Weg zu Frieden und Entwicklung" zu finden (BMZ, 2017, S. 4). Im Mittelpunkt des Marshallplans stehen „fairer Handel, mehr private Investitionen, mehr wirtschaftliche Entwicklung von unten, mehr unternehmerische Entfaltung und vor allem mehr Jobs und Beschäftigung" (BMZ, 2017, S. 4). Der Plan besteht aus 10 Ansatzpunkten, die auf diesen Prioritäten basieren, wobei der 10. unter dem Titel „Wir lassen niemanden zurück" auf die Sicherung der Grundbedürfnisse, einschließlich der Förderung der ländlichen und landwirtschaftlichen Entwicklung, ausgerichtet ist (BMZ, 2017, S. 6). Der Marshallplan dient als Wegweiser, um die landwirtschaftliche Entwicklung von allen Seiten zu verbessern, von der Einführung gezielter Programme zur Verbesserung der Ernährungssicherung in Afrika über die Intensivierung der öffentlichen Forschung auf deutscher Seite bis hin zu einem besseren Zugang Afrikas zu den EU-Märkten auf internationaler Ebene (BMZ, 2017). Darüber hinaus kann die afrikanische Landwirtschaft durch mehr Innovationen, Zugang zu Finanzdienstleistungen, Infrastruktur und Landrechten die Wettbewerbsfähigkeit, Ernährungssicherung und Lebensgrundlagen von Millionen von Menschen verbessern.

Compact with Africa

Der Compact with Africa, der unter der deutschen G20-Präsidentschaft 2017 initiiert wurde, zielt darauf ab, private Investitionen in Afrika zu erhöhen, indem er Investitionen attraktiver macht. Zu diesem Zweck sind zwölf afrikanische Länder (Benin, Burkina Faso, Côte d'Ivoire, Ägypten, Äthiopien, Ghana, Guinea, Marokko, Ruanda, Senegal, Togo und Tunesien) dem Pakt beigetreten. Diese Länder arbeiten mit internationalen Organisationen und bilateralen G20-Partnern zusammen, um länderspezifische Reformen auszuarbeiten, politische Maßnahmen zu unterstützen und Investitionsmöglichkeiten für Investoren zu fördern. Der Compact gilt als zentrale Säule der G20-Partnerschaft mit Afrika und soll andere relevante Initiativen in Afrika ergänzen. Er wird innerhalb des Finance Track der G20 eingerichtet und fällt unter die Arbeit der Africa Advisory Group, einer regelmäßigen Arbeitsgruppe der G20 (GwA, k.A.). Die Umsetzung erfolgt in drei Schritten. Die afrikanischen Länder müssen sich zuerst für die Teilnahme an der Initiative entscheiden. Indem das betreffende Land dieses Interesse signalisiert, trifft es sich in einem ersten Schritt mit internationalen Organisationen, um Ziele und nationale Prioritäten und Beiträge zu erörtern. In einem zweiten Schritt werden in Zusammenarbeit mit internationalen Organisationen Compact Schwerpunktbereiche für Reformen und Maßnahmen zur Förderung privater Investitionen festgelegt. Im letzten Schritt arbeitet das Land mit internationalen Organisationen und interessierten Mitgliedern der G20 zusammen, um konkrete Reformmaßnahmen zu erarbeiten und umzusetzen (GwA, k.A.). Da der Compact with Africa die Förderung privater Investitionen in Infrastruktur und Technologie beinhaltet, ist seine Umsetzung besonders wichtig, um die Modernisierung der afrikanischen Landwirtschaft sicherzustellen. Durch die Verbesserung der Infrastruktur und gute Regierungsführung würden die Investitionen steigen und somit die landwirtschaftliche Entwicklung gefördert (Kappel und Reisen, 2019). Die Modernisierung der Landwirtschaft würde wiederum die Armut verringern und die Ernährungssicherung gewährleisten.

Initiative zur Bekämpfung von Hunger und Fehlernährung der deutschen Bundesregierung

Die große und umfassende Initiative die von der Bundesregierung im Jahr 2014 ins Leben gerufen wurde, zielt darauf ab, die strukturellen Ursachen von

Hunger und Ernährungsunsicherheit zu ermitteln und die ländliche Entwicklung zu fördern mit dem Ziel, Hunger und Fehlernährung weltweit zu beseitigen. Gleichzeitig wird eine nachhaltige Landwirtschaft sichergestellt. Das BMZ investiert im Rahmen dieser Initiative jährlich rund 1,5 Milliarden Euro in verschiedene Projekte. Ein zentraler Bestandteil sind Investitionen in sogenannte Grüne Innovationszentren. Die Initiative verbessert die Ernährungssicherung, erhöht das Wissen in den Bereichen Ernährung, grüne Innovationen und Bodenschutz und trägt zum Schutz und zur Sanierung von Land bei (BMZ, 2018).

Afrika-EU Partnerschafft

Die Afrika-EU-Partnerschaft ist der formelle politische Kanal, über den Afrika und die Europäische Union zusammenarbeiten. Die Partnerschaft wurde im Jahr 2000 ins Leben gerufen und 2007 durch die gemeinsame Afrika-EU-Strategie ergänzt. Die aktuellen vier prioritären Bereiche sind: Investitionen in die Bevölkerung; Stärkung der Widerstandsfähigkeit, des Friedens, der Sicherheit und der Regierungsführung; Mobilisierung von Investitionen für einen nachhaltigen Strukturwandel in Afrika; sowie Migration und Mobilität (AEP, 2019). Der dritte Schwerpunktbereich umfasst insbesondere Projekte, die auf die Verbesserung der afrikanischen Infrastruktur, den Viehzuchtsektor und die Einrichtung einer Freihandelszone abzielen. Solche Investitionen würden die Entwicklung der landwirtschaftlichen Wertschöpfungskette unterstützen und somit die Ernährungssicherung verbessern.

Im Jahr 2018 richtete die Europäische Kommission die **Task Force rural Africa** ein, die die Europäische Kommission und die Afrikanische Union beraten soll, wie sie am besten zu einer nachhaltigen Entwicklung und zur Schaffung von Arbeitsplätzen in der ländlichen Wirtschaft und im afrikanischen Agrar- und Ernährungssektor beitragen können. In ihrem ersten Bericht hob die Arbeitsgruppe vier strategische Aktionsbereiche für die Transformation des ländlichen Raums in Afrika hervor: (1) ein territorialer Ansatz für die Schaffung von Arbeitsplätzen und die Steigerung des Einkommens; (2) Klimaschutz und nachhaltige Bewirtschaftung von Land und natürlichen Ressourcen; (3) Unterstützung der nachhaltigen Transformation der afrikanischen Landwirtschaft; und (4) Entwicklung der afrikanischen Lebensmittelindustrie und Lebensmittelmärkte (TFRA, 2019). In einem kürzlich aktualisierten Bericht hob die Arbeitsgruppe die dringenden Maßnahmen hervor, die zur Bewältigung der Auswirkungen der COVID-19-Pandemie erforderlich sind, darunter die Unterstützung der am stärksten gefährdeten afrikanischen Bevölkerungsgruppen, die Stärkung der Widerstandsfähigkeit der lokalen Ernährungssysteme und die Zusage für ein Klima-Bündnis zwischen Afrika und Europa, um die politische Priorität von Klimaschutzmaßnahmen zu erhöhen (TFRA, 2020).

UN Food Systems Summit

Der UN Food Systems Summit, der 2021 einberufen wurde, hatte zum Ziel „Interessenvertretern und Leitern von Transformationsinitiativen dabei zu helfen, die komplexen Entscheidungen, die die Zukunft der Ernährungssysteme beeinflussen, besser zu verstehen und zu bewältigen und die Fortschritte der SDGs zu beschleunigen“ (FAO, 2020e). Zu diesem Zweck wurden fünf Ziele identifiziert, die im Einklang mit UN-Nachhaltigkeitszielen stehen:

1. Gewährleistung des Zugangs zu sicheren und nährstoffreichen Lebensmitteln für alle (damit alle Menschen gut ernährt und gesund sind; schrittweise Verwirklichung des Rechts auf Nahrung).
2. Umstellung auf nachhaltige Konsummuster (die Nachfrage nach Lebensmitteln einer gesunden und nachhaltigen Ernährung fördern und die Lebensmittelverschwendung reduzieren).
3. Förderung einer umweltfreundlichen Produktion in ausreichendem Umfang (Maßnahmen gegen den Klimawandel, Verringerung der Emissionen und Erhöhung der Kohlenstofffixierung, Regenerierung und Schutz kritischer Ökosysteme und Verringerung des Lebensmittelverlusts und des Energieverbrauchs, ohne die Gesundheit oder eine nährstoffreiche Ernährung zu gefährden).
4. Förderung eines gerechten Lebensunterhalts und einer gerechten Einkommensverteilung (Einkommenserhöhung, Risikoverteilung, Ausweitung der Inklusion, Förderung von Vollbeschäftigung und menschenwürdiger Arbeit für alle).
5. Aufbau der Widerstandsfähigkeit gegenüber Anfälligkeiten, Schocks und Belastungen (Gewährleistung der kontinuierlichen Funktionsfähigkeit gesunder und nachhaltiger Ernährungssysteme) (FAO, 2020e).

Jedes Ziel hat einen bestimmten Aktionsschwerpunkt, auf den regionale, nationale und multinationale Initiativen zur Vorbereitung des Gipfels hingearbeitet hatten. Der Gipfel suchte nach Lösungen, die die Agenda 2030 voranbringen können, um die Ziele der nachhaltigen Entwicklung umzusetzen, und zielte darauf ab, einen öffentlichen Dialog über verbesserte Ernährungssysteme und deren Funktionsweise zu schaffen. Der Gipfel wurde von einem beratenden Ausschuss (Advisory Committe) unter dem Vorsitz des stellvertretenden

UN-Generalsekretärs, einer wissenschaftlichen Gruppe (Scientific Group), einer UN-Arbeitsgruppe (UN-Task Force) und, zur Mobilisierung von Interessengruppen, einem Netzwerk der Champions (Champions Network) vorbereitet.

Maßnahmen zur Gestaltung effektiver Entwicklungspartnerschaften in der Landwirtschaft

Die oben erwähnten Initiativen kommen im Hinblick auf Ernährungssicherung und landwirtschaftliche Entwicklung nur dann zum Tragen, wenn Partnerschaften funktionieren. Eine Harmonisierung oder Konsolidierung zwischen den Initiativen auf der Seite der Entwicklungspartner wird ebenfalls in Betracht gezogen. In jedem Fall müssen wirksame Partnerschaften, die zu wirkungsvollen Ergebnissen führen, drei Hauptprinzipien beinhalten:

- Ausreichende Übereinstimmung mit den politischen Maßnahmen und Prioritäten des Landes
- Angemessene Koordinierung von Programmen der Entwicklungshilfe vor Ort
- Kollektives Festhalten an gemeinsamen Prozessen für gegenseitiger Rechenschaftspflicht

Der traditionelle Ansatz isolierter Bemühungen, die mit den Prioritäten des Landes übereinstimmen oder auch nicht, zwischen den Entwicklungspartnern gut koordiniert sind oder den privaten Sektor und die Zivilgesellschaft miteinbeziehen, hat seine Grenzen gezeigt. Obwohl es einen Konsens darüber zu geben scheint, was getan werden muss, war ein wirklicher Wandel hin zur Bildung wirkungsvollerer Entwicklungspartnerschaften äußerst schwierig umzusetzen. Eine der seltenen Initiativen, die ernsthafte Anstrengungen in diesem Bereich unternommen haben, ist die New Alliance for Food Security and Nutrition (NAFSN). Die Initiative wurde 2012 nach der weltweiten Lebensmittelkrise als gemeinsame Initiative afrikanischer Regierungen, des Privatsektors und der Entwicklungspartner ins Leben gerufen und zielte darauf ab, das politische Umfeld zu verbessern, verantwortungsbewusste private Investitionen in den Agrarsektor zu erleichtern und die Armut der Haushalte einer ausgewählten Gruppe afrikanischer Länder zu verringern.

Im Rahmen der NAFSN verpflichteten sich afrikanische Regierungen, G7-Entwicklungspartner, afrikanische und globale Unternehmen des Privatsektors sowie Organisationen der Zivilgesellschaft und der Bauernverbände zur Umsetzung einer Reihe konkreter Maßnahmen und Verpflichtungen, einschließlich politischer Reformen, mehrjähriger Finanzierungszusagen und verantwortungsbewusster Investitionen, mit dem Ziel, ein günstiges Umfeld für Investitionen zu schaffen und das Wachstum des Agrarsektors zu beschleunigen. Die NAFSN könnte als Antwort der Weltgemeinschaft auf die Bemühungen Afrikas verstanden werden, das Wachstum der Volkswirtschaften durch eine verbesserte Wirtschaftsführung und einer erneuerten Entwicklungszusammenarbeit im Rahmen der NEPAD zu verbessern, wobei der Schwerpunkt auf dem CAADP liegt. Die NAFSN vertrat die Werte und Prinzipien der NEPAD und des CAADP, nämlich Abstimmung, Inklusivität und gegenseitige Rechenschaftspflicht, auch wenn es manchmal noch an ihrer Umsetzung scheiterte. In allen teilnehmenden Ländern trug die Initiative dazu bei, die Hauptakteure des Ernährungssystems, insbesondere Regierungen, Entwicklungsorganisationen, Bauernverbände und den Privatsektor, in einem länderspezifischen Kooperationsrahmen (Country Cooperation Frameworks) mit einer Reihe gemeinsamer Verpflichtungen zusammenzubringen: politische Verpflichtungen der Länder, finanzielle und technische Verpflichtungen der Entwicklungspartner und Investitionszusagen von Unternehmen des Privatsektors.

Den verschiedenen Parteien gelang es, Fortschritte bei der Umsetzung der Verpflichtungen zu erzielen, die in den länderspezifischen Kooperationsrahmen festgelegt sind, auch wenn viele Verpflichtungen nicht vollständig erfüllt wurden. Die Regierungen machten gute Fortschritte bei der Umsetzung vieler der zahlreichen politischen Verpflichtungen. Die finanziellen Verpflichtungen wurden je nach Geber und Land in unterschiedlichem Maße erfüllt. Auch entsprachen die von den einzelnen Entwicklungspartnern im Rahmen der Initiative eingegangenen Verpflichtungen den Länderprioritäten, wie sie in den jeweiligen Nationalen Agrarinvestitionsplänen festgelegt sind. Die Überprüfungs- und Dialogprozesse gehörten zu den schwächsten Aspekten der NAFSN, da die festgelegten Modalitäten für die Rechenschaftspflicht und Berichterstattung weder eine volle Beteiligung des Privatsektors noch ein breite und nachhaltige Einbindung aller Interessengruppen und begünstigten Gemeinschaften zuließen. Die geringsten Fortschritte waren bei der Erreichung der in den Absichtserklärungen des Privatsektors genannten Investitionsziele zu verzeichnen, obwohl es vor Ort Fälle von bedeutenden neuen Investitionen gab. Die nachstehend zusammengefassten wichtigsten Lehren lassen sich aus den Erfahrungen mit der NAFSN ziehen. Sie beziehen sich auf die Reformambitionen, Umsetzungskapazitäten, die Zusätzlichkeit (additionality) und der Umfang der Maßnahmen, die Integration und Synergie, das Engagement des Privatsektors und die gegenseitige Rechenschaftspflicht.

1. *Abstimmung und Koordinierung:* Die verbesserte Abstimmung mit den Länderstrategien und -prioritäten ist eines der stärkeren Merkmale der NAFSN. Der Nutzen der Angleichung wird verstärkt, wenn sie über die bloße Dokumentation von Aktivitäten hinausgeht und eine gemeinsame Planung und koordinierte Umsetzung miteinbezieht.
2. *Politische Reformambitionen und Durchführungskapazitäten:* Die dringende Notwendigkeit, die zahlreichen politischen und ordnungspolitischen Engpässe, die den Fortschritt behindern, zu beseitigen, muss mit der Umsetzungskapazität der Länder in Einklang gebracht werden. Zu viele Reformen, die zu schnell durchgeführt werden, führen wahrscheinlich zum Scheitern der Maßnahmen. Gradualismus und eine bessere Sequenzierung, begleitet von einem gezielten Kapazitätsaufbau, ist ein Mittel, um mehr und nachhaltige Fortschritte zu erzielen.
3. *Zusätzlichkeit und Umfang:* Größenvorteile und die Verwirklichung ehrgeiziger Transformationsziele erfordern neue und zusätzliche Ressourcen, die über die bestehenden Portfolios hinausgehen. Dabei geht es nicht nur um finanzielle Mittel, sondern auch um die Unterstützung einer verbesserten Umsetzungskapazität, ohne die zusätzliche Verpflichtungen nicht mit Sicherheit zu einer entsprechenden Steigerung der Errungenschaften oder Ergebnisse führen werden.
4. *Die Umsetzung von Verpflichtungen auf nationaler Ebene in lokale Maßnahmen:* Die NAFSN konzentrierte sich aus praktischen Gründen auf Verpflichtungen auf nationaler Ebene und aus diesem Grund fehlte es an gut durchdachten Modalitäten, Verpflichtungen, die sich auf höherer Ebenen beziehen, in lokale Maßnahmen umzusetzen. Dies ist in erster Linie eine Frage der Ausführungskapazität und der Qualität der sektoralen Regierungsführung. Daher sollte es eine Priorität sein, diesen Bereichen besondere Aufmerksamkeit und höhere Investitionen einzuräumen.
5. *Vertiefung des Engagements des Privatsektors:* Die volle Integration des Privatsektors und sein Engagement erfordern Modalitäten, die den üblichen kommerziellen Anliegen von Privatunternehmen Rechnung tragen können, sodass ihre angemessene Beteiligung an Dialog- und Rechenschaftsprozessen gewährleistet ist. Insbesondere wird es wichtig sein, Instrumente und Verfahren zu finden, die sowohl einer wirksamen Rechenschaftspflicht gerecht werden als auch den Befindlichkeiten von kommerziellen Unternehmen Rechnung tragen können.
6. *Eingebettete Prozesse zur Überwachung und Evaluierung:* Die NAFSN hatte Schwierigkeiten, Auswirkungen zu messen und zuzuordnen. Dies kann durch die Einbettung strenger Evaluierungsmodalitäten in die Gestaltung

und Durchführung der wichtigsten Aktivitäten der Partner behoben werden. Dies ist nicht nur für eine angemessene Begleitung der Umsetzung und die Überwachung von Umsetzungsfortschritten und -ergebnissen von entscheidender Bedeutung, sondern erleichtert auch das Ermitteln von Erfolgsfaktoren und bietet nützliche Hinweise für die Replikation und Skalierung erfolgreicher Interventionen auf mehr Länder und Geberorganisationen.

Literatur

Aanyu, Margaret, Denis, O., Cassius, A., Gertrude, A., 2020. Potential for enhancing and sustaining commercial aquaculture in Uganda: Producer organizations, contract farming schemes and public-private partnerships. Int. J. Fish. Aquat. Stud. 8, 258–264.

Abate, G.T., Abay, K.A., Spielman, D., 2020. Fertilizer Policies and Implications in Africa, in: Diao, X., Resnick, D., Tadesse, G. (Eds.), Sustaining Africa's Agrifood System Transformation: The Role of Public Policies. ReSAKSS Annual Trends and Outlook Reports 2020. International Food Policy Research Institute, Washington D.C.

Abate, G.T., Bernard, T., 2017. Farmers' quality assessment of their crops and its impact on commercialization behavior: A field experiment in Ethiopia. International Food Policy Research Institute, Washington D.C.

Abdulai, A., Owusu, V., Goetz, R., 2011. Land tenure differences and investment in land improvement measures: Theoretical and empirical analyses. Journal of Development Economics 96, 66–78.

Abebe, G.K., Bijman, J., Kemp, R., Omta, O., Tsegaye, A., 2013. Contract farming configuration: Smallholders' preferences for contract design attributes. Food Policy 40, 14–24.

Abrego, L., Amado, M.A., Gursoy, T., Nicholls, G.P., Perez-Saiz, H., 2019. The African Continental Free Trade Agreement: Welfare Gains Estimates from a General Equilibrium Model (Working Paper No. 19/124). International Monetary Fund, Washington D.C.

Access to Seeds Foundation, 2018. The Rise of the Seedproducing Cooperative in Western and Central Africa. Access to Seeds Foundation, Amsterdam.

ACET, 2014. Bushmeat and the Future of Protein in West Africa (No. 9), West Africa Trends. The African Center for Economic Transformation, Accra.

Acosta, D., Hendrickx, S., McKune, S., 2019. The livestock vaccine supply chain: Why it matters and how it can help eradicate peste des petits Ruminants, based on findings in Karamoja, Uganda. Vaccine 37, 6285–6290.

Adams, M., Palmer, R., 2007. Independent Review of Land Issues, Volume III, 2006–2007, Eastern and Southern Africa. Mokoro Ltd, Oxford.

Adekunle, A.A., Ajuruchukwu, O., Tunde, A., Mugabo, J., Oluwole, F.A., 2013. Lessons and impact of partnerships: Experiences from FARA's initiatives in Africa. Forum for Agricultural Research in Africa, Accra.

Adeleke, B., Robertson-Andersson, D., Moodley, G., Taylor, S., 2020. Aquaculture in Africa: A Comparative Review of Egypt, Nigeria, and Uganda Vis-À-Vis South Africa. Reviews in Fisheries Science & Aquaculture 29(2), 167-197.

Adenle, A.A., Wedig, K., Azadi, H., 2019. Sustainable agriculture and food security in Africa: The role of innovative technologies and international organizations. Technology in Society 58, 101143.

Adu-Baffour, F., Daum, T., Birner, R., 2019. Can small farms benefit from big companies' initiatives to promote mechanization in Africa? A case study from Zambia. Food Policy 84, 133–145.

AEEP, 2017. Ten Years of the Africa-EU Energy Partnership: Status Report 2017–18 and future perspectives. Deutsche Gesellschaft für Internationale Zusammenarbeit (GIZ), Eschborn.

AEP, 2019. The Partnership and Joint Africa-EU Strategy [WWW Document]. The Africa-EU Partnership. URL https://africa-eu-partnership.org/en/partnership-and-joint-africa-eu-strategy (accessed 20.8.20)

AfDB, 2018. African Economic Outlook 2018. African Development Bank, Abidjan.

AfDB, 2016a. Design Workshop on Establishing an African Agriculture Risk Sharing and Financing Mechanism: Concept Note. Presented at the Design Workshop on Establishing an African Agriculture Risk Sharing and Financing Mechanism, African Development Bank, Nairobi, Kenya.

AfDB, 2016b. Feed Africa – Strategy for agricultural transformation in Africa 2016–2025. African Development Bank, Abidjan.

Affognon, H., Mutungi, C., Sanginga, P., Borgemeister, C., 2015. Unpacking Postharvest Losses in Sub-Saharan Africa: A Meta-Analysis. World Development 66, 49–68.

Africa Growth Initiative, 2019. Foresight Africa: Top priorities for the continent in 2019. Bookings Institution, Washington D.C.

Afshin, A., Sur, P.J., Fay, K.A., Cornaby, L., Ferrara, G., et al., 2019. Health effects of dietary risks in 195 countries, 1990–2017: a systematic analysis for the Global Burden of Disease Study 2017. The Lancet 393, 1958–1972.

Agarwal, B., 2015. Food Security, Productivity, and Gender Inequality, in: Herring, R.J. (Ed.), The Oxford Handbook of Food, Politics and Society. Oxford University Press, Oxford.

Agboola, J.O., Yossa, R., Verreth, J., 2019. Assessment of existing and potential feed resources for improving aquaculture production in selected Asian and African countries. WorldFish, Penang.

Agea, J.G., Kirangwa, D., Waiswa, D., Okia, C.A., 2010. Household firewood consumption and its dynamics in Kalisizo sub-county, central Uganda. Ethnobotanical Leaflets 14, 841–855.

Agnew, D.J., Pearce, J., Pramod, G., Peatman, T., Watson, R., Beddington, J.R., Pitcher, T.J., 2009. Estimating the Worldwide Extent of Illegal Fishing. PLOS ONE 4, e4570.

AGRA, 2020. Africa Agriculture Status Report 2020: Feeding Africa's Cities: Opportunities, Challenges, and Policies for Linking African Farmers with Growing Urban Food Markets. Alliance for a Green Revolution in Africa, Nairobi.

AGRA, 2019a. Feeding Africa's Soils: Fertilizers to Support Africa's Agricultural Transformation. AGRA, Nairobi, Kenya.

AGRA, 2019b. Africa Agriculture Status Report 2019: The Hidden Middle: A Quiet Revolution in the Private Sector Driving Agricultural Transformation. Alliance for a Green Revolution in Africa, Nairobi.

AGRA, 2018. Africa Agriculture Status Report 2018: Catalyzing Government Capacity to Drive Agricultural Transformation. Alliance for a Green Revolution in Africa, Nairobi.

AGRA, 2015. Africa Agriculture Status Report 2015: Youth in Agriculture in Sub-Saharan Africa. Alliance for a Green Revolution in Africa, Nairobi.

AGRA, 2014. Africa Agriculture Status Report 2014: Climate change and smallholder agriculture in Sub-Saharan Africa. Alliance for a Green Revolution in Africa, Nairobi.

Agribusiness for Africa's prosperity, 2011. United Nations Industrial Development Organization, Vienna.

Agriculture for Impact, n.d. Artificial Insemination. Agriculture for Impact. URL https://ag4impact.org/sid/genetic-intensification/livestock-breeding/artificial-insemination/ (accessed 8.20.20).

Agyei-Holmes, A., 2016. Technology transfer and agricultural mechanization in Tanzania: institutional adjustments to accommodate emerging economy innovations. Innovation and Development 6, 195–211.

Aikins, S.H.M., Haruna, K., 2012. Tractor Owners And Operators Perception About Tractor Breakdown Causes At Tamale, Ghana. International Journal of Engineering Research & Technology 1, 1–9.

Akinola, A., 2016. Human Rights, Civil Society and the Contradictions of Land Reform in South Africa. Politeia 35, 52–70.

Akiyama, T., Baffes, J., Larson, D.F., Varangis, P., 2003. Commodity Market Reform in Africa: Some Recent Experience. Economic Systems 27, 83–115.

Alaanuloluwa Ikhuoso, O., Adegbeye, M.J., Elghandour, M.M.Y., Mellado, M., Al-Dobaib, S.N., Salem, A.Z.M., 2020. Climate change and agriculture: The competition for limited resources amidst crop farmers-livestock herding conflict in Nigeria – A review. Journal of Cleaner Production 272, 123104.

Al-Awlaqi, M.A., Aamer, A.M., Habtoor, N., 2018. The effect of entrepreneurship training on entrepreneurial orientation: Evidence from a regression discontinuity design on micro-sized businesses. The International Journal of Management Education 100267.

Aleman, J.C., Jarzyna, M.A., Staver, A.C., 2018. Forest extent and deforestation in tropical Africa since 1900. Nature Ecology & Evolution 2, 26–33.

Alene, A.D., 2010. Productivity growth and the effects of R&D in African agriculture. Agricultural Economics 41, 223–238.

Al-Hussinee, L., Subramaniam, K., Surachetpong, W., Popov, V., Hartman, K., et al., 2019. Tilapia Lake Virus (TiLV): a Globally Emerging Threat to Tilapia Aquaculture. The Institute of Food and Agricultural Sciences, University of Florida, Gainesville.

Ali, D.A., Deininger, K., Mahofa, G., Nyakulama, R., 2019. Sustaining land registration benefits by addressing the challenges of reversion to informality in Rwanda. Land Use Policy 104317.

Alkire, S., Meinzen-Dick, R., Peterman, A., Quisumbing, A., Seymour, G., Vaz, A., 2013. The Women's Empowerment in Agriculture Index. World Development 52, 71–91.

Allen, A., Howard, J., Kondo, M., Jamison, A., Jayne, T.S., Snyder, J., Tschirley, D., Yeboah, F.K., 2016. Agrifood Youth Employment and Engagement Study'. Michigan State University, East Lansing.

Allen, T., 2017. The cost of high food prices in West Africa (No. 8), West African Papers. OECD Publishing, Paris.

Alston, J.M., Pardey, P.G., 2017. Developing-Country Perspectives on Agricultural R&D: New Pressures for Self-Reliance? Agricultural R&D in the developing world: too little, too late? International Food Policy Research Institute, Washington D.C..

Alston, J.M., Pardey, P.G., 2014. Agriculture in the global economy. Journal of Economic Perspectives 28, 121–46.

Altchenko, Y., Villholth, K.G., 2015. Mapping irrigation potential from renewable groundwater in Africa – a quantitative hydrological approach. Hydrology and Earth System Sciences 19, 1055–1067.

Amendolagine, V., Presbitero, A.F., Rabellotti, R., Sanfilippo, M., 2019. Local sourcing in developing countries: The role of foreign direct investments and global value chains. World Development 113, 73–88.

Anderson, K., Martin, W., 2005. Agricultural Trade Reform and the Doha Development Agenda. The World Economy 28, 1301–1327.

Anderson, K., Masters, W., 2009. Distortions to Agricultural Incentives in Africa. The World Bank, Washington D.C.

Anderson, K., Nelgen, S., 2012. Trade barrier volatility and agricultural price stabilization. World Development 40, 36–48.

Anderson, K., Nelgen, S., Valenzuela, E., 2013. Estimates of Distortions to Agricultural Incentives 1955–2011 [WWW Document]. World Bank Microdata Library. URL https://microdata.worldbank.org/index.php/catalog/388/ (accessed 20.11.20)

Anderson, K., Valenzuela, E., 2008. Estimates of Global Distortions to Agricultural Incentives, 1955 to 2007 [WWW Document]. URL www.worldbank.org/agdistortions (accessed 8.22.20).

Angelsen, A., Jagger, P., Babigumira, R., Belcher, B., Hogarth, N.J., Bauch, S., Börner, J., Smith-Hall, C., Wunder, S., 2014. Environmental Income and Rural Livelihoods: A Global-Comparative Analysis. World Development 64, S12–S28.

Angelucci, F., Balié, J., Gourichon, H., Mas Aparisi, A., Witwer, M. (Eds.), 2014. Monitoring and analysing food and agricutural policies in Africa: synthesis report 2013. Food and Agriculture Organization of the United Nations, Rome.

Apolloni, A., Nicolas, G., Coste, C., EL Mamy, A.B., Yahya, B., EL Arbi, A.S., Gueya, M.B., Baba, D., Gilbert, M., Lancelot, R., 2018. Towards the description of livestock mobility in Sahelian Africa: Some results from a survey in Mauritania. PLoS ONE 13, e0191565.

Appiah, M., Blay, D., Damnyag, L., Dwomoh, F.K., Pappinen, A., Luukkanen, O., 2009. Dependence on forest resources and tropical deforestation in Ghana. Environ Dev Sustain 11, 471–487.

APRM, AGA, 2019. The Africa Governance Report: Promoting African Union Shared Values. The African Peer Review Mechanism in Collaboration with the African Governance Architecture, Addis Ababa.

Aragie, E., Balié, J., 2020. Public spending on agricultural productivity and rural commercialization: A comparison of impacts using an economy-wide approach. Development Policy Review.

Arbache, J.S., Kolev, A., Filipiak, E., 2010. Gender disparities in Africa's labor market. The World Bank, Washington D.C.

ARC, 2014. Kaonafatso ya Dikgomo (KyD) [WWW Document]. Agricultural Research Council. URL https://www.arc.agric.za/arc-api/Pages/KyD.aspx (accessed 6.8.20).

ARC-Animal Production Institute, n.d. Kaonafatso ya Dikgomo Training Scheme. Agricultural Research Council, Pretoria.

Arias, M.A., Ibáñez, A.M., Zambrano, A., 2017. Agricultural Production Amid Conflict: Separating the Effects of Conflict into Shocks and Uncertainty (HiCN Working Paper No. 254). Institute of Development Studies, Brighton.

Arslan, A., 2019. How old is the average farmer in today's developing world? IFAD Blogs. URL https://www.ifad.org/en/web/latest/blog/asset/41207683 (accessed 8.22.20).

Asfaw, S., Mithöfer, D., Waibel, H., 2009. EU Food Safety Standards, Pesticide Use and Farm-level Productivity: The Case of High-value Crops in Kenya. Journal of Agricultural Economics 60, 645–667.

Assa, B.S.K., 2018. Foreign direct investment, bad governance and forest resources degradation: evidence in Sub-Saharan Africa. Econ Polit 35, 107–125.

Assan, N., 2014. Gender disparities in livestock production and their implication for livestock productivity in Africa. Scientific Journal of Animal Science 3, 126–128.

Atherstone, C., Galiwango, R.G., Grace, D., Alonso, S., Dhand, N.K., Ward, M.P., Mor, S.M., 2019. Analysis of pig trading networks and practices in Uganda. Trop Anim Health Prod 51, 137–147.

Atyi, R.E., 2018. Assessing progress in forest law enforcement and governance in Africa. African Development Bank Group, Abidjan.

AU, 2018. Strategy for Rational Management of African Fisheries. African Union, Addis Ababa.

AU, 2015a. The Livestock Development Strategy for Africa (LiDeSA) 2015 – 2035: The Roadmap to a Successful Livestock Sector. Executive Summary. Department of Rural Economy and Agriculture, African Union, Addis Ababa.

AU, 2015b. Agenda 2063: The Africa we want. African Union, Addis Ababa.

AU, 2014. Malabo Declaration on Accelerated Agricultural Growth and Transformation for Shared Prosperity and Improved Livelihoods.African Union, Addis Ababa.

AU, 2013. Impact of livestock diseases in Africa [WWW Document]. African Union Interafrican Bureau for Animal Resources. URL https://www.au-ibar.org/vacnada-livestock-diseases (accessed 8.20.20).

AU, GIZ, 2012. Policy Brief on Agricultural Finance in Africa. African Development Bank, Tunis.

AUDA-NEPAD, 2013. Agriculture in Africa: Transformation and Outlook. African Union Development Agency – New Partnership for Africa Development, Midrand.

AUDA-NEPAD, 2003. Introducing the Comprehensive Africa Agriculture Development Programme. African Union Development Agency – New Partnership for Africa Development, Midrand.

AU-IBAR, 2019. Africa Blue Economy Strategy. African Union, Addis Ababa.

Babu, S.C., Manvatkar, R., Kolavalli, S., 2016. Strengthening Capacity for Agribusiness Development and Management in Sub-Saharan Africa. Africa Journal of Management 2, 1–30.

Babulo, B., Muys, B., Nega, F., Tollens, E., Nyssen, J., Deckers, J., Mathijs, E., 2008. Household livelihood strategies and forest dependence in the highlands of Tigray, Northern Ethiopia. Agricultural Systems 98, 147–155.

Bachke, M.E., 2019. Do farmers' organizations enhance the welfare of smallholders? Findings from the Mozambican national agricultural survey. Food Policy 89, 101792.

Badiane, O., Collins, J., 2020. Strengthening National Institutions for Tangible and Sustainable Impacts at Scale, in: Islamic Development Bank Group (Ed.), Inclusive Growth: Making Value Chains Work for Smallholder Farmers. Islamic Development Bank Group, Jeddah, pp. 98–113.

Badiane, O., Collins, J., Diao, X., Ulimwengu, J., 2014. Economic recovery in Africa and its determinants, in: Beyond a Middle Income Africa: Transforming African Economies for Sustained Growth with Rising Employment and Incomes. ReSAKSS Annual Trends and Outlook Report 2014. International Food Policy Research Institute, Washington D.C.

Badiane, O., Collins, J., Dimaranan, B., Ulimwengu, J., 2018. An assessment of the New Alliance for Food Security and Nutrition - Synthesis Report. Mimeo.

Badiane, O., Odjo, S., 2016. Regional Trade and Volatility in Staple Food Markets in Africa, in: Kalkuhl, M., von Braun, J., Torero, M. (Eds.), Food Price Volatility and Its Implications for Food Security and Policy. Springer International Publishing, Cham, pp. 385–412.

Bahadur KC, K., Haque, I., Legwegoh, A.F., Fraser, E.D.G., 2016. Strategies to Reduce Food Loss in the Global South. sustainability 8.

Balana, B.B., Bizimana, J.-C., Richardson, J.W., Lefore, N., Adimassu, Z., Herbst, B.K., 2020. Economic and food security effects of small-scale irrigation technologies in northern Ghana. Water Resources and Economics 29, 100141.

Baldwin, R., Venables, A., 1995. Regional economic integration, in: Grossman, G., Rogoff, K. (Eds.), Handbook of International Economics. Elsevier, Amsterdam, pp. 1597–1644.

Balié, J., Del Prete, D., Magrini, E., Montalbano, P., Nenci, S., 2019. Does Trade Policy Impact Food and Agriculture Global Value Chain Participation of Sub-Saharan African Countries? Am J Agric Econ 101, 773–789.

Balistreri, E.J., Maliszewska, M., Osorio-Rodarte, I., Tarr, D.G., Yonezawa, H., 2018. Poverty, Welfare and Income Distribution Implications of Reducing Trade Costs Through Deep Integration in Eastern and Southern Africa. J Afr Econ 27, 172–200.

Bardhan, P., 2008. International Trade, Growth, and Development. John Wiley & Sons, Hoboken.

Barham, J., Chitemi, C., 2009. Collective action initiatives to improve marketing performance: Lessons from farmer groups in Tanzania. Food Policy, Collective Action for Smallholder Market Access 34, 53–59.

Barrientos, A., 2012. Social Transfers and Growth: What Do We Know? What Do We Need to Find Out? World Development 40, 11–20.

Bartlett, A.G., 2020. Exploring transformational outcomes from donor investments in agroforestry research for development. Agroforest Syst 12.

Bartlett, A.G., 2019. Fostering a systems-based agroforestry research for development. Agricultural Science 30/31, 20.

Basu, S., Weil, D.N., 1998. Appropriate Technology and Growth. Q J Econ 113, 1025–1054.

Baudron, F., Sims, B., Justice, S., Kahan, D.G., Rose, R., et al., 2015. Re-examining appropriate mechanization in Eastern and Southern Africa: two-wheel tractors, conservation agriculture, and private sector involvement. Food Security 7(4), 889-904.

Baumüller, H., 2018. The Little We Know: An Exploratory Literature Review on the Utility of Mobile Phone-Enabled Services for Smallholder Farmers. Journal of International Development 30, 134–154.

Baumüller, H., Kah, M.M.O., 2020. Going digital: Harnessing the power of emerging technologies for the transformation of Southern African agriculture, in: Sikora, R.A., Terry, E.R., Vlek, P.L.G., Chitja, J. (Eds.), Transforming Agriculture in Southern Africa: Constraints, Technologies, Policies and Processes. Routledge, Oxon, pp. 179–187.

Beck, T., Maimbo, S.M., 2013. Financing Agriculture: Selected Approaches for the Engagement of Commercial Finance, in: Financial Sector Development in Africa: Opportunities and Challenges, Directions in Development: Finance. The World Bank, Washington D.C., pp. 83–108.

Beegle, K., De Weerdt, J., Dercon, S., 2010. Migration and Economic Mobility in Tanzania: Evidence from a Tracking Survey. The Review of Economics and Statistics 93, 1010–1033.

Beintema, N., Stads, G.-J., 2017. A Comprehensive Overview of Investments and Human Resource Capacity in African Agricultural Research (ASTI Synthesis Report). International Food Policy Research Institute, Washington D.C.

Bekele, A., Belay, K., Legesse, B., Lemma, T., 2010. Effects of Crop Commercial Orientation on Productivity of Smallholder Farmers in Drought-prone Areas of the Central Rift Valley of Ethiopia. Journal of Rural Development/Nongchon-Gyeongje 33, 1–24.

Bekele, R., 2021. The Economics of Irrigation Systems in Ethiopia: Technological and Institutional Analysis (Doctoral thesis at the Faculty of Agriculture, University of Bonn). University of Bonn, Bonn.

Benfetta, H., Ouadja, A., 2020. Groundwater overuse in arid areas: case study of syncline Bouguirat-Mostaganem, Algeria. Arab J Geosci 13, 786.

Benin, S., McBride, L., Mogues, T., 2016. Why do African countries underinvest in agricultural RD? International Food Policy Research Institute, Washington D.C.

Benin, S., Nin-Pratt, A., 2016. Intertemporal trends in agricultural productivity, in: Agricultural Productivity in Africa: Trends, Patterns, and Determinants. International Food Policy Research Institute, Washington D.C., pp. 25–104.

Benin, S., and Yu, B. 2013. Complying the Maputo Declaration Target: Trends in public agricultural expenditures and implications for pursuit of optimal allocation of public agricultural spending. ReSAKSS Annual Trends and Outlook Report 2012. International Food Policy Research Institute, Washington D.C.

Berhane, G., Dereje, M., Minten, B., Tamru, S., 2017. The rapid – but from a low base – uptake of agricultural mechanization in Ethiopia: Patterns, implications and challenges: (No. 105), ESSP working papers, ESSP working papers. International Food Policy Research Institute, Washington D.C.

Bernal, B., Murray, L.T., Pearson, T.R.H., 2018. Global carbon dioxide removal rates from forest landscape restoration activities. Carbon Balance Manage 13, 22.

Bernard, T., Hidrobo, M., Le Port, A., Rawat, R., 2019. Nutrition-Based Incentives in Dairy Contract Farming in Northern Senegal. Am J Agric Econ 101, 404–435.

Bernard, T., Sene, L., Wouterse, F., Viceisza, A., 2014. Leaders Needed: Experimental Evidence from Rural Producer Organizations in Senegal. International Food Policy Research Institute, Washington D.C.

Bèye, A., Komarek, A.M., 2020. Quantification and benefits of reducing post-harvest losses: Evidence for vegetables in Senegal (ZEF Discussion Papers on Development Policy No. 300). Center for Development Research, University of Bonn, Bonn.

Bezu, S., Holden, S., 2014. Are Rural Youth in Ethiopia Abandoning Agriculture? World Development 64, 259–272.

Bidzakin, J.K., Fialor, S.C., Awunyo-Vitor, D., Yahaya, I., 2020. Contract farming and rice production efficiency in Ghana. Journal of Agribusiness in Developing and Emerging Economies 10, 269–284.

Binswanger, H., 1986. Agricultural Mechanization: A Comparative Historical Perspective. The World Bank Research Observer 1, 27–56.

Bioversity, 2017. Mainstreaming Agrobiodiversity in Sustainable Food Systems: Scientific Foundations for an Agrobiodiversity Index. Bioversity International, Rome.

Bixby, H., Bentham, J., Zhou, B., Di Cesare, M., Paciorek, C.J., et al., NCD Risk Factor Collaboration (NCD-RisC), 2019. Rising rural body-mass index is the main driver of the global obesity epidemic in adults. Nature 569, 260–264.

Bjørndal, T., Lappo, A., Dey, M., Lem, A., Child, A., 2016. Economic analysis of food supply and demand in Sub-Saharan Africa up to 2022 – Special focus on fish and fishrey products. Food and Agriculture Organization of the United Nations, Rome.

Blattman, C., Fiala, N., Martinez, S., 2018. The Long Term Impacts of Grants on Poverty: 9-year Evidence From Uganda's Youth Opportunities Program, Working Paper Series. National Bureau of Economic Research, Cambridge.

Block, S., 2016. The Decline and Rise of Agricultural Productivity in Sub-Saharan Africa since 1961, in: Edwards, S., Johnson, S., Weil, D.N. (Eds.), African Successes, Volume IV: Sustainable Growth. University of Chicago Press, Chicago, pp. 13–67.

BMZ, 2018. Special Initiative: ONE World – No Hunger.

BMZ, 2017. Africa and Europe – A new partnership for development, peace and a better future: Cornerstones of a Marshall Plan with Africa. German Federal Ministry for Economic Cooperation and Development, Bonn und Berlin.

Bodiguel, C., Toppe, J., Wallemacq, F., 2016. Fish for life: nutrition and development in Eastern Africa and Western Indian Ocean. Indian Ocean Commission, Mauritius.

Bonuedi, I., Kamasa, K., Opoku, E.E.O., 2020. Enabling trade across borders and food security in Africa. Food Security 12, 1121-1140.

Bornemann, S., 2006. Spillovers in Vocational Training. An Analysis of Incentive Schemes and Reimbursement Clauses (Doctoral dissertation). Ludwig Maximilian University, Munich.

Börner, J., Schulz, D., Wunder, S., Pfaff, A., 2020. The Effectiveness of Forest Conservation Policies and Programs. Annu. Rev. Resour. Econ. 12, annurev-resource-110119-025703.

Bouët, A., Cosnard, L., Fall, S.F., 2019. Africa in Global Agricultural Trade, in: Bouët, A., Odjo, S.P. (Eds.), Africa Agriculture Trade Monitor 2019. International Food Policy Research Institute, Washington D.C., pp. 17–41.

Bouët, A., Odjo, S.P., 2019. Africa Agriculture Trade Monitor 2019. International Food Policy Research Institute, Washington D.C.

Bouët, A., Odjo, S.P., Zaki, C., 2020. Africa Agriculture Trade Monitor 2020. International Food Policy Research Institute, Washington D.C.

Breuer, T., Brenneis, K., Fortenbacher, D., 2015. Mechanisation – A Catalyst For Rural Development In Sub-Saharan Africa. Rural 21 21, 16–19.

Briggs, J., Moyo, B., 2012. The Resilience of Indigenous Knowledge in Small-scale African Agriculture: Key Drivers. Scottish Geographical Journal 128, 64–80.

Brixiová, Z., Kangoye, T., Said, M., 2020. Training, human capital, and gender gaps in entrepreneurial performance. Economic Modelling 85, 367–380.

Brummett, R.E., Lazard, J., Moehl, J., 2008. African aquaculture: Realizing the potential. Food Policy 33, 371–385.

Brummett, R.E., Noble, R., 1995. Aquaculture for African smallholders. WorldFish, Penang.

Bryan, E., Ringler, C., Okoba, B., Koo, J., Herrero, M., Silvestri, S., 2013. Can agriculture support climate change adaptation, greenhouse gas mitigation and rural livelihoods? insights from Kenya. Climatic Change 118, 151–165.

Buadi, D.K., Anaman, K.A., Kwarteng, J.A., 2013. Farmers' perceptions of the quality of extension services provided by non-governmental organisations in two municipalities in the Central Region of Ghana. Agricultural Systems 120, 20–26.

Burney, J.A., Naylor, R.L., 2012. Smallholder Irrigation as a Poverty Alleviation Tool in Sub-Saharan Africa. World Development 40, 110–123.

Busch, J., Ferretti-Gallon, K., 2017. What Drives Deforestation and What Stops It? A Meta-Analysis. Review of Environmental Economics and Policy 11, 3–23.

Cabot, C., 2017. Climate Change and Farmer–Herder Conflicts in West Africa, in: Climate Change, Security Risks and Conflict Reduction in Africa. Springer Berlin Heidelberg, Berlin, Heidelberg, pp. 11–44.

Cadiou, X., 2018. Africa: Growth and challenges in the animal feed sector [WWW Document]. AllAboutFeed. URL https://www.allaboutfeed.net/Feed-Additives/Articles/2018/4/Africa-Growth-and-challenges-for-animal-feed-275953E/ (accessed 8.20.20).

Cai, J., Quagrainie, K.K., Hishamunda, N. (Eds.), 2017. Social and economic performance of Tilapia farming in Africa, FAO fisheries and aquaculture circular. Food and Agriculture Organization of the United Nations, Rome.

Cai, W., 2011. Agricultural productivity, skill investment, farm size distribution, income differences. MPRA Paper No. 32126. Munich University Library, Munich.

Care Canada, 2016. Promoting inclusive agricultural growth, food security and resilience to climate change. Submission to the Government of Canada's Environment and Climate Change Policy Review.

Carletto, C., Corral, P., Guelfi, A., 2017. Agricultural commercialization and nutrition revisited: Empirical evidence from three African countries. Food Policy, Agriculture in Africa – Telling Myths from Facts 67, 106–118.

Carson, K.I., 2018. Agricultural training and the labour productivity challenge. International Journal of Agricultural Management 06, 131-133.

Cassandro, M., 2020. Animal breeding and climate change, mitigation and adaptation. J Anim Breed Genet 137, 121–122.

Castellano, A., Kendall, A., Nikomarov, M., Swemmer, T., 2015. Brighter Africa: The growth potential of the sub-Saharan electricity sector, Electric Power and Natural Gas. McKinsey & Company, London.

CCAFS, n.d. Soil Management [WWW Document]. Climate Smart Agriculture 101. URL (accessed 9.9.20).

CGIAR, 2005. Report of the CGIAR Sub-Saharan Africa Task Forces: The Tervuren Consensus. Washington, DC: CGIAR Secretariat. CGIAR, Washington D.C.

Chamberlin, J., 2018. Africa's Unfolding Economic Transformation. The Journal of Development Studies 54, 777–787.

Chamberlin, J., Jayne, T.S., Headey, D., 2014. Scarcity amidst abundance? Reassessing the potential for cropland expansion in Africa. Food Policy, Boserup and Beyond: Mounting Land Pressures and Development Strategies in Africa 48, 51–65.

Chan, C.Y., Tran, N., Pethiyagoda, S., Crissman, C.C., Sulser, T.B., Phillips, M.J., 2019. Prospects and challenges of fish for food security in Africa. Global Food Security 20, 17–25.

Chemura, A., Schauberger, B., Gornott, C., 2020. Impacts of climate change on agro-climatic suitability of major food crops in Ghana. PLOS ONE 15, e0229881.

Chichaibelu, B., Baumüller, H., Matschuk, M.A., kein Datum. Protecting the data of African agricultural producers: A review of national laws, compliance and perceptions (unveröffentlichtes Manuskript).

Chinien, C., 2003. The Use of ICTs in Technical and Vocational Education and Training: An analytical survey. UNESCO Institute for Information Technologies in Education, Moscow.

Chirwa, P.W., Adeyemi, O., 2019. Deforestation in Africa: Implications on Food and Nutritional Security, in: Dietrich, M., Borrello, M., Harman, O. (Eds.), Handbook of the Historiography of Biology, Historiographies of Science. Springer International Publishing, Cham, pp. 1–15.

Chong, T., 2014. Vocational education in Singapore: meritocracy and hidden narratives. Discourse: Studies in the Cultural Politics of Education 35, 637–648.

Christiaensen, L., Martin, W., 2018. Agriculture, structural transformation and poverty reduction: Eight new insights. World Development 109, 413–416.

Christinck, A., Rattunde, F., Mulinge, W., Weltzien, E., 2018. Identifying Options for the Development of Sustainable Seed Systems - Insights from Kenya and Mali (No. 165), ZEF Working Papers. Center for Development Research, University of Bonn, Bonn.

Clapp, J., 2016. Food security and international trade Unpacking disputed narratives—Background Paper for The State of Agricultural Commodity Markets (SOCO) 2015–16. Food and Agriculture Organization of the United Nations, Rome.

Cockx, L., Colen, L., De Weerdt, J., 2018. From corn to popcorn? Urbanization and dietary change: Evidence from rural-urban migrants in Tanzania. World Development 110, 140–159.

Coe, R., Sinclair, F., Barrios, E., 2014. Scaling up agroforestry requires research 'in' rather than 'for' development. Current Opinion in Environmental Sustainability, Sustainability challenges 6, 73–77.

Commission for Africa, 2005. Our common interest: Report of the Commission for Africa. Commission for Africa.

Connolly, C., 2006. Constraints to sustainable forest management of Africa's humid forests: the ATIBT experience. int. forest. rev. 8, 78–82.

Conway, G., Badiane, O., Glatzel, K., 2019. Food for all in Africa: sustainable intensification for African farmers. Comstock Publishing Associates, an imprint of Cornell University Press, Ithaca.

Corbeels, M., Naudin, K., Whitbread, A.M., Kühne, R., Letourmy, P., 2020. Limits of conservation agriculture to overcome low crop yields in sub-Saharan Africa. Nature Food 1, 447–454.

Cossar, F., 2016. Boserupian pressure and agricultural mechanization in modern Ghana: (No. 1528), IFPRI discussion papers, IFPRI discussion papers. International Food Policy Research Institute, Washington D.C.

Coulter, J., Sondhi, J., Boxall, R., 2000. The economics of grain warehousing in Sub-Saharan Africa. African Review of Money Finance and Banking 97–116.

Covarrubias, K., Davis, B., Winters, P., 2012. From protection to production: productive impacts of the Malawi Social Cash Transfer scheme. Journal of Development Effectiveness 4, 50–77.

CTA, 2016. Opportunities for value chain finance in Africa's intra-regional food trade. CTA, Wageningen.

Cui, H.D., Kuiper, M., von Meijl, H., Tabeau, A., 2018. Climate change and global market integrationImplications for global economic activities, agricultural commodities, and food security—Background Paper for The State of Agricultural Commodity Markets (SOCO) 2018. Food and Agriculture Organization of the United Nations, Rome.

Curtis, P.G., Slay, C.M., Harris, N.L., Tyukavina, A., Hansen, M.C., 2018. Classifying drivers of global forest loss. Science 361, 1108–1111.

da Vià, E., 2011. The politics of "win-win" narratives: Land grab as development opportunity? Presented at the International Conference on Global Land Grabbing, Institute of Development Studies, University of Sussex, Brighton, UK.

Dalberg Global Development Advisors, 2016. Inflection Point: Unlocking growth in the era of farmer finance [WWW Document]. mastercard foundation Rural & Agricultural Finance Learning Lab. URL https://www.raflearning.org/post/inflection-point-unlocking-growth-the-era-farmer-finance (accessed 13.10.20)

Danielsen, K., Wong, F., McLachlin, D., Sarapura, S., 2018. Typologies of Change Gender Integration in Agriculture Food Security Research.pdf. Royal Tropical Institute, Amsterdam.

Danso-Abbeam, G., Ehiakpor, D.S., Aidoo, R., 2018. Agricultural extension and its effects on farm productivity and income: insight from Northern Ghana. Agric & Food Secur 7, 74.

Daum, T., 2015. Sustainable mechanisation–a hard row to hoe. Rural 21 20–22.

Daum, T., Adegbola, Y., Kamau, G., Kergna, A.O., Daudu, C., Zossou, R.C., Crinot, G.F., Houssou, P., Mose, L., Ndirpaya, Y., Wahab, A.A., Kirui, O., Fatunbi, O., 2020. Impacts of agricultural mechanization: Evidence from four African countries, Hohenheim Working Papers on Social and Institutional Change in Agricultural Development. University of Hohenheim, Hohenheim.

Daum, T., Birner, R., 2020. Agricultural mechanization in Africa: Myths, realities and an emerging research agenda. Global Food Security 26, 100393.

Daum, T., Birner, R., 2017. The neglected governance challenges of agricultural mechanisation in Africa – insights from Ghana. Food Sec. 9, 959–979.

Daum, T., Huffman, W., Birner, R., 2018. How to create conducive institutions to enable agricultural mechanization: A comparative historical study from the United States and Germany. Iowa State University, Ames.

Daum, T., Villalba, R., Anidi, O., Mayienga, S. M., Gupta, S., Birner, R., 2021. Uber for tractors? Opportunities and challenges of digital tools for tractor hire in India and Nigeria. World Development 144, 105480.

Davidova, S.M., Thomson, K., 2014. Family farming in Europe: challenges and prospects. European Union, Brussels.

de Schutter, O., 2009. Large-scale land acquisitions and leases: a set of core principles and measures to address the human rights challenge (UN Special Rapporteur on the Right to Food, reporting the UN General Assembly (Third Committee) and the Human Rights Council of the United Nations). United Nations, New York.

de Silva, S.S., Anderson, T.A., 1995. Fish Nutrition in Aquaculture, Aquaculture Series. Springer Netherlands, Dordrecht.

Dedehouanou, F., Dimaranan, B., Laborde, D., 2019. Competitiveness of African Agricultural Value Chains, in: Bouët, A., Odjo, S.P. (Eds.), Africa Agriculture Trade Monitor 2019. International Food Policy Research Institute, Washington D.C., pp. 73–106.

Deininger, K., Byerlee, D., Johnathan, L., Andrew, N., Harris, S., Stickler, M., 2011. Rising Global Interest in Farmland: Can it Yield Sustainable and Equitable Benefits? The World Bank, Washington D.C.

Deininger, K., Hilhorst, T., Songwe, V., 2014. Identifying and addressing land governance constraints to support intensification and land market operation: Evidence from 10 African countries. Food Policy 48, 76–87.

Deininger, K., Savastano, S., Xia, F., 2017. Smallholders' land access in Sub-Saharan Africa: A new landscape? Food Policy 67, 78–92.

Demeke, M., Kiermeier, M., Sow, M., Antonaci, L., 2016. Agriculture and Food Insecurity Risk Management in Africa. Food and Agriculture Organization of the United Nations, Rome.

Demirguc-Kunt, A., Klapper, L., Singer, D., Van Oudheusden, P., 2015. The Global Findex Database 2014: Measuring Financial Inclusion around the World, Policy Research Working Papers. The World Bank, Washington D.C.

Demmler, K., Klasen, S., Nzuma, J.M., Qaim, M., 2017. Supermarket purchase contributes to nutrition-related non-communicable diseases in urban Kenya. PloS one 12, e0185148.

Demmler, K.M., Ecker, O., Qaim, M., 2018. Supermarket Shopping and Nutritional Outcomes: A Panel Data Analysis for Urban Kenya. World Development 102, 292–303.

Diao, X., Cossar, F., Houssou, N., Kolavalli, S., 2014. Mechanization in Ghana: Emerging demand, and the search for alternative supply models. Food Policy, Boserup and Beyond: Mounting Land Pressures and Development Strategies in Africa 48, 168–181.

Diao, X., Harttgen, K., McMillan, M., 2017. The Changing Structure of Africa's Economies. World Bank Econ Rev 31, 412–433.

Diao, X., Silver, J., Takeshima, H., 2016. Agricultural Mechanization and Agricultural Transformation. International Food Policy Research Institute, IFPRI discussion papers 01527, 56.

Do, H., Luedeling, E., Whitney, C., 2020. Decision analysis of agroforestry options reveals adoption risks for resource-poor farmers. Agron. Sustain. Dev. 40, 12.

Dolan, C., Humphrey, J., 2004. Changing Governance Patterns in the Trade in Fresh Vegetables between Africa and the United Kingdom. Environ Plan A 36, 491–509.

Dolislager, M., Arslan, A., Tschirley, D., Reardon, T.A., Fox, L., Liverpool-Tasie, L.S., Christine, S., 2019. Youth Agrifood System Employment in Developing Countries: A Gender-Differentiated Spatial Approach (No. 43), IFAD Research Series. International Fund for Agricultural Development, Washington D.C.

Dongyu, Q., 2019. Moving forward on reducing food loss and waste. Presentation at the Conference Reduction of Food Loss and Waste organized by the Pontifical Academy of Sciences, The Vatican, 11-12 November, Rome.

Doss, C., Meinzen-Dick, R., Quisumbing, A., Theis, S., 2018. Women in agriculture: Four myths. Global Food Security 16, 69–74.

Doss, C., Morris, M.L., 2001. How does gender affect the adoption of agricultural innovations?: The case of improved maize technology in Ghana. Agricultural Economics 25, 27–39.

Doss, C.R., 2018. Women and agricultural productivity: Reframing the Issues. Development Policy Review 36, 35–50.

Dubbert, C., 2019. Participation in contract farming and farm performance: Insights from cashew farmers in Ghana. Agricultural Economics 50, 749–763.

Dumont, E.S., Bonhomme, S., Pagella, T.F., Sinclair, F.L., 2019. Structured stakeholder engagement leads to development of more diverse and inclusive agroforestry options. Experimental Agriculture 55, 252–274.

Eaton, C., Shepherd, A.W., 2001. Contract farming: Partnerships for growth. Food and Agriculture Organization of the United Nations, Rome.

Ebong, C., Byenkya, S.G., Ndikumana, J., 1999. Effects of Substituting Calliandra Leaf Meal for Soybean Meal on Intake, Digestibility, Growth and Feed Efficiency in Goats. Journal of Applied Animal Research 16, 211–216.

Eicker, F., Haseloff, G., Lennartz, B. (Eds.), 2017. Vocational Education and Training in Sub-Saharan Africa. wbv Media, Bielefeld.

Elder, S., Kring, S., 2016. Young and female – A double strike? International Labour Organization, Geneva.

Enahoro, D., Herrero, M., Johnson, N., 2019. Promising options for improving livestock production and productivity in developing countries (ILRI Project Report). International Livestock Research Institute, Nairobi.

Endamana, D., Angu, K.A., Akwah, G.N., Shepherd, G., Ntumwel, B.C., 2016. Contribution of non-timber forest products to cash and non-cash income of remote forest communities in Central Africa. Int. Forest. Rev. 18, 280–295.

European Commission, 2017. Rice value chain analysis in Mali. European Commission, Brussels.

Eurostat, 2020. Glossary: Livestock unit (LSU) [WWW Document]. Eurostat: Statistics Explained. URL https://ec.europa.eu/eurostat/statistics-explained/index.php/Glossary:Livestock_unit_(LSU) (accessed 8.13.20).

Evenson, R.E., Gollin, D., 2003. Crop variety improvement and its effect on productivity. CABI Pub., New Haven.

Ezeanya-Esiobu, C., 2019. Africa's Indigenous Knowledge: From Education to Practice, in: Ezeanya-Esiobu, C. (Ed.), Indigenous Knowledge and Education in Africa, Frontiers in African Business Research. Springer, Singapore, pp. 55–80.

Falck-Zepeda, J.B., Zambrano, P., 2013. Estimates and implications of the costs of compliance with biosafety regulations for African agriculture, in: Falck-Zepeda, J.B., Gruère, G., Sithole-Niang, I. (Eds.), Genetically Modified Crops in Africa: Economic and Policy Lessons from Countries South of the Sahara. International Food Policy Research Institute, Washington D.C., pp. 159–182.

Fan, S. (Ed.), 2008. Public expenditures, growth, and poverty: lessons from developing countries. Johns Hopkins University Press, Baltimore.

FAO, 2020a. FAOSTAT [WWW Document]. URL http://www.fao.org/faostat/en/ (accessed 15.8.20)

FAO, 2020b. Why we do it | Conservation Agriculture | Food and Agriculture Organization of the United Nations [WWW Document]. Food and Agriculture Organisation of the United Nations. URL http://www.fao.org/conservation-agriculture/overview/why-we-do-it/en/ (accessed 8.31.20).

FAO, 2020c. The State of World Fisheries and Aquaculture 2020: Sustainability in action. Food and Agriculture Organization of the United Nations, Rome.

FAO, 2020d. Intra-African trade, the African Continental Free Trade Area (AfCFTA) and the COVID-19 pandemic. Food and Agriculture Organization of the United Nations, Rome.

FAO, 2020e. FAO Regional Conference for Asia and the Pacific: Thirty-Fifth Session: 1–4 September 2020, UN Food Systems Summit (No. APRC/20/INF/25 Rev.1). Food and Agriculture Organization of the United Nations, Rome.

FAO, 2019a. The State of Food and Agriculture: Moving Forward on Food Loss and Waste Reduction. Food and Agriculture Organization of the United Nations, Rome.

FAO, 2019b. Livestock sector development in Asia and sub-Saharan Africa: A comparative analysis of public health impacts (No. CA3610EN/1/03.19), Africa Sustainable Livestock 2050. Food and Agriculture Organization of the United Nations, Rome.

FAO, 2019c. Land and water governance to achieve the SDGs in fragile systems. Food and Agriculture Organization of the United Nations, Rome.

FAO, 2018a. Pastoralism in Africa's drylands: reducing risks, addressing vulnerability and enhancing resilience. Food and Agriculture Organization of the United Nations, Rome.

FAO, 2018b. Livestock production systems spotlight: Nigeria. Dairy cattle and poultry (chicken) sectors, Africa Sustainable Livestock 2050. Food and Agriculture Organization of the United Nations, Rome.

FAO, 2018c. Shaping the future of livestock: sustainably, responsibly, efficiently. Food and Agriculture Organization of the United Nations, Rome.

FAO, 2018d. The monetary impact of zoonotic diseases on society: Kenya. Evidence from three zoonoses (No. I8968EN/1/04.18), Africa Sustainable Livestock 2050. Food and Agriculture Organization of the United Nations, Rome.

FAO, 2018e. The State of World Fisheries and Aquaculture 2018: Meeting the sustainable development goals. Food and Agriculture Organization of the United Nations, Rome.

FAO, 2017a. The Future of Food and Agriculture 2017: Trends and Challenges. Food and Agriculture Organization of the United Nations, Rome.

FAO (Ed.), 2017b. Leveraging food systems for inclusive rural transformation, The state of food and agriculture. Food and Agriculture Organization of the United Nations, Rome.

FAO, 2017c. The State of Food and Agriculture 2017: Leveraging food systems for inclusive rural transformation. Food and Agriculture Organization of the United Nations, Rome.

FAO, 2016a. The State of World Fisheries and Aquaculture 2016: Contributing to food security and nutrition for all. Food and Agriculture Organization of the United Nations, Rome.

FAO, 2016b. How does agricultural trade impact food security? (No. 17), Trade Policy Briefs. Food and Agriculture Organization of the United Nations, Rome.

FAO, 2014. Contribution to the 2014 United Nations Economic and Social Council (ECOSOC) Integration Segment. Presented at the 014 ECOSOC Integration Segment, Food and Agriculture Organization of the United Nations.

FAO, 2012. The State of Food and Agriculture 2012: Investing in agriculture for a better future. Food and Agriculture Organization of the United Nations, Rome.

FAO, 2011. The State of Food and Agriculture 2010–2011: Women in agriculture: closing the gender gap for development. Food and Agriculture Organization of the United Nations, Rome.

FAO, 2006. Quality Declared Seed System. Food and Agriculture Organization of the United Nations, Rome.

FAO, 2005. The State of Food Insecurity in the World (SOFI) 2005. Food and Agriculture Organization of the United Nations, Rome.

FAO, n.d. Pastoralism [WWW Document]. Food and Agriculture Organisation of the United Nations.

FAO, IAEA, 2017a. Enhancing livestock productivity – through better reproduction and breeding management [WWW Document]. Joint FAO/IAEA

Division of Nuclear Techniques in Food and Agriculture. URL http://www-naweb.iaea.org/nafa/aph/topic-animal-breeding.html (accessed 8.21.20).

FAO, IAEA, 2017b. The Artificial Insemination Centre in Cameroon [WWW Document]. Joint FAO/IAEA Division of Nuclear Techniques in Food and Agriculture. URL http://www-naweb.iaea.org/nafa/news/2010-artificial-insemination.html (accessed 8.21.20).

FAO, IFAD, UNICEF, WFP, WHO, 2020. The State of Food Security and Nutrition in the World 2020: Transforming food systems for affordable healthy diets. Food and Agriculture Organization of the United Nations, Rome.

FAO, IFAD, UNICEF, WFP, WHO, 2019. The State of Food Security and Nutrition in the World 2019: Safeguarding against economic slowdowns and downturns. Food and Agriculture Organization of the United Nations, Rome.

FAO, IFAD, UNICEF, WFP, WHO, 2018. The State of Food Security and Nutrition in the World 2018: Building climate resilience for food security and nutrition. Food and Agriculture Organization of the United Nations, Rome.

FAO, IFAD, UNICEF, WFP, WHO, 2017. The State of Food Security and Nutrition in the World 2017: Building resilience for peace and food security. Food and Agriculture Organization of the United Nations, Rome.

FAO, IFAD, WFP, 2015. Achieving Zero Hunger: the critical role of investments in social protection and agriculture. Food and Agriculture Organization of the United Nations, Rome.

FAO, IGAD, 2019. East Africa Animal Feed Action Plan: Sustainably developing livestock-dependent livelihoods in East Africa. Food and Agriculture Organization of the United Nations and e Intergovernmental Authority on Development, Rome.

Fay, K., 2019. Towards a Sustainable Global Food Supply and the Cold Chain. Presentation at the Conference Reduction of Food Loss and Waste organized by the Pontifical Academy of Sciences, The Vatican, 11-12 November, Rome.

Faye, A., Wouterse, F., 2020. Institutions of Collective Action and Smallholder Performance: Evidence from Senegal, in: Diao, X., Resnick, D., Tadesse, G. (Eds.), Sustaining Africa's Agrifood System Transformation: The Role of Public Policies. ReSAKSS Annual Trends and Outlook Reports 2020. International Food Policy Research Institute, Washington D.C.

Fiedler, Y., Lafrate, M., 2017. Trends in Foreign Direct Investment in Food, Beverages and Tobacco. Food and Agriculture Organization of the United Nations, Rome.

Filmer, D., Fox, L., 2014. Youth Employment in Sub-Saharan Africa. The World Bank, Washington D.C.

Fischer, E., Qaim, M., 2012a. Linking Smallholders to Markets: Determinants and Impacts of Farmer Collective Action in Kenya. World Development 40, 1255–1268.

Fischer, E., Qaim, M., 2012b. Gender, agricultural commercialization, and collective action in Kenya. Food Sec. 4, 441–453.

Fisher, B., 2010. African exception to drivers of deforestation. Nature Geoscience 3, 375–376.

Flor, R., 2019. Eliminating Food Waste: A Country Diagnostics Perspective. Presentation at the Conference Reduction of Food Loss and Waste organized by the Pontifical Academy of Sciences, The Vatican, 11-12 November, Rome.

Fortman, L., 1985. The tree tenure factor in agroforestry with particular reference to Africa. Agroforestry Systems 2, 229–251.

Fox, L., Santibañez, L., Nguyen, V., André, P., 2012. Education Reform in Mozambique. Lessons and Challenges. World Bank Publications, Washington D.C.

Francesconi, G.N., Wouterse, F., 2015. The Health of Farmer-Based Organisations in Ghana: Organisational Diagnostics and Governance Implications. The Journal of Development Studies 51, 262–273.

Francis, G., Makkar, H.P.S., Becker, K., 2001. Antinutritional factors present in plant-derived alternate fish feed ingredients and their effects in fish. Aquaculture 199, 197–227.

Franzel, S., Wambugu, C., 2007. The Uptake of Fodder Shrubs among Smallholders in East Africa:, in: Hare, M.D., Wongpichet, K. (Eds.), Proceedings of an International Symposium. Presented at the Forages: A pathway to prosperity for smallholder farmers, Faculty of Agriculture, Ubon Ratchathani University, Ubon Ratchathani, pp. 203–222.

Fuglie, K., Rada, N., 2013. Resources, Policies, and Agricultural Productivity in Sub-Saharan Africa (Economic Research Report No. 145). United States Department of Agriculture, Washington D.C.

GAFRD, 2014. The general authority for fishery resources development: summary production statistics. General Authority For Fish Resources Development, Cairo.

GALVmed, n.d. Livestock diseases. GALVmed. URL https://www.galvmed.org/livestock-and-diseases/livestock-diseases/ (accessed 8.21.20).

Ganguly, K., Gulati, A., von Braun, J., 2017. Innovations spearheading the next transformations in India's agriculture (Working Paper No. 159). Center for Development Research, University of Bonn, Bonn.

Garcia, M. del M.H., 2013. The Role of Women in Food Security. Cuadernos de estrategia 161, 82–96.

Gardner, B.L., Evenson, R.E., Rausser, G.C., Pingali, P., 2001. Handbook of Agricultural Economics: Agricultural Development: Farmers, Farm Production and Farm Markets. Elsevier.

Garrity, D.P., Akinnifesi, F.K., Ajayi, O.C., Weldesemayat, S.G., Mowo, J.G., Kalinganire, A., Larwanou, M., Bayala, J., 2010. Evergreen Agriculture: a robust approach to sustainable food security in Africa. Food Sec. 2, 197–214.

Gatiso, T.T., Wossen, T., 2015. Forest dependence and income inequality in rural Ethiopia: evidence from Chilimo-Gaji community forest users. International Journal of Sustainable Development & World Ecology 22, 14–24.

Gatzweiler, F., von Braun, J., 2016. Innovation for Marginalized Smallholder Farmers and Development: An Overview and Implications for Policy and Research, in: Gatzweiler, F., von Braun, J. (Eds.), Technological and Institutional Innovations for Marginalized Smallholders in Agricultural Development. Springer, Heidelberg, pp. 1–22.

Gavian, S., Ehui, S., 1999. Measuring the production efficiency of alternative land tenure contracts in a mixed crop-livestock system in Ethiopia. Agricultural Economics 20, 37–49.

Gebregziabher, G., Giordano, M.A., Langan, S., Namara, R.E., 2014. Economics Analysis of Factors Influencing Adoption of Motor Pumps in Ethiopia. Journal of Development and Agricultural Economics 6, 490–500.

Gebreselassie, S., Kirui, O.K., Mirzabaev, A., 2016. Economics of Land Degradation and Improvement in Ethiopia, in: Nkonya, E., Mirzabaev, A., von Braun, J. (Eds.), Economics of Land Degradation and Improvement – A Global Assessment for Sustainable Development. Springer International Publishing, Cham, pp. 401–430.

Gerber, N., von Braun, J., Usman, M.A., Hasan, M.M., Okyere, C.Y., Vangani, R., Wiesmann, D., 2019. Water, Sanitation and Agriculture Linkages with Health and Nutrition Improvement (No. 282), ZEF Discussion Papers on Development Policy. Center for Development Research, University of Bonn, Bonn.

Getahun, T., Baumüller, H., Nigussie, Y., 2018. From Agricultural to Economic Growth: Targeting Investments Across Africa (Discussion Papers on Development Policy No. 252). Center for Development Research, University of Bonn, Bonn.

Ghimire, S.R., Njarui, D.M.G., Mutimura, M., Cardoso, J.A., Johnson, L.J., Gichangi, E.M., Teasdale, S.E., Odokonyero, K., Caradus, J.R., Rao, I.M., Djikeng, A., 2015. Climate-Smart Brachiaria for Improving Livestock Production in

East Africa: Emerging Opportunities, in: Keynote Lectures. Presented at the 23rd International Grassland Congress 2015, New Delhi.

Global Nutrition Report, 2020. Global Nutrition Report 2020: Action on equity to end malnutrition. Development Initiatives Poverty Research Ltd., Bristol.

Goldsmith, P.D., Martins, A.G., de Moura, A.D., 2015. The economics of post-harvest loss: a case study of the new large soybean-maize producers in tropical Brazil. Food Security 7.

Gollin, D., 2018. Structural Transformation and Growth without Industrialisation (Background Paper Series No. 2). Pathways for Prosperity Commission, Oxford.

Gollin, D., Lagakos, D., Waugh, M.E., 2014. The Agricultural Productivity Gap. Q J Econ 129, 939–993.

Gong, B., 2020. New Growth Accounting. American Journal of Agricultural Economics 102, 641–661.

Gonzáles, C., Schiek, B., Mwendia, S., Prager, S.D., 2016. Improved forages and milk production in East Africa. A case study in the series: Economic foresight for understanding the role of investments in agriculture for the global food system. Centro Internacional de Agricultura Tropical, Cali.

Goodhue, R.E., 2011. Food Quality: The Design of Incentive Contracts. Annual Review of Resource Economics 3, 119–140.

Gottlieb, C., Grobovšek, J., 2019. Communal land and agricultural productivity. Journal of Development Economics 138, 135–152.

Goundan, A., Fall, C.S., 2017. Regional trade patterns, in: Badiane, O., Odjo, S.P. (Eds.), African Agricultural Trade Status Report 2017. International Food Policy Research Institute and CTA, Washington.

GPFI, 2015. Synthesis Report: New Trends in Agricultural Finance. Global Partnership for Financial Inclusion. Washington D.C.

Greenleaf, G., Cottier, B., 2020. Comparing African data privacy laws: International, African and regional commitments, University of New South Wales Law Research Series. University of New South Wales, Sydney.

Guthiga, P., Karugia, J., Massawe, S., Ogada, M., Mugweru, L., Ongudi, S., Mbo'o-Tchouawou, M., Mulei, L., 2019. Mapping livestock value chains in the IGAD region, CTA Discussion Paper. CTA, Wageningen.

GwA, n.d. About the Compact with Africa [WWW Document]. G20 Compact with Africa. URL https://www.compactwithafrica.org/content/compactwithafrica/home/about.html (accessed 9.14.20).

GWP, 2014. "Coordinating land and water governance–An essential part of achieving food security." Stockholm, Sweden (2014).

Haggblade, S., Hazell, P., Reardon, T., 2010. The Rural Non-farm Economy: Prospects for Growth and Poverty Reduction. World Development, The Future of Small Farms 38, 1429–1441.

Haile, A., Gizaw, S., Getachew, T., Mueller, J.P., Amer, P., Rekik, M., Rischkowsky, B., 2019. Community-based breeding programmes are a viable solution for Ethiopian small ruminant genetic improvement but require public and private investments. Journal of Animal Breeding and Genetics 136, 319–328.

Hall, M.H., Kuiper, D., 1998. Commercialization and Privatization of Agricultural Extension: The New Zealand Experience. Journal of Production Agriculture 11, 135–140.

Halwart, M., 2020. Fish farming high on the global food system agenda in 2020. FAO Aquaculture Newsletter 61, II–III.

Halwart, M., Moehl, J., 2004. FAO Regional Technical Expert Workshop on Cage Culture in Africa. Food and Agriculture Organization of the United Nations, Rome.

Hatibu, N.H., 2019. Role of SMEs (the Hidden Middle) in the Reduction of Food Loss and Waste in SSA. Presentation at the Conference Reduction of Food Loss and Waste organized by the Pontifical Academy of Sciences, The Vatican, 11-12 November, Rome.

Hazell, P.B.R., Rahman, A., 2014. New Directions for Smallholder Agriculture, New Directions for Smallholder Agriculture. Oxford University Press, United Kingdom.

Headey, D., Hirvonen, K., Hoddinott, J., 2018. Animal Sourced Foods and Child Stunting. American Journal of Agricultural Economics 100, 1302–1319.

Hegre, H., Nygård, H.M., 2015. Governance and Conflict Relapse. Journal of Conflict Resolution 59, 984–1016.

Henson, S., Masakure, O., Boselie, D., 2005. Private food safety and quality standards for fresh produce exporters: The case of Hortico Agrisystems, Zimbabwe. Food Policy 30, 371–384.

Herrero, M., Thornton, P.K., Power, B., Bogard, J.R., Remans, R., et al., 2017. Farming and the geography of nutrient production for human use: a transdisciplinary analysis. The Lancet Planetary Health 1, e33–e42.

Herrmann, R., Nkonya, E., Faße, A., 2018. Food value chain linkages and household food security in Tanzania. Food Sec. 10, 827–839.

Hertel, T.W., Baldos, U.L.C., 2018. Market integration and future food security in the context of spatially heterogeneous population and productivity growth. Presented at the The New Malthusianism, Cambridge.

Hertrampf, J.W., Piedad-Pascual, F., 2012. Handbook on ingredients for aquaculture feeds. Springer Science & Business Media, Berlin Heidelberg.

Hicks, J.H., Kleemans, M., Li, N.Y., Miguel, E., 2017. Reevaluating Agricultural Productivity Gaps with Longitudinal Microdata (Working Paper No. 23253), Working Paper Series. National Bureau of Economic Research, Cambridge.

Hishamunda, N., Bueno, P., Menezes, A.M., Ridler, N., Wattage, P., Martone, E., 2014. Improving governance of aquaculture employment. Food and Agriculture Organization of the United Nations, Rome.

Hoang, V.-N., Coelli, T., 2011. Measurement of agricultural total factor productivity growth incorporating environmental factors: A nutrients balance approach. Journal of Environmental Economics and Management 62, 462–474.

Hoddinott, J., 2008. Social Safety Nets and Productivity Enhancing Investments in Agriculture. Presented at the Convergence between social services provision (SSP) and productivity enhancing investments in development strategies: How to maximize the impact of public expenditure on agricultural growth and poverty reduction, Pietermaritzburg, South Africa.

Hollinger, F., Gross, A., 2019. Crop Receipts: A new financing instrument for Africa. International Finance Corporation and Food and Agriculture Organization of the United Nations, Washington D.C. and Rome.

Horemans, B., Kébé, M., 2006. Enhancing the economic contribution of fisheries to west and central African nations. Presented at the IIFET 2006 Portsmouth: Rebuilding Fisheries in an Uncertain Environment, International Institute of Fisheries Economics & Trade, Portsmouth, UK.

Houngbo, G., 2019. IFAD's experience minimizing food loss in developing countries. Presentation at the Conference Reduction of Food Loss and Waste organized by the Pontifical Academy of Sciences, The Vatican, 11-12 November, Rome.

Hounmanou, Y.M.G., Mdegela, R.H., Dougnon, T.V., Achoh, M.E., Mhongole, O.J., Agadjihouèdé, H., Gangbè, L., Dalsgaard, A., 2018. Tilapia lake virus threatens tilapiines farming and food security: Socio-economic challenges and preventive measures in Sub-Saharan Africa. Aquaculture 493, 123–129.

Houssou, N., Diao, X., Cossar, F., Kolavalli, S., Jimah, K., Aboagye, P.O., 2013. Agricultural Mechanization in Ghana: Is Specialized Agricultural Mechanization Service Provision a Viable Business Model? American Journal of Agricultural Economics 95, 1237–1244.

Huisman, L., Vink, M., van Eerdt, M., 2016. African Food Supply in Perspective: National-level food supply and land-use dynamics in 10 African countries under a growing demand for food (No. 1724). PBL Netherlands Environmental Assessment Agency, The Hague.

Husmann, C., Abiodun, F.O., Virchow, D., von Braun, J., Badiane, O., Akinbamijo, Y., 2015. Tapping Potentials of Innovation for Food Security and Sustainable Agricultural Growth – an Africa-wide Perspective. Center for Development Research, University of Bonn, Bonn.

Husmann, C., Kubik, Z., 2019. Foreign Direct Investment in the African Food and Agriculture Sector: Trends, Determinants and Impacts (No. 274), Discussion Papers Series. Center for Development Research, University of Bonn, Bonn.

Huyer, S., 2016. Closing the Gender Gap in Agriculture. Gender, Technology and Development 20, 105–116.

IAP, 2019. Harnessing Science, Engineering and Medicine to Address Africa's Challenges: The Role of African National Academies. The InterAcademy Partnership, Trieste

ICRISAT, 2009. Fertilizer Microdosing: Boosting Production in Unproductive Lands. International Crops Research Institute for the Semi-Arid Tropics, Patancheru.

IDRC, 2020. Livestock Vaccine Innovation Fund [WWW Document]. IDRC - International Development Research Centre. URL https://www.idrc.ca/en/initiative/livestock-vaccine-innovation-fund (accessed 8.21.20).

IEA, 2019. Africa Energy Outlook 2019. International Energy Agency, Vienna.

IFAD, 2018. How to do note: Design of gender transformative smallholder agriculture adaptation programmes. International Fund for Agricultural Development, Washington D.C.

IFC, 2020. MSME Finance Gap. International Finance Corporation, Washington D.C.

IFC, 2012. Innovative Farmer and Agricultural SME Financing Models, in: Innovative Agricultural SME Finance Models. International Finance Corporation, Washington, D.C, pp. 30–31.

IFPRI, 2019. 2019 Global food policy report, Global Food Policy Report. International Food Policy Research Institute, Washington D.C.

IFPRI, 2016. Global Nutrition Report 2016: From Promise to Impact: Ending Malnutrition by 2030. International Food Policy Research Institute, Washington D.C.

IFPRI, 2015. Global Nutrition Report 2015: Actions and Accountability to Advance Nutrition and Sustainable Development. International Food Policy Research Institute, Washington D.C.

IFPRI, 2011. Leveraging Agriculture for Improving Nutrition and Health. International Food Policy Research Institute, Washington D.C.

Ignatowski, C., 2017. What works in soft skills development for youth employment. A donor's perspective. Youth Employment Funders Group.

ILO, 2020. Global employment trends for the youth 2020: technology and the future of jobs. International Labour Organization, Geneva.

ILO, 2019. Work for a brighter future – Global Commission on the Future of Work. International Labour Organization, Geneva.

ILO, 2015. Global Employment Trends for Youth 2015. International Labour Organization, Geneva.

IMF, 2020. IMF DataMapper [WWW Document]. URL https://www.imf.org/external/datamapper/datasets (accessed 8.13.20).

Ismail, A., AHassarn, R., Abu Bakar, A., Hussin, H., Mat Hanafiah, M.A. and Asary, L.H., 2018. The development of TVET educator competencies for quality educator. JTET 10.

Isyagi, N.A., Veverica, K.L., Asiimwe, R., Daniels, W.H., 2009. Manual for the Commercial Pond Production of the African Catfish in Uganda. Walimi Fish Co-op Society Ltd., Kampala.

Iwuoha, J.-P., 2013. More meat, more feed – How entrepreneurs can exploit the huge market for animal feed in Africa. Smallstarter Africa. URL https://www.smallstarter.com/browse-ideas/animal-feed-supply-business/ (accessed 8.21.20).

Iyigun, M., Nunn, N., Qian, N., 2017. The Long-run Effects of Agricultural Productivity on Conflict, 1400–1900 (Working Paper No. 24066), Working Paper Series. National Bureau of Economic Research, Cambridge.

Jaffee, S., Henson, S., Diaz Rios, L., 2011. Making the Grade: Smallholder Farmers, Emerging Standards, and Development Assistance Programs in Africa – A Research Program Synthesis. The World Bank, Washington D.C.

Jamu, D.M., Ayinla, O.A., 2003. Potential for the development of aquaculture in Africa. Naga 26, 9–13.

Janoski, T., Luke, D., Oliver, C., 2014. The causes of structural unemployment: four factors that keep people from the jobs they deserve. Wiley, Hoboken.

Jayachandran, S., Laat, J., de Lambin, E.F., Stanton, C.Y., Audy, R., Thomas, N.E., 2017. Cash for carbon: A randomized trial of payments for ecosystem services to reduce deforestation | Science. Science 357, 267–273.

Jayne, T.S., Muyanga, M., Wineman, A., Ghebru, H., Stevens, C., Stickler, M., Chapoto, A., Anseeuw, W., Westhuizen, D. van der, Nyange, D., 2019. Are medium-scale farms driving agricultural transformation in sub-Saharan Africa? Agricultural Economics 50, 75–95.

Jayne, T.S., Rashid, S., 2013. Input subsidy programs in sub-Saharan Africa: a synthesis of recent evidence. Agricultural Economics 44, 547–562.

Jayne, T.S., Yeboah, F.K., Henry, C., 2017. The future of work in African agriculture: Trends and drivers of change (Working Paper No. 25). International Labour Organization, Geneva.

Jenet, A., Buono, N., Lello, S.D., Gomarasca, M., Heine, C., Mason, S., Nori, M., Saavedra, R., Troos, K.V., 2016. The path to greener pastures. Pastoralism, the backbone of the world's drylands. Vétérinaires Sans Frontières International, Brussels.

Jensen, N.M., 2006. Nation-States and the Multinational Corporation: A Political Economy of Foreign Direct Investment. Princeton University Press, Princeton.

Jera, R., Ajayi, O.C., 2008. Logistic modelling of smallholder livestock farmers' adoption of tree-based fodder technology in Zimbabwe. Agrekon 47, 379–392.

Jeuland, M.A., Pattanayak, S.K., 2012. Benefits and Costs of Improved Cookstoves: Assessing the Implications of Variability in Health, Forest and Climate Impacts. PLOS ONE 7, e30338.

Jia, Z., Cai, Y., Chen, Y., Zeng, W., 2018. Regionalization of water environmental carrying capacity for supporting the sustainable water resources management and development in China. Resources, Conservation and Recycling 134, 282–293.

Jin, S.L., Schure, J., Ingram, V., Yoo, B.I., 2017. Sustainable woodfuel for food security: a smart choice: green, renewable and affordable. Food and Agriculture Organization of the United Nations, Rome.

Jobling, M., 2016. Fish nutrition research: past, present and future. Aquacult Int 24, 767–786.

Jones, K., 2013. The Role of Agricultural Technical and Vocational Education and Training in Developing Countries: A Review of Literature, Issues and Recommendations for Action. USAID, Washington D.C.

Juma, C., 2015. How to improve Africa's seed industry. World Economic Forum. URL https://www.weforum.org/agenda/2015/09/how-to-improve-africas-seed-industry/ (accessed 8.24.20).

Justino, P., 2012. Resilience in protracted crises: exploring coping mechanisms and resilience in households, communities and local institutions. Presented at the High Level Expert Forum on Food Security in Protracted Crises, Food and Agriculture Organization of the United Nations, Rome.

Kabirizi, J., Njarui, D.M.G., Itabari, J.K., Mugerwa, S., Nanyennya, W., Kaganda, S., Nakiganda, A., Nizigama, J., Namagembe, A., Namazzi, Mwilawa, A.J., 2012. Crop-livestock integration for sustainable management of natural resources in ECA region, in: Feeding Our Region in the 21st Century. Presented at the First ASARECA General Assembly, 14–16 December 2011, Association for Strengthening Agricultural Research in Eastern and Central Africa, Entebbe, pp. 84–85.

Kahan, D., 2013. Entrepreneurship in farming. Food and Agriculture Organization of the United Nations, Rome.

Kahan, D., Worth, S., 2015. Introducing the farm business school: a training package. Food and Agriculture Organization of the United Nations, Rome.

Kaiser, B., Roumasset, J., 2002. Valuing indirect ecosystem services: the case of tropical watersheds. Environment and Development Economics 7, 701-714.

Kaminski, A.M., Genschick, S., Kefi, A.S., Kruijssen, F., 2018. Commercialization and upgrading in the aquaculture value chain in Zambia. Aquaculture 493, 355–364.

Kampmann, W., Kirui, O.K., 2021. Role of Farmers' Organizations in Agricultural Transformation in Africa: Overview of Continental, Regional, and Selected National Level Organizations (Working Paper No. 205). Center for Development Research, University of Bonn, Bonn.

Kanwar, A., Balasubramanian, K., Carr, A., 2019. Changing the TVET paradigm: new models for lifelong learning. International Journal of Training Research 17, 54–68.

Kappel, R., Reisen, H., 2019. G20 Compact with Africa: The Audacity of Hope. Friedrich-Ebert-Stiftung, Bonn.

Karamba, R.W., Winters, P.C., 2015. Gender and agricultural productivity: implications of the Farm Input Subsidy Program in Malawi. Agricultural Economics 46, 357–374.

Kariuki, J.G., 2011. The Future of Agriculture in Africa. Boston University, Boston.

Katchova, A.L., Ahearn, M.C., 2016. Dynamics of Farmland Ownership and Leasing: Implications for Young and Beginning Farmers. Appl Econ Perspect Policy 38, 334–350.

Kaufmann, D., Kraay, A., Mastruzzi, M., 2005. Governance Matters IV: Governance Indicators for 1996–2004. The World Bank, Washington D.C.

Kaufmann, D., Kraay, A., Mastruzzi, M., 2004. Governance Matters III: Governance Indicators for 1996, 1998, 2000, and 2002. The World Bank Economic Review 18, 253–287.

Khan, M.H., 2005. Agricultural taxation in developing countries: a survey of issues and policy. Agricultural Economics 24, 315–328.

Kibaara, B., 2019. What needs to happen next. Presentation at the Conference Reduction of Food Loss and Waste organized by the Pontifical Academy of Sciences, The Vatican, 11-12 November, Rome.

Kienzle, J., 2013. Precision Agriculture for Smallholder Farmers. Agriculture for Development 19, 12–15.

Kilimo Trust, 2017. Characteristics of Markets for Animal Feeds Raw Materials in the East African Community: Focus on Maize Bran and Sunflower Oil Cake. Kilimo Trust, Kampala.

Kim, J., Hanotte, O., Mwai, O.A., Dessie, T., Bashir, S., et al., 2017. The genome landscape of indigenous African cattle. Genome Biol 18, 34.

King, L., 2011. Neglected Zoonotic Diseases, in: Insitute of Medicine (Ed.), The Causes and Impacts of Neglected Tropical and Zoonotic Diseases: Opportunities for Integrated Intervention Strategies. National Academies Press (US), Washington D.C.

Kirui, O., 2019. The Agricultural Mechanization in Africa: Micro-Level Analysis of State Drivers and Effects (272), Discussion Papers on Development Policy. Center for Development Research, University of Bonn, Bonn.

Kirui, O., Kozicka, M., 2018. Vocational Education and Training for Farmers and Other Actors in the Agri-Food Value Chain in Africa (No. 164), Working Paper. Center for Development Research, University of Bonn, Bonn.

Koobonye, S., 2020. TVET in Botswana : a case study on its ability to develop demand-driven and competence-based skills for the labour market. Bundesinstitut für Berufsbildung, Bonn.

Kornher, L., 2018. Maize markets in Eastern and Southern Africa (ESA) in the Context of Climate Change—Background Paper for The State of Agricultural Commodity Markets (SOCO) 2018. Food and Agriculture Organization of the United Nations, Rome.

Kornher, L., Kalkuhl, M., 2019. The gains of coordination – When does regional cooperation for food security make sense? Global Food Security 22, 37–45.

Kornher, L., von Braun, J., 2020. EU Common Agricultural Policy – Impacts on Trade with Africa and African Agricultural Development, ZEF Discussion Papers. Center for Development Research, University of Bonn, Bonn.

Kosec, K., Ghebru, H., Holtemeyer, B., Mueller, V., Schmidt, E., 2017. The Effect of Land Access on Youth Employment and Migration Decisions: Evidence from Rural Ethiopia - Kosec - 2018 - American Journal of Agricultural Economics - Wiley Online Library. American Journal of Agricultural Economics 100, 931–954.

Kosec, K., Ragasa, C., 2019. How to improve rural service delivery in developing countries: Complementarities, information, and incentives. International Food Policy Research Institute, Washington D.C.

Kowalski, P., Gonzalez, J.L., Ragoussis, A., Ugarte, C., 2015. Participation of Developing Countries in Global Value Chains: Implications for Trade and Trade-Related Policies. Organisation for Economic Co-operation and Development, Paris.

Kristjanson, P., Okike, I., Tarawali, S., Singh, B.B., Manyong, V.M., 2005. Farmers' perceptions of benefits and factors affecting the adoption of improved dual-purpose cowpea in the dry savannas of Nigeria. Agricultural Economics 32, 195–201.

Kubik, Z., 2020. Rural youth and productive employment in Sub-Saharan Africa: A review. Unpublished working paper.

Kuma, T., Dereje, M., Hirvonen, K., Minten, B., 2019. Cash Crops and Food Security: Evidence from Ethiopian Smallholder Coffee Producers. The Journal of Development Studies 55, 1267–1284.

Kuyah, S., Öborn, I., Jonsson, M., 2017. Regulating Ecosystem Services Delivered in Agroforestry Systems, in: Dagar, J.C., Tewari, V.P. (Eds.), Agroforestry: Anecdotal to Modern Science. Springer, Singapore, pp. 797–815.

Kuyah, S., Whitney, C.W., Jonsson, M., Sileshi, G.W., Öborn, I., Muthuri, C.W., Luedeling, E., 2019. Agroforestry delivers a win-win solution for ecosystem services in sub-Saharan Africa. A meta-analysis. Agron. Sustain. Dev. 39, 47.

Kwon, H.-Y., Nkonya, E., Johnson, T., Graw, V., Kato, E., Kihiu, E., 2016. Global Estimates of the Impacts of Grassland Degradation on Livestock Productivity from 2001 to 2011, in: Nkonya, E., Mirzabaev, A., von Braun, J. (Eds.), Economics of Land Degradation and Improvement – A Global Assessment for Sustainable Development. Springer International Publishing, Cham, pp. 197–214.

La Porta, R., 1999. The quality of government. Journal of Law, Economics, and Organization 15, 222–279.

Laajaj, R., Macours, K., 2017. Measuring skills in developing countries. The World Bank, Washington D.C.

Laffoley, D., Grimsditch, G., 2009. The Management of Natural Coastal Carbon Sinks. International Union for Conservation of Nature and Natural Resources, Gland.

Lallemand, T., Rycx, F., 2016. Are Young and Old Workers Harmful for Firm Productivity? (Discussion Paper No. 3938). Institute for the Study of Labor, Bonn.

Lankford, B., Makin, I., Matthews, N., McCornick, P.G., Noble, A., Shah, T., 2016. A Compact to Revitalise Large-Scale Irrigation Systems Using a Leadership-Partnership-Ownership "Theory of Change." Water Alternatives 9, 1–32.

Latchem, C., 2017. Using ICTs and Blended Learning in Transforming TVET. Perspectives on Open and Distance Learning. United Nations Educational, Scientific, and Cultural Organization and Commonwealth of Learning, Paris and Burnaby.

Le, Q.B., Nkonya, E., Mirzabaev, A., 2016. Biomass Productivity-Based Mapping of Global Land Degradation Hotspots, in: Nkonya, E., Mirzabaev, A., von Braun, J. (Eds.), Economics of Land Degradation and Improvement – A Global Assessment for Sustainable Development. Springer, Cham, pp. 55–84.

Lefore, N., Giordano, M., Ringler, C., Barron, J., 2019. Sustainable and equitable growth in farmer-led irrigation in Sub-Saharan Africa: What will it take? Water Alternatives 12, 156–168.

Lele, U., Pretty, J., Terry, E., Trigo, E., 2010. Transforming Agricultural Research for Development: Report for the Global Conference on Agricultural Research (GCARD) 2010. Global Forum on Agricultural Research, Rome.

Lerman, R., 2019. Do firms benefit from apprenticeship investments? IZA World of Labor 55, 1–10.

Levison, D., DeGraff, D.S., Dungumaro, E.W., 2018. Implications of Environmental Chores for Schooling: Children's Time Fetching Water and Firewood in Tanzania. Eur J Dev Res 30, 217–234.

Lewis, W.A., 1954. Economic Development with Unlimited Supplies of Labour. The Manchester School 22, 139–191.

Li, H., Zhang, X., 2017. A spatial explicit assessment of food security in Africa based on simulated crop production and distribution. Journal of Cleaner Production 147, 628–636.

Li, W., Ahmed, M., Khan, Q., Hongwei, M., 2016. Education and Training for Rural Transformation: Skills, Jobs, Food and Green Future to Combat Poverty. SAGE Publications India, New Delhi.

Li, Y., Kalnay, E., Motesharrei, S., Rivas, J., Kucharski, F., Kirk-Davidoff, D., Bach, E., Zeng, N., 2018. Climate model shows large-scale wind and solar farms in the Sahara increase rain and vegetation. Science 361, 1019–1022.

Lillesø, J.P.B., Harwood, C., Derero, A., Graudal, L., Roshetko, J.M., et al., 2018. Why institutional environments for agroforestry seed systems matter. Development Policy Review 36, O89–O112.

Lind, C.E., Brummett, R.E., Ponzoni, R.W., 2012. Exploitation and conservation of fish genetic resources in Africa: issues and priorities for aquaculture development and research. Reviews in Aquaculture 4, 125–141.

Lio, M., Liu, M.-C., 2008. Governance and agricultural productivity: A cross-national analysis. Food Policy 33, 504–512.

Lippmann, L.H., Ryberg, R., Carney, R., Moore, K.A., 2015. Workforce Connections: Key "soft skills" that foster youth workforce success: toward a consensus across fields. Child Trends, Washington D.C.

Lobell, D.B., Cassman, K.G., Field, C.B., 2009. Crop yield gaps: their importance, magnitudes, and causes. Annual Review of Environment and Resources 34, 179–294.

Lordkipanidze, N., Tauer, L.W., 2000. Farmer Efficiency and Technology Use with Age. Agricultural and Resource Economics Review 29, 24–31.

Lowder, S.K., Skoet, J., Raney, T., 2016. The Number, Size, and Distribution of Farms, Smallholder Farms, and Family Farms Worldwide. World Development 87, 16–29.

Lowore, J., 2020. Understanding the Livelihood Implications of Reliable Honey Trade in the Miombo Woodlands in Zambia. Front. For. Glob. Change 3, 28.

Ludwig, T., 2018. An Egg for an Egg and a Bean for a Bean? How Production Diversity Determines Dietary Diversity of Smallholder Farmers in Rural India (Discussion Papers on Development Policy No. 247). Center for Development Research, University of Bonn, Bonn.

Luedeling, E., Kindt, R., Huth, N.I., Koenig, K., 2014. Agroforestry systems in a changing climate—challenges in projecting future performance. Current Opinion in Environmental Sustainability, Sustainability challenges 6, 1–7.

Luedeling, E., Shepherd, K., 2016. Decision-Focused Agricultural Research. Solutions 7, 46–54.

Luedeling, E., Sileshi, G., Beedy, T., Dietz, J., 2011. Carbon Sequestration Potential of Agroforestry Systems in Africa, in: Kumar, B.M., Nair, P.K.R. (Eds.), Carbon Sequestration Potential of Agroforestry Systems: Opportunities and Challenges, Advances in Agroforestry. Springer Netherlands, Dordrecht, pp. 61–83.

Lukkainen, J., 2012. A Comparison of Extension Methods Used by Different Agricultural Extension Service Providers in Nyandarua County, Kenya. HAMK University of Applied Sciences, Evo.

Lukumbuzya, K., Sianga, C., 2017. Overview of the Timber Trade in East and Southern Africa: National Persepctives and Regional Trade Linkages. TRAFFIC and WWF, Cambridge.

Lunduka, R., Ricker-Gilbert, J., Fisher, M., 2013. What are the farm-level impacts of Malawi's farm input subsidy program? A critical review. Agricultural Economics 44, 563–579.

Lusigi, A., Thirtle, C., 1997. Total Factor Productivity and the Effects of R&d in African Agriculture. Journal of International Development 9, 529–538.

Lynam, J., Beintema, N., Roseboom, J., Badiane, O., 2016. Agricultural research in Africa: Investing in future harvests. International Food Policy Research Institute, Washington D.C.

Ma, W., Abdulai, A., 2016. Does cooperative membership improve household welfare? Evidence from apple farmers in China. Food Policy 58, 94–102.

Mabaya, E., Cramer, L., 2014. Growth in a Globalized Industry: The Case of Hillside Green Growers & Exporters Ltd. International Food and Agribusiness Management Review 17, 1–5.

Mabaya, E., Diack Ba, M.M., Ndiaye, M., Mugoya, M., 2017. Senegal Brief 2017 – The African Seed Access Index. The African Seed Access Index, Nairobi.

Mabaya, E., Mugoya, M., 2017. 2017 Ten Emerging Lessons from TASAI. The African Seed Access Index, Nairobi.

Maertens, M., Vande Velde, K., 2017. Contract-farming in Staple Food Chains: The Case of Rice in Benin. World Development 95, 73–87.

Maiangwa, M., Adeniji, O., Omolehin, R., Mohammed, U., 2011. Food insecurity: challenges of agricultural extension in developing countries. J. Ag. For. Soc. Sci. 7, 73–105.

Maïga, E., Christiaensen, L., Palacios-Lopez, A., 2015. Are the youth exiting agricultureen masse? Presented at the CSAE Conference 2016: Economic Development in Africa, Center for the Study of African Economies, Oxford, UK.

Makochekanwa, A., 2014. Welfare Implications of COMESA-EAC-SADC Tripartite Free Trade Area. African Development Review 26, 186–202.

Makoni, N., Mwai, R., Redda, T., 2014. White gold: Opportunities for Dairy Sector Development Collaboration in East Africa (No. CDI-14-006), CDI report. Center for Development Innovation, Wageningen University, Wageningen.

Malabo Montpellier Panel, 2020. Meat, milk and more: Policy innovations to shepherd inclusive and sustainable livestock systems in Africa. Malabo Montpellier Panel, Dakar.

Malabo Montpellier Panel, 2019a. Byte by Byte: Policy Innovation for Transforming Africa's Food System with Digital Technologies. Malabo Montpellier Panel, Dakar.

Malabo Montpellier Panel, 2019b. Energized: Policy Innovations to Power the Transformation of Africa's Agriculture and Food System. Malabo Montpellier Panel, Dakar.

Malabo Montpellier Panel, 2018a. Water-Wise: Smart Irrigation Strategies for Africa. Malabo Montpellier Panel, Dakar.

Malabo Montpellier Panel, 2018b. Mechanized: Transforming Africa's agriculture value chains | IFPRI : International Food Policy Research Institute. Malabo Montpellier Panel, Dakar.

Malabo Montpellier Panel, 2017. Nourished: How Africa Can Build a Future Free from Hunger and Malnutrition. Malabo Montpellier Panel, Dakar.

Malan, M., Berkhout, E., Bouma, J., 2016. The impact of taxes and subsidies on crop yields – Agricultural price distortions in Africa. PBL Netherlands Environmental Assessment Agency, The Hague.

Mangisoni, J.H., 2008. Impact of treadle pump irrigation technology on smallholder poverty and food security in Malawi: a case study of Blantyre and Mchinji districts. International Journal of Agricultural Sustainability 6, 248–266.

Mango, N., Makate, C., Tamene, L., Mponela, P., Ndengu, G., 2018. Adoption of Small-Scale Irrigation Farming as a Climate-Smart Agriculture Practice and Its Influence on Household Income in the Chinyanja Triangle, Southern Africa. Land 7, 1–19.

Maredia, M.K., Byerlee, D., Pee, P., 2000. Impacts of food crop improvement research: evidence from sub-Saharan Africa. Food Policy 25, 531–559.

Markel, E., Gettliffe, E., Jones, L., Kim, L., Miller, E., 2016. The social norms factor: How gendered social norms influence how we empower women in market systems development. The BEAM Exchange, London.

Marshall, K., 2014. Optimizing the use of breed types in developing country livestock production systems: a neglected research area. J. Anim. Breed. Genet. 131, 329–340.

Marshall, K., Gibson, J.P., Mwai, O., Mwacharo, J.M., Haile, A., Getachew, T., Mrode, R., Kemp, S.J., 2019. Livestock Genomics for Developing Countries – African Examples in Practice. Front. Genet. 10, 297.

Mastercard Foundation, 2020. Farmer Organizations [WWW Document]. URL https://www.raflearning.org/topics/farmer-organizations (accessed 8.13.20).

Matthews, A., Soldi, R., 2019. Evaluation of the impact of the current CAP on the agriculture of developing countries. European Committee of the Region, Brussels.

Mattiello, S., Caroprese, M., Crovetto, G.M., Riccardo, F., 2017. Typical dairy products in Africa from local animal resources. Italian Journal of Animal Science 17, 1–15.

Mbaabu, A., Alela, R., 2019. Lessons and recommended strategies for scale-out of Yieldwise-Tanzania beyond maize value chains (unpublished report). Alliance for a Green Revolution in Africa, Nairobi.

Mbengue, M.M., 2018. Facilitating Investment for Sustainable Development: It Matters for Africa (Columbia FDI Perspectives No. 222). Columbia Center on Sustainable Development, New York.

Mbow, C., Van Noordwijk, M., Luedeling, E., Neufeldt, H., Minang, P.A., Kowero, G., 2014. Agroforestry solutions to address food security and climate change challenges in Africa. Current Opinion in Environmental Sustainability, Sustainability challenges 6, 61–67.

McGuire, S., Sperling, L., 2016. Seed systems smallholder farmers use. Food Sec. 8, 179–195.

McInerney, E., 2014. Cooperatives key to achieving sustainable agricultural Development. Department of Economic and Social Affairs, United Nations, New York.

McIntyre, B.D., Herren, H.R., Wakhungu, J., Watson, R.T., 2009. Synthesis report: a synthesis of the global and sub-global IAASTD reports. Island Press, Washington D.C.

McLeod Rivera, W., Qamar, M.K., 2003. Agricultural Extension, Rural Development and the Food Security Challenge. Food and Agriculture Organization of the United Nations, Rome.

McNamara, P., Bohn, A., Moore, A., Alvarez-Mingote, C., Childress, A., 2016. Modernizing Extension and Advisory Services (MEAS) Final Project Report. USAID, Washington D.C.

Meemken, E.-M., Sellare, J., Kouame, C.N., Qaim, M., 2019. Effects of Fairtrade on the livelihoods of poor rural workers. Nature Sustainability 2, 635–642.

Meinzen-Dick, R., Johnson, N., Quisumbing, A., Njuki, J., Behrman, J., Rubin, D., Peterman, A., Waithanji, E., 2011. Gender, Assets, and Agricultural Development Programs: A Conceptual Framework. International Food Policy Research Institute, Washington D.C.

Melitz, M.J., 2003. The Impact of Trade on Intra-Industry Reallocations and Aggregate Industry Productivity. Econometrica 71, 1695–1725.

Meon, P.-G., Weill, L., 2005. Does better governance foster efficiency? An aggregate frontier analysis. Economics of Governance 6, 75–90.

Migot-Adholla, S., Hazell, P., Blarel, B., Place, F., 1991. Indigenous Land Rights Systems in Sub-Saharan Africa: A Constraint on Productivity? The World Bank Economic Review 5, 155–175.

Miguel, E., Hamory, J., 2009. Individual Ability and Selection into Migration in Kenya (No. 2009/45), Human Development Research Paper. United Nations Development Programme, New York.

Mikalsen, K.H., Hernes, H.-K., Jentoft, S., 2007. Leaning on user-groups: The role of civil society in fisheries governance. Marine Policy 31, 201–209.

Miller, C., Jones, L., 2010. Agricultural Value Chain Finance: Tools and Lessons. Food and Agriculture Organization of the United Nations and Practical Action Publishing, Rome and Rugby.

Minot, N., 2011. Contract Farming in sub-Saharan Africa: Opportunities and Challenges. Presented at the Smallholder-led Agricultural Commercialization and Poverty Reduction: How to Achieve It?, International Food Policy Research Institute, Kigali.

Minten, B., Randrianarison, L., Swinnen, J.F.M., 2009. Global Retail Chains and Poor Farmers: Evidence from Madagascar. World Development, Agrifood Industry Transformation and Small Farmers in Developing Countries 37, 1728–1741.

Minten, B., Reardon, T., Chen, K., 2017. Agricultural value chains: How cities reshape food systems, in: IFPRI (Ed.), 2017 Global Food Policy Report. International Food Policy Research Institute, Washington D.C., pp. 42–49.

Mirzabaev, A., Wambui Njiraini, G., Gebremariam, G., Jourdain, D., Magaia, E., et al., 2015. Transboundary Water Resources for People and Nature: Challenges and Opportunities in the Olifants River Basin (Working Paper No. 77). Center for Development Research, University of Bonn, Bonn.

Mirzabaev, A., Wu, J., Evans, J., Garcia-Oliva, F., Hussein, I., et al., 2019. Desertification, in: Shukla, P.R., et al. (Eds.), Climate Change and Land: An IPCC Special Report on Climate Change, Desertification, Land Degradation, Sustainable Land Management, Food Security, and Greenhouse Gas Fluxes in Terrestrial Ecosystems. World Meteorological Organization and United Nations Environment Programme, Geneva and Nairobi, pp. 249–343.

Mishra, A.K., Kumar, A., Joshi, P.K., D'Souza, A., 2018. Cooperatives, contract farming, and farm size: The case of tomato producers in Nepal. Agribusiness 34, 865–886.

Mogues, T., Fan, S., Benin, S., 2015. Public Investments in and for Agriculture. Eur J Dev Res 27, 337–352.

Mogues, T., Yu, B., Fan, S., McBride, L., 2012. The impacts of public investment in and for agriculture: Synthesis of the existing evidence (Working Paper No. 12- 07). Food and Agriculture Organization of the United Nations, Rome.

Mohrenweiser, J., Zwick, T., Backes-Gellner, U., 2019. Poaching and firm-sponsored training. British Journal of Industrial Relations 57, 143–181.

Montagnini, F., Nair, P.K.R., 2004. Carbon sequestration: An underexploited environmental benefit of agroforestry systems. Agroforestry Systems 61, 281.

Morris, S.S., Beesabathuni, K., Headey, D., 2018. An egg for everyone: Pathways to universal access to one of nature's most nutritious foods. Matern Child Nutr 14, e12679.

Morton, J., Matthewman, R., 1996. Improving livestock production through extension: Information needs, institutions and opportunities. Natural Resource Persepectives 12, 8.

Moussa, B., Nkonya, E., Meyer, S., Kato, E., Johnson, T., Hawking, J., 2016. Cost, Drivers and Action Against Land Degradation in Senegal, in: Nkonya, E., Mirzabaev, A., von Braun, J. (Eds.), Economics of Land Degradation and Improvement – A Global Assessment for Sustainable Development. Springer International Publishing, Cham, pp. 499–539.

Mrode, R., Ekine Dzivenu, C., Marshall, K., Chagunda, M.G.G., Muasa, B.S., Ojango, J., Okeyo, A.M., 2020. Phenomics and its potential impact on livestock development in low-income countries: innovative applications of emerging related digital technology. Animal Frontiers 10, 6–11.

Mueller, J.P., Rischkowsky, B., Haile, A., Philipsson, J., Mwai, O., et al., 2015. Community-based livestock breeding programmes: essentials and examples. J. Anim. Breed. Genet. 132, 155–168.

Mueller, N.D., Gerber, J.S., Johnston, M., Ray, D.K., Ramankutty, N., Foley, J.A., 2012. Closing yield gaps through nutrient and water management. Nature 490, 254–257.

Muir, J., 2015. Fuel and energy use in the fisheries sector – Approaches, inventories and strategic implications. Food and Agriculture Organization of the United Nations, Rome.

Mujahid, I., Kalkuhl, M., 2016. Do Trade Agreements Increase Food Trade? World Economy 39, 22.

Muriithi, B.W., Matz, J.A., 2015. Welfare effects of vegetable commercialization: Evidence from smallholder producers in Kenya. Food Policy 50, 80–91.

Muriuki, H.G., 2011. Dairy Development in Kenya. Food and Agriculture Organization of the United Nations, Rome.

Murray, M., Clifford, D.J., Gettinby, G., Snow, W.F., McIntyre, W.I., 1981. Susceptibility to African trypanosomiasis of N'Dama and Zebu cattle in an area of Glossina morsitans submorsitans challenge. Veterinary Record 109, 503–510.

Musinguzi, L., Lugya, J., Rwezawula, P., Kamya, A., Nuwahereza, C., Halafo, J., Kamondo, S., Njaya, F., Aura, C., Shoko, A.P., Osinde, R., Natugonza, V., Ogutu-Ohwayo, R., 2019. The extent of cage aquaculture, adherence to best practices and reflections for sustainable aquaculture on African inland waters. Journal of Great Lakes Research 45, 1340–1347.

Mutonyi, S., 2019. The effect of collective action on smallholder income and asset holdings in Kenya. World Development Perspectives 14, 100099.

Mwai, O., Hanotte, O., Kwon, Y.-J., Cho, S., 2015. African Indigenous Cattle: Unique Genetic Resources in a Rapidly Changing World. Asian Australas. J. Anim. Sci 28, 911–921.

Nagoli, J., Mwendo Phiri, E., Kambewa, E., Jamu, D., 2009. Adapting integrated agriculture aquaculture for HIV and AIDS-affected households: the case of Malawi. WorldFish, Penang.

Nair, R. das, Chisoro, S., Ziba, F., 2018. The implications for suppliers of the spread of supermarkets in southern Africa. Development Southern Africa 35, 334–350.

Nair, P.K.R., 1993. An Introduction to Agroforestry. Springer Netherlands, Dordrecht.

Namulawa, V.T., Mutiga, S., Musimbi, F., Akello, S., Ngángá, F., Kago, L., Kyallo, M., Harvey, J., Ghimire, S., 2020. Assessment of Fungal Contamination in Fish Feed from the Lake Victoria Basin, Uganda. Toxins 12, 233.

NASAC, 2018. Opportunities and challenges for research on food and nutrition security and agriculture in Africa. The Network of African Science Academies, Nairobi.

National Veterinary Institute, n.d. History of NVI [WWW Document]. National Veterinary Institute. URL https://www.nvi.com.et/about-us/history-of-nvi/ (accessed 8.21.20).

Ncube, P., 2018. The southern African poultry value chain: Corporate strategies, investments and agro-industrial policies. Development Southern Africa 35, 369–387.

Ndambi, O.A., Pelster, D.E., Owino, J.O., de Buisonjé, F., Vellinga, T., 2019. Manure Management Practices and Policies in Sub-Saharan Africa: Implications on Manure Quality as a Fertilizer. Front. Sustain. Food Syst. 3, 29.

Neate, P.J.H., Guéi, R.G., 2010. Promoting the growth and development of smallholder seed enterprises for food security crops: best practices and options for decision making. Food and Agriculture Organization of the United Nations, Rome.

Neely, C., Bunning, S., Wilkes, A., 2009. Review of evidence on drylands pastoral systems and climate change: Implications and opportunities for mitigation and adaptation. Food and Agriculture Organization of the United Nations, Rome.

Nelson, G.C., Rosegrant, M.W., Koo, J., Robertson, R., Sulser, T.B., et al., 2009. Climate Change: Impact on Agriculture and Costs of Adaptation. International Food Policy Research Institute, Washington, D.C.

NEPAD, 2019. Overview of Nutrition in Africa as a response to the Malabo/CAADP Commitments to end hunger and malnutrition by 2025 [WWW Document]. AUDA-NEPAD. URL https://www.nepad.org/publication/overview-of-nutrition-africa-response-malabocaadp-commitments-end-hunger-and (accessed 9.14.20).

NEPAD, 2014. Agriculture in Africa. Transformation and outlook [WWW Document]. URL https://www.tralac.org/images/docs/6460/agriculture-in-africa-transformation-and-outlook.pdf (accessed 8.12.20).

Ngarava, S., Mushunje, A., Chaminuka, P., 2018. Impact Of Livestock Development Programmes On Production & Risk: Case Of The Kaonafatso Ya Dikgomo (KyD) Programme. Presented at the 56th Annual Conference of the Agricultural Economics Association of South Africa, Agricultural Economics Association of South Africa (AEASA), Cape Town, South Africa.

Ngarava, S., Phetshe, M., Mushunje, A., 2019. Market Awareness and Participation for Cattle Farmers in the Kaonafatso ya Dikgomo (KyD) Scheme in KwaZulu-Natal Province, South Africa. Agriculture 9, 1–12.

Ngepah, N., 2017. A review of theories and evidence of inclusive growth: an economic perspective for Africa. Current Opinion in Environmental Sustainability, Sustainability science 24, 52–57.

Niasse, M., Cherlet, J., 2014. Coordinating land and water governance–An essential part of achieving food security. Global Water Partnership, Stockholm.

Nilsson, P., 2019. The Role of Land Use Consolidation in Improving Crop Yields among Farm Households in Rwanda. The Journal of Development Studies 55, 1726–1740.

Nin-Pratt, A., McBride, L., 2014. Agricultural intensification in Ghana: Evaluating the optimist's case for a Green Revolution. Food Policy, Boserup and Beyond: Mounting Land Pressures and Development Strategies in Africa 48, 153–167.

Njarui, D.M.G., Kabirizi, J., Itabari, J.K., Gatheru, M., Nakiganda, A., Mugerwa, S., 2012. Production characteristics and gender roles in dairy farming in peri-urban areas of Eastern and Central Africa. Livestock Research for Rural Development 24.

Njiraini, G., Ngigi, M., Baraké, E., 2018. Women in African Agriculture: Integrating Women into Value Chains to Build a Stronger Sector (No. 175), Working Papers. Center for Development Research, University of Bonn, Bonn.

Nkonya, E., Mirzabaev, A., von Braun, J., 2016. Economics of Land Degradation in Sub-Saharan Africa, in: Nkonya, E., Mirzabaev, A., von Braun, J. (Eds.), Economics of Land Degradation and Improvement – A Global Assessment for Sustainable Development. Springer International Publishing, Cham, pp. 215–259.

Nonvide, G.M.A., 2018. Irrigation adoption: A potential avenue for reducing food insecurity among rice farmers in Benin. Water Resources and Economics 24, 40–52.

Norton, G.W., Alwang, J., 2020. Changes in Agricultural Extension and Implications for Farmer Adoption of New Practices. Applied Economic Perspectives and Policy 42, 8–20.

Obayelu, A.E., 2014. Postharvest Losses and Food Waste: The Key Contributing Factors to African Food Insecurity and Environ mental Challenge. African Journal of Food, Agriculture, Nutrition and Development 14, 1-8.

Ochieng, J., Knerr, B., Owuor, G., Ouma, E., 2016. Commercialisation of Food Crops and Farm Productivity: Evidence from Smallholders in Central Africa. Agrekon 55, 458–482.

Odhiambo, B., 2016. New Drought-Resistant Pasture Grass to boost African livestock farmers yields, income [WWW Document]. Africa Science News. URL https://africasciencenews.org/new-drought-resistant-pasture-grass-to-boost-african-livestock-farmers-yields-income/ (accessed 8.21.20).

Odhiambo, W., 2007. Financing African Agriculture: Issues and Challenges. Presented at the Second African Economic Conference at the United Nations Conference Centre (UNCC), Addis Ababa, Ethiopia.

Odijie, M.E., 2019. The need for industrial policy coordination in the African Continental Free Trade Area. Afr Aff (Lond) 118, 182–193.

OECD, 2020. OECD.stat. [WWW Document]. OECD.stat. URL https://stats.oecd.org/

OECD, 2017. Youth Aspirations and the Reality of Jobs in Developing Countries: Mind the Gap | en | OECD. Organisation for Economic Co-operation and Development, Paris.

OECD, 2013. Agricultural Innovation Systems: A Framework for Analysing the Role of the Government. Organisation for Economic Co-operation and Development, Paris.

OECD, 2012. Livestock Diseases: Prevention, Control and Compensation Schemes. Organisation for Economic Co-operation and Development, Paris.

OECD, FAO, 2020. OECD-FAO Agricultural Outlook 2020–2029, OECD-FAO Agricultural Outlook. Organisation for Economic Co-operation and Development and Food and Agriculture Organization of the United Nations, Paris and Rome.

OECD, WTO, 2019. Aid for Trade at a Glance 2019: Economic Diversification and Empowerment, Aid for Trade at a Glance. Organisation for Economic Co-operation and Development and World Trade Organization, Paris and Geneva.

Ogunlela, V., Ogungbila, A.O., 2006. Alleviating rural poverty in Nigeria. A challenge for National agricultural research system. Journal of Food, Agriculture and Environment 6, 3–4.

Ogutu, S.O., Okello, J.J., Otieno, D.J., 2014. Impact of Information and Communication Technology-Based Market Information Services on Smallholder Farm Input Use and Productivity: The Case of Kenya. World Development 64, 311–321.

O'Higgins, N., 2017. Rising to the youth employment challenge: new evidence on key policy issues. International Labour Office, Geneva.

OIE, 2019. The OIE PPP Handbook: Guidelines for Public-Private Partnerships in the veterinary domain. World Organisation for Animal Health (OIE), Paris.

Okebalama, C.B., Ibrahim, A., Safo, E.Y., Yeboah, E., Abaidoo, R.C., Logah, V., Uzoh, I.M., 2017. Fertilizer micro-dosing in West African low-input cereals cropping: Benefits, challenges and improvement strategies. African Journal of Agricultural Research 12, 1169–1176.

Oladele, O.I., 2011. Features of agricultural extension models and policy in selected sub – Saharan Africa countries. Journal of Agriculture and Environment for International Development (JAEID) 105, 35–44.

Olagunju, A., Thondhlana, G., Chilima, J.S., Sène-Harper, A., Compaoré, W.R.N., Ohiozebau, E., 2019. Water governance research in Africa: progress, challenges and an agenda for research and action. Water International 44, 382–407.

Olsson, L., Barbosa, H., Bhadawal, S., Cowie, A., Delusca, K., Flores-Renteria, D., Hermans, K., Jobbagy, E., Kurz, W., Li, D., Sonwa, D.J., Stringer, L., 2019. Land Degradation, in: Shukla, P.R., et al. (Eds.), Climate Change and Land: An IPCC Special Report on Climate Change, Desertification, Land Degradation, Sustainable Land Management, Food Security, and Greenhouse Gas Fluxes in Terrestrial Ecosystems. World Meteorological Organization and United Nations Environment Programme, Geneva and Nairobi, pp. 345–436.

Omondi, I.A., Zander, K.K., Bauer, S., Baltenweck, I., 2017. Understanding farmers' preferences for artificial insemination services provided through dairy hubs. Animal 11, 677–686.

Omoregbee, F.E., Ojogho, O., Isikhuemen, E.M., Orhue, E.R., Ewansiha, S.I., Omoyakhi, M., Aliu, B.S., Ebabhamiegbebho, P.A., 2016. Outreach Program to University of Benin Host Communities. unpublished manuscript.

Ortega, D.L., Bro, A.S., Clay, D.C., Lopez, M.C., Tuyisenge, E., Church, R.A., Bizoza, A.R., 2019. Cooperative membership and coffee productivity in Rwanda's specialty coffee sector. Food Sec. 11, 967–979.

Otte, M.J., Chilonda, P., 2002. Cattle and small ruminant production systems in sub-Saharan Africa: A systematic review. Food and Agriculture Organization of the United Nations, Rome.

Palacios-Lopez, A., Christiaensen, L., Kilic, T., 2017. How much of the labor in African agriculture is provided by women? Food Policy, Agriculture in Africa – Telling Myths from Facts 67, 52–63.

Palmer, R., 2020. Lifelong Learning in the Informal Economy. International Labour Organization, Geneva.

Passarelli, S., Mekonnen, D., Bryan, E., Ringler, C., 2018. Evaluating the pathways from small-scale irrigation to dietary diversity: evidence from Ethiopia and Tanzania. Food Sec. 10, 981–997.

Patel, E., 2019. Building capacity of African researchers in genomics to play key role in boosting productivity of livestock systems. ILRI news. URL https://news.ilri.org/2019/11/20/genomics-capacities/ (accessed 8.21.20).

Paulos, H.B., 2019. The Water-Energy-Food Nexus in the Eastern Nile Basin: Transboundary Interlinkages, Climate Change and Scope for Cooperation (Doctoral thesis at Faculty of Agriculture, University of Bonn). University of Bonn, Bonn.

Paumgarten, F., 2005. The Role of non-timber forest products as safety-nets: A review of evidence with a focus on South Africa. GeoJournal 64, 189–197.

Pavelic, P., Villholth, K.G., Shu, Y., Rebelo, L.-M., Smakhtin, V., 2013. Smallholder groundwater irrigation in Sub-Saharan Africa: country-level estimates of development potential. Water International 38, 392–407.

PEN, 2016. CIFOR's Poverty and Environment Network (PEN) global dataset. URL https://data.cifor.org/dataset.xhtml?persistentId=doi:10.17528/CIFOR/DATA.00021 (accessed 9.09.20).

Penunia, E., 2011. The Role of Farmers' Organizations in Empowering Rural Women and Promoting Rural Women's Leadership 13.

Persha, L., Agrawal, A., Chhatre, A., 2011. Social and Ecological Synergy: Local Rulemaking, Forest Livelihoods, and Biodiversity Conservation. Science 331, 1606–1608.

Petry, N., Jallow, B., Sawo, Y., Darboe, M.K., Barrow, S., et al., 2019. Micronutrient Deficiencies, Nutritional Status and the Determinants of Anemia in Children 0–59 Months of Age and Non-Pregnant Women of Reproductive Age in The Gambia. Nutrients 11, 2275.

Pica-Ciamarra, U., Baker, D., Morgan, N., Ly, C., Nouala, S., 2013. Investing in African Livestock: business opportunities in 2030–2050 (No. 86591). World Bank, FAO, ILRI, AU-IBAR, Washington D.C.

Pica-Ciamarra, U., Baker, D., Morgan, N., Zezza, A., Azzari, C., Ly, C., Nsiima, L., Nouala, S., Okello, P., Sserugga, J., 2014. Investing in the Livestock Sector: Why Good Numbers Matter. A Sourcebook for decision makers on how to improve livestock data (No. 85732- GLB). The World Bank, Washington D.C.

Pingali, P., 2007. Agricultural Mechanization: Adoption Patterns and Economic Impact, in: Handbook of Agricultural Economics. Elsevier, Amsterdam, pp. 2779–2805.

Pingali, P.L., 1997. From Subsistence to Commercial Production Systems: The Transformation of Asian Agriculture. American Journal of Agricultural Economics 79, 628–634.

Pingali, P.L., Rosegrant, M.W., 1995. Agricultural commercialization and diversification: processes and policies. Food Policy, Agricultural Commercialization and Diversification 20, 171–185.

Place, F., 2009. Land Tenure and Agricultural Productivity in Africa: A Comparative Analysis of the Economics Literature and Recent Policy Strategies and Reforms. World Development 37, 1326–1336.

Popkin, B.M., 2003. The Nutrition Transition in the Developing World. Development Policy Review 27, 628– 646.

Pradhan, P., Fischer, G., van Velthuizen, H., Reusser, D.E., Kropp, J.P., 2015. Closing Yield Gaps: How Sustainable Can We Be? PLoS ONE 10, e0129487.

Punjabi, M., 2009. India: Increasing demand challenges the dairy sector, in: FAO Regional Office for Asia and the Pacific, Morgan, N. (Eds.), Smallholder Dairy Development: Lessons Learned in Asia, RAP Publication. FAO Regional Office for Asia and the Pacific, Bangkok.

Radchenko, N., Corral, P., 2018. Agricultural Commercialisation and Food Security in Rural Economies: Malawian Experience. The Journal of Development Studies 54, 256–270.

Ragasa, C., Andam, K., Kufoalor, D., Amewu, S., 2018a. A blue revolution in sub-Saharan Africa? Evidence from Ghana's tilapia value chain. International Food Policy Research Institute, Washington D.C.

Ragasa, C., Lambrecht, I., Kufoalor, D.S., 2018b. Limitations of Contract Farming as a Pro-poor Strategy: The Case of Maize Outgrower Schemes in Upper West Ghana. World Development 102, 30–56.

Rakotoarisoa, M.A., Iafrate, M., Paschali, M. (Eds.), 2012. Why has Africa become a net food importer? Explaining Africa agricultural and food trade deficits. Food and Agriculture Organization of the United Nations, Rome.

Ramirez, M., Clarke, I., Klerkx, L., 2018. Analysing intermediary organisations and their influence on upgrading in emerging agricultural clusters. Environ Plan A 50, 1314–1335.

Ramírez-Paredes, J. G., Paley, R. K., Hunt, W., Feist, S. W., Stone, D. M., Field, T. R.,Haydon, D.J., Ziddah, Ziddah, P.A., Nkansa, M., Guilder, J., Duodo S., Pecku E.K., Awuni J.A., Wallis T.S, Verner-Jeffreys, D. W., 2021. First detection of infectious spleen and kidney necrosis virus (ISKNV) associated with massive mortalities in farmed tilapia in Africa. Transboundary and Emerging Diseases 68(3), 1550-1563.

Rangarajan, A., Chitja, J., 2020. Building human capacity to transform agriculture in Southern Africa, in: Sikora, R.A., Terry, E.R., Vlek, P.L.G., Chitja, J. (Eds.), Transforming Agriculture in Southern Africa: Constraints, Technologies, Policies and Processes. Routledge, Oxon, pp. 232–241.

Rao, B.S.S., 2012. Human Capital Development for the Management of F&A in India. International Food and Agribusiness Management Review 15, 4.

Reardon, T., Barrett, C.B., Berdegué, J.A., Swinnen, J.F.M., 2009. Agrifood Industry Transformation and Small Farmers in Developing Countries. World Development 37, 1717–1727.

Reardon, T., Echeverria, R., Berdegué, J., Minten, B., Liverpool-Tasie, S., Tschirley, D., Zilberman, D., 2019. Rapid transformation of food systems in developing regions: Highlighting the role of agricultural research & innovations. Agricultural Systems, Agricultural research for rural prosperity: Rethinking the pathways 172, 47–59.

Reardon, T., Timmer, C.P., Barrett, C.B., Berdegué, J., 2003. The Rise of Supermarkets in Africa, Asia, and Latin America. American Journal of Agricultural Economics 85, 1140–1146.

Reed, J., van Vianen, J., Foli, S., Clendenning, J., Yang, K., MacDonald, M., Petrokofsky, G., Padoch, C., Sunderland, T., 2017. Trees for life: The ecosystem service contribution of trees to food production and livelihoods in the tropics. Forest Policy and Economics 84, 62–71.

Reichhuber, A., Gerber, N., Mirzabaev, A., Svoboda, M., López Santos, A., Graw, V., Stefanski, R., Davies, J., Vuković, A., Fernández García, M.A., Fiati, C., Jia, X., 2019. The Land-Drought Nexus Enhancing the Role of Land-Based Interventions in Drought Mitigation and Risk Management. United Nations Convention to Combat Desertification, Bonn.

Reilly, A., 2018. Overview of food fraud in the fisheries sector. Food and Agriculture Organization of the United Nations, Rome.

Renault, D., Wallender, W.W., 2000. Nutritional water productivity and diets. Agricultural Water Management 45, 275–296.

République de Mali, 2013. Politique de Développement Agricole du Mali (PDA). République de Mali, Bamako.

Rezaei, E.E., Gaiser, T., 2017. Change in crop management strategies could double the maize yield in Africa (Discussion Papers on Development Policy No. 239). Center for Development Research, University of Bonn, Bonn.

Ricker-Gilbert, J., Mason, N.M., Darko, F.A., Tembo, S.T., 2013. What are the effects of input subsidy programs on maize prices? Evidence from Malawi and Zambia. Agricultural Economics 44, 671–686.

Ritchie, H., Roser, M., 2017. Meat and Dairy Production. Our World in Data. https://ourworldindata.org/meat-production (accessed 6.8.20)

Roseboom, J., Flaherty, K., 2016. The Evolution of Agricultural Research in Africa: Key Trends and Institutional Developments. Investing in Future Harvests 31.

Rosegrant, M.W., Koo, J., Cenacchi, N., Ringler, C., Robertson, R.D., Fisher, M., Cox, C.M., Garrett, K., Perez, N.D., Sabbagh, P., 2014. Food security in a world of natural resource scarcity: The role of agricultural technologies. International Food Policy Research Institute, Washington D.C.

Rosegrant, M.W., Magalhaes, E., Valmonte-Santos, R.A., Mason-D'Croz, D., 2016. Returns to Investment in Reducing Postharvest Food Losses and Increasing Agricultural Productivity Growth. Presented at the 2016 Agricultural & Applied Economics Association Annual Meeting, Boston.

Rosegrant, M.W., Ringler, C., Foster, V., Briceño-Garmendia, C., 2009. Irrigation: Tapping Potential, in: Africa Infrastructure: A Time for Transformation. Agence Française de Développement and the World Bank, Paris and Washington D.C., pp. 287–298.

Saenger, C., Torero, M., Qaim, M., 2014. Impact of third-party contract enforcement in agricultural markets—A field experiment in Vietnam. American Journal of Agricultural Economics 96, 1220–1238.

SAFI (Studying African Farmer-Led Irrigation, 2018. Farmer-Led Irrigation Development and Investment Strategies for Food Security, Growth and

Employment in Africa (SAFI Policy Brief). University of Manchester, Manchester, UK.

Sahel Capital, 2015. An Assessment of the Nigerian Poultry Sector. Sahel Capital Newsletter 11, 2.

Sakketa, T.G., 2018. Institutional bricolage as a new perspective to analyse institutions of communal irrigation: Implications towards meeting the water needs of the poor communities. World Development Perspectives 9, 1–11.

Salvatierra Rojas, A., Torres Toledo, V., Mrabet, F., Müller, J., 2018. Improving milk value chains through solar milk cooling (No. 276621), Working Papers, Working Papers. University of Bonn, Center for Development Research (ZEF), Bonn, Germany.

Salvatierra-Rojas, A., Nagle, M., Gummert, M., Bruin, T. de, Müller, J., 2017. Development of an inflatable solar dryer for improved postharvest handling of paddy rice in humid climates. International Journal of Agricultural and Biological Engineering 10, 269–282.

Samboko, P.C., Zulu-Mbata, O., Chapoto, A., 2018. Analysis of the animal feed to poultry value chain in Zambia. Development Southern Africa 35, 351–368.

Sarris, A., 2016. Financial needs and tools for agricultural development and transformation pertinent to low-income, food-insecure countries. FERDI, Clermont-Ferrand.

Sayer, J., Cassman, K.G., 2013. Agricultural innovation to protect the environment. PNAS 110, 8345–8348.

Saygili, M., Peters, R., Knebel, C., 2017. African Continental Free Trade Area: Challenges and Opportunities of Tariff Reductions (UNCTAD Research Paper No. 15). United Nations Conference on Trade and Development, Geneva.

Schelling, E., Bechir, M., Ahmed, M.A., Wyss, K., Randolph, T.F., Zinsstag, J., 2007. Human and Animal Vaccination Delivery to Remote Nomadic Families, Chad. Emerg. Infect. Dis. 13, 373–379.

Schmidhuber, J., Bruinsma, J., Boedeker, G., 2009. Capital requirements for agriculture in developing countries to 2050. Food and Agriculture Organization of the United Nations, Rome.

Schmieg, E., 2018. EU und Afrika: Investitionen, Handel, Entwicklung. SWP Aktuell 2018/A 70.

Schnegg, M., Bollig, M., 2016. Institutions put to the test: Community-based water management in Namibia during a drought. Journal of Arid Environments 124, 62–71.

Scholte, J.A., 2012. A More Inclusive Global Governance? The IMF and Civil Society in Africa. GG 18, 185–206.

SDC, 2019. Understanding and analysing vocational education and training systems – An introduction. Swiss Agency for Development and Cooperation, Bern.

SDC, 2013. Understanding and analysing vocational education and trainingsystems –An introduction. Swiss Agency for Development and Cooperation, Bern.

Seck, A., Cissokho, L., Makpayo, K., Haughton, J., 2010. How Important Are Non-Tariff Barriers to Agricultural Trade within ECOWAS? (No. 2010–3), Working Papers, Working Papers. Department of Economics, Suffolk University, Boston.

Seré, C., 2020. Investing Sustainably in African Livestock Development: Opportunities and Trade-Offs (Working Paper No. 194). Center for Development Research, University of Bonn, Bonn.

Shaw, A.P.M., Cecchi, G., Wint, G.R.W., Mattioli, R.C., Robinson, T.P., 2014. Mapping the economic benefits to livestock keepers from intervening against bovine trypanosomosis in Eastern Africa. Preventive Veterinary Medicine 113, 197–210.

Sheahan, M., Barrett, C.B., 2017. Ten striking facts about agricultural input use in Sub-Saharan Africa. Food Policy, Agriculture in Africa – Telling Myths from Facts 67, 12–25.

Shen, X., Lin, B., Wu, W., 2019. R&D Efforts, Total Factor Productivity, and the Energy Intensity in China. Emerging Markets Finance and Trade 55, 2566–2588.

Sheng, Y., Tian, X., Qiao, W., Peng, C., 2020. Measuring agricultural total factor productivity in China: pattern and drivers over the period of 1978–2016. Australian Journal of Agricultural and Resource Economics 64, 82–103.

Shiferaw, B., Hellin, J., Muricho, G., 2011. Improving market access and agricultural productivity growth in Africa: what role for producer organizations and collective action institutions? Food Sec. 3, 475–489.

Shukla, P., Skea, J., Calvo Buendia, E., Masson-Delmotte, V., Pörtner, H.-O., et al., 2019. Special Report on Climate Change and Land: an IPCC special report on climate change, desertification, land degradation, sustainable land management, food security, and greenhouse gas fluxes in terrestrial ecosystems. International Panel on Climate Change, Geneva.

SIDA, 2015. Woman and Food Security, Gender Toolbox Brief. The Swedish International Development Cooperation Agency, Sweden.

Siebert, S., Döll, P., 2010. The Global Crop Water Model (GCWM): Documentation and First Results for Irrigated Crops. Food and Agriculture Organization of the United Nations, Rome.

Sigei, J., 2014. The Contribution Of Agricultural Extension Services To Food Security Of Smallholder Households In Nandi County, Kenya. University of Nairobi, Nairobi.

Silva, J.V., Baudron, F., Reidsma, P., Giller, K.E., 2019. Is labour a major determinant of yield gaps in sub-Saharan Africa? A study of cereal-based production systems in Southern Ethiopia. Agricultural Systems 174, 39–51.

Simelton, E.S., Catacutan, D.C., Dao, T.C., Dam, B.V., Le, T.D., 2017. Factors constraining and enabling agroforestry adoption in Viet Nam: a multi-level policy analysis. Agroforestry Systems 91, 51–67.

Sims, B.G., Hilmi, M., Kienzle, J., 2016. Agricultural mechanization: a key input for sub-Saharan Africa smallholders. Food and Agriculture Organization of the United Nations, Rome.

Singirankabo, U.A., Ertsen, M.W., 2020. Relations between Land Tenure Security and Agricultural Productivity: Exploring the Effect of Land Registration. Land 9, 138.

Sinyolo, S., Mudhara, M., 2018. Farmer groups and inorganic fertiliser use among smallholders in rural South Africa. South African Journal of Science 114, 1-9.

Smethurst, P.J., Huth, N.I., Masikati, P., Sileshi, G.W., Akinnifesi, F.K., Wilson, J., Sinclair, F., 2017. Accurate crop yield predictions from modelling tree-crop interactions in gliricidia-maize agroforestry. Agricultural Systems 155, 70–77.

SOFA Team, Doss, C., 2011. The Role of Women in Agriculture (No. 11- 02), ESA Working Paper. Food and Agriculture Organization of the United Nations, Rome.

Sola, P., Ochieng, C., Yila, J., Iiyama, M., 2016. Links between energy access and food security in sub Saharan Africa: an exploratory review. Food Sec. 8, 635–642.

Soullier, G., Moustier, P., 2018. Impacts of contract farming in domestic grain chains on farmer income and food insecurity. Contrasted evidence from Senegal. Food Policy 79, 179–198.

Sow, S., Nkonya, E., Meyer, S., Kato, E., 2016. Cost, Drivers and Action Against Land Degradation in Senegal, in: Nkonya, E., Mirzabaev, A., von Braun, J. (Eds.), Economics of Land Degradation and Improvement – A Global Assessment for Sustainable Development. Springer International Publishing, Cham, pp. 577–608.

Spielman, D., 2020. Seed Policies and Regulatory Reforms, in: Diao, X., Resnick, D., Tadesse, G. (Eds.), Sustaining Africa's Agrifood System Transformation: The Role of Public Policies. ReSAKSS Annual Trends and Outlook Reports 2020., ReSAKSS Annual Trends and Outlook Reports 2020. International Food Policy Research Institute, Washington D.C.

Spielman, D.J., Davis, K., Negash, M., Ayele, G., 2011. Rural innovation systems and networks: findings from a study of Ethiopian smallholders. Agric Hum Values 28, 195–212.

Spielman, D.J., Smale, M., 2017. Policy Options to Accelerate Variety Change Among Smallholder Farmers in South Asia and Africa South of the Sahara (Discussion Paper No. 1666). International Food Policy Research Institute, Washington D.C.

Stockinger, B., Zwick, T., 2017. Apprentice poaching in regional labor markets (Discussion Paper No. 17- 013). Centre for European Economic Research, Mannheim.

Strange, A.M., Dreher, A., Fuchs, A., Parks, B., Tierney, M.J., 2017. Tracking Underreported Financial Flows: China's Development Finance and the Aid–Conflict Nexus Revisited. Journal of Conflict Resolution 61, 935–963.

Ströh de Martinez, C., Feddersen, M., Speicher, A., 2016. Food security in sub-Saharan Africa: a fresh look on agricultural mechanisation; how adapted financial solutions can make a difference. German Development Institute / Deutsches Institut für Entwicklungspolitik (DIE), Bonn.

Stutzman, E., Molnar, J., Atukunda, G., Walakira, J., 2017. Understanding the Role of Fish Farmer Associations as Intermediaries for the Commercialization of Aquaculture in Uganda. Fisheries and Aquaculture Journal 8, 1–12.

Sukati, M., 2016. COMESA's Revealed Comparative Advantage in Common Agricultural Commodities (MPRA Paper No. 69989). Munich Personal RePEc Archive, Munich.

Sunding, D., Zilberman, D., 2001. The agricultural innovation process: Research and technology adoption in a changing agricultural sector, in: Handbook of Agricultural Economics, Agricultural Production. Elsevier, Amsterdam, pp. 207–261.

Swinnen, J.F.M., Maertens, M., 2007. Globalization, privatization, and vertical coordination in food value chains in developing and transition countries. Agricultural Economics 37, 89–102.

Tadesse, G., Abate, G.T., Ergano, K., 2019. The Boundary of Smallholder Producers' Cooperatives: A Conceptual and Empirical Analysis. Journal of Agricultural Economics 70, 529–549.

Tadesse, G., Badiane, O., 2018. Determinants of African agricultural exports, in: Badiane, O., Odjo, S.P., Collins, J. (Eds.), Africa Agricultural Trade Monitor 2018. International Food Policy Research Institute, Washington D.C., pp. 85–109.

Tadesse, G., Badiane, O., forthcoming. Policy Responses to Rapidly Transforming Midstream Value Chains in Africa: The Case of the Millet Sector in Senegal, in: Sustaining Africa's Agrifood System Transformation: The Role of Public Policies. ReSAKSS Annual Trends and Outlook Reports 2020. International Food Policy Research Institute, Washington D.C.

Tadesse, G., Kassie, G.T., 2017. Measuring trust and commitment in collective actions: Evidence from farmers' marketing organizations in rural Ethiopia. International Journal of Social Economics 44, 980–996.

Tadesse, G., Zewdie, T., 2019. Grants vs. credits for improving the livelihoods of ultra-poor: Evidence from Ethiopia. World Development 113, 320–329.

Tambo, J.A., 2018. Recognizing farmer-generated innovations through contests: insights from four African countries. Food Sec. 10, 1237–1250.

Tambo, J.A., Wünscher, T., 2015. Identification and prioritization of farmers' innovations in northern Ghana. Renew. Agric. Food Syst. 30, 537–549.

Taneja, J., 2018. If You Build It, Will They Consume? Key Challenges for Universal, Reliable, and Low-Cost Electricity Delivery in Kenya (Working Paper No. 491). Center for Global Development, Washington D.C.

Tauer, L., 1995. Age and Farmer Productivity. Review of Agricultural Economics 17, 63–69.

Tauer, L.W., 2017. Farmer Productivity By Age Over Eight U.S. Census Years (Working Paper). Department of Applied Economics and Management, Cornell University, Ithaca.

Tauer, L.W., 1984. Productivity of Farmers at Various Ages. North Central Journal of Agricultural Economics 6, 81–87.

Tefera, D.A., Bijman, J., 2019. Cooperatives in Modern Food Supply Chains: A Case Study of the Malt Barley Sector in Ethiopia, in: Windsperger, J., Cliquet, G., Hendrikse, G., Srećković, M. (Eds.), Design and Management of Interfirm Networks., Contributions to Management Science. Springer International Publishing, Cham, pp. 217–237.

Tesfai, M., Njarui, D.M.G., Ghimire, S.R., 2019. Sustainable intensifications of African agriculture through legume-based cropping and Brachiaria forage systems. AJAR 14, 1138–1148.

TFRA, 2020. Prioritise for Africad's food and nutrition security post-Covid-19. A contribution from the Task Force Rural Africa (TFRA) to the AU-EU Summit, October 2020. Task Force Rural Africa, Brussels.

TFRA, 2019. An Africa-Europe Agenda for rural transformation: Report by the Task Force Rural Africa. Task Force Rural Africa.

The Montpellier Panel, 2014. No Ordinary Matter: Conserving, Restoring and Enhancing Africa's Soils. Agriculture for Impact, Imperial College London, London.

The Montpellier Panel, 2013. Sustainable Intensification: A New Paradigm for African Agriculture. Agriculture for Impact, Imperial College London, London.

The Pontificial Academy of Science, 2019. Final Statement on Food Loss and Waste Reduction. Pontifical Academy of Sciences, The Vatican.

Thierfelder, C., Chivenge, P., Mupangwa, W., Rosenstock, T.S., Lamanna, C., Eyre, J.X., 2017. How climate-smart is conservation agriculture (CA)? – its potential to deliver on adaptation, mitigation and productivity on smallholder farms in southern Africa. Food Sec. 9, 537–560.

Thoelen, J., Daum, T., 2019. How to keep Tractors running in Africa? Lessons for knowledge and skills development from Zambia, PARI Policy Brief. Center for Development Research, University of Bonn, Bonn.

Thorlakson, T., Neufeldt, H., 2012. Reducing subsistence farmers' vulnerability to climate change: evaluating the potential contributions of agroforestry in western Kenya. Agriculture & Food Security 1, 15.

Thornton, P.K., Herrero, M., 2015. Adapting to climate change in the mixed crop and livestock farming systems in sub-Saharan Africa. Nature Clim Change 5, 830–836.

Thornton, P.K., Rosenstock, T., Förch, W., Lamanna, C., Bell, P., Henderson, B., Herrero, M., 2018. A Qualitative Evaluation of CSA Options in Mixed Crop-Livestock Systems in Developing Countries, in: Lipper, L., McCarthy, N., Zilberman, D., Asfaw, S., Branca, G. (Eds.), Climate Smart Agriculture, Natural Resource Management and Policy. Springer International Publishing, Cham, pp. 385–423.

Thurlow, J., 2015. Youth Employment Prospects in Africa, in: Resnick, D., Thurlow, J. (Eds.), African Youth and the Persistence of Marginalization. Employment, Politics, and Prospects for Change. Routledge, Abingdon-on-Thames.

Thurstan, R.H., Roberts, C.M., 2014. The past and future of fish consumption: Can supplies meet healthy eating recommendations? Marine Pollution Bulletin 89, 5–11.

Tieguhong, J.C., Nkamgnia, E.M., 2012. Household dependence on forests around lobeke Nationa l Park, Cameroon. Int. Forest. Rev. 14, 196–212.

Timmer, C., 2009. A World Without Agriculture: The Structural Transformation in Historical Perspective (Books). American Enterprise Institute, Washington D.C.

Tolno, E., Kobayashi, H., Ichizen, M., Esham, M., Balde, B., 2015. Economic Analysis of the Role of Farmer Organizations in Enhancing Smallholder Potato Farmers' Income in Middle Guinea. Journal of Agricultural Science 7, p123.

Ton, G., Vellema, W., Desiere, S., Weituschat, S., D'Haese, M., 2018. Contract farming for improving smallholder incomes: What can we learn from effectiveness studies? World Development 104, 46–64.

Toth, G.G., Nair, P.K.R., Jacobson, M., Widyaningsih, Y., Duffy, C.P., 2019. Malawi's energy needs and agroforestry: Impact of woodlots on fuelwood sales. Energy for Sustainable Development 50, 101–108.

Tran, N., Chu, L., Chan, C.Y., Genschick, S., Phillips, M.J., Kefi, A.S., 2019. Fish supply and demand for food security in Sub-Saharan Africa: An analysis of the Zambian fish sector. Marine Policy 99, 343–350.

Triki, T., Faye, I., 2013. Financial Inclusion in Africa. African Development Bank, Abidjan.

Trimble, C.P., Kojima, M., Perez Arroyo, I., Mohammadzadeh, F., 2016. Financial viability of electricity sectors in Sub-Saharan Africa : quasi-fiscal deficits and hidden costs. The World Bank, Washington D.C.

Tripoli, M., Schmidhuber, J., 2018. Emerging Opportunities for the Application of Blockchain in the Agri-food Industry. International Centre for Trade and Sustainable Development, Geneva.

Tsan, M., Totapally, S., Hailu, M., Addom, B.A., 2019. The Digitalisation of African Agriculture Report 2018–2019. CTA, Wageningen.

Tschirley, D., Reardon, T., Dolislager, M., Snyder, J., 2015. The Rise of a Middle Class in East and Southern Africa: Implications for Food System Transformation. Journal of International Development 27, 628–646.

UN, 2016. World Economic and Social Survey 2016 – Climate Change Resilience: An Opportunity for Reducing Inequalities. United Nations, New York.

UN Women, 2018. The gender gap in agricultural productivity in sub-Saharan Africa: causes, costs and solutions, UN Woman Policy Brief. UN Women, New York.

UNCCD, 2020. The Great Green Wall Initiative [WWW Document]. United Nations Convention to Combat Desertification. URL https://www.unccd.int/actions/great-green-wall-initiative (accessed 8.18.20).

UNCTAD, 2020. https://unctadstat.unctad.org/wds/ReportFolders/reportFolders.aspx?sCS_ChosenLang=en [WWW Document]. UNCTADStat. (accessed 15.8.20)

UNCTAD, 2009. Economic Development in Africa Report 2009. United Nations Publications, New York.

UNDESA, 2019. World population prospects Highlights, 2019 revision Highlights, 2019 revision. Department of Economic and Social Affairs, United Nations, New York.

UNDESA, 2015. The world's women 2015: trends and statistics. Department of Economic and Social Affairs, United Nations, New York.

UNECA, AU, 2020. African Continental Free Trade Area – Updated Q&A. United Nations Economic Comission for Africa, Addis Ababa.

United Nations, 2020. Inter-agency Task Force on Financing for Development: Financing for Sustainable Development Report 2020. United Nations, New York.

Unruh, J.D., 2008. Carbon sequestration in Africa: The land tenure problem. Global Environmental Change, Local evidence on vulnerabilities and adaptations to global environmental change 18, 700–707.

Ute, C., Gold, E., Schneider, K., Rütters, K., 2014. Improving the Image of Technical and Vocational Education and Training. A syntesis. Deutsche Gesellschaft für Internationale Zusammenarbeit (GIZ), Eschborn.

Valbuena, D., Erenstein, O., Homann-Kee Tui, S., Abdoulaye, T., Claessens, L., Duncan, A.J., Gerard, B.G., Rufino, M.C., Teufel, N., Rooyen, A.F. van, Wijk, M.T. van, 2012. Conservation agriculture in mixed crop-livestock systems: Scoping crop residue trade-offs in Sub-Saharan Africa and South Asia. Field Crops Research.

van den Broeck, G., Swinnen, J., Maertens, M., 2017. Global value chains, large-scale farming, and poverty: Long-term effects in Senegal. Food Policy 66, 97–107.

van Dijk, M., Vander Stichele, M., 2008. Is Foreign Investment Good for Development? A Literature Review. Centre for Research on Multinational Corporations, Amsterdam.

van Ittersum, M.K., van Bussel, L.G.J., Wolf, J., Grassini, P., van Wart, J., et al., 2016. Can sub-Saharan Africa feed itself? PNAS 113, 14964–14969.

van Koppen, B., 2003. Water reform in Sub-Saharan Africa: what is the difference? Physics and Chemistry of the Earth, Parts A/B/C 28, 1047–1053.

van Marle-Köster, E., Visser, C., 2018. Genetic Improvement in South African Livestock: Can Genomics Bridge the Gap Between the Developed and Developing Sectors? Front. Genet. 9, 331.

Van Noordwijk, M., Lusiana, B., 1999. WaNuLCAS, a model of water, nutrient and light capture in agroforestry systems, in: Auclair, D., Dupraz, C. (Eds.), Agroforestry for Sustainable Land-Use Fundamental Research and Modelling with Emphasis on Temperate and Mediterranean Applications: Selected Papers from a Workshop Held in Montpellier, France, 23–29 June 1997, Forestry Sciences. Springer Netherlands, Dordrecht, pp. 217–242.

Vandermeulen, S., Ramírez-Restrepo, C.A., Beckers, Y., Claessens, H., Bindelle, J., 2018. Agroforestry for ruminants: a review of trees and shrubs as fodder in silvopastoral temperate and tropical production systems. Anim. Prod. Sci. 58, 767.

Vanni, F., 2014. Agriculture and Public Goods: The Role of Collective Action. Springer Netherlands, Dordrecht.

Verhofstadt, E., Maertens, M., 2015. Can Agricultural Cooperatives Reduce Poverty? Heterogeneous Impact of Cooperative Membership on Farmers' Welfare in Rwanda. Appl Econ Perspect Policy 37, 86–106.

Verhofstadt, E., Maertens, M., 2014. Smallholder cooperatives and agricultural performance in Rwanda: do organizational differences matter? Agricultural Economics 45, 39–52.

Vignare, K., 2013. Options and strategies for information and communication technologies within agricultural extension and advisory services. Michigan State University, East Lansing.

Villholth, K.G., 2013. Groundwater irrigation for smallholders in Sub-Saharan Africa – a synthesis of current knowledge to guide sustainable outcomes. Water International 38, 369–391.

Villoria, N., 2019. Consequences of agricultural total factor productivity growth for the sustainability of global farming: accounting for direct and indirect land use effects. Environ. Res. Lett. 14, 125002.

von Braun, J., 2018. Innovations to Overcome the Increasingly Complex Problems of Hunger (Working Paper No. 167). Center for Development Research, University of Bonn, Bonn.

von Braun, J., 2017. Agricultural Change and Health and Nutrition in Emerging Economies, in: Pingali, P., Feder, G. (Eds.), Agriculture and Rural Development in a Globalizing World. Routledge, London, pp. 273–291.

von Braun, J., 1995. Agricultural commercialization: impacts on income and nutrition and implications for policy. Food Policy, Agricultural Commercialization and Diversification 20, 187–202.

von Grebmer, K., Bernstein, J., Alders, R., Dar, O., Kock, R., Rampa, F., Wiemers, M., Archeampong, K., Hanano, A., Higgins, B., Ni Cheilleachair, R., Foley, C., Gitter, S., Ekstrom, K., Fritschel, H., 2019. 2019 Global Hunger

Index: One Decade to Zero Hunger: Linking Health and Sustainable Food Systems. Deutsche Welthungerhilfe and Concern Worldwide, Bonn and Dublin.

Vorley, B., Cotula, L., Chan, M.-K., 2012. Tipping the Balance: Policies to shape agricultural investments and markets in favour of small-scale farmers. Oxfam, London.

Vos, R., 2019. Reducing food losses in developing countries: Simple technological solutions, complex adoption along supply chains. Presentation at the Conference Reduction of Food Loss and Waste organized by the Pontifical Academy of Sciences, The Vatican, 11-12 November, Rome.

Walakira, J., Akoll, P., Engole, M., Sserwadda, M., Nkambo, M., et al., 2014. Common fish diseases and parasites affecting wild and farmed Tilapia and catfish in Central and Western Uganda. Uganda Journal of Agricultural Sciences 15, 113–125.

Wamala, S.P., Mugimba, K.K., Mutoloki, S., Evensen, Ø., Mdegela, R., Byarugaba, D.K., Sørum, H., 2018. Occurrence and antibiotic susceptibility of fish bacteria isolated from Oreochromis niloticus (Nile tilapia) and Clarias gariepinus (African catfish) in Uganda. Fish Aquatic Sci 21, 6.

Warshawsky, D.N., 2016. Civil Society and the Governance of Urban Food Systems in Sub-Saharan Africa: Local Food Organizations in Sub-Saharan Africa. Geography Compass 10, 293–306.

Warshawsky, D.N., 2014. Civil society and urban food insecurity: analyzing the roles of local food organizations in Johannesburg. Urban Geography 35, 109–132.

Wassie, S.B., Kusakari, H., Masahiro, S., 2019. Inclusiveness and effectiveness of agricultural cooperatives: recent evidence from Ethiopia. International Journal of Social Economics 46, 614–630.

Watson, J.E.M., Evans, T., Venter, O., Williams, B., Tulloch, A., et al., 2018. The exceptional value of intact forest ecosystems. Nature Ecology & Evolution 2, 599–610.

Whitney, C.W., Tabuti, J.R.S., Hensel, O., Yeh, C.-H., Gebauer, J., Luedeling, E., 2017. Homegardens and the future of food and nutrition security in southwest Uganda. Agricultural Systems 154, 133–144.

WHO, 2016. Obesity and Overweight Fact Sheet. World Health Organization, Geneva.

Wiebe, K.D., Sulser, T.B., Mason-D'Croz, D., Rosegrant, M.W., 2017. The effects of climate change on agriculture and food security in Africa, in: A Thriving Agricultural Sector in a Changing Climate: Meeting Malabo Declaration

Goals through Climate-Smart Agriculture. ReSAKSS Annual Trends and Outlook Reports 2016. International Food Policy Research Institute, Washington D.C., pp. 5–21.

Wiggins, S., Henley, G., Keats, S., 2015. Competitive or complementary? Industrial crops and food security in sub-Saharan Africa, ODI Report. Overseas Development Institute, London.

Williams, S.B., Baributsa, D., Woloshuk, C., 2014. Assessing Purdue Improved Crop Storage (PICS) bags to mitigate fungal growth and aflatoxin contamination. Journal of Stored Products Research 59, 190–196.

Windsperger, J., Cliquet, G., Hendrikse, G., Srećković, M., 2019. Design and Management of Interfirm Networks. Springer, Heidelberg.

Winter-Nelson, A.E., Stack, J.L., Brighton, M.M., Pedzisa, T., Mazvimavi, K., 2016. Impact of Fertilizer Microdosing Research and Development in Semi-Arid Zimbabwe (Impact Brief No. 3). International Crops Research Institute for the Semi-Arid Tropics, Patancheru.

Wolfenson, K.D.M., 2013. Coping with the food and agriculture challenge: smallholders' agenda. Food and Agriculture Organization of the United Nations, Rome.

World Agroforestry Centre, n.d. Faidherbia Albida: Keystone of Evergreen Agriculture in Africa. World Agroforestry Centre, Nairobi.

World Bank, 2020f. The African Continental Free Trade Area: Economic and Distributional Effects. World Bank, Washington D.C.

World Bank, 2020a. Agriculture, forestry, and fishing, value added (constant 2010 US$) - Sub-Saharan Africa | Data [WWW Document]. World Bank Indicators. URL https://data.worldbank.org/indicator/NV.AGR.TOTL.KD?locations=ZG (accessed 9.14.20).

World Bank, 2020b. Employment in agriculture (% of total employment) (modeled ILO estimate) - Sub-Saharan Africa | Data [WWW Document]. World Bank Indicators. URL https://data.worldbank.org/indicator/SL.AGR.EMPL.ZS?locations=ZG (accessed 9.14.20).

World Bank, 2020c. Rural population (% of total population) - | Data [WWW Document]. World Bank Indicators. URL https://data.worldbank.org/indicator/SP.RUR.TOTL.ZS?locations=ZG (accessed 8.15.20).

World Bank, 2020d. Access to electricity (% of population) | Data [WWW Document]. World Bank Indicators. URL https://data.worldbank.org/indicator/EG.ELC.ACCS.ZS?end=1991&most_recent_year_desc=false&start=1990 (accessed 9.14.20).

World Bank, 2020e. Doing Business 2020: Comparing Business Regulation in 190 Economies. The World Bank, Washington D.C.

World Bank, 2019. Enabling the Business of Agriculture 2019. The World Bank, Washington D.C.

World Bank, 2017a. State of Electricity Access Report 2017. The World Bank, Washington D.C.

World Bank, 2017b. Doing Business 2017: Equal Opportunity for All, Doing Business. The World Bank, Washington D.C.

World Bank, 2016. Reaping Richer Returns: Public Spending Priorities for African Agriculture Productivity Growth. The World Bank, Washington D.C.

World Bank, 2015. Improving Livelihoods and Creating Wealth through Sustainable Fisheries. The World Bank, Washington D.C.

World Bank, 2013. Growing Africa: Unlocking the Potential of Agribusiness. The World Bank, Washington D.C.

World Bank, 2012. World Development Report 2012: Gender equality and development. The World Bank, Washington D.C.

World Bank, FAO, 2014. Business and Livelihoods in African Livestock: Investments to overcome information gaps (No. 86093- AFR). The World Bank, Washington D.C.

World Bank, IFAD, 2017. Rural youth employment. The World Bank and International Fund for Agricultural Development, Washington D.C.

World Bank, 2009. Ghana - Job Creation and Skills Development : Main Report. World Bank, Washington D.C..

World Bank, World Economic Forum, African Development Bank, 2017. The Africa competitiveness report 2017: addressing Africa's demographic dividend. World Economic Forum, Geneva.

Wortmann-Kolundžija, E., 2019. Empowering Smallholder Farmers through Farmer Organizations: Insights from Kenya and Burkina Faso. (Working Paper No. 190). Center for Development Research, University of Bonn, Bonn.

Wossen, T., Abdoulaye, T., Alene, A., Haile, M.G., Feleke, S., Olanrewaju, A., Manyong, V., 2017. Impacts of extension access and cooperative membership on technology adoption and household welfare. Journal of Rural Studies 54, 223–233.

WPP, 2010. Water sector governance in Africa. Volume 2. Assessment and guidelines. Water Partnership Program, African Development Bank, Tunis.

Wunder, S., Börner, J., Shively, G., Wyman, M., 2014. Safety Nets, Gap Filling and Forests: A Global-Comparative Perspective. World Development 64, 29–S42.

Xie, H., Perez, N., Anderson, W., Ringler, C., You, L., 2018. Can Sub-Saharan Africa feed itself? The role of irrigation development in the region's drylands for food security. Water International 43, 796–814.

Xie, H., You, L., Wielgosz, B., Ringler, C., 2014. Estimating the potential for expanding smallholder irrigation in Sub-Saharan Africa. Agricultural Water Management 131, 183–193.

Xiong, J., Thenkabail, P.S., Teluguntla, P., Congalton, R.G., Yadav, K., Dungan, J., Oliphant, A., Poehnelt, J., Smith, C., Massey, R., 2017a. Global Food Security-support Analysis Data (GFSAD) Cropland Extent 2015 Africa 30 m V001.

Xiong, J., Thenkabail, P.S., Tilton, J.C., Gumma, M.K., Teluguntla, P., Oliphant, A., Congalton, R.G., Yadav, K., Gorelick, N., 2017b. Nominal 30-m Cropland Extent Map of Continental Africa by Integrating Pixel-Based and Object-Based Algorithms Using Sentinel-2 and Landsat-8 Data on Google Earth Engine. Remote Sensing 9, 1065.

Yeboah, F.K., Jayne, T.S., 2018. Africa's Evolving Employment Trends. The Journal of Development Studies 54, 803–832.

You, L., Ringler, C., Wood-Sichra, U., Robertson, R., Wood, S., Zhu, T., Nelson, G., Guo, Z., Sun, Y., 2011. What is the irrigation potential for Africa? A combined biophysical and socioeconomic approach. Food Policy, Between the Global and the Local, the Material and the Normative: Power struggles in India's Agrifood System 36, 770–782.

Young, A., 2013. Inequality, the Urban-Rural Gap, and Migration*. Q J Econ 128, 1727–1785.

Yumkella, K.K., 2011. Agribusiness for Africa's prosperity. United Nations Industrial Development Organization, Vienna.

Zenebe, A., Peterson, W., Wamisho, K., 2014. The Impact of the African Growth and Opportunity Act (AGOA): An Empirical Analysis of Sub-Saharan African Agricultural Exports, in: 2014 Annual Meeting, July 27–29, 2014, Minneapolis, Minnesota. Presented at the 2014 Annual Meeting of the Agricultural and Applied Economics Association, Minneapolis, USA.

Zhan, J., Mirza, H., Speller, W., 2018. Investment: International investment and local food security, in: IFPRI (Ed.), 2018 Global Food Policy Report. International Food Policy Research Institute, Washington D.C., pp. 30–37.

Zimmermann, R., Brüntrup, M., Kolavalli, S., Flaherty, K., 2009. Agricultural Policies in Sub-Saharan Africa. Deutsches Institut für Entwicklungspolitik, Bonn.

Development Economics and Policy

Series edited by Franz Heidhues†, Joachim von Braun, Ulrike Grote and Manfred Zeller

Vol. 1 Andrea Fadani: Agricultural Price Policy and Export and Food Production in Cameroon. A Farming Systems Analysis of Pricing Policies. The Case of Coffee-Based Farming Systems. 1999.

Vol. 2 Heike Michelsen: Auswirkungen der Währungsunion auf den Strukturanpassungsprozeß der Länder der afrikanischen Franc-Zone. 1995.

Vol. 3 Stephan Bea: Direktinvestitionen in Entwicklungsländern. Auswirkungen von Stabilisierungsmaßnahmen und Strukturreformen in Mexiko. 1995.

Vol. 4 Franz Heidhues / François Kamajou: Agricultural Policy Analysis – Proceedings of an International Seminar, held at the University of Dschang, Cameroon on May 26 and 27 1994, funded by the European Union under the Science and Technology Program (STD). 1996.

Vol. 5 Elke M. Förster: Protection or Liberalization? A Policy Analysis of the Korean Beef Sector. 1996.

Vol. 6 Gertrud Schrieder: The Role of Rural Finance for Food Security of the Poor in Cameroon. 1996.

Vol. 7 Nestor R. Ahoyo Adjovi: Economie des Systèmes de Production intégrant la Culture de Riz au Sud du Bénin: Potentialités, Contraintes et Perspectives. 1996.

Vol. 8 Jenny Müller: Income Distribution in the Agricultural Sector of Thailand. Empirical Analysis and Policy Options. 1996.

Vol. 9 Michael Brüntrup: Agricultural Price Policy and its Impact on Production, Income, Employment and the Adoption of Innovations. A Farming Systems Based Analysis of Cotton Policy in Northern Benin. 1997.

Vol. 10 Justin Bomda: Déterminants de l'Epargne et du Crédit, et leurs Implications pour le Développement du Système Financier Rural au Cameroun. 1998.

Vol. 11 John M. Msuya: Nutrition Improvement Projects in Tanzania: Implementation, Determinants of Performance, and Policy Implications. 1998.

Vol. 12 Andreas Neef: Auswirkungen von Bodenrechtswandel auf Ressourcennutzung und wirtschaftliches Verhalten von Kleinbauern in Niger und Benin. 1999.

Vol. 13 Susanna Wolf (ed.): The Future of EU-ACP Relations. 1999.

Vol. 14 Franz Heidhues / Gertrud Schrieder (eds.): Romania – Rural Finance in Transition Economies. 2000.

Vol. 15 Katinka Weinberger: Women's Participation. An Economic Analysis in Rural Chad and Pakistan. 2000.

Vol. 16 Christof Batzlen: Migration and Economic Development. Remittances and Investments in South Asia: A Case Study of Pakistan. 2000.

Vol. 17 Matin Qaim: Potential Impacts of Crop Biotechnology in Developing Countries. 2000.

Vol. 18 Jean Senahoun: Programmes d'ajustement structurel, sécurité alimentaire et durabilité agricole. Une approche d'analyse intégrée, appliquée au Bénin. 2001.

Vol. 19 Torsten Feldbrügge: Economics of Emergency Relief Management in Developing Countries. With Case Studies on Food Relief in Angola and Mozambique. 2001.

Vol. 20 Claudia Ringler: Optimal Allocation and Use of Water Resources in the Mekong River Basin: Multi-Country and Intersectoral Analyses. 2001.

Vol. 21 Arnim Kuhn: Handelskosten und regionale (Des-)Integration. Russlands Agrarmärkte in der Transformation. 2001.

Vol. 22 Ortrun Anne Gronski: Stock Markets and Economic Growth. Evidence from South Africa. 2001.

Vol. 23 Patrick Webb / Katinka Weinberger (eds.): Women Farmers. Enhancing Rights, Recognition and Productivity. 2001.

Vol. 24 Mingzhi Sheng: Lebensmittelkonsum und -konsumtrends in China. Eine empirische Analyse auf der Basis ökonometrischer Nachfragemodelle. 2002.

Vol. 25 Maria Iskandarani: Economics of Household Water Security in Jordan. 2002.

Vol. 26 Romeo Bertolini: Telecommunication Services in Sub-Saharan Africa. An Analysis of Access and Use in the Southern Volta Region in Ghana. 2002.

Vol. 27 Dietrich Müller-Falcke: Use and Impact of Information and Communication Technologies in Developing Countries' Small Businesses. Evidence from Indian Small Scale Industry. 2002.

Vol. 28 Wolfram Erhardt: Financial Markets for Small Enterprises in Urban and Rural Northern Thailand. Empirical Analysis on the Demand for and Supply of Financial Services, with Particular Emphasis on the Determinants of Credit Access and Borrower Transaction Costs. 2002.

Vol. 29 Wensheng Wang: The Impact of Information and Communication Technologies on Farm Households in China. 2002.

Vol. 30 Shyamal K. Chowdhury: Institutional and Welfare Aspects of the Provision and Use of Information and Communication Technologies in the Rural Areas of Bangladesh and Peru. 2002.

Vol. 31 Annette Luibrand: Transition in Vietnam. Impact of the Rural Reform Process on an Ethnic Minority. 2002.

Vol. 32 Felix Ankomah Asante: Economic Analysis of Decentralisation in Rural Ghana. 2003.

Vol. 33 Chodechai Suwanaporn: Determinants of Bank Lending in Thailand: An Empirical Examination for the Years 1992 to 1996. 2003.

Vol. 34 Abay Asfaw: Costs of Illness, Demand for Medical Care, and the Prospect of Community Health Insurance Schemes in the Rural Areas of Ethiopia. 2003.

Vol. 35 Gi-Soon Song: The Impact of Information and Communication Technologies (ICTs) on Rural Households. A Holistic Approach Applied to the Case of Lao People's Democratic Re- public. 2003.

Vol. 36 Daniela Lohlein: An Economic Analysis of Public Good Provision in Rural Russia. The Case of Education and Health Care. 2003.

Vol. 37 Johannes Woelcke. Bio-Economics of Sustainable Land Management in Uganda. 2003.

Vol. 38 Susanne M. Ziemek: The Economics of Volunteer Labor Supply. An Application to Countries of a Different Development Level. 2003.

Vol. 39 Doris Wiesmann: An International Nutrition Index. Concept and Analyses of Food Insecurity and Undernutrition at Country Levels. 2004.

Vol. 40 Isaac Osei-Akoto: The Economics of Rural Health Insurance. The Effects of Formal and Informal Risk-Sharing Schemes in Ghana. 2004.

Vol. 41 Yuansheng Jiang: Health Insurance Demand and Health Risk Management in Rural China. 2004.

Vol. 42 Roukayatou Zimmermann: Biotechnology and Value-added Traits in Food Crops: Relevance for Developing Countries and Economic Analyses. 2004.

Vol. 43 F. Markus Kaiser: Incentives in Community-based Health Insurance Schemes. 2004.

Vol. 44 Thomas Herzfeld: *Corruption begets Corruption.* Zur Dynamik und Persistenz der Korruption. 2004.

Vol. 45 Edilegnaw Wale Zegeye: The Economics of On-Farm Conservation of Crop Diversity in Ethiopia: Incentives, Attribute Preferences and Opportunity Costs of Maintaining Local Varieties of Crops. 2004.

Vol. 46 Adama Konseiga: Regional Integration Beyond the Traditional Trade Benefits: Labor Mobility contribution. The Case of Burkina Faso and Côte d'Ivoire. 2005.

Vol. 47 Beyene Tadesse Ferenji: The Impact of Policy Reform and Institutional Transformation on Agricultural Performance. An Economic Study of Ethiopian Agriculture. 2005.

Vol. 48 Sabine Daude: Agricultural Trade Liberalization in the WTO and Its Poverty Implications. A Study of Rural Households in Northern Vietnam. 2005.

Vol. 49 Kadir Osman Gyasi: Determinants of Success of Collective Action on Local Commons. An Empirical Analysis of Community-Based Irrigation Management in Northern Ghana. 2005.

Vol. 50 Borbala E. Balint: Determinants of Commercial Orientation and Sustainability of Agricultural Production of the Individual Farms in Romania. 2006.

Vol. 51 Pamela Marinda: Effects of Gender Inequality in Resource Ownership and Access on Household Welfare and Food Security in Kenya. A Case Study of West Pokot District. 2006.

Vol. 52 Charles Palmer: The Outcomes and their Determinants from Community-Company Contracting over Forest Use in Post-Decentralization Indonesia. 2006.

Vol. 53 Hardwick Tchale: Agricultural Policy and Soil Fertility Management in the Maize-based Smallholder Farming System in Malawi. 2006.

Vol. 54 John Kedi Mduma: Rural Off-Farm Employment and its Effects on Adoption of Labor Intensive Soil Conserving Measures in Tanzania. 2006.

Vol. 55 Mareike Meyn: The Impact of EU Free Trade Agreements on Economic Development and Regional Integration in Southern Africa. The Example of EU-SACU Trade Relations. 2006.

Vol. 56 Clemens Breisinger: Modelling Infrastructure Investments, Growth and Poverty Impact. A Two-Region Computable General Equilibrium Perspective on Vietnam. 2006.

Vol. 57 Meike Wollni: Coping with the Coffee Crisis. An Analysis of the Production and Marketing Performance of Coffee Farmers in Costa Rica. 2007.

Vol. 58 Franklin Simtowe: Performance and Impact of Microfinance. Evidence from Joint Liability Lending Programs in Malawi. 2008.

Vol. 59 Xiangping Jia: Credit Rationing and Institutional Constraint. Evidence from Rural China. 2008.

Vol. 60 Holger Seebens: The Economics of Gender and the Household in Developing Countries. 2009.

Vol. 61 Stephan Piotrowski: Land Property Rights and Natural Resource Use. An Analysis of Household Behavior in Rural China. 2009.

Vol. 62 Sebastian M. Scholz: Rural Development through Carbon Finance. Forestry Projects under the Clean Development Mechanism of the Kyoto Protocol. Assessing Smallholder Participation by Structural Equation Modeling. 2009.

Vol. 63 Jakob Rupert Friederichsen: Opening Up Knowledge Production through Participatory Research? Agricultural Research for Vietnam's Northern Uplands. 2009.

Vol. 64 Olivier Ecker: Economics of Micronutrient Malnutrition. The Demand for Nutrients in Sub-Saharan Africa. 2009.

Vol. 65 Julia Johannsen: Operational Assessment of Monetary Poverty by Proxy Means Tests. 2009

Vol. 66 Ephraim Nkonya / Nicolas Gerber / Philipp Baumgartner / Joachim von Braun / Alessandro De Pinto / Valerie Graw / Edward Kato / Julia Kloos / Teresa Walter: The Economics of Land Degradation. Toward an Integrated Global Assessment. 2011.

Vol. 67 S. Idriss Nazaire Houssou: Operational Poverty Targeting by Proxy Means Tests. Models and Policy Simulations for Malawi. 2013.

Vol. 68 Abdul Salam Lodhi: Education, Child Labor and Human Capital Formation in Selected Urban and Rural Settings of Pakistan. 2013.

Vol. 69 Evita Hanie Pangaribowo: Household Food Consumption, Women´s Asset and Food Policy in Indonesia. 2013.

Vol. 70 Dan Liu: China's New Rural Cooperative Medical Scheme. Evolution, Design and Impacts. 2013.

Vol. 71 Camille Saint-Macary: Microeconomic Impacts of Institutional Change in Vietnam's Northern Uplands. Empirical Studies on Social Capital, Land and Credit Institutions. 2014.

Vol. 72 Beatrice Wambui Muriithi: Commercialization of Smallholder Horticultural Farming in Kenya. Poverty, Gender, and Institutional Arrangements. 2014.

Vol. 73 Christian C. W. Grovermann: Assessment of Pesticide Use Reduction Strategies for Thai Highland Agriculture. Combining Econometrics and Agent-based Modelling. 2015.

Vol. 74 Dawit Diriba Guta: Bio-Based Energy, Rural Livelihoods and Energy Security in Ethiopia. 2015.

Vol. 75 Tigabu Degu Getahun: Industrial Clustering, Firm Performance and Employee Welfare. Evidence from the Shoe and Flower Cluster in Ethiopia. 2016.

Vol. 76 Abu Hayat Md. Saiful Islam: Impact of Technological Innovation on the Poor. Integrated Aquaculture-Agriculture in Bangladesh. 2016.

Vol. 77 Christine Husmann: The Private Sector and the Marginalized Poor. An Assessment of the Potential Role of Business in Reducing Poverty and Marginality in Rural Ethiopia. 2016.

Vol. 78 Qui Chen: Biomass Energy Economics and Rural Livelihood in Sichuan, China. 2018.

Vol. 79 Franziska Schünemann: Economy-Wide Policy Modeling of the Food-Energy-Water Nexus. Identifying Synergies and Tradeoffs on Food, Energy, and Water Security in Malawi. 2018.

Vol. 80 Till Ludwig: Consumption Choices. The effects of food production, markets and preferences on diets in India. 2019.

Vol. 81 Tobias Lechner: Collateral Damage Autocracy? On the Impact of Economic Sanctions on the Political System. 2020.

Vol. 82 Heike Baumüller, Assefa Admassie, Sheryl Hendriks, Getaw Tadesse and Joachim von Braun (eds.): From Potentials to Reality: Transforming Africa's Food Production. Investment and policy priorities for sufficient, nutritious and sustainable food supplies. 2021.

Vol. 83 Heike Baumüller, Assefa Admassie, Sheryl Hendriks, Getaw Tadesse und Joachim von Braun (Hrsg.): Von den Potenzialen zur Realität: Wie die Afrikanische Lebensmittelproduktion gesteigert werden kann. Investitionen und politische Prioritäten für eine ausreichende, nährstoffreiche und nachhaltige Lebensmittelversorgung. 2022.

www.peterlang.com

www.ingramcontent.com/pod-product-compliance
Ingram Content Group UK Ltd.
Pitfield, Milton Keynes, MK11 3LW, UK
UKHW021123041026
8980IPUK00026B/200

9 783631 853276